La famille à l'horizon

# 2020

PRESSES DE L'UNIVERSITÉ DU QUÉBEC
Le Delta I, 2875, boulevard Laurier, bureau 450
Québec (Québec) G1V 2M2
Téléphone : (418) 657-4399 • Télécopieur : (418) 657-2096
Courriel : puq@puq.ca • Internet : www.puq.ca

Diffusion / Distribution :

CANADA et autres pays
PROLOGUE INC.
1650, boulevard Lionel-Bertrand
Boisbriand (Québec) J7H 1N7
Téléphone : (450) 434-0306 / 1 800 363-2864

FRANCE
AFPU-DIFFUSION
SODIS

BELGIQUE
PATRIMOINE SPRL
168, rue du Noyer
1030 Bruxelles
Belgique

SUISSE
SERVIDIS SA
5, rue des Chaudronniers
CH-1211 Genève 3
Suisse

# La famille à l'horizon

# 202 

Sous la direction de GILLES PRONOVOST,
CHANTALE DUMONT et ISABELLE BITAUDEAU

avec la collaboration d'ÉLIZABETH COUTU

**2008**

 **Presses de l'Université du Québec**
Le Delta I, 2875, boul. Laurier, bur. 450
Québec (Québec) Canada  G1V 2M2

*Catalogage avant publication de Bibliothèque et Archives nationales du Québec et Bibliothèque et Archives Canada*

Symposium québécois de recherche sur la famille

La famille à l'horizon 2020

   Comprend des réf. bibliogr.

   ISBN  978-2-7605-1553-6

1. Famille – Québec (Province) – Congrès.  2. Politique familiale – Québec (Province) – Congrès.  3. Enfants – Développement – Québec (Province) – Congrès. I. Bitaudeau, Isabelle.  II. Dumont, Chantale, 1966-    .  III. Pronovost, Gilles.  IV. Titre.

HQ560.15.Q8S952     306.8509714     C2008-941436-5

Nous reconnaissons l'aide financière du gouvernement du Canada par l'entremise du Programme d'aide au développement de l'industrie de l'édition (PADIE) pour nos activités d'édition.

La publication de cet ouvrage a été rendue possible grâce à l'aide financière de la Société de développement des entreprises culturelles (SODEC).

Mise en pages : INFOSCAN COLLETTE-QUÉBEC

Couverture – Conception : MATTEAU PARENT GRAPHISME ET COMMUNICATION
       Photographies : CHRISTIAN DESJARDINS PHOTOGRAPHE

1 2 3 4 5 6 7 8 9  PUQ 2008  9 8 7 6 5 4 3 2 1

Dépôt légal – 3e trimestre 2008
Bibliothèque et Archives nationales du Québec / Bibliothèque et Archives Canada
Imprimé au Canada

# Table des matières

# CONFÉRENCES THÉMATIQUES
### Prospective sur le travail, la vie associative et le temps familial

### Prospective sur les générations

### Prospective sur les milieux de vie et les valeurs culturelles

# L'organisation du 9e symposium

## Membres du conseil d'administration du Conseil de développement de la recherche sur la famille du Québec (CDRFQ)

**Victor Bilodeau**, secrétaire du CDRFQ, délégué du Centre Jeunesse de la Mauricie et du Centre-du-Québec

**Isabelle Bitaudeau**, déléguée du Conseil de la famille et de l'enfance

**Henri Lafrance**, délégué de la COFAQ

**Jean-Pierre Lamoureux**, président du CDRFQ, membre coopté par le CDRFQ – membre associé

**Josiane Le Gall**, déléguée du comité scientifique

**Jocelyne Moreau**, trésorière du CDRFQ, déléguée de l'Université du Québec à Trois-Rivières

**Gilles Pronovost**, directeur général du CDRFQ, professeur à l'Université du Québec à Trois- Rivières

**Maude Rochette**, déléguée du ministère de la Famille et des Aînés

**Chantal Royer**, vice-présidente du CDRFQ, déléguée du comité scientifique

**Réjane T. Salvail**, déléguée du Carrefour action municipale et famille

**Gérard Valade**, délégué du Regroupement interorganismes pour une politique familiale du Québec

## Membres du comité scientifique
## du Conseil de développement de la recherche sur la famille
## du Québec (CDRFQ)

**Nathalie Bigras**, Université du Québec à Montréal, Faculté des sciences de l'éducation

**Éric Gagnon**, Centre de santé et de services sociaux de la Vieille-Capitale

**Carl Lacharité**, Université du Québec à Trois-Rivières, Département de psychologie

**Josiane Le Gall**, CSSS Bordeaux-Cartierville-Saint-Laurent

**Sylvie Normandeau**, Université de Montréal, École de psychoéducation

**Gilles Pronovost**, Université du Québec à Trois-Rivières, Études en loisir, culture et tourisme

**Alain Roy**, Université de Montréal, Faculté de droit

**Chantal Royer**, Université du Québec à Trois-Rivières, Études en loisir, culture et tourisme

**Marie-Christine Saint-Jacques**, Université Laval, École de service social

**Jean-François Saucier**, Hôpital Sainte-Justine, Département de psychiatrie

**Marie Simard**, Université Laval, École de service social

## Membres du Conseil de la famille et de l'enfance (CFE)

**Marguerite Blais**, présidente du Conseil de la famille et de l'enfance

**Suzanne Amiot**, ex-vice-présidente de la Fédération des travailleurs et travailleuses du Québec (FTQ)

**Louise Chabot**, vice-présidente du Conseil de la famille et de l'enfance, première vice-présidente de la Centrale des syndicats du Québec (CSQ)

**Sylvie Carter**, coordonnatrice au développement Espace Chaudière-Appalaches, Administratrice du Regroupement des organismes Espace du Québec (ROEQ)

**Jane Cowell-Poitras**, conseillère de la Ville de Montréal (Arrondissement de Lachine)

**Georges Konan**, président de Gala Noir et Blanc Au-delà du Racisme; coordonnateur de la Fondation canadienne pour les jeunes Noirs

**Maria Labrecque-Duchesneau**, directrice générale Au cœur des familles agricoles

**Gilles Prud'homme**, directeur général Entraide pour hommes de Montréal

**Guerline Rigaud**, directrice générale de la Maison SAM X

**Josée Roy**, adjointe au comité exécutif de la Confédération des syndicats nationaux (CSN)

**Bill Ryan**, professeur adjoint, École de service social, Université McGill

**Paul Savary**, médecin, oto-rhino-laryngologiste

**Marjolaine Sioui**, gestionnaire des opérations, Commission de la santé et des services sociaux des Premières Nations du Québec et du Labrador

**Jean-Nil Thériault**, directeur des services administratifs à l'Université du Québec à Rimouski (Campus Lévis), président de l'Association des Centres Jeunesse du Québec

**Micheline Gamache**, sous-ministre adjointe, Ministère de la Famille et des Aînés

**Isabelle Bitaudeau**, secrétaire générale du Conseil de la famille et de l'enfance

## Membres du comité conjoint Conseil de développement de la recherche sur la famille du Québec (CDRFQ) et Conseil de la famille et de l'enfance (CFE)

**Isabelle Bitaudeau**, Conseil de la famille et de l'enfance

**Marguerite Blais**, Conseil de la famille et de l'enfance

**Élizabeth Coutu**, Conseil de développement de la recherche sur la famille du Québec

**Chantale Dumont**, Conseil de la famille et de l'enfance

**Jean-Pierre Lamoureux**, Conseil de développement de la recherche sur la famille du Québec

**Josiane Le Gall**, Conseil de développement de la recherche sur la famille du Québec

**Louise Paquette**, Ministère de la Famille et des Aînés

**Odette Plante**, Conseil de la famille et de l'enfance

**Gilles Pronovost**, Conseil de développement de la recherche sur la famille du Québec

**Gilles Prud'homme**, Conseil de la famille et de l'enfance

**Alain Roy**, Conseil de développement de la recherche sur la famille du Québec

**Bill Ryan**, Conseil de la famille et de l'enfance

**Paul Savary**, Conseil de la famille et de l'enfance

**Marie Simard**, Conseil de développement de la recherche sur la famille du Québec

**Jean-Nil Thériault**, Conseil de la famille et de l'enfance

## Membres du comité de logistique

**Élizabeth Coutu**, agente de recherche et de communication, CDRFQ

**Diane Dupont**, secrétaire de direction, CDRFQ

**Gilles Pronovost**, directeur général, CDRFQ

**Guides étudiants (UQTR)** : Marie-Ève Beaumier
David Leclerc
Caroline Legault
Marie Serre

# Remerciements

Le Conseil de la famille et de l'enfance (CFE) et le Conseil de développement de la recherche sur la famille du Québec (CDRFQ) remercient les partenaires qui ont rendu possible l'organisation du 9e symposium québécois de recherche sur la famille, ainsi que la publication de cet ouvrage :

> Ministère de la Famille et des Aînés
> Fondation Lucie et André Chagnon
> Conseil de recherches en sciences humaines du Canada (CRSH)
> Centre jeunesse de la Mauricie et du Centre-du-Québec
> Université du Québec à Trois-Rivières
> Ministère de l'Emploi et de la Solidarité sociale
> Ministère de l'Immigration et des Communautés culturelles
> Ministère de la Culture, des Communications et de la Condition féminine
> Ministère des Affaires municipales et des Régions
> Fonds québécois de recherche sur la société et la culture (FQRSC)
> Centrale des syndicats du Québec (CSQ)
> Centrale des syndicats nationaux (CSN)
> Ministère de la Justice

# Introduction

## Le projet « La famille à l'horizon 2020 »

Chantale DUMONT
*Conseil de la famille et de l'enfance*

Quel est l'avenir de la famille au Québec ? L'importance de la famille dans la vie des gens ne fait pas de doute, elle demeure un aspect de la vie privilégié par les jeunes d'aujourd'hui. Toutefois, la famille contemporaine doit faire face à la mouvance des parcours conjugaux, familiaux et professionnels. La diversité des formes familiales peut être une source d'inquiétude et d'insécurité à l'égard de sa place dans la société et de son avenir. Bien que les connaissances sur la famille au Québec se soient beaucoup améliorées depuis une vingtaine d'années et que la multiplicité des formes familiales soit de plus en plus perçue comme une source de diversification, **le futur de la famille** demeure un sujet d'intérêt. Comment l'appréhender de la manière la plus rigoureuse possible ?

Le Conseil de développement de la recherche sur la famille du Québec et le Conseil de la famille et de l'enfance ont cherché à créer les conditions de l'exploration prospective afin de poser un regard sur l'avenir et de collaborer à l'amélioration de la qualité des décisions qui seront prises en vue d'assurer un avenir souhaitable à l'ensemble des familles. Ils ont donc entrepris une démarche prospective en vue de relever des tendances, des faits porteurs d'avenir, des situations critiques significatives permettant d'entrevoir, sur un court ou moyen terme, les possibles développements de la famille québécoise.

Dans les pages suivantes, les deux conseils présentent la prospective comme étant une méthode apte à répondre aux questions du jour au regard de l'avenir. La première section aborde le cadre théorique en présentant la méthode prospective de manière générale. La deuxième section porte plus spécialement sur le projet et donne les principales raisons qui ont amené les conseils à choisir l'année 2020 comme horizon d'étude. La troisième section précise comment la prospective sert les objectifs du projet, qu'ils soient collectifs ou particuliers à certains acteurs de la scène familiale. Enfin, la quatrième section décrit les grandes étapes de la démarche suivie pour appréhender *La famille à l'horizon 2020*.

## LA DÉMARCHE PROSPECTIVE

Le mot *prospective* a des origines latines. Le verbe *prospicere* signifie « regarder au loin, ou de loin, discerner quelque chose devant soi » (Godet, 2004a, p. 5). On accorde à Gaston Berger (1896-1960) l'utilisation du mot *prospective* comme substantif. Il aurait introduit ce terme pour désigner l'ensemble des recherches ayant pour objet la construction de scénarios possibles pour l'avenir (Lugan, 2006).

Dans la littérature, on retrouve différentes façons de définir la prospective. Certains auteurs mettent l'accent sur l'objet d'étude, d'autres, sur les objectifs ou les fonctions, et d'autres encore, sur les méthodes. Ainsi, la prospective est l'étude des avenirs possibles (De Jouvenel, 2002 ; GQP, 1982, p. 3), elle est aussi une anticipation pour éclairer l'action (Godet, 2004b, p. 9) et elle est finalement une démarche pluridisciplinaire.

À l'examen, la définition de la prospective extraite de la Charte de la Société wallonne de l'évaluation et de la prospective se révèle la plus représentative de ce que souhaitent accomplir les instigateurs du présent projet :

> La prospective est une démarche rigoureuse – généralement réalisée de façon trans-disciplinaire et en réseau – qui permet de déceler les tendances d'évolution, d'identifier les continuités, les ruptures et les bifurcations des variables (acteurs et facteurs) de l'environnement ainsi que de déterminer l'éventail des futurs possibles. Elle permet ainsi d'élaborer des stratégies cohérentes et d'améliorer la qualité de la décision à prendre (SWEP, 2006).

### Bref historique de la place de la prospective

Bien que certaines démarches de type prospectif aient été observées à diverses époques, la prospective semble avoir connu un essor depuis 1950, tant aux États-Unis qu'en Europe. Dans le *Que sais-je ?* sur la prospective, Gaudin parle d'institutionnalisation de la prospective en 1957, année où Gaston Berger fonde une association avec des personnes engagées pour la plupart dans des postes de responsabilité, le Centre international de prospective (Gaudin, 2005, p. 15-16).

Les motivations n'auraient pas été tout à fait les mêmes en Europe qu'aux États-Unis. Avec la Seconde Guerre mondiale, les *futurists* américains se sont orientés en fonction des besoins liés très directement à la préparation des décisions pour le ministère de la Défense, les entreprises et autres administrations dans un esprit de lutte pour la survie de leur société (Gaudin, 2005, p. 14). Ainsi, «en lien étroit avec l'effort de reconstruction de l'après-guerre, un autre courant de pensée animé de préoccupations plutôt humanistes et sociétales émerge en France, à la fin des années cinquante» (Helfter, 2005, p. 63).

Les travaux de prospective en France et aux États-Unis[1] ont connu des avancées et des influences variables au fil des ans[2]. Il a fallu attendre les années 1970-1980 pour que l'influence américaine se fasse sentir en Europe, alors que les travaux de prospective en France avaient connu leur pleine effervescence plus tôt. «Ainsi, les années 1960, avec les enseignements de Jean Fourastié au Conservatoire national des arts et métiers, les écrits de Louis Armand et la constitution de l'Association Futuribles par Bertrand de Jouvenel, constituent pour la France une sorte d'âge d'or de la prospective, un "temps des fondations"» (Gaudin, 2005, p. 16).

Depuis, les sources de motivation de la démarche prospective ne se sont pas taries. L'évolution démographique, l'utilisation des ressources naturelles, les développements technologiques, l'ouverture des pays de l'Est, la conquête de l'espace, etc., ont servi de base aux travaux se rapprochant de la prospective ou pouvant y être associés. La littérature romanesque s'est aussi inspirée d'images du futur, et certains ouvrages ont marqué l'imaginaire collectif, comme *Halte à la croissance* (1972), *Le choc du futur* (1970), *La fin de l'histoire et le dernier homme* (1992), etc. (Gaudin, 2005).

Les années 1970 ont été des années marquantes dans le développement de la démarche prospective, dans la vision de l'avenir du monde (Gaudin, 2005, p. 20) et dans les collaborations internationales (De Jouvenel, 2004, p. 19). Pour certains, les chocs pétroliers (1973-1974 et 1979), en particulier le premier et la crise qui s'ensuivit, ont été des

---

1. Éric Philippart trace un bref historique de la prospective aux États-Unis et il distingue deux visions prospectives du monde : une vision optimiste avec le courant postindustriel et une vision pessimiste avec les *Doomsday Writers*, qui mettent l'accent sur les dangers ou les limites de la croissance (Philippart, 1987).

2. Il est possible de distinguer l'évolution de la prospective nationale de celle de la prospective d'entreprise, qui se rapproche du management. Ainsi, selon Michel Godet, le début des années 1970 a montré une intéressante corrélation entre le déclin de la planification nationale et l'essor de la planification d'entreprise (Godet, 2004a, p. 36).

événements non prévus par la majorité des spécialistes, ce qui a relevé les lacunes de la prospective et favorisé un regain d'effort (Philippart, 1987, p. 68; Rouban, 1987, p. 117).

Plus récemment, le Centre d'analyse stratégique de France a succédé au Commissariat général du Plan[3]. Cet organisme, qui est directement rattaché au Premier ministre, a pour mission d'éclairer le gouvernement dans la définition et la mise en œuvre de ses orientations stratégiques en matière économique, sociale, environnementale ou culturelle. Aujourd'hui, la vitalité et le dynamisme du Centre se reflètent sur son site Internet et s'appuient sur cinq départements thématiques et 169 employés à temps plein. Par ailleurs, le titre d'un récent éditorial (13 juin 2007) de la directrice générale du Centre, Mme Sophie Boissard, «Passer à la vitesse supérieure!», laisse voir une volonté politique d'insuffler un nouveau dynamisme[4].

Au Québec, l'intérêt pour la planification nationale s'est développé tardivement, mais progressivement. On pourrait voir dans la création, au début des années 1960, du Bureau d'aménagement de l'Est du Québec (BAEQ) un premier exercice se rapprochant de la prospective. Le BAEQ, qui avait comme mandat d'élaborer un plan de développement de l'Est du Québec avec la participation de la population, a déposé un rapport étoffé en 1966[5]. À la suite de ce plan de développement régional, le gouvernement a créé, en 1968, l'Office de planification et de développement du Québec (OPDQ), qui a mené des travaux prospectifs jusqu'en 1992, année de sa dissolution.

Dans nos organisations publiques contemporaines, la planification à moyen terme est maintenant la norme. Chaque organisme et ministère a l'obligation de se doter d'une planification stratégique depuis l'adoption de la Loi sur l'administration publique, en juin 2000.

Que ce soit du fait de préoccupations militaires, institutionnelles (impérialistes: par exemple, la Chine voulant devenir la première puissance économique mondiale), sociales ou d'inspiration humaniste, la démarche prospective a connu un développement important qui a engendré un foisonnement de travaux d'une variété quasi infinie. Pour

---

3. Près de 650 publications du Commissariat général du Plan (parues entre 1990 et 2006) figurent sur son site archivé.

4. Elle y écrit: «La prospective et l'expertise sont mises à l'honneur dans le nouveau Gouvernement avec la création, auprès du Premier ministre, d'un secrétariat d'État chargé de la prospective et de l'évaluation des politiques publiques, confié à M. Éric Besson» (<www.strategie.gouv.fr/article.php3?id_article=19>, consulté le 20 juin 2007).

5. Source: <www.bilan.usherbrooke.ca/bilan/pages/evenements/1614.html>, consulté le 20 juin 2007.

certains auteurs, la prospective est plus vivante que jamais, rappelant la vitalité et le rayonnement international de l'École française de prospective[6] (Godet, 2004a, p. IX). « Bien sûr, souligne Hugues de Jouvenel, les thèmes prioritaires d'études et les méthodes évolueront au fil du temps. Mais alors que s'accélère le rythme du changement, l'anticipation s'avère plus que jamais nécessaire "pour éviter d'être continuellement acculé à ne gérer que les urgences" » (Helfter, 2005, p. 64).

## Caractéristiques de la prospective

Dans la littérature, on emploie le même mot pour deux sens distincts : une attitude ou approche, et une méthode ou technique. Faire de la prospective exigerait deux qualités qui semblent contradictoires mais qui sont complémentaires : imagination et rigueur. « L'imagination et la rigueur ne s'excluent pas. Il est bien évident qu'elles se combinent et se complètent. L'imagination doit nourrir la rigueur, et la rigueur donner à l'imagination l'ossature, cela va de soi » (De Bourbon-Busset, 1967, p. 294).

### La prospective est-elle une discipline ?

Dans la littérature, on présente rarement la prospective comme une discipline. Rares sont ceux qui définissent la prospective comme Lugan, soit : « une discipline des sciences humaines qui s'appuie sur les fondements de l'économie, de la sociologie et de la science politique pour maîtriser les dynamiques (tendances, évolutions) et les changements qui en découlent (impacts structurels) » (Lugan, 2006, p. 69-70).

En fait, plusieurs prospectivistes soulignent qu'elle ne prétend pas s'instituer en discipline cloisonnée (Godet, 2004a, p. 2). Voici ce que certains en ont dit dans des entrevues : « La prospective n'est pas une discipline scientifique puisqu'elle cherche à traiter des problèmes appliqués ; elle n'est pas à la recherche de propriétés, de lois générales, comme la science » (Cordobes et Durance, 2004a, p. 8) ou encore : « La prospective n'est surtout pas une discipline, puisqu'elle est nécessairement pluridisciplinaire. C'est une démarche de stimulation de l'intelligence collective [Goux-Baudiment, Heurgon, Landrieu, 2001], qui essaye d'articuler les expertises et les expériences pour faciliter l'action collective » (Cordobes et Durance, 2004b, p. 7).

---

6. Des indices de vitalité : l'existence du LIPSOR, le Laboratoire d'investigation en prospective, stratégie et organisation, et la formation doctorale « Prospective, Stratégie et Organisation » du Conservatoire national des arts et métiers. Des indices de rayonnement international : la revue *Futuribles* ; les séminaires de formation du groupe Futuribles, la traduction en plusieurs langues de manuels.

Pour certains, elle serait plutôt une *indiscipline* intellectuelle. C'est Pierre Massé qui aurait utilisé cette formulation en 1973 (Godet, 2004a, p. 2). Selon lui, la prospective serait née de la rencontre entre les échecs des prévisions humaines et la nécessité d'avoir une idée du futur pour agir en stratège. Ainsi, la prospective « est d'abord une attitude qui refuse tout aussi bien la croyance aveugle que le scepticisme paralysant, c'est ensuite une méthode qui cherche à se définir par rapport à la prévision » (Massé, 1967, p. 100). Gaston Berger va dans le même sens lorsqu'il soutient qu'avant d'être une méthode ou une discipline, la prospective est une attitude (Berger, 1959).

C'est ce qui fait dire à Michel Godet, dans un entretien avec Philippe Durance, que la prospective est un art et que, « pour cet art, il faut d'abord l'imagination du poète et, en plus, de la connaissance, du bon sens et une bonne dose de non-conformisme » (Durance, 2004, p. 10).

### L'attitude prospective

La prospective serait avant tout une question d'attitude à imaginer le futur et à agir en fonction de ce que nous souhaitons du futur (Berger, 1959). En ce sens, nous sommes tous un peu des prospectivistes dans notre vie personnelle : lorsque nous choisissons notre domaine d'études ou lorsque nous planifions un achat important comme celui d'une propriété, par exemple. Certains parleront d'intuition pour expliquer les bonnes décisions qu'ils ont prises au cours de leur existence. D'autres préféreront parler de stratégies. On concédera facilement des qualités de stratège ou de visionnaire aux leaders économiques qui, en œuvrant dans le monde des affaires, se sont démarqués par l'innovation ou les bons placements.

Voir loin, voir large, analyser en profondeur, prendre des risques, penser à l'homme, tels sont les caractères de l'attitude prospective par lesquels Gaston Berger a tenté de la distinguer (Massé, 1967, p. 100). En somme, la prospective est une réflexion sur l'avenir. Sa particularité est que, née dans une société scientifique et technologique, elle cherche à encadrer l'imagination par des techniques de vérification pour solidifier les conjectures (Cordobes et Durance, 2004a, p. 8).

### La méthode prospective

Bien sûr, il ne suffit pas d'avoir une attitude prospective ou de détenir ce que certains appellent le don naturel de l'intuition pour être prospectiviste. Ceux qui en font une carrière professionnelle emploient différents instruments : les uns essaient de découvrir des phénomènes qualifiés d'émergents, les autres construisent des scénarios en modélisant approximativement la société et en faisant évoluer certaines variables, d'autres encore se servent de la dynamique de groupe, des analyses d'experts, etc. (CNAF, 2005, p. 93).

Dans la littérature, les diverses méthodes sont généralement présentées comme des outils visant à apprécier de manière aussi objective que possible des réalités complexes et interreliées, à l'instar de Michel Godet, qui a consacré un livre complet à la méthode prospective, qu'il présente comme une boîte à outils. Il écrit, en avant-propos : « L'usage de ces outils est inspiré par un souci de rigueur intellectuelle notamment pour mieux se poser les bonnes questions (pertinence) et réduire les incohérences dans les raisonnements » (Godet, 2004b, p. 2).

Dans le même sens, Gaudin présente la technique prospective comme une activité « sur mesure » de conscientisation qui ne peut se réduire à un processus machinal. Il n'y a donc pas une méthode, mais il y a des outils (Gaudin, 2005, p. 47). Il distingue deux catégories de techniques quantitatives : les modélisations de quantités physiques et les traitements quantitatifs d'opinions. Il situe l'ethnotechnologie comme une technique émergente qui permet de passer des réductions rationnelles à de véritables visions du futur. Il consacre un chapitre entier à l'élaboration de scénarios (Gaudin, 2005).

## La méthode des scénarios

La méthode des scénarios est un instrument de simulation (De Jouvenel, 2002, p. 18) qui consiste à décrire plusieurs versions possibles de l'avenir (Helfter, 2005, p. 23). Après avoir recueilli les faits pertinents, délibéré sur les questions qui se posent et établi les facteurs qui déterminent le futur, on produit plusieurs récits décrivant des évolutions possibles (Gaudin, 2005, p. 94).

La méthode des scénarios comprend trois étapes[7] : la construction de la base, le balayage du champ des possibles et la réduction de l'incertitude, et enfin l'élaboration de scénarios (Godet, 2004b, p. 107). Comme nous nous sommes inspirés de cette méthode dans le projet de prospective de la famille à l'horizon de 2020, nous détaillerons ces étapes dans la section 4 de ce texte.

---

7. « Mise en œuvre et expérimentée dans des contextes très différents, la méthode a bénéficié d'améliorations successives et quoiqu'il n'existe pas d'approche unique pour construire des scénarios, elle recouvre aujourd'hui des pratiques assez homogènes. Un consensus existe en particulier sur la nature et l'enchaînement des étapes qui jalonnent la démarche de construction des scénarios » (Commissariat général du Plan, 2004, p. 1).

Cette méthode offre des avantages et des inconvénients. L'un des dangers est de se perdre devant la complexité des possibilités et de multiplier les scénarios. Il faut donc simplifier, sur la base de probabilités ou par un choix plus arbitraire de quelques grandes configurations (De Jouvenel, 2002, p. 20). Quoi qu'il en soit, «la méthode des scénarios (description plus ou moins cohérente de futurs possibles) est utilisée, malgré ses défauts (agrégation, simplicité), lorsque les nombreux éléments à considérer sont interdépendants; l'avenir énergétique est particulièrement hasardeux compte tenu des nombreux éléments politiques, économiques, financiers et sociaux» (Verheve, 1987, p. 28).

Afin d'explorer le spectre des avenirs possibles de la politique familiale française à l'horizon 2015, la Caisse nationale des allocations familiales (CNAF) a entrepris une démarche prospective inspirante pour nos travaux. Les artisans de cet exercice ont opté pour cette méthode. Cela leur a permis d'élaborer quatre scénarios globaux relatifs à l'environnement de la politique familiale en France.

La méthode des scénarios doit, en bout de ligne, déboucher sur des choix stratégiques, tel que le présente la figure suivante.

**FIGURE 1**

*L'ensemble du champ des possibles*

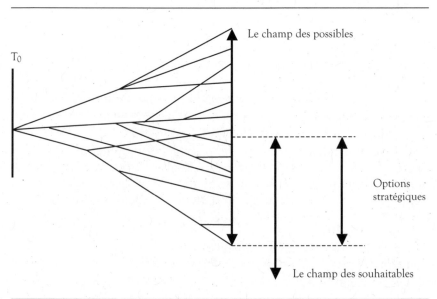

Source : Groupe de travail Prospective, 2007, p. 179.

La méthode des scénarios présente plusieurs avantages sur le plan de l'analyse : organiser la réflexion, agencer les connaissances, diminuer la dispersion, etc. Elle présente également un grand intérêt sur le plan de la communication : démarche multidisciplinaire, diffusion et discussion des résultats et appropriation par les acteurs des options à privilégier.

Quoi qu'il en soit et peu importe les méthodes utilisées, l'objectif ultime d'une démarche prospective demeure d'éclairer les actions d'aujourd'hui en fonction de leurs conséquences possibles sur nos lende-mains. À l'instar de Hugues de Jouvenel, il est possible de dire que la prospective permet d'être de **réels artisans d'un futur** choisi plutôt que des spectateurs, ou des victimes, d'un avenir subi (De Jouvenel, 2005, p. 7).

De quel futur devons-nous être les artisans ? L'horizon sur lequel nous voulons porter notre regard et proposer des pistes d'action pour le mieux-être des futures familles est déterminant pour la suite des travaux.

## LE CHOIX DE L'HORIZON

L'horizon 2020 évoque un avenir à la fois proche et lointain. Il peut évoquer pour chacun de nous une image particulière du futur. Il est toutefois grandement possible que notre imaginaire collectif soit influencé par le récent passage au nouveau millénaire. Vingt ans seront passés depuis cette période marquée par des incertitudes et des rumeurs sur des possibilités de ruptures et de chaos de divers ordres (environnemental, informatique, etc.).

La famille de l'an 2000 était envisagée avec prudence et inquiétude à l'égard des dangers de l'apparition de nouveaux clivages sociaux (Lemieux, 1990, p. 17). Elle demeurait une énigme, tout comme celle des décennies précédentes. Elle était « une "famille incertaine" aux mille visages qui s'esquivent derrière les prédictions imprécises des démogra-phes et des sociologues devenus hésitants lorsque conviés à interroger leur boule de cristal » (Lemieux, 1990, p. 9-10). Devant la pluralité des modèles familiaux, l'avenir de la famille semblait de plus en plus difficile à cerner.

Le choix de l'horizon 2020 n'est pas le fruit du hasard. Voulant tenir compte des personnes et du contexte québécois afin de permettre une réflexion utile, il a été fait pour trois principales raisons.

## Un horizon réaliste et utile

La démarche des deux conseils s'étalant sur quelques années, cela exigeait un horizon d'un minimum de dix ans. Pour la portée qu'il permet, l'horizon 2020 est apparu comme réaliste et utile. Comme il sera précisé dans la section suivante, portant sur les objectifs du projet, les recommandations qui découleront de cet exercice de prospective pourront se traduire en actions et être opérationnelles dans ce délai.

C'est surtout d'un point de vue méthodologique que cet horizon nous a paru particulièrement adapté à des travaux de prospective. Dans treize ans, les réalités familiales ne seront pas les mêmes que celles de 2007[8]. En quoi auront-elles changé? Dans quel contexte vivront les familles de 2020? Les changements qu'on peut anticiper dans un délai de treize ans peuvent se placer sous le signe de la continuité comme sous celui de l'innovation. Cet horizon appelle à la rigueur comme à l'imagination.

Un examen rétrospectif de l'évolution de la situation de la famille permet de saisir l'éventail des changements qui peuvent se produire sur une période de treize ans.

Il y a treize ans, **en 1994**, c'était l'Année internationale de la famille. Les principaux objectifs déterminés par l'ONU étaient au nombre de trois : favoriser la reconnaissance de la contribution des familles au développement de la collectivité, sensibiliser les gouvernements et le secteur privé aux problèmes de la famille et inciter les organismes publics à formuler et à mettre en œuvre des politiques globales apportant les ajustements requis par les diverses situations des familles (Gagnon, 1993).

Par cet événement, la communauté internationale reconnaissait la famille en tant qu'unité de base de la société, comme l'avait fait le gouvernement québécois en 1987. Cela a justifié qu'on lui accorde une attention particulière et qu'on admette que les familles prennent diverses formes et assument diverses fonctions au sein de la société (Réseau du système des Nations Unies sur le développement rural et la sécurité alimentaire, 2003).

Au Québec, le Bureau québécois de l'Année internationale de la famille a eu comme mandat de bâtir un programme national propre à mettre en évidence la famille en favorisant la tenue de plusieurs activités de réflexion et de célébration (BQAIF, 1994, p. XI). L'une des activités

---

8. Les travaux multidisciplinaires ont débuté en 2007, bien que les deux conseils aient investi temps et énergie plusieurs mois auparavant.

qui a retenu l'attention et qui a demandé la collaboration de plusieurs partenaires de divers horizons est le Forum sur la fiscalité des familles. Au moment même où était ressentie l'acuité du problème du déficit gouvernemental et où la diversité des familles devenait une préoccupation majeure, le Bureau a décidé de faire de la question de la fiscalité des familles l'une de ses priorités d'action. D'entrée de jeu, on rappelait dans le discours d'ouverture une donnée fondamentale : « si privée soit-elle, la décision d'avoir des enfants est la seule qui permette à une société d'évoluer et, partant, tous les membres de la société doivent soutenir les parents et leurs enfants » (BQAIF, 1994, p. 8).

Treize années plus tôt, **en 1980-1981**, on assistait à un moment tournant de l'évolution de la conception de la famille et du couple au Québec avec la Loi instituant un nouveau Code civil et portant réforme du droit de la famille[9] :

> On modernise alors le droit de la famille, en mettant l'accent sur la protection des droits individuels des membres de la famille – notamment le droit à l'égalité et la liberté d'aménager ses relations familiales – tout en tentant d'assurer la protection du groupe familial. Depuis, les époux sont égaux, les enfants ont les mêmes droits, quelles que soient les circonstances de leur naissance, et la résidence familiale est protégée des gestes plus ou moins égoïstes de l'un ou l'autre des conjoints [...] (Pineau et Pratte, 2006, p. 11-12).

Par ailleurs, depuis 1981, un enfant peut recevoir le nom de son père ou de sa mère, ou encore des deux (Valois, 1998, p. 254).

Si, de nos jours, aucun rôle ou fonction en particulier n'est attribué exclusivement à l'homme ou à la femme, le principe d'égalité des époux a fait son chemin lentement dans l'appareil législatif et dans les mentalités[10]. Ce sont d'abord les femmes qui ont amorcé cette recherche de relations et de rapports plus égalitaires dans l'ensemble de la société.

Cette évolution des conceptions s'est également traduite dans le mode de vie des couples québécois qui, depuis 1981[11], ont de plus en plus choisi l'union libre. L'union libre était le mode de vie de 8 % des couples du Québec en 1981, celui de 25 % des couples en 1996 (Ressources naturelles Canada, 1996). Les données récentes confirment la tendance, puisque l'union libre concernait près de 35 % des couples en 2006 (Statistique Canada, 2007). Il s'agit là d'une montée plus importante

---

9. Le 19 décembre 1980 était sanctionné le projet de loi n° 89 qui portait réforme du droit de la famille, mais dont la mise en vigueur, pour des raisons constitutionnelles, fut seulement partielle (Pineau et Pratte, 2006, p. 11).

10. Même si c'est en 1964 qu'était adoptée la Loi sur la capacité juridique de la femme mariée.

11. Jusqu'en 1981, l'union libre est un phénomène négligeable, et les statistiques n'en tiennent pas compte (Valois, 1998, p. 101).

que dans l'ensemble du Canada ; les Québécois et Québécoises paraissent ici plus sensibles aux remises en question du mode de vie conjugale (Valois, 1998, p. 101). Autrefois comportement marginal, que l'on trouvait plus souvent en milieu ouvrier pauvre, comportement considéré comme contraire aux bonnes mœurs, l'union libre est maintenant largement tolérée et même valorisée chez les jeunes adultes (Lacourse, 1999, p. 109).

Ce bref survol de deux périodes de treize ans montre comment une période en apparence très courte peut contenir des événements marquants pour l'évolution de la famille. Il suggère un futur dynamique dans lequel les acteurs jouent un rôle important à l'intérieur de structures et de contextes particuliers. Il incite à une analyse prospective en profondeur à partir des tendances actuelles et des faits porteurs d'avenir en se demandant : Quel chemin sera parcouru au terme des treize années à venir ?

## Un point de vue de génération, ou un accent sur les trajectoires

L'horizon 2020 s'est imposé également parce qu'il permet de faire ressortir les trajectoires individuelles et familiales d'un point de vue de générations ou de cohortes en particulier. Choisir l'horizon 2020, c'est insister sur l'idée que nous sommes les artisans du futur et reconnaître l'influence et le pouvoir humains comme facteurs déterminants de l'avenir d'une société. Les attitudes et les valeurs des jeunes peuvent être considérées comme des faits porteurs d'avenir ou des germes d'un futur sombre.

En 2020, les enfants nés à l'aube du millénaire auront 20 ans, soit l'âge de faire des choix déterminants pour leur propre avenir. Ils vivront au sein de familles diversifiées, tant par leurs structures que par leurs conditions de vie, plongées dans un contexte dont les contours sont difficiles à définir à l'avance. Ces enfants sont nés dans un environnement technologique qui semble redéfinir les relations sociales en éliminant ou en réduisant les contraintes d'espace et de déplacement. Ces futurs adultes auront fréquenté les centres de la petite enfance (CPE) et grandi dans une société « multiethnique ». Il n'est pas étonnant que les familles contemporaines cherchent à former des enfants qui pourront naviguer virtuellement et physiquement dans un monde de connaissances et d'influences multiples et où les frontières semblent s'estomper (CFE, 2005, p. 23).

Globalement, la prise en compte des différences entre générations est essentielle à la compréhension des enjeux liés aux choix de société qui seront effectués afin d'assurer un avenir souhaitable. Depuis un bon moment déjà, le rôle et la place qu'occuperont les adultes plus âgés retiennent l'attention des personnes préoccupées par l'avenir de la société québécoise. Les nombreuses cohortes du baby-boom auront entre 55 et 75 ans en 2020 (Lapierre-Adamcyk, 2001, p. 35). C'est donc dire que les boomers seront en âge d'être grands-parents et d'accéder à la retraite.

La génération X[12] et la génération Y[13] auront entre 35 et 55 ans et seront en pleine force de l'âge, tant sur le plan familial que professionnel. À l'heure actuelle, la venue sur le marché du travail de la génération Y se fait sentir. Il semble que cela implique des changements dans la manière de gérer les ressources humaines, qui justifient la production de guides à l'intention des employeurs expliquant « comment apprivoiser la génération Y[14] ».

Finalement, la jeunesse qui sera formée des générations suivantes, âgées de 15 à 35 ans, connaîtra un contexte économique et social plus ou moins favorable à son émancipation et à son désir de fonder une famille. Soulignons au passage que les projections canadiennes présentent une lente augmentation du nombre de naissances ayant un pic devant survenir en 2020 (Sauvé, 2006).

Les conditions de vie et les comportements différents selon les générations sont des sujets bien documentés au Québec. Parmi les effets différenciés observables, il y a eu le sommet record du taux de chômage des jeunes dans les années 1980, qui a valu le nom de génération sacrifiée aux jeunes nés entre 1966 et 1976. Certains auteurs ont tenté de comparer les thèses de l'effet de période à celles de l'effet de cohorte[15], sans toutefois pouvoir faire ressortir en conclusion une explication plus que

---

12. Ils sont nés entre 1966 et 1976. On les appelle la génération sacrifiée (Pierre-Olivier Ménard et Jacques Légaré, *Les générations X et Y, vraiment différentes des précédentes ?*, <sociology.uwo.ca/popchange/>, consulté le 10 janvier 2008.

13. Ils sont nés entre 1976 et 1986. Ils seraient en bonne position pour réussir dans la vie, *ibid.*

14. Le Regroupement des jeunes chambres de commerce du Québec a réalisé une fiche intitulée *Comment apprivoiser la génération Y*, disponible sur son site <www.rjccq.com>.

15. « Par effet de période, on entend toute situation temporaire qui s'explique par le contexte économique du moment et qui affecte toutes les cohortes peu importe leur âge. Par effet de cohorte, on entend une situation permanente s'expliquant par l'appartenance à une cohorte particulière » (Fleury, 2007, p. 260).

l'autre, « [...] certains résultats allant dans le sens d'un effet de cohorte, d'autres allant davantage dans celui d'un effet de période » (Fleury, 2007, p. 278).

La perspective prospective doit nécessairement prendre en considération l'influence potentielle des effets de cohorte pour comprendre les dynamiques à l'œuvre dans les changements sociaux.

## Une spécificité québécoise

Finalement, la spécificité de l'évolution de la société québécoise depuis la Révolution tranquille militait en faveur de l'horizon 2020. Cette période charnière des années 1960 est, en effet, souvent mentionnée pour marquer le début de changements profonds dans la société, dans la famille et surtout dans le rapport entre ces deux institutions. Il peut être intéressant d'observer l'évolution des interventions de l'État dans les affaires familiales par intervalles de vingt ans : 1960, 1980, 2000 et 2020.

Cette section n'a pas la prétention de faire la synthèse de l'évolution de la préoccupation familiale et du mouvement envers les familles au Québec, mais bien de faire ressortir certains éléments marquants qui ont eu lieu à chaque cycle de vingt ans.

Le premier intervalle, **de 1960 à 1980**, débute avec la création du ministère de la Famille et du Bien-être social par le gouvernement de Jean Lesage en 1961, qui illustre que l'idée d'une politique familiale fait lentement son chemin. Malgré cela, la volonté politique d'intervenir dans le domaine familial se fait timide. Même si, au cours des années 1970, on voit apparaître les premières mesures pour concilier famille et emploi et que l'État québécois affirme son implication dans la protection publique des citoyens et, par conséquent, de la famille, il semble que la priorité n'est pas de mettre en place une politique familiale explicite (Kempeneers, 2001, p. 70). Globalement, la mise en place de l'État providence a été suivie par une période de remise en question.

Parallèlement, c'est en 1964 que le mot *famille* apparaît dans le vocabulaire législatif, dans les anciens articles 174, 175 et 182 du Code civil du Bas-Canada relatifs aux droits et devoirs respectifs des époux : « Ce Code civil, en effet, se bornait à énoncer des règles juridiques qui gouvernaient les relations familiales [...] sans prendre en considération les intérêts de la famille en tant que collectivité » (Pineau et Pratte, 2006, p. 1-2).

Le deuxième, **de 1980 à 2000**, est le moment d'avancées et de reculs dans le domaine de la famille. D'avancées notables, avec la publication d'un livre vert[16] élaboré en collaboration avec les organismes familiaux, une vaste consultation à travers tout le Québec, la publication de deux ouvrages du Comité de la consultation sur la politique familiale[17] et l'adoption par le gouvernement québécois, en 1987, du premier énoncé de politique familiale. Ainsi, « la période 1980-1987 voit l'émergence d'une politique familiale explicite. Dans les années 1980, en effet, va peu à peu se concrétiser la volonté de certains acteurs des pouvoirs publics et d'un bon nombre de groupes de la société civile de doter le Québec d'une politique explicite en faveur des familles » (Kempeneers, 2001, p. 70). Le Secrétariat à la famille déposera, pendant cette période, trois plans d'action gouvernementaux visant l'engagement de différents ministères en faveur des familles. Par ailleurs, devant les critiques de l'État providence en regard de sa lourdeur bureaucratique et des coûts occasionnés, diverses tentatives et ajustements sont planifiés. « La nécessité du désengagement de l'État et du report de certaines fonctions vers les familles est un discours qui reçoit de plus en plus d'écho dans les milieux gouvernementaux[18]. »

Parallèlement, la reconnaissance juridique de la famille s'affirme pendant cette période. Comme nous l'avons souligné précédemment, la Loi instituant un nouveau Code civil et portant réforme du droit de la famille a été un moment tournant de l'évolution de la conception de la famille au Québec.

Une nouvelle tendance s'est dessinée à la fin de cette période. La préoccupation grandissante pour la petite enfance se concrétisera, en 1997, par la création du ministère de la Famille et de l'Enfance. Ainsi, se précise une politique orientée non seulement vers la famille, mais aussi vers l'enfance (Kempeneers, 2001, p. 71).

---

16. Comité ministériel permanent du développement social (1984), *Pour les familles québécoises. Document de consultation sur la politique familiale*, Québec, 114 p.

17. Comité de la consultation sur la politique familiale (1986a), *Rapport du Comité de la consultation sur la politique familiale : Le soutien collectif réclamé pour les familles québécoises, première partie*, 114 p., et id. (1986b)., *Rapport du Comité de la consultation sur la politique familiale : Le soutien collectif recommandé pour les parents québécois, deuxième partie*, 152 p.

18. « La réforme de l'aide sociale, qui a été adoptée à la fin des années 1980, va encore plus loin en ce qui a trait aux responsabilités assignées aux familles. À moins que les jeunes assistés sociaux soient eux-mêmes chargés de famille, l'on exige que leurs parents leur versent une "contribution alimentaire" jusqu'à l'âge de 25 ans, contribution qui diminuera d'autant le montant alloué par l'État » (Valois, 1998, p. 305).

Le début du troisième intervalle, de **2000 à 2020**, est marqué par l'adoption de la Loi sur l'assurance parentale au Québec[19]. Les préoccupations gouvernementales semblent se tourner vers la conciliation famille-travail, qui a d'ailleurs été un thème majeur de la campagne électorale de 2003. Les principales actions se concentrent sur le développement accéléré et le financement des services de garde éducatifs, sur les nouvelles prestations d'assurance parentale ainsi que sur le soutien financier aux familles.

Autre tendance à signaler : « Signe d'un autre temps, la responsabilité des aînés revient dorénavant [2005] au ministère chargé des dossiers concernant la famille après avoir été pendant de nombreuses années assurée par le ministère de la Santé et des Services sociaux » (Partenariat..., 2005, p. 88). Plus récemment, en 2007, la responsabilité de la condition féminine a été confiée au ministère responsable de la Culture et des Communications. Aujourd'hui, le ministère de la Famille et des Aînés vise le mieux-être et l'épanouissement des familles, des enfants et des aînés.

Parallèlement, le nouveau millénaire semble s'ouvrir sur un nouveau droit de la famille, bâti sur des fondements plus individualistes et des aspirations parfois contradictoires (Pineau et Pratte, 2006, p. 12). Pour le Conseil de la famille et de l'enfance, les récents changements législatifs[20] nous obligent à réfléchir sur notre vision des liens familiaux (CFE, 2005, p. 133).

Peut-on envisager que le quatrième intervalle, celui débutant **en 2020**, s'avérera une période de consolidation ? Une période qui verra l'affirmation d'une politique familiale globale reconnaissant à l'État une double responsabilité : celle de promouvoir le bien-être des familles auprès de l'ensemble des acteurs sociaux et des décideurs, sans remettre en question les récents acquis dans le soutien et les services directs aux familles ? C'est ce que nous tenterons d'éclairer par le présent projet.

---

19. Malgré l'adoption de la Loi en 2001, l'absence d'une entente avec le gouvernement fédéral retardera sa mise en vigueur jusqu'en janvier 2006.
20. En particulier, l'abolition de l'obligation alimentaire entre grands-parents et petits-enfants en 1996 ainsi qu'une réforme majeure en 2002, « une autre réforme de la réforme : la Loi instituant l'union civile et établissant de nouvelles règles de filiation (L.Q. 2002, c. 6), [qui] permet une alternative au mariage – le "contrat d'union civile" qui s'adresse tant aux homosexuels qu'aux hétérosexuels – et admet qu'un enfant puisse avoir des parents de même sexe » (Pineau et Pratte, 2006, p. 12).

## LES OBJECTIFS

Les deux conseils considèrent que l'avenir de la famille au Québec est un sujet trop important pour être laissé au hasard et, s'ils ont décidé d'entreprendre une telle réflexion prospective, c'est pour permettre au plus grand nombre d'acteurs de la scène familiale d'être de réels artisans du futur. Les principaux objectifs de notre démarche de prospective sont liés directement à ses caractéristiques.

Globalement, l'intérêt pour l'anticipation de l'avenir réside dans la volonté de faire de meilleurs choix de société et d'éviter des situations redoutables. Il est nécessaire de faire preuve d'anticipation afin de ne pas être constamment obligés de faire face à des urgences, nos marges de manœuvre étant alors fort réduites et nos actes essentiellement commandés par les événements (De Jouvenel, 2005, p. 6). Ainsi, « l'objectif de toute démarche de prospective est d'identifier les futurs possibles et les futurs souhaitables, tout en listant les futurs redoutables et les futurs inacceptables » (Georges, 2005, p. 22).

L'horizon sur treize ans sert bien les objectifs du projet, puisque les recommandations qui découleront de cet exercice de prospective pourront se traduire en actions et être opérationnelles dans ce délai. Nous espérons que la prise de conscience, la réflexion collective, la démarche multidisciplinaire et les choix stratégiques auront un important retentissement. Les principaux bénéficiaires en seront les familles.

### Susciter une prise de conscience

L'intérêt pour la réflexion sur l'avenir n'est pas nouveau au Québec, nous sommes de plus en plus conscients des répercussions de nos actions présentes sur le futur. Déjà en 1970, un document publié par la Commission d'enquête sur la santé et le bien-être social relevait cette préoccupation comme une nouvelle orientation de l'action qui pouvait être observée dans plusieurs sociétés. En bref, on soutenait que :

> C'est en autant que les sociétés occidentales prennent conscience de la nécessité d'organiser de façon rationnelle leur propre croissance économique et sociale qu'elles prennent conscience en même temps de la nécessité de connaître ou du moins de prédire leur avenir. Planificateurs et urbanistes se rendent de plus en plus compte que toute action entreprise pour solutionner un problème passé ou présent aura des répercussions plus ou moins stables dans le futur (Fortin, 1970, p. 13).

Une dizaine d'années plus tard, le Groupe québécois de prospective (GQP) confirmait cette nécessité en soulignant que « le besoin de jeter un regard prospectif sur notre société découle de la prise de conscience selon laquelle les décisions individuelles et collectives prises aujourd'hui auront des conséquences au cours des prochaines décennies» (GQP, 1982, p. 3).

L'utilité d'anticiper l'avenir de la famille au Québec se présente avec acuité dans un contexte d'incertitudes et d'inquiétudes, tant sur l'avenir de l'organisation de la société québécoise que sur l'évolution démographique. Au Québec, le vieillissement de la population se fera sentir avec beaucoup d'intensité. Sa population qui était, il y a quelques années, l'une des plus jeunes des pays industrialisés sera bientôt à l'échelle des plus vieilles (Conseil de la famille et de l'enfance, 2004, p. 13).

Dans les sociétés contemporaines, l'anticipation s'impose. Certains y voient un exercice libérateur parce qu'il nous oblige à mieux comprendre le présent et nous permet de définir la marge de manœuvre de la société ainsi que les correctifs qui s'imposeront, si celle-ci venait à modifier ses objectifs (GQP, 1982, p. 3). D'autres parleront davantage d'un effet calmant l'angoisse qui peut résulter du sentiment que le changement s'accélère et que les menaces se multiplient.

Godet (2004a, p. 6) insiste sur les effets conjugués de deux facteurs principaux pour expliquer la nécessité d'anticiper l'avenir :

- en premier lieu, le sentiment de l'accélération du changement technique, économique et social nécessite une vision à long terme car, comme le disait Gaston Berger, «plus l'on roule vite, plus les phares doivent porter loin» ;

- en second lieu, les facteurs d'inertie liés aux structures et aux comportements commandent de semer aujourd'hui pour récolter demain : « "plus un arbre est long à pousser, moins il faut tarder pour le planter", me disait mon grand-père ».

L'accélération du changement avait déjà été citée comme facteur expliquant la nécessité de faire de la prospective par le Groupe québécois de prospective, en 1982. Il ajoutait deux autres facteurs à ce dernier : le temps de «gestation» assez long de projets industriels ainsi qu'une complexité croissante dans la réalisation de ces projets. À l'époque, le projet de la baie James était un exemple parfait pour illustrer une déci-sion prospective, «c'est-à-dire une décision dont les conséquences se prolongent dans un avenir lointain et qui exige une compréhension de ce même avenir lointain» (GQP, 1982, p. 5).

En somme, si l'inquiétude des hommes à l'égard de l'avenir a été présente de tout temps, elle l'est plus encore aujourd'hui «tant le chan-gement s'accélère, les ruptures se multiplient, l'impression de chaos l'em-porte sur celle d'un ordre bien réglé, tant est vaste l'éventail des futurs possibles et l'étendue des incertitudes» (De Jouvenel, 2002, p. 3).

## Susciter une réflexion collective

La démarche prospective passe par une réflexion collective. À notre avis, elle doit permettre à tous d'entrevoir l'évolution des modes de vie, d'avoir le sentiment de mieux comprendre et de mieux savoir comment se préparer ou faire face à l'avenir. Elle vise la mobilisation de tous les acteurs sociaux en réaffirmant que la famille est au cœur des enjeux sociaux actuels et à venir. Elle doit alimenter les débats actuels et à venir. Elle doit susciter une vision partagée de ce qui est souhaitable et faire ressortir la nécessité d'agir à l'égard de certaines difficultés pressenties et reconnues comme non souhaitables.

L'outil privilégié pour structurer la réflexion collective est l'élaboration de scénarios. Leur présentation à la fin de cet ouvrage répond à l'objectif d'offrir un cadre de réflexion, de référence, commun pour penser l'avenir de la famille et pour agir afin d'éviter le redoutable et de favoriser le souhaitable.

## Favoriser une démarche multidisciplinaire

Comme nous l'avons déjà indiqué, la démarche prospective implique un examen en multidisciplinarité. Pour les personnes et experts qui collaborent directement au projet, cet exercice pourrait favoriser le renouvellement de leurs approches. Pour ceux y ayant contribué de façon plus structurée, qui ont participé à des échanges multidisciplinaires, nous espérons que cela éveillera leur sensibilité au mieux-être des familles, réaffirmera l'importance d'un partenariat interdisciplinaire, ou encore initiera un nouveau réseautage particulier sous le thème de l'avenir de la famille. Il n'est pas exclu que le projet ouvre de nouvelles pistes de recherche et fasse surgir de nouvelles configurations.

## Soutenir les prises de décisions stratégiques

En général, la capacité d'un État à lire les changements et sa réaction aux demandes ou aux pressions populaires influencent grandement le temps d'adaptation et l'harmonisation des orientations politiques aux réalités familiales. La démarche prospective offre de meilleurs outils pour faire des choix stratégiques. En ce sens, les travaux en cours devraient être particulièrement utiles pour les décideurs politiques. Leur marge de liberté sera plus grande, car le projet aura permis de dégager les enjeux principaux et d'augmenter la capacité d'adaptation des moyens d'action des politiques.

On ne doit pas négliger les effets du décalage entre les politiques publiques et les besoins des familles. On le constate notamment dans une récente publication portant sur la fécondité au Québec (MFACF, 2006), où les auteurs présentent un modèle d'offre et de demande de politiques familiales afin de faire ressortir le décalage relatif ou l'estimation du degré d'accord/désaccord entre les valeurs individuelles dominantes et celles véhiculées par les mesures de l'État et le marché du travail. Il en ressort ceci : « Sur la base de ces similitudes [celles observées entre le Québec et les pays nordiques], notre faible fécondité actuelle s'expliquerait par le délai qu'a mis le Québec par rapport aux pays nordiques à adapter ses institutions aux valeurs et aux réalités des couples à deux gagne-pain » (MFACF, 2006, p. 14). Dans ce cas, le temps d'adaptation des politiques publiques aux besoins et valeurs des familles aurait donc été déterminant.

Le relevé des facteurs déterminants pour l'évolution de la famille devrait permettre d'aider le processus de décision et de choisir les actions à entreprendre à court terme. Les résultats visés sont d'augmenter la capacité de nos décideurs politiques d'agir en stratèges et d'éviter, par conséquent, qu'ils tombent sous l'emprise de la nécessité d'agir en urgence.

> Au-delà donc de la responsabilité qui incombe aux responsables publics de faire face aux situations d'urgence, leur incombe également la responsabilité de formuler des projets qui confèrent un sens et une cohérence aux actions à court terme souvent dictées par la conjoncture, des projets autour desquels doivent pouvoir se mobiliser les acteurs (De Jouvenel, 2005, p. 18).

## Avantager les familles

De cet exercice et de la mobilisation de ressources et d'expertise qu'il suscite, les familles devraient retirer certains bénéfices directs. L'un des objectifs de ce projet est donc de réaffirmer que les familles doivent être au cœur des préoccupations sociétales. Il est à souhaiter qu'elles sentent éventuellement un meilleur arrimage entre les services qui leur sont offerts et leurs besoins, qu'elles soient rassurées et soutenues dans la réalisation de leur projet familial de façon continue et cohérente et qu'elles vivent dans des milieux propices et accueillants. Dans un contexte de diversité des parcours conjugaux et familiaux, le défi de répondre adéquatement aux besoins de l'ensemble des familles est grand[21].

---

21. Pour plus de détails, voir Conseil de la famille et de l'enfance (2005), *Prendre en compte la diversité des familles*, 133 p.

De plus, les familles elles-mêmes ainsi que les groupes qui les représentent devraient être en mesure de mieux définir leur projet en fonction des défis de demain, des embûches potentielles et des facteurs facilitants.

En somme, l'exercice en cours doit être un catalyseur, de façon à favoriser un projet mobilisateur qui éclaire l'avenir des familles, en saisit la complexité et favorise une vision partagée de ce qui est souhaitable. On peut considérer que « la prospective n'est pas un domaine réservé aux seuls initiés mais une manière, pour chacun, là où il se trouve, de prendre son avenir en main, c'est-à-dire d'agir dans le présent en fonction d'un projet futur désiré et réaliste compte tenu des perspectives futures » (Godet, 2004a, p. 10).

Le projet en cours permettra aux deux conseils d'alimenter leurs futurs travaux en cohérence avec les principaux constats et d'orienter leurs actions à moyen terme grâce aux connaissances qu'ils auront mises à jour pendant les différentes étapes de sa réalisation.

## NOTRE DÉMARCHE

Pour mener à bien ce projet d'envergure, les deux conseils ont planifié une démarche qui sera effectuée sur deux années correspondant à deux phases distinctes. La première vise à établir les jalons d'une analyse prospective appuyée sur des données et des analyses scientifiques. La deuxième phase vise à sonder les opinions et à mieux cerner les influences des différents acteurs sur l'évolution de la situation des familles à l'horizon 2020. La démarche s'inspire des travaux *Horizon 2015* menés par la Caisse nationale des allocations familiales (CNAF), en France. Elle s'alimente également de travaux récents menés par le Conseil de la science et de la technologie (Perspectives Science, Technologie, Société) ainsi que par le Conseil de la famille et de l'enfance.

### Origine du projet : une convergence d'intérêts

Dès le début du projet, les deux conseils ont partagé à son égard un intérêt et un enthousiasme constants. Bien que les deux partenaires de longue date aient des missions différentes[22], ils ont vu là l'occasion de

---

22. Le Conseil de la famille et de l'enfance a comme principale tâche de conseiller le gouvernement au regard de la famille et de l'enfance. Le Conseil de développement de la recherche sur la famille du Québec a pour mission de contribuer, par la recherche, à l'avancement du savoir en matière familiale et de faire servir à des fins d'éducation, de formation et de perfectionnement les connaissances résultant des travaux de recherche.

collaborer à l'amélioration de la qualité des décisions qui seront prises en vue d'assurer un avenir souhaitable à l'ensemble des familles.

C'est ainsi que les avancées de la recherche sur la famille au Québec et les travaux du Conseil de la famille et de l'enfance ont amené à explorer une vision prospective de la famille.

## L'intérêt du Conseil de développement de la recherche sur la famille du Québec

On constate, en observant les productions issues des quinze ans de travaux du Conseil de développement de la recherche sur la famille du Québec (CDRFQ, 1992 à 2006), que les premières préoccupations à l'égard des questions familiales portaient sur la nature de la famille contemporaine : montée du divorce, augmentation de l'union libre, baisse du taux de natalité, croissance des familles monoparentales, etc. Par la suite, de nouveaux champs de recherche sont assez clairement apparus : problèmes sociaux, questions juridiques, approches féministes, logement, immigration, avenir des jeunes, figurent au sommaire des textes publiés. Ajoutons les analyses portant sur le travail, les politiques familiales, la paternité, la parentalité, les rapports entre les générations, etc. La gamme des problèmes sociaux, d'abord surtout associés aux seuls problèmes familiaux, s'est étendue : pauvreté, ruptures, violence conjugale, maltraitance, stress, santé mentale, etc. Les questions liées à l'intervention auprès des familles et les thèmes de l'homoparentalité, de l'homosexualité et du suicide et d'autres, ont également été abordés[23].

Cependant, malgré le fait que nous disposions maintenant de statistiques relativement fiables qui permettent de mieux circonscrire certaines tendances démographiques, certains aspects des changements familiaux demeurent encore peu traités dans la littérature, par exemple les transformations dans l'exercice de la paternité.

---

23. Pour plus d'informations, voir Gilles Pronovost (2004). « Quels enjeux de recherche pour les familles d'aujourd'hui ? », dans la revue *Enfances, Familles, Générations –* Regards sur les parents d'aujourd'hui, n° 1, automne, Conseil de développement de la recherche sur la famille du Québec (CDRFQ), disponible à <www.erudit. org/revue/efg/2004/v/n1/008890ar.html> ; et le Conseil de développement de la recherche sur la famille du Québec (2003-2005). Inventaire des besoins en matière de recherche et de formation dans le domaine de l'enfance et de la famille, disponible sur le site <www.uqtr.ca/cdrfq/default.html>.

## L'intérêt du Conseil de la famille et de l'enfance

Parallèlement, les récents travaux du Conseil de la famille et de l'enfance ont préparé le terrain pour l'émergence du projet Prospective. Ce dernier apparaît comme une suite logique de plusieurs travaux, poursuivant en quelque sorte ceux entamés au moment du colloque de 2005 afin de mieux cerner les besoins des familles d'aujourd'hui et de demain. Deux publications récentes examinent, chacune à sa manière, les réalités des familles contemporaines : l'avis *Prendre en compte la diversité des familles* et le *Rapport 2005-2006 sur la situation et les besoins des familles et des enfants*, qui présente les défis d'adaptation à quatre étapes du cycle de vie familiale. Les consultations menées dans le contexte de ces travaux ont fait ressortir l'importance de soutenir toutes les familles et de leur procurer un sentiment de stabilité grâce aux mesures de soutien qui leur sont offertes. L'importance à accorder au lien parent-enfant dans l'ensemble des dynamiques familiales est aussi apparue comme un élément crucial de l'analyse. La planification de mécanismes favorisant la stabilité des mesures et l'approfondissement des connaissances sur les futurs possibles des familles sont les éléments clés à développer.

Il nous semble donc que le contexte se prête ainsi à de nouveaux questionnements sur la famille. Il ne s'agit plus de se demander ce qu'est la famille, ce qu'il en est advenu, non plus de s'en tenir aux seuls «problèmes familiaux» ou de se demander «où va la recherche», mais bien de **s'interroger sur l'avenir de la famille**.

Bien que les connaissances sur la famille au Québec se soient beaucoup améliorées depuis une vingtaine d'années et que la multiplicité des formes familiales soit de plus en plus perçue comme une source de diversification à l'instar des changements observables dans la société et les valeurs, **l'avenir de la famille** demeure préoccupant. Pour envisager le plus rigoureusement l'avenir, une **démarche prospective** s'avère nécessaire.

## La conception des scénarios

L'année 2007 a été consacrée à une première phase basée sur des données et des analyses scientifiques.

Les travaux ont débuté à l'automne 2006, par la création d'un comité conjoint formé de membres des deux conseils. Au cours de la première étape, quatre groupes de personnes ont été impliqués : le comité d'orientation et de suivi, composé des membres des deux conseils ; le comité scientifique du Conseil de développement de la recherche sur la famille du Québec; le groupe d'experts sélectionnés et le groupe de travail, composé des agents des deux conseils et chargé des travaux techniques et scientifiques.

Cette première phase s'est déroulée en suivant les trois grandes étapes de la méthode des scénarios[24]: la construction de la base, le balayage du champ des possibles et la réduction de l'incertitude, et enfin l'élaboration de scénarios (Godet, 2004b, p. 107).

## La construction de la base

«La première étape consistera à identifier les variables de toute nature, qui exercent ou sont susceptibles d'exercer une influence sur le problème étudié, à charge d'élaborer une liste desdites variables appréhendées à un niveau de désagrégation cohérent» (De Jouvenel, 2002, p. 11).

Le premier exercice du groupe de travail a été un exercice de conceptualisation. Il s'agissait de décomposer l'objet d'étude et son environnement en variables et composantes afin d'apprécier toutes les dimensions et les évolutions possibles. La projection dans le temps suppose une analyse approfondie d'un ensemble de variables désignées comme essentielles. Cet exercice de décomposition, et de recomposition par la suite, de l'avenir de la famille a pour objectifs de clarifier le présent et de permettre d'envisager l'avenir de la manière la plus rigoureuse possible. Trois questions de départ correspondant à **trois niveaux d'observation** (micro, méso, macro) ont été retenues par le groupe de travail.

### Profil des familles de 2020

À quoi ressemblera la famille de 2020 au regard des membres qui la composeront, des ressources économiques dont elle disposera et de son organisation sociale? De plus, deux spécificités culturelles (au sens anthropologique) ont été ciblées pour l'intérêt qu'elles présentent pour la mise en perspective des diversités sur le plan de l'organisation familiale: il s'agit des familles immigrées et des familles autochtones. Pour les fins de l'analyse, quatre composantes liées à ce niveau d'observation ont été retenues: aspect sociodémographique, aspect socioéconomique, familles immigrées et familles autochtones.

---

24. «Mise en œuvre et expérimentée dans des contextes très différents, la méthode a bénéficié d'améliorations successives et quoiqu'il n'existe pas d'approche unique pour construire des scénarios, elle recouvre aujourd'hui des pratiques assez homogènes. Un consensus existe en particulier sur la nature et l'enchaînement des étapes qui jalonnent la démarche de construction des scénarios» (Commissariat général du Plan, 2004, p. 1).

*Modes de vie des familles de 2020*

Quel sera le déroulement d'une journée en 2020 pour chacun des membres de la famille, au regard de la diversité des formes familiales et de l'évolution des valeurs, des rôles (séparation entre vie conjugale et vie familiale, par exemple) et des fonctions familiales? Pour les fins de l'analyse, six composantes liées à ce niveau d'observation ont été retenues : diversité des formes familiales, solidarité familiale et intergénérationnelle, avenir des jeunes, enfance, situation juridique de la famille et temps familial.

*Contexte dans lequel vivront les familles en 2020*

La société québécoise en 2020 sera-t-elle plus ou moins favorable aux familles? Pour les fins de l'analyse, six composantes liées à ce niveau d'observation ont été retenues : milieu de vie, tendances économiques, travail, politique familiale et politiques sociales, culture et valeurs, et mouvement associatif (économie sociale).

D'autres composantes auraient pu faire partie de cette exploration. Le Conseil de développement de la recherche sur la famille du Québec et le Conseil de la famille et de l'enfance tiennent à rappeler qu'une deuxième phase (en 2008) permettra de couvrir ou d'approfondir certains aspects. Elle sera également l'occasion de mettre en perspective des aspects transversaux[25] qu'on aurait pu croire négligés.

Il s'agit d'un découpage théorique d'une réalité complexe dont les dimensions sont interreliées. La construction de scénarios contrastés demeure l'un des objectifs de la démarche. La prise en considération des tendances et des évolutions possibles jusqu'en 2020 vise essentiellement à dégager différents visages de l'avenir de la famille en regroupant certaines composantes.

---

25. Le groupe de travail pense tout particulièrement à l'avenir des familles ayant de jeunes enfants ; à la diversification des parcours conjugaux et familiaux ; aux différences dues aux diverses situations socioéconomiques ; au contexte du vieillissement de la population ; à la spécificité du Québec ; aux choix politiques ; à l'évolution des valeurs ; à la participation sociale ainsi qu'à la mobilité géographique des familles ; à la diversité géographique ou aux particularités régionales ; à la diversité culturelle ; à la réalité des familles anglophones au Québec ; à la perspective internationale et aux préoccupations environnementales.

## Le balayage du champ des possibles

La construction de la base a permis de désigner les facteurs à considérer dans l'évolution possible de la famille. La deuxième étape visait à bâtir une vision prospective de chaque composante à partir notamment de tendances observables actuellement et de données contemporaines.

Pour l'étape de **l'exploration thématique** des futurs possibles de la famille, le groupe de travail a invité des experts reconnus par le milieu scientifique. Chacun était convié à examiner le thème lié à sa spécialité et à proposer une vision prospective de la famille, au regard de son domaine d'expertise.

Le groupe de travail a posé des questions sur chacun des thèmes. Ces questions thématiques, non exhaustives, ont été élaborées afin de permettre à chaque spécialiste de connaître les principaux questionnements qui ont inspiré et justifié le choix des composantes à l'étude. En somme, il s'agissait de montrer, selon leur expertise, quels seront les effets sur la famille de tels ou tels changements ou tendances observés ou anticipés au cours des treize prochaines années et les défis que cela pose sur les plans individuel et collectif.

Les experts étaient invités à exposer leur réflexion « préliminaire » au cours d'un des six **séminaires préparatoires** au symposium de novembre 2007, qui se sont tenus de mars à septembre 2007. Ces séminaires, qui regroupaient deux ou trois thèmes, ont permis aux membres des deux conseils, en particulier au groupe de travail, d'acquérir des connaissances essentielles pour assurer l'avancement et l'harmonisation des travaux. Avant tout, ces séminaires ont offert aux experts la possibilité de se rencontrer et d'échanger sur leurs travaux respectifs.

Ces travaux d'appropriation et d'échange en multidisciplinarité ont fourni les données nécessaires à la dernière étape, soit celle de l'élaboration de scénarios.

## L'élaboration de scénarios

L'étape ultime de la première phase est sans contredit l'élaboration de scénarios présentant une image des futurs possibles de la famille selon les **hypothèses d'évolution** pour chacun des thèmes retenus. Cette étape s'est réalisée en deux temps. Pour obtenir une image d'ensemble des futurs possibles, il est utile de concevoir, dans un premier temps, des images partielles qui formeront, dans un deuxième temps, l'image globale. Ces images partielles s'appellent des microscénarios.

La construction de microscénarios consiste à travailler sous-système par sous-système, la dynamique de chacun dépendant de l'évolution des variables clés dont on cherchera à préciser les évolutions possibles, dont le spectre sera caractérisé par des hypothèses contrastées (De Jouvenel, 2002, p. 14). Trois microscénarios ont été élaborés pour chacun des cinq sous-systèmes, aussi appelés composantes. Le **scénario tendanciel**, le plus probable, s'appuie sur la force d'inertie du système et prolonge les tendances à l'œuvre et les dynamiques récemment enclenchées, alors que les deux **scénarios d'encadrement**, un souhaitable et un non souhaitable pour les familles, mettent l'accent sur quelques tendances ou déséquilibres et sur certains faits porteurs d'avenir afin de délimiter l'espace des futurs possibles, selon des degrés de vraisemblance divers. En bref, les trois scénarios pourraient être qualifiés de pessimiste, de tendanciel et d'optimiste.

Les images partielles ainsi obtenues deviennent, dans un deuxième temps, les composantes des scénarios globaux. Les scénarios globaux sont donc élaborés à partir des résultats des microscénarios. Ils deviennent des hypothèses composites attachées aux dimensions des scénarios globaux (Commissariat général du Plan, 2004, p. 11). Comme le nombre de configurations possibles est très élevé[26], il faut ensuite définir les combinaisons cohérentes et vraisemblables en s'imposant des critères de sélection et d'exclusion fondés sur la logique (Commissariat général du Plan, 2004).

Le **9ᵉ Symposium québécois de recherche sur la famille** (tenu les 1ᵉʳ et 2 novembre 2007) a été l'occasion de diffuser les premiers résultats des scénarios sur la famille à l'horizon 2020. Ceux-ci sont présentés dans le dernier chapitre.

## La consultation

L'année 2008 sera consacrée à la deuxième phase, qui vise la consolidation des résultats.

La consolidation des résultats se fera surtout à partir d'une consultation des acteurs pouvant influencer l'évolution de la famille et de son environnement. Cette phase est essentielle pour préciser les scénarios élaborés au cours de la première phase et les modifier au besoin afin de les rendre plus cohérents et pertinents.

---

26. Les combinaisons possibles se calculent en multipliant le nombre d'hypothèses composites de chaque microscénario. Par exemple, si l'on a trois hypothèses composites provenant de cinq microscénarios, les combinaisons possibles sont au nombre de 243 ($3 \times 3 \times 3 \times 3 \times 3$) (Godet, 2004b).

La prise en compte des opinions des acteurs est essentielle à la détermination des enjeux réels des avenirs possibles des familles et des stratégies à privilégier pour favoriser les futurs souhaitables. La démarche prospective implique l'étude de **l'influence des acteurs** les uns sur les autres ainsi que sur les facteurs déterminants de l'évolution de la famille : les moyens dont ils disposent, leurs projets, leurs forces et faiblesses, les jeux d'alliance possibles ou les conflits qui pourraient s'instaurer entre eux auront l'attention. À titre d'exemple, et sans entrer dans les détails, il est pertinent de se questionner sur les rapports de force probables entre les intérêts marchands et les intérêts familiaux : les jeunes parents accepteront-ils de diminuer leur temps familial au bénéfice du temps de travail ou assistera-t-on à une contestation due au sentiment – déjà bien présent chez plusieurs parents ayant de jeunes enfants – de manquer de temps ?

Les **stratégies des acteurs** qui cherchent à s'adapter à des phénomènes émergents sont également des sources d'information fort intéressantes. Leur prise en compte devrait permettre d'approfondir certaines hypothèses relatives à l'évolution des tendances.

Les principaux acteurs concernés par les questions touchant la famille seront invités à prendre part à cette phase : communauté scientifique, organismes communautaires, décideurs, intervenants, personnalités publiques et membres d'une famille. La méthodologie reste à préciser, mais on songe déjà à des groupes de discussion et à des entrevues semi-dirigées ; idéalement, on y grefferait des données d'un sondage auprès de la population[27].

Le tout culminerait par un **colloque** qui permettra de débattre des analyses et des conclusions issues de l'ensemble des étapes, prévu pour le 30 octobre 2008.

Au terme de l'année 2008, les actions à entreprendre pour favoriser un avenir souhaitable pour les familles devraient pouvoir être clairement déterminées. Par ailleurs, les réflexions et analyses effectuées au cours de ces deux années resteront un matériel de base pour les travaux des deux conseils dans la poursuite de leur mission respective.

---

27. Les lecteurs sont invités à visiter la page Web du projet pour connaître les développements : <www.cfe.gouv.qc.ca/horizon2020>.

# BIBLIOGRAPHIE

Atlas du Canada. *Famille avec enfants à la maison, 1996*, <atlas.nrcan.gc.ca/site/francais/maps/index.html>, consulté le 8 janvier 2007.

Berger, Gaston (1959). «L'attitude prospective», dans Société internationale des conseillers de synthèse, *Prospective*, <www.prospective.fr>, consulté le 24 mai 2007.

Bureau québécois de l'Année internationale de la famille (1994). *Actes du Forum sur la fiscalité des familles*, Montréal, BQAIF, 176 p.

Caisse nationale des allocations familiales (2005). «Prospective 2015 : politiques familiales et sociales», *Informations sociales*, n° 128, décembre, 141 p.

Comité de la consultation sur la politique familiale (1986a). *Rapport du Comité de la consultation sur la politique familiale : le soutien collectif réclamé pour les familles québécoises, première partie*, Québec, Gouvernement du Québec, CCPF, 114 p.

Comité de la consultation sur la politique familiale (1986b). *Rapport du Comité de la consultation sur la politique familiale : le soutien collectif recommandé pour les parents québécois, deuxième partie*, Québec, Gouvernement du Québec, CCPF, 152 p.

Comité ministériel permanent du développement social (1984). *Document de consultation sur la politique familiale : pour les familles québécoises*, Québec, Gouvernement du Québec, 114 p.

Commissariat général du Plan (2004). «La méthode des scénarios, outil d'une démarche prospective», *Les Dossiers d'Aleph*, n° 1, janvier, <www.plan.gouv.fr>, consulté le 23 janvier 2007.

Conseil de développement de la recherche sur la famille du Québec (1992 à 2006). *Comprendre la famille*, vol. 1 à 8, *Actes des symposiums québécois de recherche sur la famille de 1991 à 2005*, Québec, Presses de l'Université du Québec.

Conseil de développement de la recherche sur la famille du Québec (2003-2005). *Inventaire des besoins en matière de recherche et de formation dans le domaine de l'enfance et de la famille*, <www.uqtr.ca/cdrfq/default.html>, consulté le 28 février 2008.

Conseil de la famille et de l'enfance (2003). *Une vision ouverte sur l'avenir et sur le monde*, Québec, Gouvernement du Québec, CFE, 18 p.

Conseil de la famille et de l'enfance (2004). *Vieillissement et santé fragile : un choc pour la famille ?*, Québec, Gouvernement du Québec, CFE, 91 p. Avis.

Conseil de la famille et de l'enfance (2005). *Prendre en compte la diversité des familles*, Québec, Gouvernement du Québec, CFE, 133 p. Avis.

Conseil de la famille et de l'enfance (2007). *Transitions familiales : Le rapport 2005-2006 sur la situation et les besoins des familles et des enfants*, Québec, Gouvernement du Québec, CFE, 231 p. Avis.

Conseil de la science et de la technologie (2005a). *Les préoccupations des Québécoises et des Québécois face à l'avenir : résultats de l'enquête réalisée dans le cadre du projet Perspectives STS*, Québec, Gouvernement du Québec, CST, 98 p.

Conseil de la science et de la technologie (2005b). *Construisez leur avenir: 40 grands défis pour le Québec: rapport sur l'atelier de prospective organisé par le Conseil de la science et de la technologie les 28 et 29 octobre 2004, Bromont*, Québec, Gouvernement du Québec, CST, 68 p.

Conseil de la science et de la technologie (2005c). *Consultation des chercheurs sur les grands défis socioéconomiques et scientifiques du Québec: rapport de l'étape 3 de Perspectives Sciences, Technologies, Société*, Québec, Gouvernement du Québec, CST, 44 p.

Conseil de la science et de la technologie (2005d). *Les contributions possibles de la recherche à sept grands défis socioéconomiques du Québec: rapport de l'étape 4 de Perspectives Sciences, Technologies, Société*, Québec, Gouvernement du Québec, CST, 78 p.

Corbeil, Christine et Francine Descarries (dir.) (2003). «Dossier: familles en mutation», *Nouvelles pratiques sociales*, vol. 16, n° 1, 225 p.

Cordobes, Stéphane et Philippe Durance (2004a). «Les Entretiens de la Mémoire de la Prospective: Jacques Lesourne,», *Laboratoire d'investigation en prospective stratégie et organisation*, 2e éd., septembre, <www.cnam.fr/lipsor/>, consulté le 23 janvier 2007.

Cordobes, Stéphane et Philippe Durance (2004b). «Les Entretiens de la Mémoire de la Prospective: Edith Heurgon, ancienne responsable de la mission Prospective de la RATP», *Laboratoire d'investigation en prospective stratégie et organisation*, septembre, <www.cnam.fr/lipsor/>, consulté le 23 janvier 2007.

De Bourbon-Busset, Jacques (1967). «Réflexion sur l'attitude prospective», *Étapes de la prospective*, Paris, Presses universitaires de France, coll. «Bibliothèque de prospective», p. 293-303.

De Jouvenel, Hugues (2002). «La démarche prospective: un bref guide méthodologique», *Futuribles*, <www.futuribles.com>, consulté le 23 janvier 2007.

De Jouvenel, Hugues (2004). *Invitation à la prospective = An Invitation to Foresight*, Paris, Futuribles, 87 p.

De Jouvenel, Hugues (2005). «"Comment être «artisan du futur?" Une réflexion sur la méthode», *Informations sociales*, n°128, décembre, p. 6-19.

Durance, Philippe (2004). «Les Entretiens de la Mémoire de la Prospective: professeur Michel Godet, titulaire de la Chaire de prospective industrielle du CNAM», *Laboratoire d'Investigation en prospective stratégie et organisation*, septembre, <www.cnam.fr/lipsor>, consulté le 23 janvier 2007.

Fleury, Charles (2007). «Les jeunes des années 1980-1990: une génération sacrifiée?», dans Sylvain Bourdon et Mircea Vultur (dir.). *Les jeunes et le travail*, Québec, Les Presses de l'Université Laval, Les Éditions de L'IQRC, coll. «Regards sur la jeunesse du monde; Série Analyses et Essais», p. 259-282.

Fortin, Gérald (1970). *La société de demain: ses impératifs, son organisation*, Québec, Commission d'enquête sur la santé et le bien-être social, Éditeur officiel du Québec, 99 p. Annexe 25.

Gagnon, Diane (1993). « L'Année internationale de la famille au Québec », *Pensons famille*, vol. 5, n° 34, décembre, <www.familis.org/riopfq>, consulté le 8 janvier 2007.

Gaudin, Thierry (2005). *La prospective*, Paris, Presses universitaires de France, coll. « Que sais-je ? », n° 3737, 126 p.

Georges, Philippe (2005). « La politique familiale à l'horizon 2015 : la démarche prospective de la branche Famille », *Informations sociales*, n° 128, décembre, p. 20-25.

Godet, Michel (2004a). *Manuel de prospective stratégique, tome 1 : Une indiscipline intellectuelle*, 2e éd., Paris, Dunod, coll. « Stratégies et management », 267 p.

Godet, Michel (2004b). *Manuel de prospective stratégique, tome 2 : L'art et la méthode*, 2e éd., Paris, Dunod, coll. « Stratégies et management », 412 p.

Groupe de travail prospective de la branche famille de la sécurité sociale (2007). *Travaux de prospective sur l'environnement de la politique familiale*, Paris, Allocations familiales, coll. « Dossiers d'études », n° 93, 193 p.

Groupe québécois de prospective (1982). *Le futur du Québec au conditionnel*, Chicoutimi, Gaëtan Morin Éditeur, 256 p.

Helfter, Caroline (2005). « Les artisans du futur », *Informations sociales*, n° 128, décembre, p. 63-64.

Julien, Pierre-André, Pierre Lamonde et Daniel Latouche (1976). *Québec 2001 : Une société refroidie*, Sillery, Éditions du Boréal Express, 213 p.

Kempeneers, Marianne (2001). « État, démographie et famille », dans Conseil de la famille et de l'enfance, *Démographie et famille : Les impacts sur la société de demain : les actes du colloque tenu les 28 et 29 novembre 2000*, Québec, Gouvernement du Québec, Conseil de la famille et de l'enfance, p. 68-73.

Lacourse, Marie-Thérèse (1999). *Famille et société*, 2e éd., Montréal, Chenelière/McGraw-Hill, 356 p.

Lapierre-Adamcyk, Évelyne (2001). « Portrait démographique du Québec », dans Conseil de la famille et de l'enfance, *Démographie et famille : Les impacts sur la société de demain : Les actes du colloque tenu les 28 et 29 novembre 2000*, Québec, Gouvernement du Québec, Conseil de la famille et de l'enfance, p. 34-44.

Lemieux, Denise (dir.) (1990). *Familles d'aujourd'hui*, Québec, Institut québécois de recherche sur la culture, 243 p.

Lugan, Jean-Claude (2006). *Lexique de systémique et de prospective*, Toulouse, Conseil économique et social Midi-Pyrénées, 97 p. Section Prospective.

Massé, Pierre (1967). « Prévision et prospective », *Étapes de la prospective*, Paris, Presses universitaires de France, coll. « Bibliothèque de prospective », p. 99-126.

Ministère de la Famille, des Aînés et de la Condition féminine (2006). *La politique familiale, les tendances sociales et la fécondité au Québec : une expérimentation du modèle nordique ?*, Québec, Gouvernement du Québec, MFACF, Direction des relations publiques et des communications, 110 p.

Partenariat familles en mouvance et dynamiques intergénérationnelles (2005). *Agir sur les politiques familiales. La recherche : un outil indispensable. Fiches synthèses de transfert de connaissances*, Montréal, Familles en mouvance et dynamiques intergénérationnelles, 107 p.

Philippart, Éric (1987). « La prospective aux États-Unis : historique et aperçu de l'évolution actuelle », *Réseaux*, n^os 50-51-52, p. 63-79.

Pineau, Jean et Marie Pratte (2006). *La famille*, Montréal, Les Éditions Thémis, 1057 p.

Pronovost, Gilles (2004). « Quels enjeux de recherche pour les familles d'aujourd'hui ? », *Enfances, familles, générations*, n° 1, automne, <www.erudit.org/revue/efg/2004/v/n1/008890ar.html>, consulté le 28 février 2008.

Réseau du système des Nations Unies sur le développement rural et la sécurité alimentaire (2003). *Évènements – Avril 2003 : 15 mai : Journée internationale de la famille*, <www.rdfs.net/index.htm>, consulté le 6 septembre 2007.

Rouban, Luc (1987). « Prospective et politique : conjoncture ou connivence ? », *Réseaux*, n^os 50-51-52, p. 115-129.

Sauvé, Roger (2006). *L'évolution de la structure d'âge et ses effets sur les familles et ménages d'ici 2026*, Ottawa, Institut Vanier de la famille, coll. « Tendances contemporaines de la familles », 37 p.

Société wallonne de l'évaluation et de la prospective (2006). *Charte de la SWEP*, <www.la-swep.be/page.php?name=charte>, consulté le 4 octobre 2007.

Statistique Canada (2007). *Familles comptant un couple selon la présence d'enfants de tous les âges dans les ménages privés, chiffres de 2006, pour le Canada, les provinces et les territoires, et les régions métropolitaines de recensement et les agglomérations de recensement – Données-échantillon (20 %)*, <www.statcan.ca>, consulté le 15 janvier 2008).

Valois, Jocelyne (1998). *Sociologie de la famille au Québec*, Anjou, Les Éditions CEC, 333 p.

Verheve, Didier (1987). « Contribution parcellaire à la prospective : l'approche d'un technicien », *Réseaux*, n^os 50-51-52, p. 27-34.

CONFÉRENCE D'OUVERTURE

# La politique familiale
# à l'horizon 2015

## La démarche prospective de la branche famille
## de la Sécurité sociale en France

Julien DAMON
*Centre d'analyse stratégique (France)*
*Ancien responsable du département Prospective*
*de la Caisse nationale des allocations familiales (CNAF)*

Notre société – qui en doute? – connaît de profondes mutations qui influencent les comportements des familles et modifient leurs besoins. Afin de mettre en évidence les grands facteurs de transformation des politiques familiales et de dessiner des scénarios d'évolution des politiques envisageables à l'horizon 2015, la Caisse nationale des allocations familiales (CNAF) a engagé, en 2004, une réflexion prospective pour mettre au jour différents futurs possibles, souhaitables ou redoutables. Cet exercice de prospective à vocation stratégique portait non pas directement sur les familles mais sur les politiques qui les concernent: les politiques familiales.

Un exercice de prospective n'a pas l'intention et encore moins la prétention de décider, à travers un plan de développement chiffré et daté, ce que la politique familiale sera au cours des dix ou quinze années à venir. Il s'agit avant tout d'une dynamique de réflexion essentielle pour permettre à la branche famille de la Sécurité sociale d'être un acteur véritable de la politique familiale: force de propositions et porteur de choix stratégiques.

## CONTEXTE

La branche famille de la Sécurité sociale française – qui rassemble la Caisse nationale des allocations familiales et, sur le territoire, l'ensemble des Caisses d'allocations familiales (CAF) – est apte et ouverte à la prospective. Cette institution a une certaine tradition et un incontestable appétit en la matière. D'une part, parce que ses politiques sont intrinsèquement liées aux dynamiques démographiques et, par conséquent, à des exercices de prévision sur ce thème. D'autre part, parce que la CNAF, avec les CAF, s'est, ces dernières années, plusieurs fois impliquée dans des opérations d'anticipation et de production de scénarios concernant l'avenir.

Toutes ces premières démarches, lancées dans un souci d'anticipation pour accompagner les nouveaux modes de relation avec l'État et les collectivités locales, présentent la triple caractéristique de porter sur un terme en général relativement court, sur des sujets relatifs à la gestion plus qu'à la stratégie, et sur des thèmes essentiellement internes n'ouvrant pas sur toutes les dimensions de la politique familiale (actions des collectivités locales, fiscalité, etc.).

Dans un contexte où la politique familiale est confrontée à un certain nombre de défis, d'incertitudes et d'interrogations, un exercice plus large de prospective est utile. Il convient en effet de mieux cerner les éléments d'incertitude et les très probables changements à venir. On peut d'emblée souligner trois facteurs contextuels majeurs.

Au plan démographique, le vieillissement est incontournable, avec son incidence sur les équilibres financiers et sur les priorités du système de protection sociale. Cependant, son volet territorial est encore mal pris en compte.

Au plan technologique, les nouvelles technologies de l'information et de la communication vont faire sentir leurs effets sur la relation de service mais aussi sur l'organisation des territoires. C'est là une occasion pour la réorganisation du service public, de celui des prestations sociales et familiales en particulier.

Le contexte institutionnel des prochaines années sera dominé par la poursuite de deux processus croisés : la décentralisation devrait encore se renforcer et l'intégration européenne se poursuivra.

Ces facteurs d'évolution – auxquels il convient d'ajouter l'état de grave crise actuelle des finances publiques – doivent être pris en compte par la branche famille, car son devenir en dépend de manière inévitable. La réflexion prospective doit cependant dépasser le seul cadre de la branche famille : en cherchant à éclairer l'avenir de la politique familiale à l'horizon 2015, elle doit lui permettre de clarifier la nature de ses missions, son positionnement institutionnel et son champ d'intervention.

## OBJECTIFS

Cette démarche doit mobiliser tant les moyens d'expertise de l'institution que la participation des administrateurs et des dirigeants. On peut en attendre qu'elle alimente les projets de court et moyen terme de la branche famille, en cohérence avec la Convention d'objectifs et de gestion (COG) qui lie l'État et la branche famille, mais aussi qu'elle contribue aux débats actuels et à venir sur les rôles et les dimensions de la politique familiale. Précisons, à ce titre, que la prospective et l'évaluation des politiques s'inscrivent au cœur de la nouvelle COG pour la période qui va de 2005 à 2008.

L'objectif de toute démarche de prospective est d'identifier les futurs possibles et les futurs souhaitables, tout en listant les futurs redoutables et les futurs inacceptables. Si la prospective n'est pas synonyme de prévisions, l'établissement de différents plans pour l'avenir constitue l'une de ses activités et de ses méthodes. L'établissement et la discussion de scénarios permettent d'explorer le spectre des futurs possibles. Cependant, la principale production attendue de la prospective est de faire surgir de nouvelles configurations qui renouvelleront les organisations et les situations.

Instrument d'évaluation et d'anticipation, mais aussi d'élaboration de stratégie, la prospective doit résolument être plus au service de l'action que de la connaissance. Son objet est de construire une vision partagée du futur qui permet :

- de situer la branche famille et, plus largement, la politique familiale, dans l'architecture de la protection sociale ;
- de maîtriser l'ensemble des possibles ;
- de définir un projet pour la politique familiale et donc pour les CAF ;
- de se mobiliser autour d'objectifs communs.

L'exercice, dans la branche famille, doit être un catalyseur pour : 1) établir un diagnostic aussi complet et clair que possible ; 2) identifier les futurs possibles d'ici à dix à quinze ans ; 3) dessiner, en fonction des atouts et des handicaps, un projet mobilisateur et fédérateur.

## THÈMES

Pour l'horizon 2015, des certitudes, des inerties et des tendances sont a priori aisément repérables, pour ce qui concerne tant les évolutions démographiques (vieillissement de la population) que la définition des politiques (intégration européenne, décentralisation, tension sur les moyens financiers, environnement de plus en plus concurrentiel).

Des évolutions sont prévisibles (en particulier pour ce qui relève de la démographie). D'autres sont bien plus aléatoires (environnement économique, changements des comportements et des attentes). Ces évolutions, qui pourront être subies, choisies ou accompagnées, nécessitent aujourd'hui des expertises ou des synthèses d'expertises pour que les interrogations soient discutées et appropriées par les acteurs de la politique familiale.

Une série de thèmes, qui n'est pas exhaustive, peut être proposée. Elle appelle toujours à être discutée, complétée, amendée. Il est du premier intérêt de s'interroger maintenant, pour faire preuve d'anticipation, sur des situations en formation avant qu'elles n'aient pris une forme consistante et, surtout, contraignante. On peut par exemple citer :

- le vieillissement de la population en France et ses conséquences ;
- la déconnexion croissante entre le financement de la protection sociale et le travail salarié ;
- les progrès de la décentralisation des services publics ;
- le rapprochement des services publics sur les territoires, sur le modèle du guichet unique ;
- la rénovation de la gouvernance sociale ;
- la démocratisation et l'égalisation des rapports au sein de la famille ;
- l'élargissement de l'Union européenne ;
- les interrogations sur les flux migratoires ;
- l'attachement aux compromis sociaux des trente glorieuses ;
- les défis d'une politique familiale pour tous les âges de la vie (petite enfance, adolescence, dépendance, etc.) ;
- l'évolution des formes de la famille et de la solidarité entre les générations.

## ORGANISATION

Trois dimensions, qui sont également trois phases de la démarche, sont distinguées :

- La radioscopie de la situation actuelle. Où en sommes-nous? Quel périmètre et quels objectifs pour nos politiques actuelles?
- L'exploration des futurs. Que peut-il advenir? Quels sont les futurs possibles, souhaitables ou redoutables?
- La réflexion stratégique. Que pouvons-nous faire? Quel projet développer pour répondre aux défis repérés?

Ces trois dimensions (diagnostic, enjeux majeurs, options possibles) sont abordées à partir à la fois de la détermination des variables clés jouant sur la politique familiale, du panorama des grandes tendances et des incertitudes pouvant l'affecter, de l'identification des indicateurs pertinents et de l'élaboration de scénarios.

### L'association d'un prospectiviste spécialisé

Hugues de Jouvenel, directeur général de la société et de la revue *Futuribles*, a été retenu comme prestataire. Il accompagne toute la démarche d'un point de vue méthodologique. Participe également aux réunions et réflexions le Commissariat général du Plan qui, à la suite d'un récent rapport sur la prospective de l'État stratège, a fait part de sa disponibilité pour accompagner tout organisme public s'engageant dans la prospective.

### Un bulletin, *Horizon 2015*

Un bulletin électronique, Horizon 2015, a été créé pour accompagner et alimenter notre démarche. Disponible sur Internet (<www.cnaf.fr>), comme la revue *L'e-ssentiel*, il s'agit d'un court mensuel destiné à présenter des tendances, des «faits porteurs d'avenir» et des analyses critiques d'ouvrages. Cette publication est à durée déterminée et s'arrêtera au terme de l'exercice de prospective.

Cette démarche avait pour objectif d'aboutir au premier semestre 2006. Sur ce temps aura été réalisée une radiographie de la situation actuelle et auront été élaborés des scénarios pour l'avenir. Sur ce temps également, les travaux auront été ponctués et alimentés par des rencontres avec le réseau des CAF et avec les administrateurs. Toute la démarche, déclinée ensuite en propositions stratégiques, doit se finaliser début 2008.

On le voit, la démarche est d'ampleur. Elle doit servir la définition d'une politique familiale accompagnant toutes les familles et tous les moments heureux ou malheureux du cycle de vie. Elle est fondamentale pour l'avenir de l'institution. Fruits de la mobilisation et de l'ouverture des uns et des autres, résultats d'une série de productions – dont un numéro de la revue *Informations sociales*[1] –, les conclusions de ce travail doivent permettre à la branche famille de pleinement et pertinemment éclairer, proposer et agir dans le champ de ses politiques.

## PREMIERS RÉSULTATS

Les résultats de la première étape de la démarche prospective entreprise par la CNAF sur la politique familiale sont présentés ici de façon synthétique. Il s'agit d'un point d'étape au terme d'un premier moment consistant à explorer le spectre des futurs possibles de la politique familiale à l'horizon 2015.

Un groupe de travail associant la CNAF, le réseau des CAF et un panel d'experts de haut niveau s'est régulièrement réuni à l'automne 2004 pour réaliser cette opération. Décomposant le système « politique familiale » et son environnement en variables et composantes permettant d'en apprécier toutes les dimensions et les évolutions possibles, ce groupe a rédigé une vingtaine de fiches variables, explorant pour chacune d'entre elles les futurs possibles qu'elle pourrait connaître. Pour chacune de ces variables, les indicateurs pertinents ont été définis, une analyse rétrospective a été conduite sur les dix ou vingt dernières années en tâchant de mettre en évidence les facteurs explicatifs d'évolution. Au-delà des tendances lourdes détectées, des hypothèses argumentées sont présentées pour l'horizon 2015. Ces fiches, qui conservent le statut de document de travail, sont accessibles sur Internet[2].

---

1. « Prospective 2015 – Politiques familiales et sociales », *Informations sociales*, n° 128, 2005.
2. <www.cnaf.fr>. Voir le dossier d'étude n° 93 « Travaux de prospective sur l'environnement de la politique familiale », Groupe de travail Prospective de la branche Famille de la Sécurité sociale, 2007.

Ces variables ont été regroupées en cinq composantes qui structurent la réflexion sur l'avenir de la politique familiale et la suite de cette synthèse :

– Le contexte démographique.

– Le contexte économique.

– Les modes de vie et les aspirations.

– Les acteurs et les territoires.

– Les politiques sociales.

L'objectif essentiel de cet exercice de décomposition/recomposition de la politique familiale est de clarifier le présent et d'envisager l'avenir de la manière la plus rigoureuse possible, et ce, afin de pouvoir participer pleinement à la conception et aux propositions relatives à la politique familiale. Un exercice de prospective ne se veut pas contemplatif mais, au contraire, résolument tourné vers l'action et la stratégie.

Pour schématiser la méthode, l'option a été d'examiner et de traiter l'ensemble du champ des possibles à partir d'un temps 0 (aujourd'hui). C'est de ce point dont il est rendu compte dans cette contribution qui permet de signaler ce que peut être l'arborescence des futurs possibles.

**FIGURE 1**

*L'arborescence des futurs possibles*

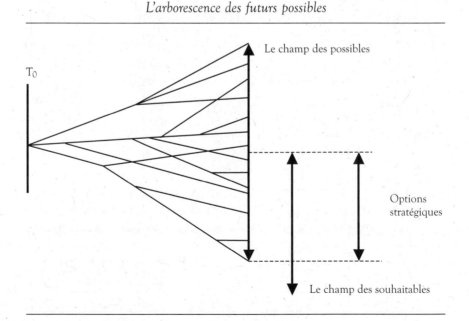

## COMPOSANTE 1. LE CONTEXTE DÉMOGRAPHIQUE

La première composante de l'environnement du système « politique familiale » est le contexte démographique. Inéluctablement, la population française sera confrontée au vieillissement, au moins dans les dix prochaines années. Ce vieillissement résulte avant tout de la génération nombreuse de l'après-guerre et de l'augmentation de l'espérance de vie. Il peut se trouver accentué par le faible niveau de fécondité. Il aura nécessairement des incidences sur les relations entre générations. D'autre part, les structures familiales vont probablement continuer à se transformer.

Trois microscénarios ont été élaborés, qui combinent différentes variables démographiques.

Dans un premier microscénario, les tendances à l'œuvre se poursuivraient, avec le maintien d'un niveau de fécondité relativement élevé (au regard des autres pays occidentaux) mais toujours une progression de la monoparentalité et des recompositions familiales. Même si

### FIGURE 2

*Le contexte démographique*

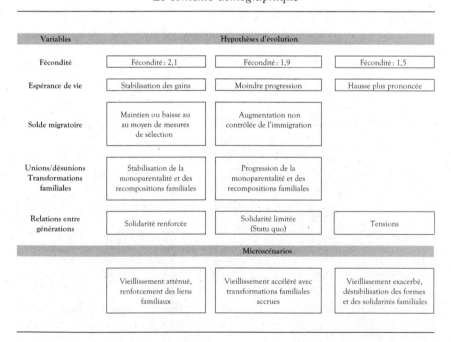

| Variables | Hypothèses d'évolution | | |
|---|---|---|---|
| Fécondité | Fécondité : 2,1 | Fécondité : 1,9 | Fécondité : 1,5 |
| Espérance de vie | Stabilisation des gains | Moindre progression | Hausse plus prononcée |
| Solde migratoire | Maintien ou baisse au au moyen de mesures de sélection | Augmentation non contrôlée de l'immigration | |
| Unions/désunions Transformations familiales | Stabilisation de la monoparentalité et des recompositions familiales | Progression de la monoparentalité et des recompositions familiales | |
| Relations entre générations | Solidarité renforcée | Solidarité limitée (Statu quo) | Tensions |
| Microscénarios | | | |
| | Vieillissement atténué, renforcement des liens familiaux | Vieillissement accéléré avec transformations familiales accrues | Vieillissement exacerbé, déstabilisation des formes et des solidarités familiales |

l'espérance de vie serait en croissance moins rapide, le vieillissement de la population serait accéléré par l'arrivée aux âges élevés des générations nombreuses et la proportion moins importante (recul de 15 % dans les quinze ans à venir) de la population féminine en âge d'avoir des enfants.

Dans un deuxième microscénario, le vieillissement serait exacerbé, avec abaissement du niveau de la fécondité, des tensions prononcées entre générations et une progression de la monoparentalité et des recompositions familiales. Ce scénario peut supposer l'augmentation régulière de l'âge moyen à la maternité, la réduction du nombre des naissances et une instabilité encore accrue des unions.

Dans un troisième microscénario, le vieillissement serait atténué par une reprise de la fécondité à la hausse et une stabilisation des gains d'espérance de vie. Dans le même temps, les liens familiaux seraient renforcés, même si les formes familiales resteraient diverses. Ce scénario, qui serait accompagné par une capacité d'adaptation élevée du droit aux aspirations individuelles, serait favorable à un dispositif solide d'aides à la famille dans une visée de soutien à la natalité.

Si d'aventure l'exception démographique française, à l'échelle européenne, devait se maintenir, l'incidence positive de la politique familiale sur la fécondité serait assurément valorisée, dans ces trois configurations. Sa légitimité et son architecture même (reposant sur la charge d'enfant) pourraient cependant être remises en cause dans une certaine mesure au profit d'autres questions jugées prioritaires (les retraites, la dépendance). Le besoin exprimé par les familles de prise en charge des personnes âgées dépendantes pourrait de fait entrer en concurrence avec l'aide apportée en direction des familles avec de jeunes enfants.

## COMPOSANTE 2. LE CONTEXTE ÉCONOMIQUE

La deuxième composante de l'environnement de la politique familiale est le contexte économique.

Trois microscénarios ont été dégagés d'une exploration de trois variables : la croissance, l'emploi et les revenus hors transferts (les revenus primaires).

Dans un premier microscénario, tendanciel, la croissance resterait faible même si le chômage amorcerait un recul. De nouveaux emplois peu qualifiés seraient créés (en particulier dans le secteur des services à la personne), sous une forme essentiellement précaire et souvent à temps partiel. Le lent repli du chômage masquerait le développement du sous-emploi (beaucoup d'emplois à temps partiel contraint) et le sentiment

## FIGURE 3

*Le contexte économique*

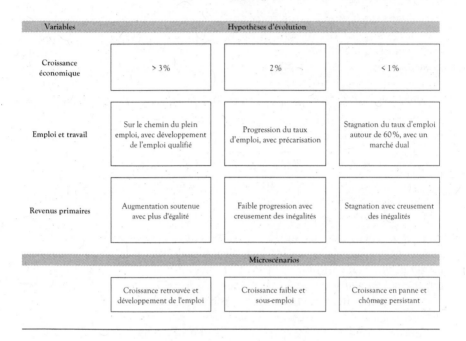

| Variables | Hypothèses d'évolution | | |
|---|---|---|---|
| Croissance économique | > 3 % | 2 % | < 1 % |
| Emploi et travail | Sur le chemin du plein emploi, avec développement de l'emploi qualifié | Progression du taux d'emploi, avec précarisation | Stagnation du taux d'emploi autour de 60 %, avec un marché dual |
| Revenus primaires | Augmentation soutenue avec plus d'égalité | Faible progression avec creusement des inégalités | Stagnation avec creusement des inégalités |
| Microscénarios | | | |
| | Croissance retrouvée et développement de l'emploi | Croissance faible et sous-emploi | Croissance en panne et chômage persistant |

fort d'insécurité à l'égard de l'emploi. Le développement des emplois à horaires atypiques et du sentiment d'insécurité rendrait plus difficile encore la conciliation entre vie professionnelle et vie familiale.

Dans un deuxième microscénario, plus sombre mais ne pouvant pas être écarté, la croissance et l'emploi stagneraient tandis que le marché du travail serait marqué par une dualité encore plus forte, avec creusement des inégalités de revenus. C'est le scénario de la croissance en panne, dont les effets seraient aggravés par le vieillissement de la population. En pratique, le chômage resterait à son niveau actuel, 10 % de la population active, et les perspectives économiques seraient médiocres dans un contexte de diminution de la population active. Les tensions financières sur les budgets publics s'en trouveraient accentuées, conduisant inéluctablement, en l'absence de réforme, à une crise financière grave des régimes sociaux.

Dans un troisième microscénario, croissance, emploi et revenus reprendraient des rythmes d'augmentation plus élevés que les années passées. C'est le scénario de la croissance retrouvée : une économie à plus forte valeur ajoutée se développerait, s'appuyant sur une main-d'œuvre mieux formée et une sécurisation des parcours professionnels. Ce scénario marquerait l'entrée sur le chemin du retour progressif au plein emploi. À titre de repère, cela pourrait signifier un taux de chômage de l'ordre de 7 % de la population active en 2015. Le taux d'activité féminin se rapprocherait de celui des pays nordiques, tandis que les taux d'emplois des seniors et des plus jeunes se relèveraient également. Cette embellie économique aurait naturellement des effets favorables sur les budgets publics, même si les effets du vieillissement et l'investissement important dans la politique de l'emploi contribueraient au maintien de tensions sur le financement de la protection sociale.

Dans ces trois configurations, la politique familiale, qui est traditionnellement aussi considérée comme une politique des revenus, occuperait une place variable : importante dans le troisième scénario dans la mesure où celui-ci induit une politique de conciliation vie professionnelle/vie familiale développée pour assurer une forte participation des femmes sur le marché du travail, elle serait plus incertaine dans les deux autres scénarios, ne pouvant alors qu'être reléguée à un rôle d'amortisseur de la « crise », celle-ci étant plus ou moins prononcée ou régulée.

## COMPOSANTE 3. LES MODES DE VIE ET LES ASPIRATIONS

L'environnement de la politique familiale peut être décrypté à partir d'une troisième composante : les modes de vie et les aspirations. Cette composante intègre plusieurs variables dont les évolutions peuvent être divergentes et ne sont pas nécessairement dépendantes. Ont été choisies : les valeurs (en particulier la valeur « famille »), la question des temps (éventuellement de plus en plus disponibles, mais toujours contraints et inégalement répartis), la problématique de l'égalité hommes/femmes, la question cruciale de la citoyenneté (marquée par une désaffection plus accentuée à l'égard des grands enjeux nationaux, mais plus impliquée en ce qui concerne les problèmes locaux et domestiques) et le niveau de ségrégation (qui, ces dernières années, se renforce).

Pour les prochaines années, trois microscénarios peuvent agréger les tendances repérables et les éventuelles ruptures possibles.

Le microscénario de la polarisation, prolongeant les tendances repérables actuellement, consiste en une valorisation de la famille non pas en tant qu'institution mais en tant que lieu (aux formes variées) d'épanouissement des individus, en une citoyenneté qui se concentre sur des problématiques d'intérêt particulier et en une ségrégation

## FIGURE 4

*Les modes de vie et les aspirations*

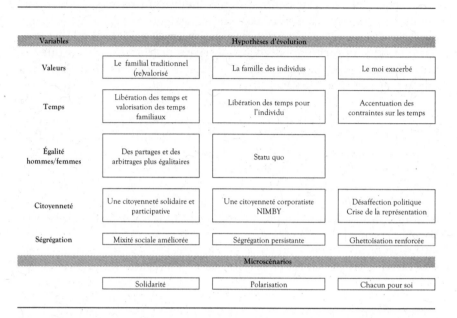

| Variables | Hypothèses d'évolution | | |
|---|---|---|---|
| Valeurs | Le familial traditionnel (re)valorisé | La famille des individus | Le moi exacerbé |
| Temps | Libération des temps et valorisation des temps familiaux | Libération des temps pour l'individu | Accentuation des contraintes sur les temps |
| Égalité hommes/femmes | Des partages et des arbitrages plus égalitaires | Statu quo | |
| Citoyenneté | Une citoyenneté solidaire et participative | Une citoyenneté corporatiste NIMBY | Désaffection politique Crise de la représentation |
| Ségrégation | Mixité sociale améliorée | Ségrégation persistante | Ghettoïsation renforcée |
| Microscénarios | | | |
| | Solidarité | Polarisation | Chacun pour soi |

persistante pour ce qui relève de la distribution des populations sur les territoires. Dans ce scénario, l'opinion publique appuierait plus fortement encore le principe de politiques plus strictes et sélectives dans l'attribution des aides, avec une exigence accrue de contreparties dans les politiques sociales. Ce scénario pourrait également accompagner la justification d'une solidarité s'exprimant avant tout à un niveau local, plutôt que national.

Le microscénario du « chacun pour soi » accompagnerait la déstabilisation de la cellule familiale « traditionnelle », une crise de la représentation politique plus prononcée encore et une ghettoïsation renforcée des quartiers sensibles. L'individualisme, sous ses formes négatives, se serait diffusé à l'ensemble de la société, en touchant toutes les générations et les catégories sociales. Le lien conjugal serait plus précarisé encore, et une proportion notable d'enfants s'habituerait à composer avec plusieurs adultes référents. La solidarité serait d'abord demandée à l'État, et les prestations sociales seraient fortement individualisées.

Le microscénario de la solidarité verrait converger des partages plus égalitaires entre hommes et femmes, une nouvelle implication politique des citoyens, une mixité sociale renforcée. Les politiques volontaristes de soutien à la mixité sociale pourraient, le cas échéant, être renforcées. Les pouvoirs publics, par l'intermédiaire de diverses politiques dont l'école, pourraient investir dans le soutien de la valeur et de l'image de la famille «traditionnelle» (les deux parents avec leur[s] enfant[s]).

La politique familiale – dans toutes ses dimensions – peut avoir une incidence sur ces évolutions contextuelles. Elle serait en tout état de cause, dans ces trois configurations, appelée à accompagner l'évolution des comportements et des attentes. Ces tendances lourdes pourraient notamment affecter la politique familiale dans le contenu et le mode d'attribution des prestations (individualisées versus familialisées).

## COMPOSANTE 4. LES ACTEURS ET LES TERRITOIRES

La forme et le contenu de la politique familiale sont conditionnés par l'histoire, les caractéristiques du système d'acteurs et l'organisation politique institutionnelle du territoire. Elle s'applique sur une organisation territoriale dont l'évolution est importante, avec une architecture multiniveaux qui se complexifie. Pour cette composante, plusieurs variables ont été retenues : les dynamiques territoriales, le mouvement de décentralisation, les «acteurs» (entendus par là les différents échelons de collectivités territoriales) et la politique d'aménagement du territoire.

Trois microscénarios sont ici retenus.

Le premier microscénario suppose la poursuite de la dynamique de la décentralisation. Les transferts de compétences se poursuivraient au profit des collectivités territoriales. Ce mouvement pourrait s'accompagner notamment du développement de l'intercommunalité. Cette configuration pourrait donner lieu à une action publique territoriale polycentrique et foisonnante, ne parvenant sans doute pas à enrayer désertification des zones rurales et concentrations urbaines. La politique familiale, sous la forme d'offre de prestations, de services et d'équipements pourrait se trouver largement déléguée au plan local. Les métropoles pourraient dans ce scénario revendiquer de nouvelles compétences dans la gestion du social et de l'emploi, empiétant sur le domaine de prédilection des départements. Un risque dans ce scénario serait de voir se développer la rivalité entre les villes qui chercheraient à attirer des activités à forte valeur ajoutée et se renforcer les inégalités sociospatiales d'implantation des équipements publics et des services urbains.

## FIGURE 5

### *Les acteurs et les territoires*

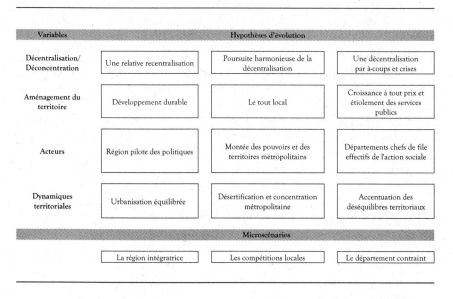

| Variables | Hypothèses d'évolution | | |
|---|---|---|---|
| Décentralisation/ Déconcentration | Une relative recentralisation | Poursuite harmonieuse de la décentralisation | Une décentralisation par à-coups et crises |
| Aménagement du territoire | Développement durable | Le tout local | Croissance à tout prix et étiolement des services publics |
| Acteurs | Région pilote des politiques | Montée des pouvoirs et des territoires métropolitains | Départements chefs de file effectifs de l'action sociale |
| Dynamiques territoriales | Urbanisation équilibrée | Désertification et concentration métropolitaine | Accentuation des déséquilibres territoriaux |
| Microscénarios | | | |
| | La région intégratrice | Les compétitions locales | Le département contraint |

Dans un deuxième microscénario, on suppose encore une poursuite de la décentralisation, mais qui se réaliserait de manière brusque et en réaction à des situations de crises (crise du budget de l'État, par exemple). Dans ce contexte, les départements pourraient affirmer leur rôle sur le terrain du développement local et des projets de territoires, et devenir de véritables chefs de file de la politique d'action sociale. Ceux-ci se trouveraient massivement sollicités à mesure que s'exacerberaient les problèmes sociaux (vieillissement et progression de la dépendance, exclusion). Cette évolution pourrait contraindre les départements à resserrer leurs dépenses autour de leurs priorités. Ce scénario pourrait s'accompagner d'un renforcement des inégalités territoriales, du fait de mécanismes péréquateurs affaiblis et d'arbitrages locaux très contraints.

Le troisième microscénario repose au contraire sur l'hypothèse d'une relative recentralisation. L'État interviendrait ainsi pour canaliser les tendances polarisantes au profit d'un réseau équilibré de métropoles régionales, et pour préserver la cohésion sociale et territoriale en garantissant le maintien de services publics et l'accès de tous aux réseaux. La mise en place de politiques des temps et de dispositifs collectifs de régulation se développerait. La région pourrait s'imposer comme l'acteur décisif d'organisation des politiques territoriales et d'intégration des projets territoriaux, cantonnant alors le département à une fonction gestionnaire de mise en œuvre. Le département ne serait alors que le relais d'un État «assistantiel» pour les populations les plus fragilisées.

Dans tous les cas, la politique familiale est naturellement affectée par ces évolutions. Celle-ci pourra en effet être plus ou moins portée au plan local ou bien national, ce qui pourra induire des conséquences sur les inégalités territoriales. Le positionnement des différents acteurs aura quant à lui une incidence notable sur la branche famille et le rôle des CAF.

## COMPOSANTE 5. LES POLITIQUES SOCIALES

L'environnement de la politique familiale ne saurait s'apprécier sans prendre en compte cette composante structurelle qu'est la protection sociale. En prenant en considération quatre variables (évolution de la couverture des risques sociaux, modes de gouvernance, priorité des objectifs, état des finances sociales), il est possible de dessiner quatre microscénarios.

FIGURE 6

*Les politiques sociales*

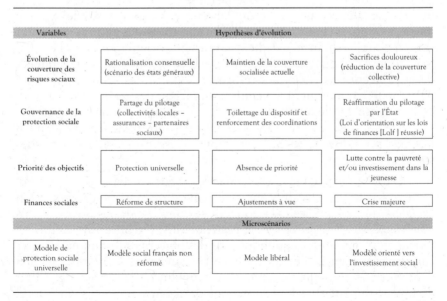

Dans un premier microscénario « modèle social français non réformé », celui des non-décisions, l'absence de priorités continuerait à prévaloir, les finances sociales feraient l'objet d'ajustements à vue. Des économies seraient adoptées pour limiter les déficits des régimes sociaux prenant le plus souvent la forme relativement opaque d'une modification de paramètres techniques ou de gel de revalorisations. Faute de mettre en place des dispositifs contraignants de régulation des dépenses de prestation, les efforts se concentreraient sur le coût de gestion des risques par les organismes et sur l'organisation du dispositif (regroupement d'organismes au sein d'un département, voire d'une région, mise en place de véritables guichets uniques). Le maintien à plus long terme du modèle, au moins sur le plan financier, serait difficile à envisager.

Dans le deuxième microscénario, « modèle libéral » ou « modèle de l'État régulateur », les finances sociales connaîtraient une crise majeure, conduisant à des sacrifices douloureux en ce qui concerne la couverture des risques sociaux. L'incapacité à obtenir un consensus pour réformer le système conduirait à un schéma révisé d'organisation à trois piliers. Le premier pilier serait formé par la garantie des prestations d'assistance financées par l'impôt, le deuxième, par les assurances obligatoires de base fondées sur les cotisations et le troisième, par une protection complémentaire facultative et privée. Ce troisième pilier prendrait une place relative plus importante au rythme des privatisations de certains risques ou de certaines parties de risques.

Dans un troisième microscénario, « modèle de protection sociale universelle », un consensus serait obtenu pour consolider le système de protection sociale. Le conseil d'orientation des retraites, le haut conseil pour l'assurance maladie et le conseil d'orientation pour l'emploi formeraient les instances décisives pour conduire des états généraux de la protection sociale. Des réformes importantes seraient engagées pour assurer notamment la viabilité financière des régimes de retraites et la maîtrise des dépenses de santé. La protection sociale à la française s'engagerait ainsi sur un chemin de rationalisation, de partage clair du pilotage pour une visée de protection à base universelle des risques sociaux.

Dans un quatrième microscénario, « modèle orienté vers l'investissement social », se plaçant dans le schéma d'un système de protection sociale à trois piliers, celui-ci pourrait se voir confier des objectifs plus ambitieux dans leur intensité : il pourrait ainsi y avoir un nouvel investissement des politiques publiques sur des objectifs substantiels rénovés comme par exemple l'éradication de la pauvreté des enfants. Au lieu d'atténuer les conséquences pour les individus des aléas sociaux, l'État d'« investissement social » s'efforcerait de les armer pour y faire face.

L'objectif ne serait pas de gérer l'exclusion mais de la prévenir. L'éducation ferait partie du socle de base des politiques sociales et veillerait à la prise en charge dès le plus jeune âge des enfants de familles pauvres. L'emploi des femmes serait favorisé, ainsi que la natalité au service de l'équilibre générationnel.

Dans tous les cas, la politique familiale, qui est l'un des domaines de la protection sociale, est naturellement affectée par ces évolutions. Elle peut les subir ou les accompagner, comme elle peut les conduire. Non plus envisagée comme un risque mais comme un investissement, la famille (comme lieu d'épanouissement des enfants) peut devenir dans tous les microscénarios l'objet d'un nouvel intérêt et de choix prioritaires qui sont faits en sa faveur. La politique familiale peut demeurer la variable d'ajustement des politiques sociales, au risque de mécaniquement s'effondrer, ou bien au contraire se présenter comme le domaine d'avenir de la protection sociale.

## LES « FUTURS POSSIBLES » DE LA POLITIQUE FAMILIALE

Au terme de l'exercice des microscénarios par composantes, il est envisageable de dessiner et de déduire des scénarios globaux d'environnement de la politique familiale et, partant, des futurs possibles en termes de politique familiale.

Un premier scénario – tendanciel et le plus probable – relève d'ajustements paramétriques, sans réformes en profondeur. Il est marqué par un repli mécanique de la politique familiale par rapport à d'autres domaines de protection sociale

Dans un deuxième cadre, il est possible d'imaginer que tous les indicateurs d'environnement se remettraient au vert, ce qui permettrait la reprise d'une dynamique vertueuse pour les dépenses publiques en direction des familles et des enfants. Ce scénario est spontanément assez improbable, dans la mesure où il ne va pas de soi et suppose la conduite de politiques très volontaristes, impliquant précisément des réformes en profondeur.

Face aux évolutions démographiques et aux problèmes de financement, notamment, des choix peuvent être faits au détriment de la politique familiale (celle-ci étant contestée et critiquée) ou bien en sa faveur (ses performances étant valorisées et sa légitimité réaffirmée). Il s'ensuit deux scénarios nécessairement contrastés : celui d'une politique familiale contestée ou celui d'une politique familiale rénovée.

Ces quatre futurs possibles sont illustrés à la figure 7. Après ce balayage du spectre des possibles, il sera temps de discuter de ce qui est souhaitable, avant d'élaborer une stratégie d'évaluation, de propositions, de communication.

## Tendanciel sans réforme :
## le repli mécanique de la politique familiale

Ce futur possible se caractérise par le prolongement des principales tendances en cours : un contexte économique morose, un vieillissement accéléré, la continuation des transformations familiales. Les pouvoirs publics ajusteraient et géreraient au quotidien, avec certainement des tensions accrues en ce qui concerne les financements, mais aucune réforme fondamentale ne serait mise en œuvre. Faute de choix, les économies pourraient se faire en bricolant et en rognant sur l'ensemble des prestations sociales et familiales. Les efforts se concentreraient particulièrement sur le coût de gestion des risques par les organismes et sur l'organisation du dispositif (regroupement d'organismes au sein d'un département, voire d'une région, mise en place de « guichets uniques »).

Mécaniquement, dans ce contexte, la politique familiale serait en repli relatif par rapport aux autres risques, voire en repli absolu. Les rythmes actuels de création de nouvelles prestations et de complexification du droit ne seraient pas nécessairement ralentis. Les CAF pourraient en revanche être mises totalement en question, et leurs compétences et moyens absorbés par les collectivités locales ou par l'État. Inversement, elles pourraient continuer, en resserrant leurs activités, à investir et à agir dans des domaines toujours plus restreints de prestations légales et d'action sociale. Sans être radicalement remis en cause, les fondements de la branche famille se trouveraient considérablement affaiblis, tandis que le partenariat avec les collectivités locales se trouverait ballotté par les arbitrages budgétaires dans le domaine de l'action sociale et les difficultés à établir des priorités dans les secteurs d'intervention.

## Les indicateurs au vert :
## une politique familiale confortée

Ce futur possible se caractérise par la conjonction d'évolutions favorables pour conforter la politique familiale : une croissance « retrouvée » et riche en emplois, une stabilisation des transformations familiales, un vieillissement pondéré par un taux de fécondité encore plus élevé qu'aujourd'hui. Ce futur possible (qui n'est pas impossible mais suppose notamment d'emprunter de nouveaux chemins, en particulier pour ce qui concerne la politique de l'emploi) est celui de tous les indicateurs au vert.

La politique familiale serait dans ce cadre en expansion. Lui seraient attribuées certaines des vertus de la situation actuelle : elle permettrait ainsi de soutenir la fécondité et de mieux concilier vie familiale et vie professionnelle. La politique familiale à la française pourrait inspirer les orientations de l'Union européenne. Les moyens financiers qui lui seraient alloués se trouveraient confortés, même si le besoin d'une plus grande lisibilité continuerait de se faire sentir. Ce futur possible, optimiste, n'est pas nécessairement celui du statu quo quant aux formes et aux priorités des dépenses publiques en direction des familles. De nouvelles options seraient possibles. Pour les CAF, ce scénario pourrait s'accompagner de changements notables, en particulier dans leurs relations, de plus en plus contractualisées, avec les collectivités locales.

## La politique familiale contestée, sacrifiée

Dans un contexte de faible croissance, d'explosion des dépenses vieillesse/dépendance, de difficultés persistantes à maîtriser les dépenses de santé, des arbitrages défavorables seraient effectués au détriment de la politique familiale. Les dépenses de prestation, mais également les dépenses fiscales, voire celles pour les équipements seraient réorientées au profit d'autres risques. La remise en cause de l'universalité des allocations familiales pourrait être radicale. Le ciblage pourrait être extrêmement précis sur les catégories les plus défavorisées de la population. L'idée même d'une politique familiale à base et visée universelles serait contestée, au profit d'une logique d'aide sociale pour les familles à bas, voire très bas revenus. Cette contestation et ce sacrifice seraient rendus possibles faute de pouvoir démontrer ce qu'il en est véritablement des effets et des coûts des dépenses en direction des familles. Un autre appui à cette option serait de critiquer la socialisation des revenus et de laisser aux « solidarités » familiales le rôle de la politique familiale.

À moins de disparaître, les CAF pourraient alors être conduites à recomposer leurs interventions dans des logiques centrées sur l'insertion ou encore le financement d'établissements et de services locaux pour les enfants en difficulté, les personnes âgées dépendantes ou les handicapés. Les CAF deviendraient alors, avant tout, des prestataires de services des départements.

## La politique familiale rénovée et recentrée

Dans un contexte qui peut être celui d'un cumul de difficultés financières et sociales comme celui d'un contexte plus favorable (relativement), des arbitrages seraient effectués entre les différents pans de la protection sociale. Ces arbitrages seraient réalisés en faveur des investissements en direction des enfants et de la jeunesse. Il pourrait s'ensuivre une politique familiale renforcée mais réformée, avec des priorités claires quant à ses domaines, voire ses modalités d'intervention.

Sur le plan des formes, dans ce contexte « favorable » à la « politique familiale », les CAF pourraient toutefois se trouver en retrait, un outil fiscal puissant (par exemple) se substituant à la myriade des prestations. Les CAF pourraient au contraire occuper un rôle de premier plan dans la mise en œuvre d'un service public de la petite enfance, en tant qu'autorité organisatrice, aux côtés de l'État et des collectivités locales (comme pour les transports publics locaux).

## FIGURE 7

### Les futurs possibles de la politique familiale

| Composantes | | Microscénarios | |
|---|---|---|---|
| **Contexte démographique** | Vieillissement atténué, renforcement des liens familiaux | Vieillissement accéléré avec transformations familiales accrues | Vieillissement exacerbé, déstabilisation des formes et des solidarités familiales |
| **Contexte économique** | Croissance retrouvée et développement de l'emploi | Croissance faible et sous-emploi | Croissance en panne et chômage persistant |
| **Modes de vie et aspirations** | Solidarité | Polarisation | Chacun pour soi |
| **Acteurs et territoires** | La région intégratrice | Les compétitions locales | Le département contraint |
| **Politiques sociales** | Modèle de protection sociale universelle | Modèle social français non réformé | Modèle libéral |
| | | | Modèle orienté vers l'investissement social |

Scénarios globaux d'environnement

| Ajustements paramétriques | | Réformes structurelles |
|---|---|---|
| Scénario tendanciel sans réforme | Scénario des indicateurs au vert | Scénario de l'option libérale et du retrait public |
| | | Scénario du choix fort en faveur de l'enfance et de la jeunesse |

Conséquences en termes de politique familiale

| La politique familiale confortée | La politique familiale en repli mécanique | La politique familiale contestée, sacrifiée |
|---|---|---|
| | | Une politique familiale rénovée et recentrée |

# Prospective sur les aspects socioéconomiques et démographiques

# Mutation du niveau de vie des familles québécoises

Simon LANGLOIS
*Département de sociologie, Université Laval*

Nous proposons dans les pages qui suivent de mettre au jour une étude réalisée pour le deuxième symposium québécois de recherche sur la famille, tenu en 1993 (Langlois, 1994). Nous avions alors observé que les jeunes familles des années 1990 avaient plus de difficulté que celles des générations précédentes à accéder au niveau de vie de la classe moyenne, que la situation économique relative des familles avec enfants présents au foyer s'était détériorée par rapport aux autres types de ménages et que la distance qui sépare les familles à faibles revenus et à revenus élevés s'était accentuée au fil des ans. Les recherches menées dans les années 1980 avaient par ailleurs révélé l'existence d'une plus grande variation des formes de vie familiales qui a bien été documentée au fil des ans par la publication des symposiums sur la famille, animés par le sociologue Gilles Pronovost.

Comment la situation a-t-elle évolué depuis les années 1990? Que réserve l'avenir immédiat, thème du présent ouvrage? Pour répondre à cette question, nous proposons de reprendre les analyses effectuées il y a quinze ans, ce qui permettra de jeter un éclairage sur les tendances qui se dessinent. Depuis la publication de notre travail en 1994, de nombreuses mesures fiscales et plusieurs politiques sociales ont été adoptées en faveur des familles. Ainsi, l'État fédéral accorde une aide universelle aux enfants (1 200 $ par année par enfant en 2008) et l'État québécois a de son côté mis en place un réseau de garderies subventionnées et un système de congés parentaux, autant de mesures qui ont eu une influence sur le niveau de vie réel des familles avec enfants présents au foyer. Par ailleurs, le marché du travail est en mutation, ce qui n'est pas sans avoir eu aussi une incidence sur le niveau de vie : le taux de chômage est en baisse et l'entrée des jeunes diplômés sur le marché de l'emploi est plus facile qu'il y a vingt ans, dans le contexte où des pénuries de main-d'œuvre commencent à se manifester. Le niveau de vie des familles dépend en effet d'un ensemble complexe de facteurs qu'il importe de distinguer. La composition de la famille (nombre d'enfants, nombre de pourvoyeurs), les revenus de marché mais aussi la fiscalité doivent plus que jamais être pris en compte pour en étudier l'évolution dans le temps.

Nous dégagerons d'abord l'évolution de deux indicateurs privilégiés, les revenus disponibles et le niveau de vie des familles québécoises, puis nous aborderons la question de l'accès à la classe moyenne des familles avec enfant(s) présent(s). Observe-t-on le même déclassement qui avait été noté dans les années 1990 ? Suivra un examen de la question sous l'angle des rapports entre les générations[1].

## REVENUS DISPONIBLES ET NIVEAU DE VIE DES FAMILLES QUÉBÉCOISES

Rappelons que la longue stagnation qui a caractérisé l'évolution des revenus de marché des individus et des familles pendant les années 1980 s'est arrêtée vers le milieu des années 1990. Cette stagnation a duré au total une bonne vingtaine d'années, dans la plupart des sociétés industrialisées, ce qui a représenté tout un contraste avec la forte croissance des trente glorieuses (1945-1975). Au Québec, les revenus tirés du marché – revenus de travail surtout, mais aussi revenus de placement – ont renoué avec la croissance réelle au cours des dix dernières années pour lesquelles les données sont disponibles. Ces observations sont maintenant connues et nous nous attarderons plutôt à l'étude de la situation des familles et des couples sans enfant présent.

Trois indicateurs classiques ont été retenus : les revenus moyens de marché, les revenus disponibles et les dépenses pondérées (niveau de vie) des familles québécoises. Nous allons couvrir une période assez longue afin de mettre en perspective les évolutions temporelles, soit de

---

1. L'auteur tient à remercier le Conseil de recherches en sciences humaines du Canada (CRSH) pour l'aide apportée à la réalisation de ses recherches ainsi que Catherine Poulin, assistante de recherche au Département de sociologie de l'Université Laval, pour la manipulation des données statistiques.

## Tableau 1

*Moyenne du revenu disponible total (en dollars constants de 2004)*
*selon la composition des ménages, Québec, 1978 à 2004*

| Type de ménage | 1986 | 1996 | 2000 | 2004 | Écart (%) 2004/1986 |
|---|---|---|---|---|---|
| Couple sans enfant | 40 554 | 41 124 | 42 685 | 42 756 | 105,4 |
| Double revenu | 52 094 | 51 159 | 55 312 | 52 386 | 100,6 |
| Un revenu | 31 595 | 33 712 | 33 602 | 34 464 | 109,1 |
| Deux inactifs | 25 511 | 30 988 | 28 228 | 29 450 | 115,4 |
| Famille avec enfants | 53 906 | 56 113 | 55 820 | 63 897 | 118,5 |
| Double revenu | 60 003 | 61 302 | 61 720 | 67 262 | 112,1 |
| Simple revenu | 45 940 | 44 383 | 42 837 | 51 458 | 112,0 |
| Famille monoparentale | 27 324 | 30 609 | 34 223 | 35 214 | 128,9 |
| Total (tous les ménages de 2 personnes ou plus) | 46 766 | 47 042 | 47 652 | 51 813 | 110,8 |

Source : Microdonnées de l'enquête sur les dépenses des familles de Statistique Canada ; calcul de l'auteur.

1986 à 2004 (et même 1978 pour l'étude de la classe moyenne). Les données proviennent de l'enquête sur les dépenses des familles et nous avons travaillé à partir des microdonnées de Statistique Canada[2].

L'indicateur « revenus disponibles » des familles présente plusieurs avantages, car il inclut toutes leurs ressources monétaires, y compris les paiements de transferts, mais aussi parce qu'il prend en compte les crédits fiscaux et exclut les impôts directs payés à l'État. Le revenu disponible indique donc l'ensemble des ressources dont disposent les ménages pour consommer les biens et services marchands nécessaires à leur bien-être.

Les données contenues dans le tableau 1 confirment la reprise à la hausse de la croissance réelle du revenu disponible dans les années 2000 dans l'ensemble des ménages. Cette observation est cependant trop générale, aussi avons-nous isolé différents types de familles afin de les séparer des couples sans enfant, dont le nombre va croissant avec l'arrivée des baby-boomers à la phase du nid familial vide. Ainsi, les familles avec enfants ont connu une augmentation de leurs revenus

---

2. Cette analyse sera plus complète que celle effectuée en 1993, car nous avions alors dû travailler avec des données incomplètes et notamment, pour certains aspects étudiés, avec des données ne portant que sur les grandes villes. Nous avons maintenant accès aux fichiers représentatifs de toutes les familles québécoises.

disponibles dans les années 2000, plus importante que dans l'ensemble des ménages et plus importante aussi que la hausse notée dans les couples sans enfant présent, tant dans les familles comptant deux pourvoyeurs que dans celles qui n'en ont qu'un seul.

Les familles monoparentales ont au total des revenus plus bas. Ces dernières sont dans une situation structurelle moins avantageuse que les autres types de familles parce qu'elles ne comptent qu'un seul pourvoyeur, dans une société qui exige de plus en plus l'apport de deux revenus pour avoir accès au panier de consommation de la classe moyenne. L'État a cependant pris en compte leur situation particulière sur le plan de la fiscalité afin de hausser leurs revenus réels à un niveau qui comblerait une partie des écarts observés sur le marché entre les types de ménages, dans le but notamment d'aider les enfants qui sont élevés dans ce type de famille. L'analyse des revenus montre que ces choix politiques ont eu une certaine efficacité.

On observe en effet un changement important dans les années 1990 et 2000, soit la croissance marquée des revenus disponibles des familles monoparentales, par comparaison avec les décennies précédentes (+ 28,9 % entre 1986 et 2004). Outre les politiques fiscales, d'autres facteurs ont contribué à l'amélioration tendancielle des revenus des familles monoparentales. Il est bien connu que les personnes à la tête de ces dernières sont encore en majorité des femmes. Or celles-ci sont maintenant mieux préparées que les femmes des cohortes précédentes à occuper des emplois salariés ou à exercer des fonctions professionnelles comme travailleuses autonomes, ce qui se reflète dans les revenus de marché plus élevés des familles monoparentales dans les années 2000. De même, les nouvelles normes juridiques en cas de divorce protègent maintenant mieux les revenus des familles monoparentales – notamment par la perception automatique des pensions alimentaires.

Une autre donnée confirme l'amélioration relative de la position socioéconomique des familles monoparentales. En 1986, leur revenu moyen disponible représentait 59,5 % de celui des familles (couples) à un seul revenu avec enfant présent ; cette proportion est grimpée à 68,4 % en 2004, soit une réduction d'écart non négligeable.

La mesure des niveaux de vie est différente du revenu disponible car elle est construite à partir des dépenses totales du ménage, divisées par le nombre pondéré de membres (échelle d'équivalence). L'échelle adoptée est la suivante : nous donnons le poids 1 au premier adulte, 0,8 aux autres adultes et aux adolescents âgés de 16 et 17 ans, 0,5 aux enfants âgés de 5 à 15 ans et 0,4 aux enfants de 0 à 4 ans. Les dépenses par unité (plutôt que le revenu disponible) caractérisent le niveau de vie de la famille pendant une année donnée. Elles se différencient des revenus parce qu'elles excluent l'épargne mais incluent les emprunts courants qui soutiennent la consommation marchande. Les services et biens en nature offerts directement par l'État, bien qu'ils contribuent au niveau de vie des ménages – services de garde subventionnés, médicaments et soins médicaux gratuits, logements subventionnés –, ne sont pas pris en considération.

L'analyse montre nettement que les familles avec enfant – qu'elles disposent d'un seul ou de deux revenus, ou encore qu'elles soient monoparentales – ont connu une hausse marquée de leur niveau de vie réel, plus prononcée que celle observée dans l'ensemble des ménages (tableau 2). Cela confirme l'efficacité des diverses mesures prises depuis dix ans en faveur de la famille au Québec, notamment par le biais de la fiscalité provinciale et par l'apport d'allocations universelles données par le gouvernement fédéral (1 200 $ par enfant par année, par exemple). Le résultat mérite d'être souligné car l'État providence est souvent évalué de manière pessimiste dans les débats publics. Or les données portant sur une dizaine d'années indiquent au contraire que l'intervention étatique en faveur des familles a été efficace et qu'elle a contribué à la hausse de leur niveau de vie réel.

## TABLEAU 2

*Moyenne du niveau de vie des ménages*
*(dépenses pondérées par le nombre de membres, en dollars constants de 2004),*
*Québec, 1986 à 2004*

| Type de ménage | 1986 | 1996 | 2000 | 2004 | Écart (%) 2004/1986 |
|---|---|---|---|---|---|
| Couple sans enfant | 21 439 | 20 980 | 22 557 | 22 775 | 106,2 |
| Double revenu | 26 918 | 25 171 | 28 686 | 26 673 | 99,1 |
| Un revenu | 17 186 | 17 885 | 18 147 | 26 673 | 155,2 |
| Deux inactifs | 14 046 | 16 667 | 15 495 | 17 063 | 121,5 |
| Famille avec enfants | 18 704 | 18 536 | 19 625 | 23 078 | 123,4 |
| Double revenu | 20 976 | 20 118 | 21 391 | 26 683 | 127,2 |
| Simple revenu | 15 736 | 14 960 | 15 738 | 20 840 | 132,4 |
| Famille monoparentale | 14 983 | 16 987 | 19 365 | 18 890 | 126,1 |
| Total (tous les ménages de 2 personnes ou plus) | 19 123 | 19 277 | 20 602 | 22 539 | 117,9 |

Source : Microdonnées de l'enquête sur les dépenses des familles de Statistique Canada ; calcul de l'auteur.

## LA TAILLE DE LA CLASSE MOYENNE SE MAINTIENT

L'hypothèse du déclin de la classe moyenne a été largement débattue dans les années 1980 et 1990. En fait, cette hypothèse avait d'abord été formulée pour caractériser l'évolution des revenus individuels car les résultats étaient moins clairs lorsqu'on étudiait les données portant sur les ménages et les familles, notamment parce que la présence plus marquée des mères sur le marché du travail permettait aux familles de compenser en partie cette diminution des revenus réels des salariés.

Dans notre analyse précédente, nous avions observé empiriquement un déclassement d'une fraction de la classe moyenne, «un glissement vers le bas d'un certain nombre de familles incapables de maintenir leurs revenus au même niveau entre 1969 et 1990» (Langlois, 1994, p. 24). Les changements observés entre ces deux années avaient touché surtout les échelons inférieurs des classes moyennes en termes de revenus disponibles, soit jusqu'au sixième décile environ. Ce sont les familles aux revenus les plus modestes qui avaient eu le plus de mal à maintenir leur place dans la classe moyenne. Nous avions ensuite attribué cette difficulté à un effet de génération, en notant que c'étaient surtout les jeunes familles qui avaient éprouvé cette difficulté.

Qu'en est-il au milieu des années 2000? Peut-on encore parler de déclin du centre, de déclassement ou de glissement vers le bas d'une fraction de la classe moyenne québécoise? Pour répondre à cette question, nous utiliserons une mesure connue de la classe moyenne, soit la proportion de familles qui avaient un revenu total disponible se situant entre les trois quarts et une fois et demi la médiane. La frontière plus étendue à droite tient compte de l'asymétrie de la distribution des revenus en haut de l'échelle. Cette mesure non technique donne une bonne approximation de la taille de la classe moyenne qui converge avec les estimations faites à partir de mesures plus sophistiquées sur le plan statistique. Nous avons d'abord étudié l'ensemble des ménages de deux personnes ou plus depuis 1978 (tableau 3), puis seulement les familles avec enfants présents (tableau 4). Quatre constats se dégagent de cette analyse de l'évolution survenue ces dernières années.

Premièrement, l'examen du revenu total montre qu'il y avait bien eu déclin du centre dans les années 1980 au profit d'une augmentation de la proportion de ménages classés en bas de 75 % de la médiane et classés en haut de cette dernière (150 % et plus) (tableau 3). Cette donnée vaut pour l'ensemble des ménages.

Un deuxième résultat porte cette fois sur l'évolution dans le temps, des années 1990 aux années 2000. Nos données indiquent clairement que le déclin du centre si souvent discuté sur la place publique a surtout

## TABLEAU 3

*Distribution autour de la médiane des revenus des ménages selon l'année
(1978-2004), Québec, trois types de revenus*

|  | Année | < 75% de la médiane | Entre 75% et 150% de la médiane | > 150% de la médiane | Total (%) | Médiane ($) |
|---|---|---|---|---|---|---|
| Revenu total | 1978 | 32,5 | 45,2 | 22,3 | 100 | 17 481 |
|  | 1986 | 37,8 | 33,5 | 28,8 | 100 | 28 240 |
|  | 1996 | 37,3 | 34,1 | 28,7 | 100 | 36 300 |
|  | 2000 | 37,9 | 31,7 | 30,5 | 100 | 38 000 |
|  | 2004 | 36,8 | 34,4 | 28,8 | 100 | 44 000 |
| Revenu disponible | 1978 | 30,7 | 49,4 | 19,9 | 100 | 14 692 |
|  | 1986 | 35,6 | 39,5 | 24,9 | 100 | 23 424 |
|  | 1996 | 34,1 | 38,7 | 27,2 | 100 | 29 243 |
|  | 2000 | 35,7 | 36,0 | 28,3 | 100 | 21 152 |
|  | 2004 | 34,5 | 38,2 | 27,3 | 100 | 36 059 |
| Revenu disponible par unité | 1978 | 28,7 | 50,1 | 21,2 | 100 | 6 360 |
|  | 1986 | 30,2 | 48,5 | 21,3 | 100 | 11 015 |
|  | 1996 | 26,8 | 52,1 | 21,1 | 100 | 15 444 |
|  | 2000 | 29,2 | 49,0 | 21,8 | 100 | 16 762 |
|  | 2004 | 29,1 | 49,8 | 21,1 | 100 | 19 965 |

Source : Microdonnées de l'enquête sur les dépenses des familles de Statistique Canada ;
calcul de l'auteur.

caractérisé les années 1980, alors que la situation n'a pas beaucoup
bougé dans les années 1990 et 2000, une fois le rattrapage effectué vers
le milieu des années 1980. Le déclin du centre qui avait tant préoccupé
les analystes de la stratification sociale et les intervenants politiques se
serait arrêté depuis au moins une quinzaine d'années, mais l'étude de
la périodisation précise du phénomène reste à faire.

Troisièmement, les familles avec enfants présents sont cependant
plus nombreuses à faire partie de la classe moyenne, des années 1986
à 2004 (tableau 4). Cette observation souligne une fois de plus l'importance des modes de vie dans l'étude de la position sociale au même titre
que l'examen de données caractérisant le marché du travail, une sorte
de leitmotiv dans nos travaux sur ces questions depuis une trentaine
d'années. Le divorce, le départ de la maison pour étudier, la montée du

TABLEAU 4

*Distribution autour de la médiane des revenus des familles avec enfants,
selon l'année (1986-2004), Québec, trois types de revenus*

|  | Année | < 75 % de la médiane | Entre 75 % et 150 % de la médiane | > 150 % de la médiane | Total (%) | Médiane ($) |
|---|---|---|---|---|---|---|
| Revenu total | 1986 | 34,5 | 47,5 | 18,0 | 100 | 38 534 |
| | 1996 | 32,4 | 47,3 | 20,4 | 100 | 51 739 |
| | 2000 | 34,5 | 43,9 | 21,6 | 100 | 54 000 |
| | 2004 | 29,4 | 51,9 | 18,7 | 100 | 69 000 |
| Revenu disponible | 1986 | 28,9 | 53,7 | 17,4 | 100 | 29 892 |
| | 1996 | 28,9 | 54,2 | 17,0 | 100 | 40 800 |
| | 2000 | 30,2 | 52,9 | 16,9 | 100 | 42 782 |
| | 2004 | 26,6 | 56,3 | 17,1 | 100 | 55 280 |
| Revenu disponible par unité | 1986 | 26,9 | 55,1 | 18,0 | 100 | 10 498 |
| | 1996 | 26,4 | 54,7 | 18,9 | 100 | 15 217 |
| | 2000 | 27,4 | 55,9 | 15,0 | 100 | 16 758 |
| | 2004 | 28,3 | 51,8 | 20,0 | 100 | 20 799 |

Source : Microdonnées de l'enquête sur les dépenses des familles de Statistique Canada,
calcul de l'auteur.

mode de vie en solitaire, la mobilité géographique sont autant de facteurs
qui encouragent la création de ménages de taille réduite, disposant de
revenus plus faibles, ce qui a des incidences sur la proportion de ménages
se retrouvant dans cette grande catégorie qu'est la classe moyenne.

Il n'est pas surprenant par conséquent d'arriver à une lecture plus
pessimiste sur la taille de la classe moyenne lorsque l'on considère les
revenus de l'ensemble des ménages plutôt que ceux des seules familles
avec enfant, qui elles sont plus nombreuses à en faire partie. Par contre,
lorsqu'on tient compte de la composition des ménages en scrutant l'indicateur niveau de vie (une mesure pondérée), le portrait d'ensemble des
ménages apparaît moins pessimiste, puisqu'on retrouve un ménage sur
deux au centre de la distribution (dernières lignes du tableau 3). Enfin,
la taille de la classe moyenne est plus élevée lorsqu'on examine le revenu
disponible. Cela signifie que la fiscalité et les paiements de transfert ont
favorisé la croissance du centre par le biais des paiements de transfert
et de la fiscalité redistributive.

Le portrait d'ensemble de l'évolution tendancielle de la taille de la classe moyenne québécoise est donc moins marqué par le pessimisme qu'il l'était il y a quinze ans. Ce résultat est important et mérite qu'on s'y attarde en étudiant ce qui en est la cause principale à notre point de vue : l'amélioration de la position relative des jeunes familles sur le plan socioéconomique.

## L'EFFET DE GÉNÉRATION S'ESTOMPE

Les années 1980 et 1990 ont été caractérisées par l'apparition d'un important effet de génération. Plusieurs études ont en effet observé que les jeunes familles avaient vu leur position socioéconomique relative se détériorer par rapport aux familles et aux ménages dont la personne de référence est plus âgée, mais aussi par rapport aux familles du même âge dans les cohortes précédentes, soit les jeunes familles qui avaient connu la période de forte croissance des années 1950 aux années 1970. Les données récentes indiquent-elles une amélioration de l'effet de génération observée dans les années 1980 et 1990 ?

Une telle question exigerait un long développement, mais, dans les limites étroites de cette contribution, nous pouvons répondre positivement en examinant l'évolution du revenu total disponible et du niveau de vie par tranches d'âges entre 1986 et 2004 (tableau 5). Nous prendrons comme point de référence la classe d'âge des 40-49 ans afin d'étudier la position relative de trois autres classes d'âge par rapport à cette dernière. Plusieurs résultats ressortent de cette analyse.

TABLEAU 5

*Moyenne du revenu total disponible (en dollars constants de 2004)
et du niveau de vie pour les familles avec enfants,
selon l'année et l'âge de la personne de référence, Québec, 1978-2004*

| | Revenu total disponible | | | | Niveau de vie | | | |
|---|---|---|---|---|---|---|---|---|
| | 1986 | 1996 | 2000 | 2004 | 1986 | 1996 | 2000 | 2004 |
| Moins de 30 ans | 35 787 | 31 286 | 33 370 | 42 663 | 15 714 | 14 029 | 15 902 | 23 165 |
| 30-39 ans | 46 284 | 52 700 | 45 324 | 54 436 | 17 852 | 18 804 | 17 349 | 23 303 |
| 40-49 ans | 56 742 | 53 838 | 54 921 | 63 124 | 19 357 | 18 048 | 20 531 | 21 579 |
| 50-64 ans | 55 975 | 51 230 | 56 532 | 65 053 | 18 998 | 19 291 | 22 508 | 22 739 |

Source : Microdonnées de l'enquête sur les dépenses des familles de Statistique Canada ; calcul de l'auteur.

Tout d'abord, on voit nettement que les écarts entre groupes d'âge, qui étaient importants en 1986 et en 1996, ont tendance à se rétrécir dans les années 2000. La situation relative des jeunes ménages par rapport au groupe de référence – qui s'était détériorée pendant une vingtaine d'années – s'est améliorée et il est permis de faire l'hypothèse d'un revirement de tendance en faveur des jeunes ménages. Les nouvelles cohortes ont des revenus réels plus élevés et ils ont comblé une partie de l'écart qui les séparait des autres groupes d'âge. Ensuite, les ménages les plus âgés mais dont les membres sont encore actifs (50-64 ans) ont comblé la distance qui les séparait du groupe de référence. Cela signifie que les nouvelles cohortes de seniors – terme qui désigne les personnes proches de la retraite ou les jeunes retraités – ont de meilleurs revenus que celles qui précèdent.

Troisièmement, la mesure du niveau de vie confirme encore plus nettement le rapprochement entre les classes d'âges. On notera en particulier que les jeunes ménages apparaissent dans une position relative nettement plus favorable en 2004. Ce résultat serait explicable par l'incidence des mesures fiscales et des paiements de transfert qui ont ciblé les ménages les plus jeunes avec enfant, une observation qui confirme l'analyse faite dans la section précédente.

## CONCLUSION

Une conclusion générale s'impose. Il est possible d'avancer qu'un revirement de tendances est observable dans les années 2000 pour caractériser l'évolution des revenus et du niveau de vie des familles au Québec, et en particulier des jeunes familles avec enfants présents. Celles-ci ont connu plus que leur part de difficultés dans les années 1980. Or la fiscalité plus avantageuse et les paiements de transferts, d'un côté, et la hausse des revenus de marché, de l'autre, ont contribué à l'amélioration de la position relative des jeunes familles québécoises. Les mauvaises nouvelles qui les avaient durement touchées à cette époque sont très probablement choses du passé.

L'horizon s'est éclairci pour les jeunes familles dans leur ensemble, grâce d'un côté à l'intervention étatique dont il faut rappeler l'importance et l'efficacité, mais aussi grâce à la mutation du marché du travail qui offre maintenant plus d'ouvertures aux jeunes qui y accèdent dans un contexte tout à fait différent de celui qu'ont connu les générations précédentes au même âge. Moins de jeunes au total se présentent sur le marché, tout en étant par ailleurs mieux formés en moyenne, dans le contexte nouveau de la prise de retraite des premières cohortes de baby-boomers.

Ce contexte autorise à penser que les tendances qui avaient marqué le destin socioéconomique des familles québécoises dans le dernier tiers du XX^e siècle changent sous nos yeux et que l'horizon est moins sombre pour elles qu'il ne l'a déjà été. Le virage famille qui a caractérisé la fiscalité québécoise depuis une quinzaine d'années a donc porté ses fruits.

## BIBLIOGRAPHIE

Bernard, Paul (2007). «Tous égaux? Entrevue avec Paul Bernard», *Revue RND*, vol. 105, n^o 9, octobre, p. 16-26.

Bernard, Paul et Johanne Boisjoly (1992). «Les classes moyennes: en voie de disparition ou de réorganisation?», dans Gérard Daigle et Guy Rocher (dir.), *Le Québec en jeu. Comprendre les grands défis*, Montréal, Presses de l'Université de Montréal, p. 297-334.

Crespo, Stéphane (2007). *L'inégalité de revenu au Québec 1979-2004. Les contributions de composantes de revenu selon le cycle économique*, Québec, Institut de la statistique du Québec, coll. «Conditions de vie», 64 p.

Langlois, Simon (1994). «Le niveau de vie des familles: déclassement et effet de génération», dans Gilles Pronovost (dir.), *Comprendre la famille*, Québec, Presses de l'Université du Québec, p. 17-30.

Myles, John (1987). *L'expansion de la classe moyenne: données canadiennes sur le débat de la déqualification*, Ottawa, Statistique Canada, Direction des études analytiques, n^o 9.

Picot, Garnett, John Myles et Ted Wannell (1990). *Les bons et les mauvais emplois et le déclin de la classe moyenne: 1967-1986*, Ottawa, Statistique Canada, Direction des études analytiques, n^o 28.

Wolfson, Michael C. (1989). *Inequality and Polarization: Is There a Disappearing Middle Class in Canada?*, Ottawa, Statistique Canada.

# Portrait des familles québécoises à l'horizon 2020

## Esquisse des grandes tendances démographiques

Céline LE BOURDAIS
*Université McGill*
Évelyne LAPIERRE-ADAMCYK
*Université de Montréal*

Il est presque devenu un cliché de dire que les familles ont beaucoup changé depuis quelques décennies. En effet, la taille des familles s'est réduite, le divorce et les séparations sont devenus plus fréquents, l'union libre remplace de plus en plus souvent le mariage comme fondement du couple et de la famille, les familles monoparentales sont plus nombreuses et les recompositions familiales prennent de plus en plus de place. D'autres changements ont aussi marqué la famille. L'entrée massive des femmes, et surtout des mères, sur le marché du travail, la prédominance des familles à deux revenus, le recours aux horaires de travail atypiques et la réduction du temps familial constituent des faits qui ont bouleversé la vie de famille, de sorte que la conciliation travail-famille est devenue une préoccupation des pouvoirs publics et des milieux de travail. Pour mettre ces transformations en lumière, dégager les nouveaux besoins des familles et évaluer les ressources qu'il faudra mettre à leur disposition, il semble fort utile de réfléchir à l'avenir de la famille et de tenter de brosser le portrait qu'elle aura dans un futur rapproché.

Ce texte met l'accent sur les grandes tendances démographiques qui sont sous-jacentes à l'évolution de la famille. Il ne saurait être question de développer un modèle de projection des familles, car il s'agit d'un exercice de simulation complexe qui exige que l'on pose des hypothèses crédibles sur le futur de tous les événements susceptibles de modifier les structures familiales. Or, faute de données disponibles, on ne peut étudier l'évolution de chacun des événements pertinents. Cependant, on peut tirer parti de l'observation des tendances récentes des phénomènes démographiques qui ont provoqué les transformations familiales pour montrer vers quel horizon la famille se dirige.

La démarche comporte trois parties :

- d'abord, une présentation de l'évolution récente des structures familiales en fonction du type de familles, du mode d'union sur lequel elles reposent et du nombre d'enfants présents dans la famille ;

- ensuite, un examen des tendances des principaux phénomènes démographiques : la fécondité, la formation des unions et leur stabilité ;

- enfin, une réflexion sur la configuration des nouvelles formes de famille qui débordent le cadre résidentiel.

## ÉVOLUTION RÉCENTE DES STRUCTURES FAMILIALES EN FONCTION DU TYPE DE FAMILLES, DU MODE D'UNION ET DU NOMBRE D'ENFANTS

Avant de présenter l'évolution des structures familiales, il convient de se familiariser avec les définitions statistiques de la famille. Ces définitions comportent des limitations qui, même si elles se justifient pour des fins de collecte d'information et de comparabilité dans le temps et l'espace, doivent être connues pour bien saisir la portée des données utilisées et des indicateurs qui en découlent.

La famille, au sens statistique, ne comprend que les personnes qui vivent sous le même toit. Ces personnes doivent être liées par des liens conjugaux ou filiaux. Les liens conjugaux correspondent au mariage ou à l'union libre entre deux personnes de sexe opposé (les enquêtes retenues ne comportaient pas suffisamment de cas de couples de même sexe pour qu'ils soient pris en compte ; le recensement de 2006 permettra de le faire). Les liens filiaux renvoient aux relations parents-enfants, peu importe que ces derniers soient des enfants biologiques ou adoptifs, ou des beaux-enfants.

Les familles sont « biparentales » ou « monoparentales », suivant que les deux parents ou un seul vivent avec leurs enfants dans le ménage.

La famille est dite « intacte » lorsque tous les enfants présents dans le foyer sont les enfants biologiques ou adoptifs des deux parents.

La famille est «recomposée» lorsqu'au moins un enfant est issu d'une union antérieure de l'un des deux conjoints.

Les données utilisées proviennent d'un fichier spécial que nous avons créé dans le cadre d'un projet intitulé *La diversification de la structure et de la composition des familles au Canada*. Ce fichier rassemble des données extraites de quatre grandes enquêtes sur la famille qui ont été réalisées par Statistique Canada en 1984, 1990, 1995 et 2001[1]. Ce fichier ne retient que les familles qui, au moment de l'enquête, comptaient au moins un enfant âgé de moins de 21 ans présent dans le foyer.

La figure 1 présente pour ces quatre moments la distribution des familles selon le type. Comparativement à 1984, les familles ont changé de façon marquée : les familles intactes, qui représentaient alors 79 % de l'ensemble, ne forment plus que 67 % des familles avec enfants en 2001. Les familles recomposées, celles dont au moins un enfant est l'enfant biologique ou adoptif d'un seul des deux conjoints, ont progressé de façon significative ; leur part a en fait doublé entre 1984 et 1990, passant de 5 à 11 %, et s'est stabilisée par la suite. Le recul des familles intactes s'est surtout effectué au profit des familles monoparentales, dont le pourcentage a crû de 16 % à 23 %.

Parallèlement, le type d'union sur lequel les familles se fondaient s'est profondément modifié. Les familles de couples mariés, qui regroupaient 78 % des familles avec enfants en 1984, n'en représentent plus que 52 % en 2001. Ce sont les familles en union libre qui les ont remplacées : partant de 6 %, leur part s'établit dorénavant à 25 % (figure 2). Si l'on ne retient que les familles biparentales (tableau 1), le tiers d'entre elles unissent des conjoints de fait en 2001, comparativement à 8 % en 1984. On voit que le pourcentage d'unions libres est beaucoup plus important chez les familles recomposées. Déjà en 1984, plus de la moitié (55 %) de ces familles étaient le fait de couples en union libre ; en 2001, ce pourcentage atteint 70 %.

En bref, le fondement même de la famille s'est profondément modifié, l'union libre prenant une place importante dans la structure familiale. On verra, en examinant plus loin les tendances de la nuptialité, que cette situation est appelée à s'amplifier.

---

1. Il s'agit plus précisément des enquêtes suivantes : Enquête sur la famille 1984 ; Enquête sociale générale 1990 - Cycle 5 - La famille et les amis ; Enquête sociale générale 1995 - Cycle 10 - La famille ; Enquête sociale générale, 2001-Cycle 15 Enquête rétrospective sur la famille.

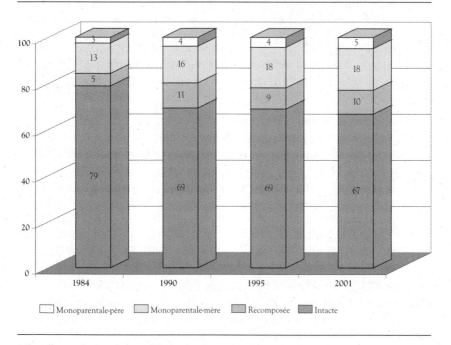

**FIGURE 1**

*Types de famille au Québec\**

Légende : Monoparentale-père, Monoparentale-mère, Recomposée, Intacte

\* Familles québécoises avec enfants de moins de 21 ans.

Source : Figure établie à partir d'un fichier comprenant des données extraites de l'Enquête sur la famille de 1984 et des Enquêtes sociales générales de 1990, 1995 et 2001 réalisées par Statistique Canada.

La famille varie aussi en fonction de sa taille qui, on le sait, s'est beaucoup réduite sous l'effet de la baisse de la fécondité observée depuis quelques décennies. Depuis 1984, le nombre moyen d'enfants de moins de 21 ans présents dans la famille se situe légèrement sous le seuil de deux enfants (tableau 2). Les fluctuations dans le temps sont faibles et pourraient relever de variations échantillonales aléatoires. On remarque toutefois des différences systématiques : les familles monoparentales (à l'exception des pères seuls en 1990) ont moins d'enfants que les familles des couples mariés ; les familles des couples mariés ont des familles plus nombreuses que celles des couples en union libre. La moyenne s'établit à 1,9 enfant chez les familles biparentales et à 1,7 enfant chez les familles monoparentales (données non présentées au tableau 2).

FIGURE 2

*Familles québécoises selon le type d'union**

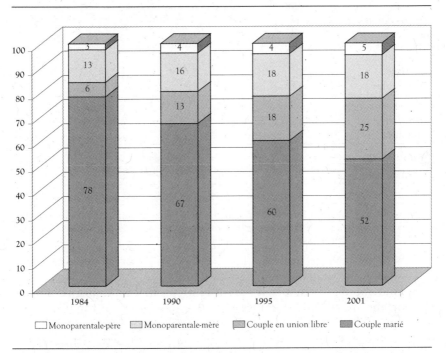

* Familles québécoises avec enfants de moins de 21 ans.

Source : Figure établie à partir d'un fichier spécial comprenant des données extraites de l'Enquête sur la famille de 1984 et des Enquêtes sociales générales de 1990, 1995 et 2001 réalisées par Statistique Canada.

### TABLEAU 1

*Pourcentage de couples en union libre*
*parmi les familles biparentales intactes et recomposées, Québec*

| Année | Pourcentage de couples en union libre | | |
|---|---|---|---|
| | Familles intactes | Familles recomposées | Total |
| 1984 | 4 | 55 | 8 |
| 1990 | 9 | 63 | 17 |
| 1995 | 17 | 74 | 24 |
| 2001 | 27 | 70 | 32 |

Source : Tableau construit à partir d'un fichier spécial comprenant des données extraites de l'Enquête sur la famille de 1984 et des Enquêtes sociales générales de 1990, 1995 et 2001 réalisées par Statistique Canada.

TABLEAU 2

*Nombre moyen d'enfants de moins de 21 ans, Québec*

| Type de famille et type d'union | Année | | | |
|---|---|---|---|---|
| | 1984 | 1990 | 1995 | 2001 |
| Famille intacte | | | | |
| mariage | 2,1 | 2,0 | 2,0 | 2,0 |
| union libre | 1,4 | 1,6 | 1,5 | 1,7 |
| Famille recomposée | | | | |
| mariage | 2,3 | 2,3 | 2,1 | 2,3 |
| union libre | 1,8 | 1,7 | 1,7 | 1,9 |
| Monoparentale, mère | 1,7 | 1,6 | 1,7 | 1,7 |
| Monoparentale, père | | 2,5 | 1,4 | 1,5 |
| Total | 2,0 | 1,9 | 1,8 | 1,9 |

Source : Tableau construit à partir d'un fichier spécial comprenant des données extraites de l'Enquête sur la famille de 1984 et des Enquêtes sociales générales de 1990, 1995 et 2001 réalisées par Statistique Canada.

Pour mieux distinguer les familles biparentales, attardons-nous à l'importance relative des familles de trois enfants ou plus (figure 3). On remarque d'abord que le pourcentage de familles, qu'elles soient intactes ou recomposées, comptant trois enfants ou plus est systématiquement plus élevé chez les familles des couples mariés que chez les couples en union libre. Parmi les familles intactes, environ une famille basée sur un couple marié sur cinq compte trois enfants ou plus, comparativement à une sur dix chez les couples en union libre. Parmi les familles recomposées, cette situation est le lot d'environ 35 à 40 % des couples mariés, et de 17 à 25 % des couples en union libre, exception faite de 1995.

Ce qui frappe ensuite, c'est que les pourcentages sont toujours plus élevés dans les familles recomposées que dans les familles intactes. Cela ne devrait guère surprendre, étant donné que les familles recomposées réunissent parfois au départ les enfants de deux familles, auxquels peuvent s'ajouter par la suite un ou plusieurs enfants qui naîtront de la nouvelle union. En 2001, par exemple, 23 % des familles intactes de couples mariés comptent trois enfants ou plus, contre 36 % des familles recomposées. Chez les couples en union libre, l'écart est encore plus marqué : deux fois plus de familles recomposées que de familles intactes ont trois enfants ou plus (25 % contre 12 %).

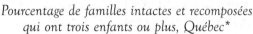

FIGURE 3

*Pourcentage de familles intactes et recomposées*
*qui ont trois enfants ou plus, Québec\**

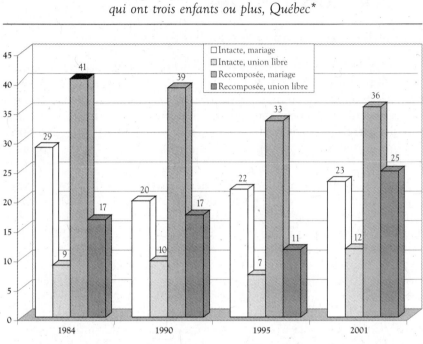

\* Familles québécoises avec enfants de moins de 21 ans.

Source : Figure établie à partir d'un fichier spécial comprenant des données extraites de l'Enquête sur la famille de 1984 et des Enquêtes sociales générales de 1990, 1995 et 2001 réalisées par Statistique Canada.

Le paysage des familles s'est donc remarquablement diversifié depuis 1984. Cette image résulte de changements profonds qui ont marqué les comportements des Québécois au regard de la fécondité, de la formation et de la stabilité des unions (Piché et Le Bourdais, 2003). Pour anticiper les formes que prendront les familles dans l'avenir, il importe d'examiner ces comportements pour tenter d'entrevoir si les évolutions observées jusqu'à maintenant annoncent un maintien ou un revirement de tendances susceptibles d'entraîner des modifications dans les structures familiales.

# EXAMEN DES TENDANCES DÉMOGRAPHIQUES : LA FÉCONDITÉ, LA FORMATION DES UNIONS ET LEUR STABILITÉ

## Les familles sont petites : le resteront-elles ?

On vient de voir que les familles sont de petite taille. Cette situation provient essentiellement de la faible fécondité qui caractérise le Québec depuis longtemps. Les tendances de long terme ne laissent guère présager que cette situation va changer substantiellement. Pour illustrer le caractère quasi irréversible de ces tendances, le comportement des générations qui ont eu leurs enfants tout au long du XXᵉ siècle constitue un outil privilégié.

La figure 4 présente l'évolution de la distribution des femmes nées depuis la fin du XIXᵉ siècle jusqu'au milieu des années 1970, selon le nombre d'enfants qu'elles ont mis au monde au cours de leur vie (Lapierre-Adamcyk et Lussier, 2003). Le pourcentage de femmes qui n'ont pas eu d'enfant était fort élevé dans le passé, et a dépassé le seuil de 30 % dans les générations nées au début du siècle. Il est tombé à moins de 20 % dans les générations qui ont contribué au baby-boom pour ensuite remonter à plus de 20 % dans les générations nées après 1950. Chez les femmes qui contribueront à la formation des familles de 2020, les tendances récentes suggèrent que l'infécondité pourrait reculer quelque peu et s'établir à un niveau d'environ 20 %. Par ailleurs, on voit que la proportion de femmes qui n'ont qu'un seul enfant a augmenté progressivement au fil du temps ; touchant moins de 10 % de celles nées au tournant du XXᵉ siècle, cette proportion reste relativement faible et semble s'être stabilisée autour de 20 %.

Les changements les plus marquants concernent les femmes qui ont exactement deux enfants et, de façon complémentaire, celles qui ont au moins trois enfants. Les courbes de ces deux groupes évoluent en sens contraire. Alors qu'elles constituaient moins de 20 % des générations les plus anciennes, les femmes qui ont deux enfants prédominent à partir des générations nées en 1940 ; leur proportion se situe à environ 40 % et semble solidement installée. À l'opposé, la part de femmes qui ont au moins trois enfants a connu une chute spectaculaire ; partant de 60 % chez les femmes nées à la fin du XIXᵉ siècle, cette proportion s'est stabilisée autour de 20 %, et l'évolution observée n'annonce pour l'instant aucune reprise.

Dans la mesure où elles visent à soutenir la réalisation du désir d'enfants souvent exprimé dans les enquêtes, les politiques familiales actuelles pourront peut-être contribuer à réduire légèrement l'infécondité

## FIGURE 4

*Pourcentage de Québécoises qui ont eu 0, 1, 2, 3 enfants ou plus,
générations 1881-1976*

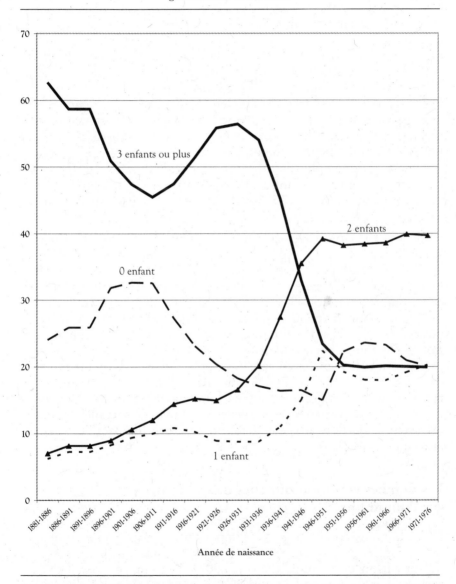

Année de naissance

Source : Figure établie à partir de É. Lapierre-Adamcyk et M.-H. Lussier, «De la forte fécondité à la fécondité désirée» (2003), pour les générations 1881-1961, et des données de l'Institut de la statistique du Québec pour les générations de 1971-1976.

et à assurer une légère reprise de la proportion des femmes qui auront au moins trois enfants. Leur effet positif permettrait au minimum d'éviter une réduction supplémentaire du nombre d'enfants dans les familles (Roy et Bernier, 2006).

Un second indicateur de la fécondité vient renforcer l'interprétation qu'induit l'évolution de la distribution du nombre d'enfants mis au monde par les femmes. Il s'agit de l'âge moyen à la maternité (Girard, 2007). Les générations nées à partir des années 1940, on l'a vu, ont donné naissance à un nombre relativement faible d'enfants (figure 5). Les plus âgées de ces femmes ont eu leurs enfants rapidement après leur mariage. Elles étaient âgées en moyenne de 24 ans à la naissance de leur premier enfant; dans les générations plus récentes, soit celles nées au milieu des années 1970, l'âge moyen à la naissance du premier enfant a augmenté d'un peu plus de trois ans pour atteindre 27,3 ans. Pour les deuxième et troisième enfants, l'augmentation a aussi été marquée, l'âge moyen passant de 26,2 à 29,9 ans et de 27,6 à 31,3 ans respectivement.

Les comportements récents n'annoncent pas de renversement de tendance : 46 % des naissances enregistrées au Québec en 2004 étaient le fait de femmes âgées de 30 ans ou plus, comparativement à 32 % en 1970. Cette évolution contribue au maintien d'une faible fécondité. Plus les femmes commencent tardivement à avoir leurs enfants, moins elles sont susceptibles d'avoir une nombreuse descendance. Cela ne signifie pas pour autant qu'il soit impossible que la proportion de femmes qui resteront infécondes diminue, ni que celle des femmes qui auront trois enfants augmente légèrement, mais ces changements ne modifieront pas substantiellement la composition des familles. La circulation des enfants d'un type de famille à l'autre, liée à l'instabilité conjugale sur laquelle nous reviendrons, aura sans doute un effet plus notable que la fécondité sur les variations éventuelles de la taille des familles, comme cela a été évoqué lors de la comparaison de la taille des familles intactes et recomposées (figure 3).

## Les familles continueront-elles d'être fondées sur l'union libre ?

L'une des transformations les plus importantes des structures familiales réside dans la progression spectaculaire de l'union libre comme mode de formation des unions (Péron, 2003). Peut-on détecter dans les tendances récentes de la nuptialité des indices annonçant que ce phénomène pourrait être renversé ? Pour répondre à cette question, examinons, dans un premier temps, l'évolution du mariage légal, qui

## FIGURE 5

*Âge moyen à la maternité, naissances de rang 1, 2 et 3,
générations 1940-1976, Québec*

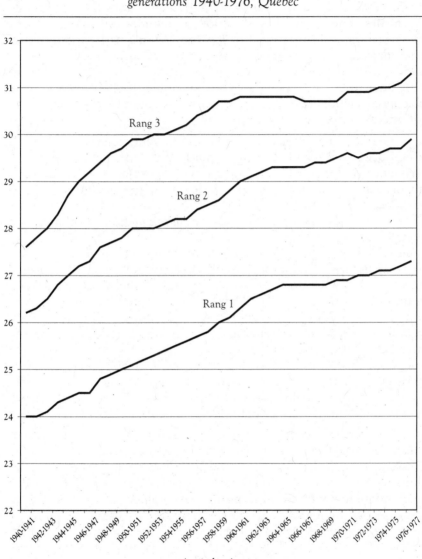

Année de naissance

Source : Institut de la statistique du Québec.

fait l'objet d'un enregistrement à l'état civil, permettant ainsi une mesure précise de son évolution. La figure 6 présente le pourcentage cumulé de femmes déjà mariées à divers âges pour celles nées depuis 1945. Le recul du mariage apparaît clairement à tous les âges retenus. Au fil des générations, la proportion de femmes qui optent pour le mariage diminue : ainsi, à 25 ans, 70 % des femmes nées en 1945 étaient déjà mariées ; ce pourcentage n'atteint pas 10 % pour celles nées en 1980. À 50 ans, ce pourcentage atteignait 88 % chez les cohortes les plus anciennes, mais pourrait être de moins de 40 % chez les plus récentes. La tendance est la même, mais plus accentuée, chez les hommes (données non présentées).

Le recul du mariage ne signifie pas pour autant que la vie de couple a perdu de son attrait. Il est cependant plus difficile de mesurer la fréquence de l'union libre comme mode d'entrée en union, puisque aucun acte officiel n'en marque le début ; seules quelques enquêtes rétrospectives le permettent. La figure 7, tirée d'une publication de Statistique Canada, *La diversification de la vie conjugale au Canada*, montre bien pour certaines générations de femmes comprises dans la figure 6 l'accroissement de la popularité de l'union libre comme première union. Chez les femmes nées dans les années 1940 et qui ont eu 20 ans dans les années 1960, 97 % ont vécu en union ; 12 % ont commencé leur vie conjugale par une union libre. Parmi celles nées 20 ans plus tard (et qui ont eu 20 ans dans les années 1980), cette forme d'union prédomine nettement ; elle touche dorénavant 70 % de ces femmes (96 % ont connu une union). Évidemment, on pourrait imaginer qu'avec le temps les couples d'abord en union libre décident de se marier ; cela se produit, mais cette tendance n'est pas assez forte pour renverser la chute des indicateurs de nuptialité qui montre plutôt que l'union libre devient une forme d'union plus permanente.

Un dernier élément s'ajoute pour renforcer la signification de l'union libre comme fondement de la famille : de plus en plus d'enfants naissent hors mariage, le plus souvent de parents en union libre. Les données de l'état civil disponibles ne précisent pas si les parents non mariés étaient en union libre ou non au moment de la naissance de l'enfant ; on indique seulement le pourcentage de naissances non reconnues par le père, lequel reste faible pour toute la période ; il était de 3 % en 2005. La figure 8 illustre avec acuité la montée des naissances hors mariage : en 1951, plus de 90 % des enfants naissaient de parents mariés ; ce pourcentage est tombé à près de 40 % au début des années 2000. En 2005, presque 60 % des naissances se produisent hors mariage, la plupart du temps chez des couples en union libre, ce que confirment les enquêtes rétrospectives comme les Enquêtes sociales générales de

## FIGURE 6

*Proportion de femmes déjà mariées à certains âges,*
*générations 1945-1985, Québec*

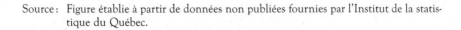

50 ans

30 ans

25 ans

20 ans

Année de naissance

Source : Figure établie à partir de données non publiées fournies par l'Institut de la statistique du Québec.

## FIGURE 7

*Probabilité cumulée d'avoir formé une première union par mariage ou par union libre, générations féminines 1941-1950 et 1961-1970, Québec*

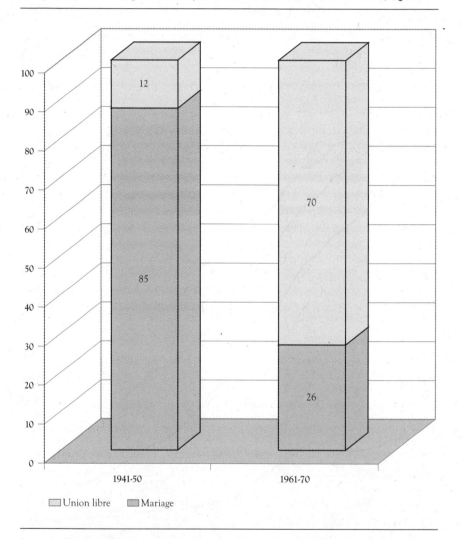

Source : Figure établie à partir de Statistique Canada, 2002, *La diversification de la vie conjugale au Canada*, cat. 89-576.

## FIGURE 8

*Naissances selon l'état matrimonial des parents, 1951-2005, Québec*

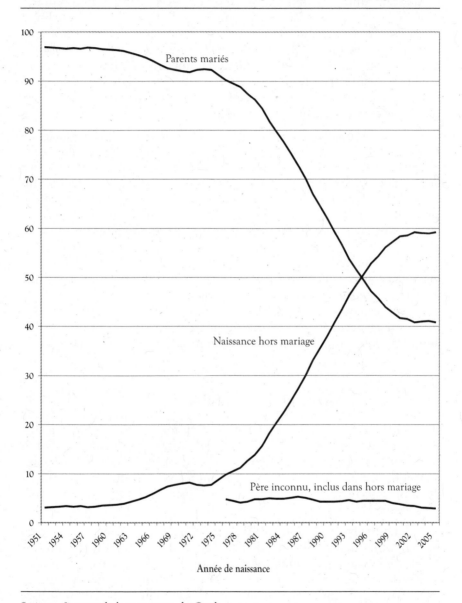

Année de naissance

Source : Institut de la statistique du Québec.

1995 et de 2001. On constate également que les naissances hors mariage ne touchent pas seulement les naissances de premier rang, mais qu'elles constituent une part importante des naissances de tout rang (Girard, 2007). Cela révèle que les couples en union libre ne sont pas enclins à formaliser leur union par le mariage, une fois leur premier enfant né, mais qu'ils continuent d'agrandir leur famille au sein de cette forme d'union. On sait, par ailleurs, que les familles recomposées se fondent le plus souvent sur l'union libre (voir le tableau 1), que les enfants qui y naissent sont souvent des enfants de rang plus élevé, et donc suscep-tibles d'avoir des parents non mariés.

Tous les indicateurs examinés vont dans le même sens : le mariage légal a reculé de façon importante et probablement définitive, du moins à court terme ; l'union libre représente le choix le plus fréquent pour la première union et pour la recomposition familiale, et constitue un cadre dorénavant acceptable de fondement de la famille. On relève cependant dans les débats publics des interrogations à l'égard du mariage, de l'union civile ou de l'union libre qui devraient nous inciter à la prudence quant à l'avenir respectif de ces formes d'union. Ainsi, on se rappellera l'importance accordée au mariage par les groupes homosexuels voulant avoir accès à cette institution ; on s'interroge actuellement sur la pertinence de l'union civile qui visait surtout, au moment de sa création, les couples homosexuels (Ménard, 2003) ; on réfléchit égale-ment sur la nécessité d'un cadre légal pour assurer la protection des conjoints en union libre en cas de séparation (Belleau, 2007 ; Chambre des notaires, 2007).

## Les couples deviennent-ils plus stables ?

Il est bien connu que les mariages se terminent fréquemment par le divorce. Les données de l'état civil le montrent à l'évidence. Selon l'Institut de la statistique du Québec, plus de 35 % des mariages célébrés au début des années 1980 se sont terminés par un divorce avant leur 25e anniversaire. On sait par ailleurs que l'instabilité conjugale est encore plus élevée chez les couples en union libre.

Une analyse des données de l'Enquête sociale générale de 2001 présente une image nuancée de l'évolution de l'instabilité des unions (Statistique Canada, 2002). La figure 9 compare les deux groupes de générations retenues plus tôt pour illustrer la progression de l'union libre. Pour ces femmes nées à vingt ans d'intervalle et qui se sont mises en union libre dans les années 1960 et les années 1980 respectivement, on observe une augmentation importante de l'instabilité conjugale : 34 % des femmes nées en 1941-1950 et 46 % de celles nées en 1961-1970

## FIGURE 9

*Probabilité de se séparer selon le type de la première union,*
*générations 1941-1950 et 1961-1970, Québec*

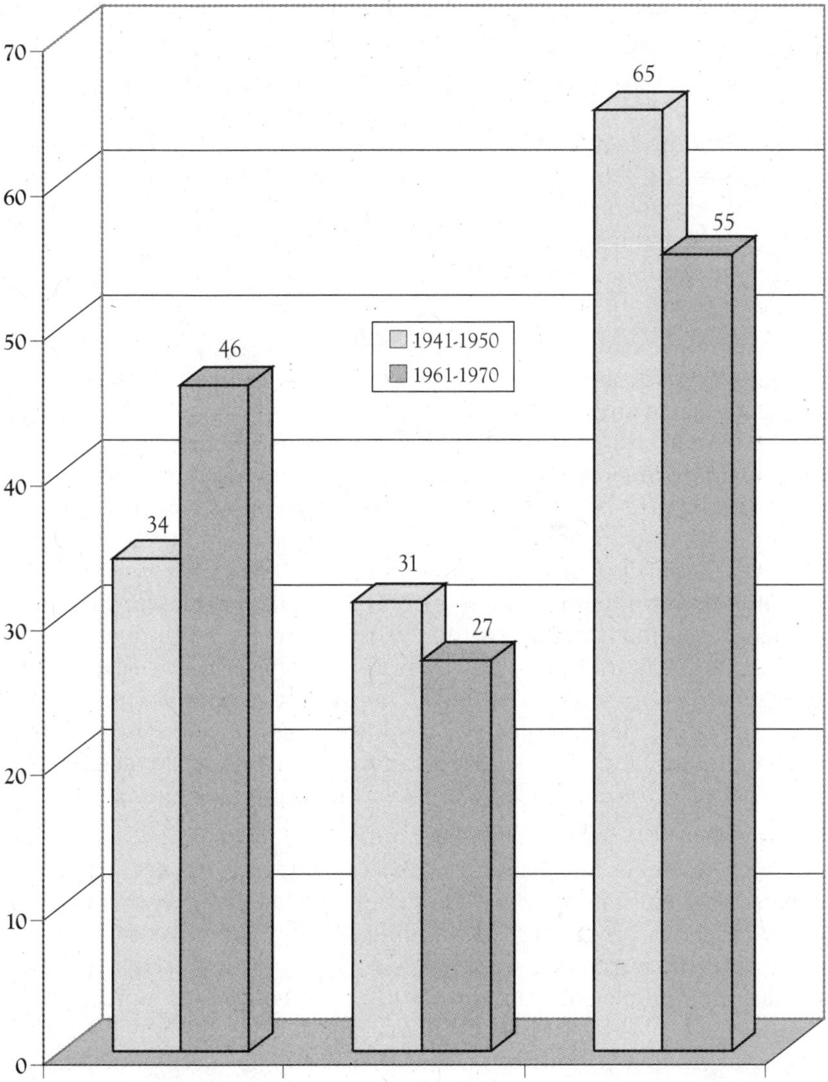

Source: Figure établie à partir de Statistique Canada, 2002, *La diversification de la vie conjugale au Canada*, cat. 89-576.

se sont séparées de leur premier conjoint. Cependant, quand on examine le pourcentage de séparations selon le type d'union, on observe une réduction de l'instabilité au fil des générations. Le pourcentage de ruptures passe de 31 % à 27 % pour le mariage, et de 65 % à 55 % pour l'union libre. Si l'instabilité diminue au sein de chaque type d'union, on retient toutefois que la probabilité de se séparer reste deux fois plus élevée chez les femmes en union libre que chez celles qui se sont mariées. L'augmentation de l'instabilité conjugale observée pour l'ensemble des unions reflète donc essentiellement la progression manifeste de l'union libre comme mode de formation des couples. Comme un ralentissement des séparations semble s'amorcer, même chez les couples en union libre, il n'est pas impossible qu'on observe dans les prochaines années une certaine stabilisation des unions. L'analyse des données de 2006, bientôt disponibles, permettra de préciser quelque peu la réponse à cette interrogation.

En bref, l'examen des tendances des phénomènes démographiques sous-jacents à l'évolution des structures familiales que l'on a observées jusqu'en 2001 n'annonce pas de retournements majeurs. D'ici 2020, il y a tout lieu de croire que la taille des familles restera petite, que l'union libre occupera une place peut-être encore plus grande et, surtout, qu'elle continuera d'être la forme d'union privilégiée à la base des familles recomposées, que l'instabilité conjugale, même si elle se stabilise, demeurera forte et contribuera ainsi à alimenter le maintien, voire la progression des familles monoparentales et recomposées. Déjà quelques données publiées récemment par Statistique Canada, tirées de l'Enquête sociale générale de 2006, indiquent que les transformations des structures familiales se sont poursuivies entre 2001 et 2006 (figure 10). Cette figure, basée sur toutes les familles peu importe l'âge des enfants présents[2], montre que les familles des couples mariés continuent de reculer ; leur pourcentage a diminué de 54 % à 48 %, alors que celui des familles des couples en union libre a progressé de 22 % à 27 %.

Ces données confirment que les générations nées dans les années 1980 emboîtent le pas de celles qui les ont précédées. De la même façon, la progression des familles monoparentales se poursuit, leur pourcentage passant de 23 % à 25 %. Si l'on ne retient que les familles biparentales, la part des familles des couples en union libre a augmenté de 29 % à 36 % de 2001 à 2006, et celle des familles recomposées, de 12 % à 15 % (Béchard, 2007). Parmi ces dernières, près des trois quarts sont fondées sur des couples en union libre. Dorénavant,

---

2. Les analyses précédentes portaient uniquement sur les familles comptant au moins un enfant de moins de 21 ans.

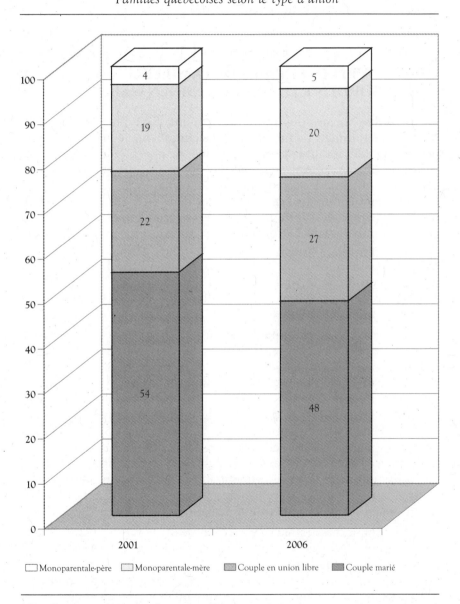

**FIGURE 10**

*Familles québécoises selon le type d'union**

\* Familles avec enfants sans distinction d'âge.

Source : Figure établie d'après M. Béchard, 2007, *La structure de la famille selon la région, Révisé 2006*, Statistique Canada, cat. 89-625-XF.

le Québec occupe le devant de la scène internationale, devançant même la Suède, au chapitre du pourcentage de familles basées sur un couple vivant en union libre (Milan *et al.*, 2007).

## LA DIFFICULTÉ D'APPROCHER LA CONFIGURATION DES NOUVELLES FORMES DE FAMILLE QUI DÉBORDENT LE CADRE RÉSIDENTIEL

Les nouvelles formes de famille deviennent donc plus importantes. Même s'il est difficile de prédire avec exactitude quelle place elles occuperont en 2020, il vaut la peine d'examiner de plus près les mécanismes par lesquels elles se font et se défont. On a déjà dit que l'instabilité conjugale constitue le facteur le plus important de la progression des familles monoparentales ; ce sont ces dernières qui se transforment en familles recomposées au moment où un nouveau conjoint s'ajoute à la famille monoparentale. Or, quand on y regarde de plus près, on constate que la composition des familles recomposées est elle-même très diversifiée, que le lien entre parents et enfants détermine le contour des nouvelles formes de la famille, et que l'arrivée et le départ des enfants sont des événements tout aussi susceptibles que les comportements des adultes de modifier le type de famille.

La figure 11 montre que les familles recomposées intègrent trois fois sur quatre un beau-père. Il s'agit de familles dont tous les enfants sont nés d'une union antérieure de la mère, laquelle a formé une nouvelle union avec un conjoint qui réside avec elle et ses enfants. Moins fréquemment, on observe la situation inverse : 17 % des familles regroupent seulement les enfants nés d'une union antérieure du père qui vivent avec une belle-mère. Finalement, dans 8 % des cas, la composition des familles est plus complexe ; elle comprend un homme et une femme qui jouent à la fois le rôle de beau-père et de belle-mère auprès des enfants de leur conjoint et de père et mère auprès de leurs propres enfants. Dans ce cas, les enfants doivent non seulement s'adapter à un nouveau parent, mais aussi à la présence de « quasi » frères ou sœurs.

La complexité des familles recomposées ne s'arrête pas là, car le nouveau couple peut aussi avoir des enfants (Juby *et al.*, 2001). La figure 12 scinde en deux composantes chacun des trois groupes illustrés à la figure 11 pour faire apparaître l'importance de ce phénomène. Dans l'ensemble, 31 % des familles recomposées comprennent au moins un enfant né ou adopté dans le cadre de l'union en cours. Ce pourcentage ne varie guère selon que la famille recomposée comprend seulement un beau-père ou une belle-mère, mais baisse fortement à 11 % dans les familles plus

### FIGURE 11

*Familles recomposées selon le sexe du beau-parent, Québec\**

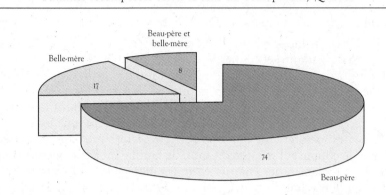

\* Familles québécoises avec enfants de moins de 21 ans. Regroupement des familles recomposées dans les quatre enquêtes.

Source : Figure établie à partir d'un fichier spécial comprenant des données extraites de l'Enquête sur la famille de 1984 et des Enquêtes sociales générales de 1990, 1995 et 2001 réalisées par Statistique Canada.

### FIGURE 12

*Familles recomposées selon le sexe du beau-parent et la présence d'un enfant du couple, Québec\**

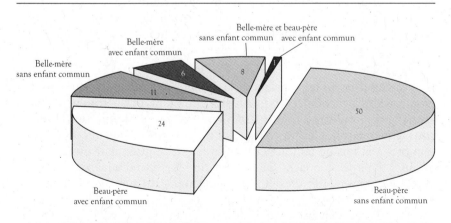

\* Familles québécoises avec enfants de moins de 21 ans. Regroupement des familles recomposées dans les quatre enquêtes.

Source : Figure établie à partir d'un fichier spécial comprenant des données extraites de l'Enquête sur la famille de 1984 et des Enquêtes sociales générales de 1990, 1995 et 2001 réalisées par Statistique Canada.

complexes, mais aussi plus rares, où l'on trouve et un beau-père et une belle-mère. Au total, à peine 1 % des familles recomposées regroupent sous le même toit des enfants issus de trois unions différentes, c'est-à-dire qui mêlent « les tiens, les miens, les nôtres ».

La fratrie se modifie au rythme de l'arrivée des naissances et de la circulation des enfants, et ces mouvements constituent l'un des éléments importants à considérer dans la transformation des structures familiales. Lorsque le couple a un enfant commun, le départ de tous les enfants nés d'unions antérieures vers la famille de leur autre parent fait d'une famille recomposée, une famille intacte ; à l'inverse, lorsque les enfants nés d'une union antérieure qui résidaient chez leur autre parent viennent vivre avec le couple et l'enfant commun, la famille intacte devient recomposée. La circulation des enfants entre les ménages de parents séparés, qu'elle soit le résultat d'un arrangement permanent, comme dans le cas d'une garde partagée, ou qu'elle provienne de décision ponctuelle, comme lorsqu'un adolescent décide d'aller vivre chez son père, modifie la vie des familles et rend le classement statistique traditionnel difficile et souvent moins pertinent.

## Des familles définies par la résidence au réseau familial extrarésidentiel

Dans l'univers aussi complexe que celui des familles recomposées suffit-il de tenir compte de tous les membres de la famille qui vivent sous le même toit pour comprendre les réalités familiales ? Ou bien faut-il, au contraire, adopter une approche plus large et englober les ménages des parents séparés entre lesquels les enfants circulent sur une base plus ou moins régulière ? (Martin et Le Bourdais, sous presse.)

Il faut d'abord se rappeler que la définition de la famille, qu'imposent les procédés de collecte et qui historiquement permettaient de bien cerner les familles, se limite aux membres d'une famille qui habitent sous le même toit. Ces procédés visent, entre autres, à éviter les doubles comptes à la fois de familles et d'enfants qui résulteraient du calcul des enfants dans les ménages de chacun de leurs parents séparés. Ils ont cependant pour effet d'exclure, par exemple, du ménage d'un parent séparé les enfants qui habitent la majorité du temps chez l'autre parent, ou encore ceux vivant en garde partagée et qui, la veille du jour de l'enquête, se trouvaient chez leur autre parent. Est-il judicieux de considérer que ces enfants n'appartiennent pas à la famille de ce père ou de cette mère vivant seuls, alors que ceux-ci maintiennent dans leur logement une chambre séparée pour leurs enfants et qu'ils leur consacrent temps et ressources sur une base régulière ?

Lorsqu'on adopte une perspective qui déborde le cadre usuel de la résidence, le nombre de ménages qui participent à un réseau ou une constellation familiale recomposée augmente passablement. La petite histoire qui se rapporte à la situation familiale présentée à la figure 13 permet d'illustrer ce résultat.

FIGURE 13

*Circulation des enfants d'un ménage à l'autre.*
*Changement des compositions familiales au gré de cette circulation*

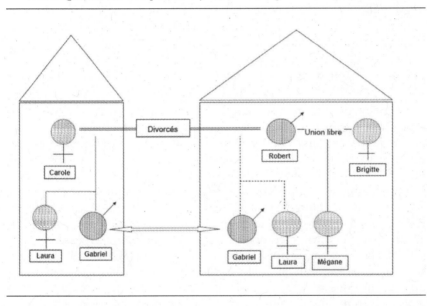

Carole et Robert se sont mariés dès le début de leur vie commune. Quelque temps après leur mariage, leur premier enfant, Gabriel, est né ; sa naissance a été suivie d'assez près par l'arrivée d'une petite sœur, Laura. Après plusieurs années passées ensemble, Carole et Robert ont décidé, d'un commun accord, de se séparer et d'assumer conjointement, à parts égales, la garde partagée de leurs enfants. C'est ainsi qu'une semaine sur deux, Laura et Gabriel habitent chez Carole, et l'autre, chez Robert. Ce dernier a formé une nouvelle union – libre, cette fois – avec Brigitte, et ensemble ils ont eu une petite fille, Mégane, qui est la demi-sœur de Laura et Gabriel. Comment ces deux ménages auraient-ils été classés s'ils avaient été interviewés dans le cadre de l'une des enquêtes sur la famille réalisées par Statistique Canada ?

Comme Gabriel et Laura font l'objet d'une garde partagée moitié-moitié, leurs parents auraient été informés par les enquêteurs de les déclarer comme faisant partie de leur ménage seulement s'ils avaient dormi chez eux le soir précédant l'enquête. Advenant le cas où ils se trouvaient chez leur mère, l'enquête aurait recensé deux familles : une famille monoparentale sous la conduite d'une mère, comptant deux enfants, et une famille biparentale intacte, formée d'un couple en union libre et de l'enfant née de leur union. Advenant le cas où Gabriel et Laura étaient chez leur père, l'enquête aurait noté, d'un côté, un ménage non familial, comprenant une personne vivant seule, Carole, de l'autre, une famille recomposée mêlant des enfants nés de deux unions différentes. Dans l'approche centrée sur la résidence, à la fois le nombre et la composition des familles recensées varient, on le voit, en fonction de la situation observée au moment de l'enquête. Qui plus est, cette approche s'avère incapable de rendre compte de la réalité des ménages de Carole et Robert, entre lesquels Gabriel et Laura circulent de façon régulière.

Lorsqu'on adopte une perspective plus large qui ne se limite plus au cadre de la résidence et qui prend en compte l'histoire familiale passée des répondants, comme Carole ou Robert, le nombre de ménages qui font partie d'un réseau familial augmente, en même temps que se modifie la distribution des différents types de famille. Comme on le voit à la figure 14, le nombre de ménages qui, à un moment ou l'autre, accueillent des enfants de moins de 21 ans augmente de 9 % au Canada. Par ailleurs, la proportion de familles intactes diminue de 71 % à 61 % au profit des familles recomposées, dont le pourcentage passe de 11 % à 17 %. Dans l'exemple précédent, c'est le cas du ménage de Robert qui, sur une base résidentielle, aurait été classé comme famille intacte plutôt que recomposée lorsque les enfants étaient chez leur mère alors qu'il constitue en réalité une famille recomposée. La proportion de ménages monoparentaux augmente également de 19 % à 23 %. Dans ce cas-ci, il s'agit du ménage de Carole qui aurait été classé comme celui d'une femme seule si les enfants avaient dormi chez Robert la veille de l'enquête. Dans les faits, l'augmentation de la part de familles monoparentales est davantage l'apanage de pères séparés qui ont moins souvent que les mères la garde de leurs enfants et qui sont, par conséquent, plus susceptibles d'être comptés comme personnes vivant seules.

Cette description insiste sur les aspects statistiques de l'analyse des familles, mais ce qu'il importe de retenir réside dans l'incidence que ces données statistiques ont lorsque vient le temps d'évaluer les besoins et responsabilités des familles et d'adapter les politiques sociales et familiales

## FIGURE 14

*Comparaison de la structure familiale selon la définition résidentielle
de la famille et du réseau extrarésidentiel, 2001, Canada*

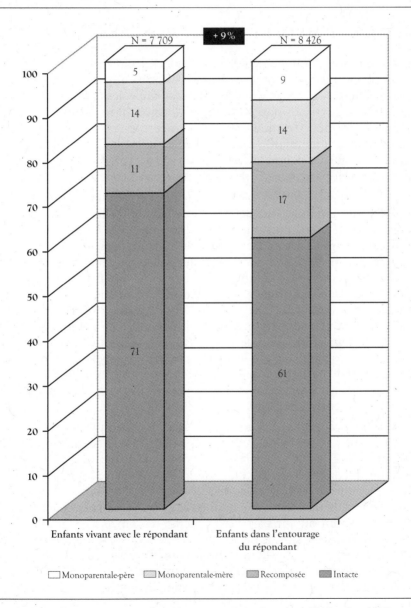

Source : Figure établie à partir de V. Martin et C. Le Bourdais, 2008, «Stepfamilies in
Canada and Germany, a Comparison», sous presse.

à ces réalités (Saint-Jacques *et al.*, 2004). Dans la recherche des caractéristiques du paysage familial des années 2020, les questions soulevées ici devraient nourrir et éclairer la réflexion.

## VUE D'ENSEMBLE ET CONCLUSION

Sans contredit, l'examen de l'évolution récente des structures familiales et des phénomènes démographiques sous-jacents montre que les familles se diversifient toujours davantage. De petite taille, les familles se fondent désormais de plus en plus souvent sur l'union libre, le mariage continuant de reculer. Ce mouvement est encore plus prononcé lors des recompositions familiales. Liée à la progression de l'union libre, l'instabilité conjugale augmente et, de ce fait, accroît la progression des familles monoparentales et recomposées.

L'émergence de ces nouvelles formes de famille tient aussi à la mobilité des enfants pour qui les mouvements d'aller-retour entre les ménages de leurs parents séparés, qu'ils vivent seuls ou aient formé un nouveau couple ou une nouvelle famille, sont fréquents et peuvent s'intensifier suivant les circonstances qui entourent leur prise en charge. Un nombre croissant d'enfants appartiennent à « deux familles », ce qui met en cause la pertinence de la définition statistique de la famille fondée sur la corésidence de ses membres. Dans un univers où les frontières des familles sont changeantes, où la famille ne se limite plus aux personnes qui vivent sous le même toit, il faut tenter de repérer les configurations familiales qui incluent l'ensemble des personnes membres d'une même famille, car elles ont des liens profonds qui définissent leurs besoins, le partage de leurs ressources ainsi que la répartition de leur énergie et du temps dont elles disposent.

Dans notre réflexion sur la recherche du réseau familial extrarésidentiel, nous avons mis l'accent sur les liens existants entre parents et enfants. Cependant, les liens conjugaux peuvent eux aussi échapper à la notion de la corésidence. De plus en plus souvent, les adultes entretiennent entre eux des relations affectives profondes et durables, peut-être semblables à la nature du lien conjugal des couples mariés ou en union libre, sans pour autant partager la même résidence. Ces adultes bien souvent ont des enfants, le plus fréquemment issus d'unions antérieures. Quelle est la nature des liens entre les membres de ces couples ? Quels types de relations entretiennent-ils avec les enfants de l'un et l'autre, le cas échéant ? S'agit-il d'une nouvelle forme de famille ?

Par ailleurs, même en se limitant à la définition résidentielle de la famille, il serait opportun de mettre en évidence l'importance que les familles à trois ou quatre générations sont susceptibles de prendre avec la progression des familles immigrantes, souvent plus traditionnelles dans leurs liens conjugaux et filiaux. De façon générale, on sait que les familles monoparentales ont une plus grande propension à partager leur logement avec des personnes qui ne font pas partie de la famille « parent-enfant » que la statistique retient, et ce, plus fréquemment encore au sein des familles immigrantes. Souvent, il s'agit de la mère ou du père du parent à la tête de la famille monoparentale, laquelle s'inscrit alors dans une famille à trois générations. Dans ces circonstances, quelles sont l'intensité et la direction du soutien que les membres de ces familles s'apportent mutuellement ?

L'accroissement des migrations internationales constitue sans doute l'un des éléments les plus puissants pour intensifier la diversification de la société québécoise. L'hétérogamie culturelle en représente une facette particulièrement significative en ce qui concerne les changements familiaux. Dans ces familles fondées par des couples unissant des conjoints immigrant et né ici, par des conjoints faisant partie l'un, d'une minorité visible, l'autre, de la majorité « non visible », ou encore par des conjoints appartenant à l'un ou l'autre des innombrables groupes culturels, ethniques ou religieux, trouvera-t-on des modes de vie familiale différents de ceux prévalant au sein des familles homogames, qu'elles soient issues de la société d'accueil ou d'ailleurs ?

Enfin, quel est l'effet sur les structures familiales et sur la vie de famille de l'évolution du degré d'homogamie socioéconomique des couples ? On sait que la proportion de couples où la femme a un revenu plus élevé que son conjoint augmente. On sait également que la proportion de couples où les deux conjoints ont un niveau d'éducation élevé augmente et que ces couples sont plus nombreux à occuper un emploi à plein temps. Est-ce que les écarts de revenu ou de niveau d'éducation séparant les conjoints influencent les modes de vie familiale ? Est-ce que de façon collective les variations que l'on observe dans le niveau d'homogamie socioéconomique sont porteuses de nouvelles inégalités qui risquent de polariser les conditions de vie des familles et d'affecter lourdement les chances des individus qui les composent ? Voilà nombre d'interrogations qui dépassent largement le cadre de notre analyse et auxquelles les chapitres suivants apporteront sans doute des éléments de réponse.

La vie familiale, toujours changeante, continue d'encadrer la plus grande partie de la vie des hommes et des femmes. Elle fait partie intégrante du cycle de vie et en marque les transitions et les séquences. Elle demeure sans doute le creuset le plus déterminant de la transmission des valeurs et de la culture. Il vaut la peine de l'observer, de mettre au jour ses traits dominants et ses caractéristiques essentielles si l'on espère mieux la comprendre et la soutenir, et mieux saisir la société dans laquelle elle évolue.

## BIBLIOGRAPHIE

Béchard, M. (2007). *La structure de la famille selon la région. Révisé 2006*, 12 p. Document analytique. Enquête sociale générale, cycle 20: enquête sur les transitions familiales, catalogue 89-625 XIF,

Belleau, Hélène (2007). *L'union de fait et le mariage au Québec: analyse des différences et des similitudes*, Publication en ligne, <www.ucs.inrs.ca>, 58 p.

Chambre des notaires (2007). *Votre patrimoine. Tout sur l'union libre*, novembre, <www.cdnq.org/fr/protectionDuPatrimoine/union_libre.html>.

Girard, C. (2007). *Le bilan démographique du Québec*, édition 2007, Québec, Institut de la statistique du Québec, 69 p.

Juby, H., N. Marcil-Gratton et C. Le Bourdais (2001). «Une nouvelle étape de la vie familiale: la naissance d'un enfant en famille recomposée», dans A. Bélanger, *Rapport sur l'état de la population du Canada*, Ottawa, Statistique Canada, p. 177-215. Cat. 91-209.

Lapierre-Adamcyk, É., et M.H. Lussier (2003). «De la forte fécondité à la fécondité désirée», dans V. Piché et C. Le Bourdais (dir.), *Le Québec du XXIe siècle: enjeux démographiques*, Montréal, Presses de l'Université de Montréal, coll. «Paramètres», p. 66-109

Martin, V. et C. Le Bourdais (sous presse). «Stepfamilies in Canada and Germany: A comparison», dans W. Bien et J.H. Marbach (dir.), *Familiale Beziehungen, Familienalltag und soziale Netzwerke* (Family relations, everyday life within families, and social networks), Francfort, VS-Verlag für Sozialwissenschaften, 52 p.

Ménard, G. (2003). *Mariage homosexuel. Les termes du débat*, Montréal, Liber, 274 p.

Milan, A., M. Vézina et C. Wells (2007). *Portrait de famille: continuité et changement dans les familles et les ménages du Canada en 2006: résultats*, Ottawa, Statistique Canada, «Série Analyse. Recensement de 2006», catalogue 97-553, 56 p.

Péron, Y. (2003). «Du mariage obligatoire au mariage facultatif», dans V. Piché et C. Le Bourdais (dir.), *Le Québec du XXIe siècle: enjeux démographiques*, Montréal, Presses de l'Université de Montréal, coll. «Paramètres», p. 110-143.

Piché, V. et C. Le Bourdais (dir.) (2003). *Le Québec du XXIe siècle: enjeux démographiques*, Montréal, Presses de l'Université de Montréal, coll. «Paramètres», 319 p.

Roy, L. et J. Bernier (2006). *La politique familiale, les tendances sociales et la fécondité au Québec : une expérimentation du modèle nordique*, Québec, Recherche-Évaluation-Statistique, Ministère de la Famille, des Aînés et de la Condition féminine, 113 p.

Saint-Jacques, M.-C., D. Turcotte, S. Drapeau et R. Cloutier (2004). *Séparation, monoparentalité et recomposition familiale. Bilan d'une réalité complexe et pistes d'action*, Québec, Les Presses de l'Université Laval, 442 p.

Statistique Canada (2002). *La diversification de la vie conjugale au* Canada, Ottawa, Statistique Canada, 12 p. Enquête sociale générale 2001, catalogue 89-576-XIF.

# Dans quel type de familles grandiront les enfants québécois en 2020 ?

## Un examen de la diversité familiale et des défis qui y sont associés

Marie-Christine SAINT-JACQUES
*École de service social, Université Laval*
Sylvie DRAPEAU
*Département des fondements et pratiques en éducation, Université Laval*

Dans ce chapitre, nous situerons d'abord brièvement la question de la diversité des structures familiales dans une perspective sémantique, historique et, finalement, démographique. Il sera ensuite question des incidences de la séparation conjugale et de la recomposition familiale sur l'adaptation des enfants et sur les relations familiales. À partir de ces constats et de l'évolution qui se dessine, nous tenterons d'anticiper comment se vivront, en 2020, les transitions conjugales et familiales. Enfin, nous conclurons sur les principaux enjeux concernant les manières de soutenir une diversité familiale harmonieuse.

## S'ENTENDRE SUR LES MOTS

Nous sommes tous membres d'au moins une famille et nous voyons des familles tout autour de nous. Pourtant, quand il s'agit de définir la famille, la tâche s'avère très complexe (Ward, 2006). Doit-on inclure seulement les personnes qui vivent sous le même toit ? Devons-nous compter les membres de la parenté, les personnes significatives ? Quelle perspective devons-nous adopter, celle des enfants ou celle des parents? Une chose est certaine, il n'existe pas d'uniformité dans les définitions de la famille, que ce soit en ce qui a trait aux lois et règlements du Québec ou chez les chercheurs qui s'intéressent à ce champ d'étude. Dans le cadre du présent chapitre, la famille sera définie comme une cellule sociale qui comporte au moins une relation entre un parent et un enfant, liés biologiquement, légalement ou par choix.

Notre compréhension de la famille est façonnée par les modèles qui existent autour de nous à une époque donnée, dans une société donnée. Et dans notre société tout au moins, la famille biparentale, qualifiée d'intacte ou de traditionnelle au sens où les deux parents d'origine de l'enfant vivent ensemble et entretiennent une relation de couple durable, a longtemps été considérée, implicitement ou explicitement, comme LA famille, soit le standard auquel tous les autres modèles devaient être comparés. Cette conception d'un modèle unique de la famille n'a plus réellement cours aujourd'hui. On reconnaît maintenant la pluralité et la richesse des représentations de la famille et, depuis les années 1990, l'idée même d'une définition unique de la famille a pratiquement disparu des écrits (Allen, Fine et Demo, 2000). La diversité des familles est devenue un fait reconnu socialement.

Reconnaître la diversité familiale, c'est accepter qu'il existe différentes façons de satisfaire les besoins que remplit la famille sur le plan de la reproduction, des soins, de la coopération, de l'affection, de la protection et de la signification (Allen, Fine et Demo, 2000). Cette reconnaissance ne va tout de même pas de soi, car le terme *diversité* est lourdement chargé sur le plan des significations et des valeurs. Cette notion revêt effectivement des connotations positives ou négatives selon qu'elle renvoie à la pluralité, à l'interdépendance, à la richesse, au choix ou à la différence, aux possibilités de mésentente, voire à la stigmatisation (Amato, 2000). Par ailleurs, de notre point de vue, affirmer que la famille prend plusieurs visages ne signifie pas pour autant qu'ils ne sont pas comparables. Il existe de fait une tension entre la reconnaissance de la diversité des familles et l'identification de similitudes entre elles, notamment sur le plan des rôles et des fonctions qu'elles exercent.

On peut concevoir la diversité familiale sous de nombreux angles: celui des structures, des compositions, des cultures, des liens, des conditions de vie. Celui qui sera adopté dans le cadre de ce chapitre concerne plus particulièrement les liens et la diversité des familles découlant d'une rupture conjugale. Cette rupture entraîne, comme nous le verrons, une diversité de structures familiales, de trajectoires et de processus relationnels. C'est donc un examen de la «diversité dans la diversité» qui est proposé ici.

## BREF REGARD SUR HIER
## POUR MIEUX CONTEMPLER DEMAIN

*Jean-François est né en 1977. En 2007, il deviendra à son tour père d'un enfant, Alexandre. Entre la naissance du père et celle du fils, qu'est-ce qui a changé sur le plan de la vie familiale au Québec?*

S'il fallait répondre à cette question à l'aide d'un mot, probablement que le concept de relation figurerait parmi ceux qui traduisent le mieux la nature des changements qui sont survenus durant les trente dernières années : fin de la permanence des relations conjugales, diminution des relations conjugales légalisées, fragilisation des relations père-enfant à la suite de la séparation conjugale, suivie d'une valorisation de cette relation.

Amorcé depuis la fin du XIX^e siècle, le concept d'amour romantique et de mariage par choix personnel était courant dans les années 1970 (Wald, 1981). L'amour est devenu le concept unificateur des relations familiales, plutôt que les droits et les devoirs (Fortin, 1987). Pour De Singly (1993), bien que l'accent mis sur les relations ne soit pas un phénomène nouveau puisqu'il caractérise la famille moderne, ce qui change, avec la famille postmoderne, «c'est le fait que les relations soient valorisées moins pour elles-mêmes que pour les satisfactions qu'elles doivent procurer à chacun des membres de la famille» (p. 89). La valorisation du lien amoureux comporte ainsi une dimension unificatrice, mais il y a obligation de résultats. Dans la mesure où cette union n'est pas satisfaisante, on préfère y mettre fin. Aussi, le fait de valoriser un lien amoureux qui satisfasse chacun des individus rend cet amour en partie responsable de l'instabilité conjugale que l'on connaît aujourd'hui (Le Gall, 1992). Cependant, l'évolution qu'a connue la famille ne saurait être attribuée qu'à l'importance accrue de la dimension affective des relations. Ces changements s'accompagnent d'une diminution de l'emprise de l'Église sur le comportement des individus, de la montée du féminisme et d'une libéralisation des moeurs (Dandurand, 1988 ; Coltrane et Adams, 2003). Ce changement de perspective consacrera les années 1970 comme une décennie marquée par de profonds bouleversements conjugaux, qui se traduiront par une baisse du taux de mariage et de remariage, une baisse du taux de fécondité et une augmentation du taux de divorce (Baillargeon et Detellier, 2004 ; Segalen, 1991).

En 1976, la grande majorité des enfants, soit 87,9 %, vivaient au sein d'une famille[1] biparentale, contre 12,1 % en famille monoparentale (ISQ, 2003a). Plus précisément, 10,2 % des enfants québécois vivaient avec leur mère seule et 1,9 % avec leur père seul. En 1981, la plupart des couples ayant des enfants étaient mariés, alors que seulement 3,7 % des parents vivaient en union libre (ISQ, 2005-C). La majorité des familles biparentales étaient composées des deux parents d'origine de l'enfant, mais cette réalité incluait aussi les familles recomposées que l'on ne dénombrait pas à l'époque, car elles étaient minoritaires et souvent le fruit du remariage d'un veuf ou d'une veuve. C'était aussi dans l'esprit du temps de ne pas souligner le caractère particulier de ces familles, le but recherché étant de former à nouveau une «vraie famille».

Témoin des changements de valeurs des Québécois et des transformations législatives, l'indice de divortialité atteignait 35,2 % lorsque Jean-François est né en 1977 (ISQ, 2005) et il poursuivra sa croissance jusqu'à la fin des années 1980, alors qu'il s'est stabilisé autour de 50 % (ISQ, 2006). Les divorces impliquent souvent des enfants : en 2003, on estime que 50 % des couples qui divorcent ont des enfants à charge (ISQ, 2006). Autre changement qui aura une incidence sur les trajectoires familiales : les parents se séparent de plus en plus tôt après la naissance des enfants, augmentant ainsi les probabilités de vivre une recomposition familiale et de donner naissance à des enfants au sein d'une famille recomposée (Juby *et al.*, 2005a).

## Évolution de la perception du bien-être postrupture des enfants

L'une des conséquences majeures de l'augmentation des ruptures conjugales sur le plan relationnel est qu'elle a fragilisé les relations de filiation, particulièrement entre les pères et leurs enfants. Depuis l'industrialisation, hommes et femmes ont tenu des rôles bien divisés selon leur genre : on confiait à la mère le soin des enfants et au père, celui de répondre aux besoins financiers de la famille. Au moment d'une séparation conjugale, cette division des rôles était perpétuée car on a longtemps considéré la mère en meilleure posture pour élever les enfants (Kelly, 2007 ; Quéniart et Rousseau, 2004). Les hommes se voyaient confier le rôle de pourvoyeur, se traduisant par le paiement d'une pension alimentaire. Qui plus est, tant du point de vue des parents, des intervenants que du monde juridique, on était peu enclins à considérer que les

---

1. Dans ce chapitre, le terme « famille » désigne toute structure relationnelle impliquant au moins un lien parent enfant et n'est pas utilisé pour désigner les couples sans enfant.

enfants puissent se développer adéquatement en grandissant dans deux milieux familiaux (Kelly, 2007). Cette lecture du meilleur intérêt de l'enfant s'appuyait cependant davantage sur des propositions théoriques non fondées ou examinées de manière imparfaite. Différents travaux scientifiques et une transformation des valeurs ont par la suite montré que l'implication des pères contribue à différents égards au bien-être des enfants. Aussi, plusieurs observateurs sont maintenant d'avis que le bien-être postrupture des enfants passe, dans de nombreuses situations, par le maintien des relations avec les deux parents d'origine. Concrètement, cette transformation s'observe par l'évolution des modes de garde des enfants, comme nous pourrons le constater un peu plus loin. Le choix d'un mode de garde pour les enfants a des conséquences importantes sur l'avenir relationnel de la famille. On constate en effet que lorsque les parents optent pour une garde partagée, indépendamment de la manière dont la garde se modifiera avec le temps, «[cela] favorise le maintien de relations à long terme entre l'enfant et ses deux parents» (Juby et al., 2005a, p. 36).

## La progression de l'union libre

Les indices basés sur la situation des parents mariés ou divorcés traduisent de moins en moins bien la réalité familiale québécoise, en raison de la progression très importante de l'union libre. En effet, en 2001, 30,2% de toutes les familles biparentales sont formées par des couples en union libre; cette proportion était de 3,8% en 1981 (ISQ, 2005-C). Le fait de naître de parents en union libre augmente la probabilité, pour les enfants, de connaître la séparation de leurs parents. Les données de l'Enquête longitudinale nationale sur les enfants et les jeunes (ELNEJ) ont montré que 43,6% des enfants âgés de 2 à 13 ans dont les parents vivent en union libre ont vécu au moins une transition familiale[2]; cette proportion est de 19,9% pour ceux dont les parents sont mariés après avoir cohabité et de 12,3% pour ceux dont les parents se sont mariés dès le début de leur union (Juby et al., 2005a).

## LA STRUCTURE FAMILIALE DANS TOUS SES ÉTATS

Il convient d'examiner les structures familiales dans différentes perspectives afin de bien rendre compte de l'environnement familial dans lequel grandissent les enfants québécois.

---

2. Le terme «transition familiale» est utilisé pour désigner le fait que la situation familiale des parents change (séparation, mise en couple, recomposition, etc.).

## La structure familiale dans la perspective des parents

Le Québec comprend 1 309 000 familles avec enfants de tous âges (figure 1). Si l'on départage ces familles selon la structure familiale, on constate que la majorité d'entre elles sont constituées de parents et d'enfants issus de leur union. Près du quart des familles sont dirigées par un seul parent, dans la majorité des cas, par la mère. Enfin, près de 10 % des familles au Québec sont recomposées. Elles sont formées, une fois sur deux, d'une mère, de ses enfants et d'un beau-père. Plus rarement, ces familles sont réorganisées autour d'un père, ses enfants et d'une belle-mère. Enfin, plus du tiers des familles recomposées sont qualifiées de complexes, car elles comprennent des enfants issus des unions respectives des deux partenaires ou d'un seul partenaire ainsi que des enfants issus de l'union recomposée.

## La structure familiale dans la perspective des enfants

L'une des particularités des familles dont les parents sont séparés est que la famille des parents et celle des enfants ne possèdent pas nécessairement les mêmes contours. En effet, de nombreux enfants recensés comme vivant en famille monoparentale ou recomposée passent aussi du temps chez leur autre parent. Cet autre parent peut lui-même être membre d'une famille monoparentale ou recomposée. L'enfant circule donc entre le foyer de son père ou de sa mère, selon un partage du temps qui peut être très variable. Le foyer d'un enfant dont les parents sont séparés peut donc comprendre deux maisonnées.

FIGURE 1

*Répartition des familles québécoises avec enfants de tous âges*
*selon la structure, 2001*

Source :  Compilation réalisée à partir de Statistique Canada, *Cansim Tableau 112-0001* :
          *Enquête sociale générale.*

Un examen des ordonnances de garde prononcées en 2003 dans les situations de divorce, bien qu'elles ne concernent qu'une partie des enfants dont les parents sont séparés, nous permet de dresser le tableau suivant : 59 % des enfants sont confiés à la mère, 13 % au père et 29 % sont en garde partagée (Duchesne, 2006). La garde exclusive à la mère a été, de l'entrée en vigueur de la Loi sur le divorce jusqu'aux années 1990, le mode de garde des enfants majoritairement ordonné. Mais à partir des années 1990, la garde partagée est devenue plus populaire, particulièrement au Québec. Il faut toutefois savoir que le lien entre les ordonnances de garde et le lieu réel de résidence des enfants est ténu (Juby et al., 2005a) : les enfants en garde partagée habitant assez souvent «surtout chez leur mère» (Marcil-Gratton et Le Bourdais, citées dans Duchesne, 2002, p. 22). En effet, la proportion d'enfants vivant effectivement en garde partagée est moindre que celle figurant dans les ordonnances de la cour. En dehors des situations de garde partagée, les enfants peuvent passer du temps avec leur autre parent, en vertu des droits de visite ou des ententes intervenues entre leurs parents séparés. L'attribution d'une garde exclusive est modulée par l'âge des enfants, alors que cette caractéristique joue un rôle moins important dans les situations de garde partagée (Duchesne, 2002).

## La structure familiale dans une perspective longitudinale

La description des structures familiales donne un portrait intéressant, mais tronqué, de la réalité puisqu'elle ne permet pas de saisir l'enchaînement des transitions familiales que vont connaître les enfants, particulièrement ceux dont les parents se séparent. Depuis les années 1970, l'âge auquel les enfants connaissent la séparation de leurs parents n'a cessé de diminuer (Juby et al., 2005a). Au Québec, 34 % des enfants nés entre 1989 et 1991 ont connu, à l'âge de 10 ans, la vie au sein d'une famille monoparentale, principalement parce que leurs parents se sont séparés (Juby et al., 2005a). Dans les cinq années suivant leur séparation, 47 % des mères et 49 % des pères d'enfants âgés de 13 ans et moins ont formé une famille recomposée (Juby et al., 2005b). La probabilité de connaître une recomposition familiale s'accroît rapidement avec le temps, d'abord par l'entremise du père, puis de la mère. Deux ans après la séparation, le tiers des enfants ont au moins une nouvelle figure parentale. Après cinq ans, il s'agit des deux tiers et cette proportion atteint 87 % dix ans plus tard. Cinq ans après la séparation, plus d'un enfant sur cinq a connu une double recomposition ; dix ans plus tard, c'est près d'un enfant sur deux (44 %) (Juby et al., 2005b). Pour l'enfant de parents séparés, la possibilité de vivre au sein d'une famille monoparentale est quasi automatique et celle de connaître un épisode de vie au sein d'une famille recomposée, notamment du côté maternel, est devenue une réalité très probable.

On remarque enfin que le type de famille dans laquelle naît l'enfant a une influence sur la probabilité qu'il a de connaître une transition familiale. Ainsi, 17 % des enfants âgés de 2 à 13 ans qui sont nés entre 1996 et 1997 au sein d'une famille biparentale intacte[3] ont connu une transition familiale, contre 41,1 % des enfants nés au sein d'une famille recomposée matricentrique (Juby *et al.*, 2005a).

En bref, durant les trois dernières décennies, les taux de divorce ont beaucoup augmenté et la natalité a chuté ; ces deux phénomènes semblent maintenant stabilisés. Par ailleurs, on assiste à une progression des unions de fait, de la garde partagée, des familles monoparentales et des familles recomposées, alors que la proportion des familles québécoises qui n'ont pas connu de séparation conjugale diminue sans cesse. Il faut aussi noter que la précocité des séparations associée à une augmentation des séparations augurent une diversité du visage de la famille québécoise qui n'est pas prête de s'estomper.

## LES FORMES DE VIE FAMILIALE ET LEUR INCIDENCE SUR L'ADAPTATION DES INDIVIDUS

Depuis les trente dernières années, les conséquences de la séparation des parents et de la recomposition familiale sur l'adaptation des jeunes ont fait l'objet de très nombreuses études, ont suscité plusieurs controverses, ont fait couler beaucoup d'encre et ont inquiété de nombreux parents. Un apprivoisement social de cet événement, le développement de modèles d'expression de la parentalité s'exerçant à l'extérieur des liens conjugaux d'origine et un raffinement des méthodologies ont permis le développement d'une vision plus nuancée des effets de ces transitions familiales dont le portrait se révèle, dans de nombreux cas, moins sombre que ce qui avait été initialement anticipé.

Pour bien cerner les incidences de la séparation des parents sur l'adaptation des enfants, il faut prendre en compte le fait qu'il ne s'agit pas d'un événement isolé. La séparation consiste en un processus de changement qui s'inscrit dans une période de temps ; elle est caractérisée par la recherche d'une nouvelle organisation au sein de la famille. Ce

---

3. Et où les parents n'ont pas eu d'enfants d'unions précédentes.

processus opère dans un contexte généralement marqué par des difficultés sur les plans relationnel et personnel, tant chez les parents que chez les enfants (Amato et Booth, 1997 ; Booth, 1999). Il entraîne aussi, à sa suite, une série d'événements et de réorganisations, telle l'adaptation à la vie en famille monoparentale et fréquemment la remise en couple d'un ou des deux parents, qui modifient la vie de tous les membres de la famille.

## Une majorité de jeunes qui vont bien

Le premier constat qui se dégage des nombreux travaux de recherche portant sur les conséquences de la séparation et de la recomposition familiale sur les enfants, même s'il ne s'agit pas de celui qui est le plus publicisé, est que la majorité d'entre eux vont bien. En effet, on évalue que 70 % à 80 % de ces enfants ne présentent pas de problèmes émotionnels, de comportement, d'apprentissage ou de développement, comparativement à 85 % à 92 % des enfants de familles biparentales intactes (Bray, 1999 ; Hetherington, Bridges et Insabella, 1998 ; Zill et Schoenborn, 1990, cités dans Bray, 1999).

On constate du même coup que le fait de vivre en famille monoparentale (généralement à la suite de la séparation des parents) ou en famille recomposée double le risque de connaître des problèmes d'adaptation. En effet, depuis les années 1980, les observations concordent quant au fait que les enfants qui ont vécu la séparation de leurs parents affichent significativement plus de problèmes d'adaptation que leurs pairs issus de familles biparentales intactes (Amato, 2000 ; Jeynes, 1999 ; McMunn *et al.*, 2001). Cependant, l'amplitude des différences observées selon les structures familiales est faible (Amato, 2000). Ces constats sont les mêmes lorsqu'on examine la situation des jeunes qui ont vécu une recomposition familiale (Bray, 1999 ; Coleman, Ganong et Fine, 2000 ; Jeynes, 1999 ; McMunn *et al.*, 2001 ; Saint-Jacques, 2000).

## Effets à court et à long terme

Des centaines de recherches ont montré que la séparation des parents est associée à peu de conséquences positives, du moins chez les enfants. Les difficultés scolaires, les problèmes comportementaux et psychologiques et les problèmes de santé figurent parmi les principales difficultés observées chez ces enfants (Amato, 2001, 2000 ; Emery, 1999 ; Kelly, 2000). Il existe cependant des variations importantes dans l'ampleur et la durée des difficultés éprouvées par ces derniers. Le tableau 1 présente

## TABLEAU 1

*Principales différences observées entre l'adaptation des jeunes de familles séparées et recomposées et celles des jeunes qui n'ont pas vécu ces transitions*

**Sur le plan des problèmes extériorisés et intériorisés**
• Manifestent plus de comportements agressifs, impulsifs et antisociaux.
• Se font plus fréquemment arrêtés.   .
• Ont plus de problèmes émotionnels avec leurs parents, leurs pairs et les figures d'autorité.

**Sur le plan des problèmes économiques, sociaux et physiques**
• Expérimentent une diminution importante de leur niveau de vie, une plus grande instabilité économique et ont un accès réduit aux ressources telles qu'un milieu scolaire ou un voisinage favorable.
• Consomment plus d'alcool, de cigarettes et de drogues.
• Sont plus à risque de donner naissance à un enfant durant leur adolescence.
• Ont plus de maladies, plus de problèmes médicaux et consultent plus fréquemment le médecin.
• Sont davantage portés à recevoir des traitements psychologiques.

**Sur le plan scolaire**
• Ont une performance plus faible.
• Sont moins assidus à l'école, écoutent davantage la télévision, font moins de travaux scolaires à la maison.
• Sont plus à risque d'abandonner l'école.
• Sont moins nombreux à obtenir un diplôme d'études collégiales.

**À long terme**
• Atteignent un niveau socioéconomique plus faible.
• Ont une perception de leur bien-être plus faible.
• Vivent plus de problèmes conjugaux.
• Se séparent davantage.

Sources : Amato (2000), Coleman *et al.* (2000) et Kelly (2000).

les principales différences observées entre les jeunes qui ont connu la séparation de leurs parents ou qui ont vécu une recomposition familiale et ceux qui n'ont pas vécu ces transitions sur le plan des différents indicateurs d'adaptation.

Il est plus rare que les études associent des aspects positifs au fait d'avoir vécu la séparation de ses parents (attribuable en partie au fait que les recherches ne sont pas menées dans cette perspective). Les exceptions recensées par Amato (2000) concernent le développement d'une relation de proximité avec la mère et l'amélioration du niveau d'adaptation des enfants qui vivaient, avant la séparation, au sein de familles où les conflits conjugaux étaient intenses, chroniques et manifestes.

## Pire pour les garçons ou pour les filles, pour les plus jeunes ou pour les adolescents ?

De nombreuses études ont examiné les incidences de la séparation des parents en tentant de discerner si ses effets variaient selon le genre ou le sexe de l'enfant. De l'avis d'Amato (2000), les résultats à cet égard sont inconsistants. Il convient donc de reconnaître que la séparation des parents n'entraîne pas de conséquences uniformes sur les enfants et que selon leur âge ou leur sexe, ils pourront être affectés d'une manière qui leur est propre. Les auteurs qui se sont penchés sur la situation des enfants et des adolescents dans les familles recomposées sont moins unanimes sur ces sujets. On insiste en effet sur le cas particulier des adolescents qui doivent vivre de manière simultanée des changements importants sur le plan familial et sur le plan individuel (Bray et Harvey, 1995 ; Hines, 1997). Cette dynamique expliquerait que les jeunes de familles recomposées vivent souvent leur adolescence avec plus de difficultés que leurs pairs de familles biparentales intactes (Bray, 1999). Sur le plan du sexe, les résultats sont à ce jour plutôt contradictoires. En effet, certaines études observent que les garçons connaissent moins de difficultés d'adaptation à une situation de recomposition que les filles, et d'autres, l'inverse (Coleman *et al.*, 2000 ; Hetherington *et al.*, 1998 ; Perry, 1995). De telles contradictions risquent de connaître un dénouement dans les prochaines années, le champ d'étude portant sur la recomposition familiale étant plus récent que celui de l'incidence de la séparation des parents.

## Le temps arrange-t-il les choses ?

Si la maxime veut que le temps arrange les choses, l'incidence du temps sur l'adaptation des enfants à la séparation des parents n'est pas très claire. En effet, certaines études montrent qu'avec les années les enfants dont les parents sont séparés ressemblent de plus en plus aux enfants dont les parents ne le sont pas. Par contre, d'autres études n'observent pas de liens entre le temps écoulé et le degré d'adaptation des enfants ou encore relèvent que les différences entre les deux groupes augmentent avec le temps. Ce type de résultats est en partie attribuable au fait que l'on s'appuie sur des données agrégées. En effet, une analyse plus fine pourrait faire ressortir, comme c'est le cas chez les adultes (Amato, 2000), que les trajectoires des enfants après la séparation sont hétérogènes, allant parfois en s'améliorant, en se stabilisant ou en se détériorant. Du côté de la recomposition familiale, on remarque que plus le temps écoulé depuis le début de la recomposition s'accroît, plus les jeunes manifestent des problèmes de comportement (Bray, 1999 ; Saint-Jacques, 2000 ; Saint-Jacques *et al.*, 2003), mettant en évidence l'hypothèse d'une réaction latente face à cette transition (Hetherington, Cox et Cox, 1985). Cette hypothèse laisse entendre que les difficultés d'adaptation à la recomposition n'apparaîtront pas nécessairement au début de celle-ci, mais plutôt au moment où le jeune atteindra l'adolescence.

Par ailleurs, des études considérant le niveau d'adaptation prérupture des enfants montrent que les difficultés sur le plan de l'adaptation étaient souvent présentes avant la séparation des parents. Cela soutient donc l'hypothèse que ce n'est pas tant l'événement de la séparation qui crée les difficultés, mais bien d'autres éléments qui caractérisent ces familles qui vivent des difficultés familiales ou individuelles et qui les amènent à se séparer. Il n'en demeure pas moins que les différences notées entre les enfants dont les parents sont divorcés et ceux dont les parents sont toujours ensemble persistent, même lorsqu'on tient compte du niveau d'adaptation prérupture (Amato, 2000).

Enfin, le fait d'avoir vécu le divorce de ses parents ou une recomposition familiale serait un facteur de risque dans le développement de différents problèmes à l'âge adulte (Amato, 2000 ; Nicholson, Fergusson et Horwood, 1999). Par contre, l'étude de Nicholson *et al.* (1999) a aussi révélé que les risques associés au fait d'avoir connu une recomposition familiale pour la première fois entre 6 et 16 ans diminuent considérablement à l'âge de 18 ans, lorsque sont pris en compte des facteurs comme les caractéristiques sociodémographiques de la famille, l'histoire de l'instabilité familiale, les conflits familiaux et les problèmes de comportement que présentait le jeune avant la recomposition familiale. Des études de ce genre ont par ailleurs contribué à expliquer les liens qui s'opèrent entre le fait de vivre la séparation des parents (ou une recomposition familiale) et l'adaptation des enfants et des adolescents.

## Les transitions sérielles

Comme l'ont fait ressortir les données sociodémographiques présentées au début de ce chapitre, les enfants qui connaissent la séparation de leurs parents sont susceptibles de vivre d'autres transitions, notamment une recomposition familiale. Différentes enquêtes nous apprennent aussi que les familles recomposées se séparent dans des proportions plus importantes que les familles biparentales intactes, que cette rupture survient plus tôt dans leur parcours et qu'elles se séparent plus qu'auparavant (Desrosiers *et al.*, 1994 ; 2000 ; Juby, Le Bourdais et Marcil-Gratton, 2001 ; Juby et Marcil-Gratton, 2002).

Ainsi, certains enfants connaîtront la séparation puis la recomposition de leurs parents et cette situation sera maintenue jusqu'à leur émancipation. D'autres, par contre, pourront connaître la séparation du couple recomposé, auront à nouveau à s'adapter à la vie au sein d'une famille monoparentale et, dans certains cas, vivront une deuxième recomposition familiale. On qualifie de transitions sérielles les trajectoires des familles marquées par plusieurs séparations et unions conjugales. Dans une étude menée auprès d'un échantillon non probabiliste d'adolescents de familles recomposées (N = 121), on a observé que 10 % avaient vécu au moins cinq transitions de type $2^4$ depuis leur naissance et que 43 % des jeunes avaient connu plus d'un épisode de vie en famille recomposée (Saint-Jacques, Drapeau, Cloutier et Lépine, 2005).

Ce type de trajectoire semble avoir une incidence négative sur les enfants puisque les études indiquent que les jeunes qui ont connu plus de séparations ou de recompositions montrent plus de problèmes de comportement (Brody et Neubaum, 1996 ; Hao et Xie, 2002 ; Saint-Jacques *et al.*, 2001, 2003). Par exemple, Saint-Jacques *et al.* (2005) ont observé que le fait de vivre un nombre élevé ($n \geq 4$) de changements transitionnels de type 2 augmentait de 4,3 fois le risque de présenter des problèmes de comportement. À la lumière des travaux de Rutter (1979) et de Davies et Cummings (1994), il est possible de considérer que les transitions familiales répétées constituent une accumulation de facteurs de stress qui finissent par dépasser la capacité d'adaptation des personnes. La sécurité émotionnelle d'un enfant risque d'être plus ébranlée lorsque la trajectoire familiale est marquée par plusieurs ruptures relationnelles, avec pour conséquence de diminuer son habileté à faire face au stress.

## L'argent : un des nerfs de l'adaptation ?

Au Québec, le revenu total moyen des familles biparentales est de 70 007 $, alors qu'il est de 40 673 $ chez les familles monoparentales patricentriques et de 28 105 $ chez les mères seules. L'Institut de la statistique du Québec (2005d) mentionne que 7,7 % des familles québécoises sont des familles à faible revenu. Lorsqu'on examine la structure

---

4. Les transitions de type 2 comprennent les transitions plus inhabituelles qui impliquent généralement une perte ou une blessure et qui créent souvent un stress élevé. Dans ce type de changement, on retrouve la séparation ou le divorce des parents, l'arrivée ou le départ d'un beau-parent, le départ ou l'arrivée d'un membre de la fratrie (incluant la demi-fratrie et la quasi-fratrie), la réunification des parents séparés, un changement de parent gardien, le début ou la fin d'un placement en milieu substitut.

familiale de ces dernières, on constate que la monoparentalité féminine continue d'être un facteur de risque de vivre dans la pauvreté. En effet, si 5,7 % des couples qui ont des enfants sont à faible revenu, cette proportion est de 28,7 % chez les mères seules. Il est largement démontré que la pauvreté a des effets négatifs importants sur le développement des jeunes, notamment parce qu'elle les surexpose à un ensemble de facteurs de risque (Evans, 2004). On constate aussi que les enfants vivant dans la pauvreté viennent plus fréquemment de familles dont les parents sont séparés (Evans, 2004). La séparation du couple, parce qu'elle augmente les dépenses des familles, entraîne souvent des difficultés économiques (Cloutier, Bissonnette, Ouellet-Laberge et Plourde, 2004). Ces dernières sont des modérateurs de l'adaptation des jeunes dans la mesure où elles influent sur les pratiques des parents et les milieux de vie que les enfants fréquentent. Une étude de Goldberg *et al.* (1992, cités dans Amato, 2000) insisterait par ailleurs sur le fait que ce n'est pas tant le revenu de la famille qui affecte le bien-être de l'enfant, mais bien la stabilité de ce revenu. En effet, lorsque le revenu chute, c'est le niveau de vie de la famille qui est affecté et qui entraîne une série de changements jugés négatifs (Simons, Lin, Gordon, Conger et Lorenz, 1999). Une étude longitudinale a par ailleurs démontré qu'une modification des revenus a une incidence plus grande sur les problèmes de comportement extériorisés des jeunes enfants vivant une pauvreté prolongée (Dearing, McCartney et Taylor, 2006). Par exemple, lorsque le revenu d'une famille augmente de 10 000 $, la diminution des problèmes de comportement extériorisés des préscolaires est de 15 fois supérieure pour les jeunes enfants vivant dans une pauvreté chronique que pour les enfants n'ayant jamais vécu dans la pauvreté.

### Pourquoi les jeunes de familles séparées ou recomposées vont-ils moins bien que les autres ?

La première réponse à cette question est mathématique. Comme groupe, ces enfants présentent plus de problèmes d'adaptation parce que l'on fait un exercice de moyenne. En fait, il serait plus juste de se demander pourquoi certains jeunes qui ont connu des transitions familiales vont moins bien que les autres.

Si l'on revient à la question initiale, il faut d'une part se rappeler que la séparation des parents est un événement triste et perturbant pour les enfants qui, comme leurs parents, auraient souhaité vivre réunis. Ainsi, tous les enfants sont affectés par la séparation de leurs parents et doivent faire le deuil de leur famille intacte, ce qui peut affecter leur adaptation. D'autre part, il ne faut pas oublier que la trajectoire des familles séparées ou recomposées est perturbée bien avant que ces événements surviennent. Généralement, la séparation des parents n'apparaît pas dans un ciel bleu et la recomposition familiale, bien qu'elle soit généralement considérée comme un événement positif, comprend un potentiel perturbateur parce qu'elle est énergivore sur le plan des ressources des individus, particulièrement celles du parent gardien. On constate ainsi que les difficultés vécues par les jeunes après ces transitions étaient souvent présentes bien avant la séparation ou la recomposition des parents.

Il existe de très nombreux appuis scientifiques soutenant que ce n'est pas tant le fait d'avoir connu la séparation des parents ou celui de vivre en famille monoparentale ou recomposée qui explique les plus grandes difficultés des enfants, mais bien les processus familiaux et les conditions de vie objectives que peuvent entraîner ces événements (Dunn et al., 1998; Giles-Sims, 1997; Hetherington et Stanley-Hagan, 1999; Lansford, Ceballo, Abbey et Stewart, 2001; Miller, 1997; Najman et al., 1997; Saint-Jacques, 2000; Silitsky, 1996; Sokol-Katz, Dunham et Zimmerman, 1997).

Amato (2000) a recensé les facteurs qui agissent comme médiateurs des effets du divorce sur l'adaptation des enfants. Il constate que quatre aspects sont au cœur de l'explication : les rôles parentaux, les relations avec et entre les parents, les ressources économiques et les autres événements potentiellement stressants et inhérents au divorce. En outre, à cette analyse de la relation, se superposent des facteurs qui viennent modérer les effets du divorce. Ils concernent particulièrement certaines caractéristiques du jeune et le soutien social. Dans la même lignée, de nombreuses études permettent de soutenir que l'adaptation des jeunes issus de familles recomposées relève davantage des processus psychologiques et sociaux qui y prévalent que de la structure familiale comme telle. La santé mentale des parents (bien-être psychologique, stress, dépression, problèmes de consommation, etc.), le revenu familial, le niveau d'éducation de la mère, les difficultés sur le plan des pratiques parentales (problèmes d'affirmation des parents, emploi de punitions physiques, styles parentaux, etc.) sont fortement associés à l'adaptation des jeunes de familles recomposées (Deater-Deckard et Dunn, 1999; Saint-Jacques et al., 2003; Saint-Jacques et Lépine, soumis). Dans les cas où ces facteurs de risque ne sont pas présents, les écarts d'ajustement des enfants s'estompent de façon marquée en comparaison avec les enfants des familles intactes.

## Au-delà des aspects structurels :
## des familles plus similaires que différentes

La figure 2 présente les principaux facteurs associés à l'adaptation des enfants et des adolescents qui vivent des transitions familiales. Si l'on fait exception de ceux qui sont particuliers aux familles recomposées, force est de reconnaître que cette figure pourrait tout aussi bien illustrer la situation des enfants qui vivent avec leurs deux parents d'origine. Par exemple, Silitsky (1996) remarque que tous les jeunes qui ont vécu la séparation de leurs parents n'éprouvent pas de difficultés psychologiques. Cependant, ce qui est commun à tous les jeunes, peu importe la structure familiale, c'est que les mêmes facteurs (niveau de conflit entre les parents, soutien social, climat familial, etc.) contribuent à leur adaptation.

Toutefois, ce qui particularise la situation des familles qui vivent des transitions familiales, c'est qu'elles sont exposées à plus de stresseurs et à plus de conditions objectives qui peuvent avoir une incidence négative sur la qualité des relations et l'exercice des rôles de chacun.

FIGURE 2

*Facteurs associés à l'adaptation des jeunes de familles séparées et recomposées*

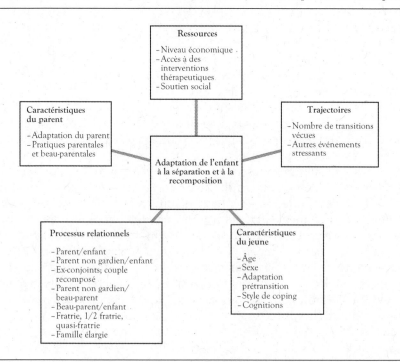

Rappelons encore une fois que les transitions familiales augmentent les risques, mais ne sont en aucun cas une certitude de conditions négatives. Sous les étiquettes « d'enfants du divorce », « famille mono-parentale » et « famille recomposée » se cachent des réalités familiales hétérogènes qu'il convient de distinguer.

## LES PROCESSUS RELATIONNELS AU SEIN DE LA FAMILLE : LA DIVERSITÉ DANS LA DIVERSITÉ

Selon la perspective systémique, la famille comprend trois principaux sous-systèmes relationnels, soit les relations entre les adultes de la famille, qui impliquent les relations conjugales ou ex-conjugales et les relations coparentales, les relations parents-enfants et les relations fraternelles. S'intéresser à ces sous-systèmes permet de mieux comprendre comment les transitions familiales exercent une pression sur ces relations, direc-tement ou indirectement, d'illustrer la diversité qui existe dans l'évolution des relations familiales postrupture et d'apprécier le rôle de ces relations sur le plan de l'adaptation des enfants.

### Les conflits entre les ex-conjoints

Généralement, la recherche montre que la séparation conjugale et les conflits conjugaux constituent des *défis* d'adaptation pour les jeunes (Booth et Amato, 2001 ; Peris et Emery, 2004). Ce qui fait dire à plusieurs auteurs que les enfants qui souffrent le plus sont ceux qui, en plus de subir la séparation de leurs parents, se retrouvent également impliqués dans des conflits chroniques qui se prolongent au-delà de la dissolution de l'union (Amato et Keith, 1991 ; Drapeau, Gagné et Hénault, 2004 ; Emery, 1999 ; Hetherington, 1999a). Pour l'enfant, l'une des conséquences directes des conflits entourant la séparation de ses parents est la dété-rioration du climat de son premier milieu de vie et un appauvrissement supplémentaire de sa famille, puisque les ressources que ses parents sacrifient pour se battre ne peuvent servir à répondre à ses besoins.

Les résultats des études sur le sujet mettent cependant en lumière la complexité du phénomène. En effet, pour bien comprendre l'incidence de la séparation sur le jeune, il faut tenir compte du niveau de conflit qui prévalait avant même la réorganisation familiale. Ainsi, tout au moins à long terme, les jeunes bénéficient de la fin d'une union très conflictuelle. En revanche, ils souffrent de cette décision lorsque le niveau de conflit préséparation est peu élevé (Booth et Amato, 2001 ; Jekielek, 1988). Pour comprendre ce résultat, il importe toutefois de distinguer les conflits et l'insatisfaction conjugale. Alors que l'enfant est souvent témoin, voire partie prenante des premiers, il peut être inconscient de la seconde.

Afin d'expliquer l'effet bénéfique potentiel de la rupture conjugale, les chercheurs croient que les jeunes témoins des conflits intenses entre leurs parents ressentent un soulagement lors de la séparation. D'ailleurs, lorsqu'on leur accorde la parole, les jeunes disent très souvent que la fin des disputes est une amélioration importante dans leur vie à la suite de la séparation de leurs parents. Par contre, un jeune qui a été peu exposé à l'hostilité entre ses parents perçoit la transition familiale comme un événement imprévu, négatif et incontrôlable. Il s'agit donc d'une perte – relationnelle, affective, financière – qui n'est compensée par aucun gain. Ces résultats indiquent que les enfants ont besoin de comprendre ce qui leur arrive, d'être rassurés à propos de leur avenir, d'être absolument certains qu'ils ne sont pas responsables de cet événement. Ces résultats signalent aussi que pour comprendre l'incidence de la séparation sur les enfants, il faut nécessairement tenir compte de l'histoire des conflits entre les parents avant qu'ils ne mettent fin à leur union.

Cette histoire ne se termine cependant pas forcément lors de la séparation des conjoints. En effet, la dissolution de l'union conjugale n'est pas toujours synonyme de diminution des conflits. Or les recherches montrent clairement que les conflits entre les ex-conjoints et l'absence de coopération parentale comptent parmi les facteurs les plus puissants pour prédire les difficultés d'adaptation des jeunes à la séparation. À ce chapitre, il est reconnu que les conflits hostiles, intenses et qui demeurent non résolus sont ceux ayant l'incidence la plus négative sur l'enfant. Buehler *et al.* (1998) ajoutent toutefois que les conflits voilés, qui se manifestent notamment par la triangulation de l'enfant, sont aussi préjudiciables. Des études montrent, en effet, que les conflits dans lesquels l'adolescent se sent « pris » entre ses deux parents sont associés à plus de difficultés en contexte de divorce (Hetherington, 1999a ; Kerig, 1996 ; Maccoby, Buchanan, Mnookin et Dornbusch, 1993).

Comment les conflits entre les ex-conjoints affectent-ils l'adaptation des enfants ? Deux mécanismes explicatifs sont proposés à cet égard. Tout d'abord, les problèmes relationnels entre les ex-conjoints ne se confinent généralement pas à ce sous-système, ils ont plutôt le potentiel d'affecter les autres systèmes relationnels de la famille. Par une sorte d'effets en cascade, les conflits entre les ex-conjoints affectent la qualité des relations parents-enfants et l'exercice de la coparentalité, et ce sont ces processus plus proximaux qui agissent sur l'adaptation de l'enfant (Cox, Paley et Harter, 2001 ; Doyle et Markiewicz, 2005). Les études révèlent aussi que le jeune exerce un rôle actif dans ce contexte ; il interprète la situation et, selon qu'il se sente menacé, inquiet, responsable ou impuissant, il vivra plus ou moins de difficultés d'adaptation (Cummings, Goeke-Morey et Papp, 2001 ; Davies, Harold, Goeke-Morey et Cummings, 2002 ; Grych, Fincham, Jouriles et McDonald, 2000). Ces deux grands mécanismes ont été observés au sein des familles, peu importe leur structure.

Sachant l'incidence négative qu'ont les conflits entre les ex-conjoints, il convient de se demander s'il s'agit d'une situation fréquemment rencontrée par les enfants. Dans l'ensemble des familles où les parents sont séparés, quelques études américaines et québécoises situent à près du tiers la proportion de celles dont les parents continuent d'être en conflit deux ans après la dissolution du mariage (Drapeau, Saint-Jacques, Gagné, Cloutier et Lépine, 2006 ; Emery, 1999 ; Maccoby et Mnookin, 1992). Après ce laps de temps, ce taux diminue, mais il demeure élevé. On ne dispose cependant pas à l'heure actuelle de portrait très précis de l'évolution des conflits postséparation. Une étude récente, réalisée au Québec, apporte un éclairage sur ces questions en examinant les trajectoires de conflits postséparation (Drapeau, Gagné, Saint-Jacques, Lépine et Ivers, soumis). Cette étude illustre quatre trajectoires possibles. Chez certains parents, on observe une diminution graduelle des conflits avec les années, ce qui est le portrait habituellement dépeint. D'autres parents maintiennent un faible niveau de conflit dans la période entourant la séparation et par la suite. Ces situations présentent donc peu de risques pour les enfants, sur ce plan du moins. D'autres parents maintiennent un niveau de conflit plutôt élevé, et ce, plusieurs années après la dissolution de l'union conjugale. Finalement, dans une dernière trajectoire, les parents présentent peu de conflit dans les premières années, mais ce niveau de conflit augmente avec le temps. Deux variables semblent caractériser les situations où les conflits perdurent ou s'enveniment avec le temps, soit un faible revenu familial et un climat tendu au moment de la rupture. Ces résultats illustrent le fait que les difficultés économiques sont un stress important qui vient affecter les relations entre les conjoints séparés (Bonach, 2005). Le climat relationnel qui prévaut au moment de la rupture affecte aussi la trajectoire de conflit à plus long terme, ce qui milite en faveur d'une approche préventive afin d'éviter l'escalade des conflits entre les ex-conjoints (Pedro-Carroll, Nakhnikian et Montes, 2001 ; Santeramo, 2004).

## Les relations coparentales

Le concept de coparentalité fait référence à la façon dont les parents, ou figures parentales, sont en rapport l'un avec l'autre dans leur rôle de parent. Plus précisément, la coparentalité concerne le soutien et la coordination que les parents affichent en matière d'éducation (McHale, Kahzan, Erera, Torman, DeCourcey et McConnell, 2002). La parentalité ne devant pas être définie uniquement sur une base biologique, sexuelle, légale ou maritale, il en est de même en ce qui concerne la coparentalité. On parle de relation coparentale tant et aussi longtemps que les adultes partagent la parentalité sous une forme ou une autre. Le concept de pluriparentalité est utilisé pour exprimer l'inclusion de tous les adultes qui jouent le rôle de parent auprès des enfants. En revanche, certains auteurs proposent aussi de parler de coparentalité, même en l'absence d'un deuxième parent. En effet, un parent, bien qu'absent concrètement dans la vie de l'enfant, peut demeurer présent dans son esprit et dans celui de l'autre parent (Van Egeren, 2004).

L'exercice de la coparentalité est une tâche interpersonnelle complexe, peu importe la structure de la famille, puisqu'elle implique de soutenir l'autre parent dans son rôle ; de coopérer pour répondre aux besoins des enfants ; de partager les tâches et les activités qui en découlent ; d'établir et d'appliquer des règles cohérentes et prévisibles. Quelques défis particuliers se posent toutefois en situation de séparation conjugale. En effet, les parents doivent composer avec le choc de la séparation ; séparer les rôles et les identités de conjoints et parents ; coordonner deux maisonnées, incluant la nouvelle relation « indépendante » de chaque parent avec l'enfant ; partager le temps et les tâches et, éventuellement, inclure une ou des nouvelles figures parentales lors d'une recomposition.

Dans les études actuelles, on retrouve généralement trois types de relation coparentale postséparation (Baum, 2003 ; Hetherington et Kelly, 2002 ; Maccoby, Depner et Mnookin, 1990. Un premier groupe, nommé « coopératif », rassemble des parents qui communiquent fréquemment entre eux à propos de l'enfant et qui se disputent rarement. De plus, ils soutiennent la parentalité de l'autre parent et parviennent à coordonner les règles entre les différents environnements de vie de l'enfant. Ce type de coparentalité est le plus favorable au bien-être de l'enfant. Un deuxième groupe est dit « désengagé ou parallèle ». Les parents de ce groupe ne sont pas désengagés envers leur enfant, mais bien l'un envers l'autre, les amenant à communiquer très peu entre eux (Maccoby, Buchanan, Mnookin et Dornbusch, 1993). Ce type de coparentalité préserve l'intégrité du système parental, puisque les parents ne se dénigrent pas, ce qui est favorable au bien-être de l'enfant. Toutefois, l'absence de coordination entre les maisonnées n'est pas sans risque. Le troisième groupe est dit «conflictuel», car il est caractérisé par des parents qui gardent le contact, mais de manière hostile. Les conflits à propos des enfants sont élevés ; les parents contestent mutuellement leurs compétences ; sapent leur autorité respective ; sabotent les contacts. Ce style est celui qui présente les risques les plus élevés sur le plan adaptatif.

Hetherington et Kelly (2002) affirment que le style désengagé regroupe jusqu'à la moitié des parents séparés, mais les autres études recensées ne permettent pas de soutenir cette affirmation, partageant plutôt à parts égales les parents dans les différents styles. Ces divergences de résultats pourraient notamment être attribuables au temps écoulé depuis la rupture. Il est possible, en effet, que certains parents remplacent la colère par le désengagement, ce qui permet de diminuer la présence de conflits, mais diminue également la coopération entre les parents. L'âge des enfants pourrait également être en cause pour expliquer les disparités entre les études ; la coparentalité de style désengagé étant observée plus fréquemment chez les parents d'adolescents.

Par ailleurs, des auteurs insistent sur le fait que les deux construits que sont les relations coparentales et conjugales (ou ex-conjugales) se recoupent, mais ne sont pas synonymes (McHale *et al.*, 2002). La détresse coparentale n'est pas équivalente à la détresse conjugale. De même, une relation coparentale positive et satisfaisante n'est pas l'équivalent d'une relation de couple satisfaisante. Bien que les travaux récents distinguent mieux ces deux concepts, tout au moins sur le plan théorique, la question suivante demeure : les ex-conjoints en conflit élevé peuvent-ils coopérer et se soutenir en tant que parents ? À ce jour, les études montrent certainement que les conflits entre les ex-conjoints rendent plus difficile l'exercice de la coparentalité. Réciproquement, on peut croire que la reconnaissance mutuelle des compétences parentales de l'autre et de son rôle primordial dans la vie des enfants peut entraîner une diminution des conflits entre les ex-conjoints. Bref, les deux construits sont fortement et réciproquement liés, ce qui peut être une bonne nouvelle du point de vue de l'intervention, car on peut retirer des bénéfices sur les deux plans en intervenant sur l'un ou l'autre.

## Les relations parents-enfants

La façon dont les parents exercent leur rôle et la qualité des liens qu'ils entretiennent avec leurs enfants sont parmi les facteurs les plus puissants pour expliquer l'adaptation des enfants, peu importe la structure familiale. Or l'après-séparation se caractérise souvent par un style parental moins démocratique et plus désengagé, et par des relations parent-enfant plus conflictuelles (Amato, 2000 ; Hetherington et Stanley-Hagan, 2002). Le fait d'avoir des soucis conjugaux et matériels, d'être constamment responsable de la maisonnée et d'avoir à satisfaire seul(e) aux besoins qui se présentent restreint effectivement la capacité d'assurer la super-vision du jeune et de bien remplir son rôle de parent. En outre, les adultes récemment séparés sont plus susceptibles d'éprouver eux-mêmes des problèmes d'adaptation, telles la dépression et la consommation abusive d'alcool, ce qui peut évidemment diminuer leurs compétences parentales (Kelly et Emery, 2003). Les perturbations dans les rôles de parents pourraient toutefois n'être que temporaires ; elles ne sont pas non plus systématiquement trouvées dans toutes les études sur le sujet (Freeman et Newland, 2002 ; Strohschein, 2007).

Cela dit, dans les cas où les parents réussissent à protéger la qualité de leur relation avec leur enfant, le risque d'inadaptation du jeune diminue parce que la compétence parentale protège des risques associés à la séparation. Nous savons aussi qu'un style parental démocratique est relié à une bonne adaptation des enfants, peu importe la structure familiale (Steinberg, 2001).

Le parent qui n'a pas la garde de ses enfants est, pour sa part, confronté à une série d'obstacles dans la poursuite de son engagement auprès d'eux ; pensons par exemple à la distance entre les maisonnées, au temps restreint de contact, aux dépenses supplémentaires (Hawkins, Amato et King, 2006 ; Hetherington et Stanley-Hagan, 2002 ; Quiénart et Rousseau, 2004). Comme le père est plus souvent le parent non résident et que son rôle est, malgré des progrès sur ce plan, moins reconnu et valorisé socialement que celui de la mère, la relation pater-nelle paraît davantage en péril à la suite de la rupture conjugale. Les recherches confirment, en effet, que plusieurs pères séparés n'ayant pas la garde des enfants perdent progressivement le contact avec leur progé-niture au fur et à mesure que le temps s'écoule (Ahrons, 2006). Les données récentes procurent toutefois des signes encourageants sur ce plan puisqu'on observe, depuis les dernières décennies, une augmenta-tion de la fréquence des contacts entre les pères non résidents et leurs enfants. Les données du cycle 3 de l'Enquête sociale générale de Statis-tique Canada montrent, à ce propos, qu'environ 40 % des pères non résidents maintiennent des contacts réguliers avec leurs enfants (Juby, Marcil-Gratton et Le Bourdais, 2004). Parallèlement, on observe de moins en moins de ruptures complètes des liens (Kelly, 2006 ; Smyth, 2005). Ainsi, le nombre de pères n'ayant aucun contact avec leurs enfants, deux ou trois ans après la séparation, a diminué de moitié entre les années 1980 et 1990, passant de 50 % à environ 25 % (Hetherington et

Kelly, 2002 ; Kelly, 2006 ; Smyth, 2005). De plus, des études récentes démontrent généralement le rôle bénéfique du père pour le bien-être des enfants en contexte de séparation conjugale (Amato, 2005 ; Amato et Gilbreth, 1999).

Malgré ces données encourageantes, il reste que le quart des jeunes Canadiens perdent complètement ou partiellement le contact avec leur père. Or des recherches montrent que les enfants ressentent cette perte de manière aiguë et qu'elle est souvent synonyme d'une rupture des liens à long terme et d'une séparation complète d'avec le réseau social du père (Ahrons, 2006).

Comment expliquer cette variabilité dans l'engagement des pères non résidents ? En réponse à cette question, les recherches ont notamment mis en lumière l'influence des conflits entre les ex-conjoints, de la distance géographique entre les maisonnées, de la recomposition, des difficultés économiques, des caractéristiques des enfants (Ahrons, 2006 ; Kelly, 2006 ; Quéniart et Rousseau, 2004). Parmi ces variables explicatives, la dynamique relationnelle père-enfant qui existait avant la séparation et l'identification des pères à leur rôle de parent apparaissent cruciales. Mais, selon les circonstances, ces aspects peuvent les éloigner de leurs enfants ou les en rapprocher. Ainsi, des pères séparés peuvent être très motivés à maintenir leur engagement auprès de leurs enfants et le contexte familial, social et légal dans lequel ils baignent viendra soutenir cette volonté. Dans d'autres contextes, des pères très proches de leurs enfants peuvent être vulnérables au désengagement car le rôle de parent visiteur ne leur convient pas. Ils ont l'impression de ne plus faire partie de la vie de leurs enfants et préfèrent alors s'en retirer plutôt que de poursuivre des relations douloureuses (Braver et O'Connell, 1998 ; Quéniart et Rousseau, 2004 ; Smyth et Weston, 2004). Dans d'autres circonstances encore, la transition peut devenir un point tournant qui marque une augmentation de l'implication des pères dans la vie des enfants (Carlson, 2006). Les transitions familiales peuvent, en effet, amener certains pères à revoir ce qui était tenu pour acquis : la présence des enfants dans la routine de la vie familiale. Par exemple, l'étude qualitative de Hallman, Dienhart et Beaton (2007), réalisée auprès d'hommes séparés, révèle que la séparation peut forcer les pères à reconsidérer la valeur et l'importance du temps passé avec leurs enfants. On observe donc une « rupture du temps » qui peut être propice au resserrement des liens.

Par ailleurs, les quelques études portant sur les mères non résidentes montrent peu de variabilité dans l'exercice de leur rôle en contexte postrupture. En effet, bien que les résultats ne soient pas entièrement cohérents à cet égard, il semble que les mères adoptent des rôles relativement similaires, peu importe leur lieu de résidence; elles entretiennent des contacts fréquents et constants avec leurs enfants et demeurent engagées auprès d'eux. Les mères non résidentes auraient, en outre, tendance à organiser leur vie de manière à faciliter le maintien des contacts (Hawkins *et al.*, 2006; Hetherington et Kelly, 2002). Les enfants rapportent d'ailleurs se sentir plus près de leur mère non résidente que de leur père non résident (Hetherington et Stanley-Hagan, 2002). Cela dit, les mères qui n'ont pas la garde partagée ou exclusive de leurs enfants sont relativement rares. Les circonstances qui accompagnent cette situation peuvent donc avoir un rôle à jouer dans les résultats observés. Il est notamment possible que les enfants d'une même fratrie soient partagés entre les deux parents séparés et, dans ce cas, la mère est le parent à «temps complet» d'au moins un enfant, ce qui est plus propice au maintien des liens avec les autres membres de la fratrie ainsi qu'à une organisation de la vie familiale qui tient compte de leur présence.

## L'importance du maintien des liens avec les deux parents

Les intérêts de l'enfant sont, sauf exceptions, mieux servis quand l'enfant peut maintenir des contacts continus et fréquents avec ses deux parents. Les études nous informent d'ailleurs que la majorité des jeunes perçoivent la perte du parent non résident comme un des aspects les plus négatifs de la séparation. Environ la moitié d'entre eux désirent plus de contacts avec leur père et très rares sont les enfants qui en veulent moins (Fabricius, 2003; Kelly, 2006; Smith, Taylor et Tapp, 2003). On entend souvent dire que la qualité du temps passé avec l'enfant est plus importante que la quantité, mais il faut se rappeler que pour qu'il y ait de la qualité, le parent a besoin de *temps* et, autant que possible, du temps qui lui fasse vivre une variété d'activités et d'expériences avec ses enfants (Emery, 2005; Kelly, 2006). Un temps découpé, rigidifié, calculé peut nuire à la spontanéité nécessaire au développement de l'intimité; en revanche, trop d'imprévisibilité nuit à la continuité.

La garde partagée est certainement le type de garde le plus favorable au maintien des liens. Même si la garde partagée peut, avec le temps, se transformer en garde exclusive à la mère, les pères, dans cette situation, demeurent généralement plus présents dans la vie de leurs enfants. Notons aussi que la très grande majorité des jeunes vivant en garde partagée sont satisfaits de cet arrangement, ressentent moins de pertes et sont moins enclins, à l'âge adulte, à croire que la séparation de leurs parents a joué un rôle déterminant dans leur parcours de vie (Fabricius, 2003; Laumann-Billings et Emery, 2000). De plus, les enfants en garde partagée présentent généralement moins de problèmes d'adaptation que les enfants en garde exclusive (avec le père ou la mère) (Bauserman, 2002). Toutefois, on ne sait pas encore si c'est la situation familiale dans son ensemble qui explique cette issue plus positive ou la modalité de garde proprement dite, car les parents qui adoptent une garde partagée sont généralement mieux nantis, plus scolarisés et moins en conflit. Cette modalité de garde pose par ailleurs des défis particuliers, tant pour les enfants que pour les parents, sur le plan de l'organisation et des communications entre les deux maisonnées.

Une mise en garde est souvent formulée à propos de l'inopportunité de la garde partagée lorsque les parents affichent des conflits élevés. Il vaudrait mieux alors limiter les contacts entre les maisonnées, car les conflits annulent les bienfaits que l'enfant peut retirer de ses relations avec le parent non gardien (Amato et Rezac, 1994; Johnson, Kline et Tschann, 1989). D'autres croient plutôt que l'implication des deux parents, même lorsque ces derniers sont en conflit, atténue l'effet négatif de cette situation en rassurant l'enfant à propos de la continuité des liens familiaux. Quelques études vont en ce sens (Fabricius et Luecken, 2007; Healy, Malley et Stewart, 1990; Kurdek, 1986). Les résultats à ce sujet sont donc incohérents et plus complexes qu'ils n'y paraissent de prime abord, mais une chose est certaine, la perte d'un parent *et* les conflits compromettent l'adaptation de l'enfant.

## Le défi de la qualité relationnelle dans la famille recomposée

Certains auteurs rapportent que le plus gros défi des familles recomposées est d'établir des relations constructives entre leurs membres (Hetherington *et al.*, 1992). Il faut dire que la spécificité structurelle de ces familles contribue à complexifier le développement de ces relations. En effet, lorsqu'un des conjoints n'est pas le parent biologique de tous les enfants, que le beau-parent arrive dans une famille déjà formée, que la relation conjugale doit se construire en même temps que la relation avec les enfants, et que la relation avec l'ex-conjoint est maintenue, la dynamique relationnelle se complexifie (Visher et Visher, 1996).

L'arrivée d'un nouvel adulte, et peut-être de ses enfants, dans la famille oblige à une renégociation de la relation parent-enfant afin de permettre l'intégration des nouveaux venus au sein de la famille. Ces premiers moments entraînent souvent une détérioration de la qualité des relations et de la communication entre le parent et son enfant. Cette transition affecterait aussi les pratiques parentales, notamment la tendance à adopter un style parental moins démocratique et à assurer un encadrement et une supervision moins importante des jeunes (Fisher, Leve, O'Leary et Leve, 2003; Henderson et Taylor; 1999; Hetherington et

Jodl, 1994; Anderson *et al.*, 1999). Or tous ces facteurs sont associés à l'adaptation des jeunes de familles recomposées (Fisher *et al.*, 2003; Hetherington et Stanley-Hagan, 1999). Avec le temps cependant, le style parental exercé dans les familles recomposées se rapproche de celui exercé dans les familles biparentales intactes (Dunn, Davies, O'Connor et Sturgess, 2000; Hetherington et Clingempeel, 1992). Toutefois, les familles qui se sont formées alors que les jeunes commençaient leur adolescence font exception à la règle (Hetherington et Stanley-Hagan, 1999).

Au moment d'une recomposition familiale, la fréquence des contacts avec le parent non gardien a tendance à diminuer. Si certaines études montrent qu'une bonne proportion d'enfants de familles recomposées entretiennent de bonnes relations avec leur père biologique tout en maintenant de bons rapports avec leur beau-père (Hetherington et Jodl, 1994; White et Gilbreth, 2001), d'autres font ressortir que la qualité de la relation avec le père est moins positive lorsqu'il y a un beau-père dans la famille (Dunn *et al.*, 2000). Enfin, MacDonald et DeMaris (2002) ont trouvé que plus un père non gardien s'investit auprès de son enfant, plus la qualité de la relation du beau-père avec le jeune s'amoindrit. Ces résultats qui vont un peu dans toutes les directions soulignent la nécessité de mener d'autres études sur cette question.

Signalons que la relation entre beau-parent et enfant serait la relation la plus problématique et celle qui entraîne le plus de stress dans la famille recomposée (Ganong, Coleman, Fine et Martin, 1999). Cela pourrait s'expliquer par le fait que le beau-parent doit se présenter comme une figure d'autorité, tout en essayant de créer des liens affectifs avec l'enfant (Martin et Martin, 1992). Les travaux récents de Parent *et al.* (soumis) ont par ailleurs révélé que le développement de la relation beau-parentale est largement tributaire de la qualité de la relation au sein du couple. Les beaux-pères qui choisissent de s'engager auprès des enfants de leur conjointe ont d'abord choisi de s'engager auprès de cette conjointe et caressent l'espoir que cette union va durer. Dans cette étude, le développement d'une relation beau-parentale satisfaisante s'appuie sur le respect du rythme des enfants et le développement d'une relation de coparentalité au sein du couple recomposé.

Les études ayant évalué la qualité des relations entre les beaux-pères et les jeunes font ressortir des résultats parfois assez différents, ces différences pouvant être attribuées, en partie, à des échantillons non représentatifs. Par exemple, dans l'étude de Brown (2002), plus de la moitié des jeunes ont une relation problématique avec leur beau-père, alors que dans une étude menée auprès d'adolescents québécois, seulement un jeune sur dix était dans cette situation (Saint-Jacques *et al.*, 2003).

Une recherche qualitative indique en outre que la plupart des beaux-pères entretiennent un lien important avec les enfants de leur conjointe et se sentent responsables d'eux à plusieurs égards (Marsiglio, 2004).

Peu importe l'âge et la qualité de la relation, les jeunes se disent généralement moins proches de leur beau-père que de leur parent gardien (Hetherington et Jodl, 1994), ce qui laisse supposer que la plupart des relations beau-père–enfant diffèrent qualitativement du type de relation entretenue entre un enfant et un parent biologique (Hetherington *et al.*, 1999; Hetherington et Stanley-Hagan, 1999). On remarque en outre que les adolescents ont davantage de conflits avec leur beau-parent que les plus jeunes (Barber et Lyons, 1994; Hetherington, 1993; Kurdek et Fine, 1993), car ils peuvent être plus réticents à accepter l'autorité du beau-parent (Coleman, Ganong et Fine, 2000) ou avoir l'impression de perdre un certain statut ainsi que des responsabilités avec la fin de l'épisode de vie en famille monoparentale, ce qui affecte leur estime de soi (Perry, 1995). Dans l'étude de Brown (2002), le facteur le plus puissant pour prédire la qualité des relations beaux-pères–adolescents est la perception, par le jeune, que son beau-père l'accepte, suivi de l'adoption d'un style parental autoritaire de la part du beau-père (relation inverse).

Bien que moins engagés auprès des enfants de leur conjointe que les pères biologiques, plusieurs beaux-pères consacrent du temps à leurs beaux-enfants et sont chaleureux avec ces derniers (Hofferth et Anderson, 2003). Le plus faible niveau d'engagement des beaux-pères s'expliquerait par l'âge des enfants (l'engagement étant plus important auprès des plus jeunes) et le fait qu'ils ont d'autres enfants avec qui ils ne vivent pas, mais qu'ils soutiennent. On relève aussi que le fait d'être marié, plutôt qu'en union libre, joue un rôle plus important sur le plan de l'engagement des figures paternelles que la nature des liens (biologiques ou non) qui les unissent aux enfants (Hofferth et Anderson, 2003). On peut cependant supposer que l'incidence du type d'union serait moins importante s'il était examiné dans un contexte comme celui du Québec où l'union libre est très répandue.

Le beau-parent (homme ou femme) a tendance à moins s'engager auprès de l'enfant de son(sa) conjoint(e) qu'auprès de son propre enfant (Dunn *et al.*, 2000; Hetherington et Jodl, 1994). Qui plus est, la majorité des beaux-pères ont tendance à se montrer moins chaleureux au fil des ans (Hetherington et Stanley-Hagan, 1999), ce qui semble contre-indiqué puisque moins d'engagement et de chaleur sont associés à une adaptation plus faible du jeune (Bray, 1999). Ainsi, l'évolution de la relation du beau-père avec les enfants prend une tangente différente de celle du parent, car on assiste à une diminution, avec le temps, de leur engagement auprès du jeune.

Plusieurs études sont venues démontrer l'importance de la qualité de la relation beau-père–enfant dans l'adaptation des jeunes de familles recomposées (Saint-Jacques, 2000 ; White et Gilbreth, 2001). En effet, lorsqu'il existe une bonne relation affective entre le beau-père et l'enfant, il y a moins de risque que ce dernier développe des problèmes de comportement intériorisés ou extériorisés. De plus, l'adoption par le beau-parent de pratiques parentales visant à soutenir le jeune est fortement associée à une adaptation positive des adolescents (Crosbie-Burnett et Giles-Sims, 1994). Dans cette équation, la dimension du soutien serait d'ailleurs plus importante que celle du contrôle.

À l'instar du postulat voulant que les jeunes puissent bénéficier d'une relation positive avec une personne significative autre que les parents (Rohner, Khaleque et Cournoyer, 2005), Hetherington (1993) a noté que le beau-père peut jouer un rôle compensateur auprès des enfants. En effet, une relation de proximité avec un beau-père démocratique peut contrebalancer les effets négatifs, sur le plan du développement des jeunes, associés au fait d'être élevé par une mère hostile ou négligente.

## Les relations entre les membres de la fratrie

Les connaissances scientifiques disponibles sur la famille sont surtout concentrées autour des relations parents-enfants. On dispose effectivement de beaucoup moins d'informations sur les relations entre frères et sœurs. Bien qu'elles soient généralement moins influentes que les relations parents-enfants, les relations entre les membres de la fratrie sont tout de même importantes à court et à long terme sur le plan de l'adaptation des personnes. Elles ont, en outre, le potentiel de durer au-delà de la relation de l'enfant avec ses parents.

Le degré d'intimité et d'égalité que l'on retrouve dans les relations de fratrie représente des conditions favorables à la libre expression des sentiments. De plus, les frères et les sœurs peuvent constituer l'un pour l'autre une source importante de soutien dans la vie courante comme en période de stress (Updegraff, McHale et Crouter, 2002). Des recherches sur ce sujet montrent que le sous-système fraternel peut jouer un rôle de protection lors de l'adaptation à la restructuration familiale. Il peut représenter un élément de continuité dans la vie de l'enfant lorsque ce groupe demeure intact, ce qui n'est toutefois pas toujours le cas puisqu'il arrive que les enfants (particulièrement lorsqu'ils sont plus âgés et que la fratrie comporte au moins un garçon) soient divisés, les uns restant chez la mère, les autres chez le père (Drapeau, Simard, Beaudry et Charbonneau, 2000).

À l'heure actuelle, deux portraits assez contrastés se dessinent à propos des relations entre les frères et sœurs qui ont vécu la séparation de leurs parents. Le premier portrait présente une fratrie où prévalent l'entraide et le soutien. Les enfants se soudent les uns aux autres devant l'imprévisibilité et le manque de disponibilité des adultes (Abbey et Dallos, 2004 ; Milevsky, 2004). Ce tableau est plus souvent observé dans les fratries comprenant au moins une fille, particulièrement lorsque celle-ci est l'aînée (Drapeau et Bouchard, 1993). Le second portrait dépeint une réalité moins positive où la compétition prend le dessus. Dans ces situations, les membres de la fratrie rivalisent à propos des ressources plus rares à leur disposition, compte tenu de la diminution de la disponibilité des parents (Wallerstein et Lewis, 2007). Alors, des relations conflictuelles peuvent se développer et une fragilisation des liens est parfois observée à long terme (Panish et Stricker, 2001 ; Riggio, 2001).

Lorsqu'il y a une recomposition familiale, la situation se complexifie mais les patrons de relation fraternelle peuvent également osciller entre les conflits et l'entraide. Ainsi, des relations fraternelles plus conflictuelles ou ambivalentes peuvent initialement être associées à la recomposition (Hetherington et Jodl, 1994). Hetherington et Stanley-Hagan (1999) postulent à ce propos que les frères et sœurs sont en compétition afin d'obtenir l'attention de leur mère alors que celle-ci s'engage dans une nouvelle relation. Cinq années après la recomposition toutefois, peu de différences subsistent entre les relations fraternelles des jeunes de familles recomposées et celles de familles biparentales intactes (Reiss *et al.*, 1994). Lorsque les deux conjoints ont chacun un seul enfant issu d'une union antérieure, les deux enfants ont tendance à se sentir plus proches. Par contre, lorsque plus d'un enfant est issu d'une union différente, des alliances fratrie contre fratrie peuvent se créer, surtout si les jeunes n'habitent pas ensemble à temps plein. Enfin, l'acceptation d'un enfant de la nouvelle union au sein du groupe des enfants de la première union dépend de l'âge de ces derniers, les préadolescents se montrant les plus réceptifs à cette idée (Bernstein, 1997).

## COMMENT SE VIVRONT LES TRANSITIONS CONJUGALES ET FAMILIALES EN 2020?

Si l'on se base sur les tendances sociodémographiques des structures familiales, deux scénarios d'avenir apparaissent réalistes. Le premier comprendrait une augmentation des taux de séparation et de recomposition familiale. Le second miserait plutôt sur une stabilisation de ces taux. En soi, ces deux scénarios ne peuvent être qualifiés de pessimistes ou d'optimistes dans la mesure où la séparation des parents comprend une dualité. D'une part, cette rupture est un événement triste et perturbant pour tous les membres de la famille. Elle exige de tous une grande capacité d'adaptation et comporte des défis particuliers sur plusieurs plans de la vie familiale, lesquels peuvent entraîner des difficultés chez les enfants et les parents. D'autre part, la séparation des parents est une avenue qui a permis à de nombreux adultes, ainsi qu'à leurs enfants, d'envisager un contexte de vie meilleure. Aussi, au-delà des tendances sociodémographiques, c'est la manière de faire face à ces événements qui peut faire la différence. Le tableau 2 fait ressortir les principales caractéristiques de ces scénarios.

## TABLEAU 2
### Les scénarios envisagés

| Scénario pessimiste | Scénario optimiste |
| --- | --- |
| Banalisation de l'incidence émotive de la séparation des parents, mais maintien de la stigmatisation. | Une valorisation de la diversité familiale, notamment le développement d'une parentalité différente en dehors des liens conjugaux ou de sang. |
| Diminution du soutien social et économique offert à ces familles. | Augmentation du soutien offert aux familles en général et aux familles en transition en particulier. |
| Une société qui n'apprend pas à se séparer ou à se recomposer, mais qui le fait de plus en plus. | Une société qui arrive à mettre en place les conditions permettant de faire de tous les enfants «des gagnants». |

Si, socialement, la séparation des parents est devenue un fait courant, sur les plans individuel et familial, elle demeure un événement unique et éprouvant. Peu importe que le tiers des enfants de la classe de 4e année d'Alexandre aient connu la séparation de leurs parents, ce dernier est malheureux la journée où il apprend que ses parents se séparent. Il sera probablement moins honteux de cette situation que les jeunes de la génération précédente, mais tout aussi affecté. La reconnaissance du potentiel stresseur de cet événement et la possibilité d'avoir recours à de l'aide thérapeutique peuvent changer bien des choses. Aussi, il importe de rendre accessibles aux familles qui vivent des transitions familiales des services d'aide psychosociale spécialisés. Une étude menée sur l'offre de services des CLSC dans le cadre des programmes enfance-jeunesse a montré que la majorité des CLSC qui ont participé à l'étude n'ont pas d'activités particulières destinées aux enfants de 6 à 18 ans dont les parents sont séparés, même si cette thématique figure parmi celles qui ont été priorisées en santé publique (Pineault, Séguin, Brodeur et Richard, 2003). Plus particulièrement, 28 % des CLSC ont des activités pour les jeunes de 6-11 ans dont les parents sont séparés et 5 % n'en offrent pas, mais en ont sur leur territoire ($n$ = 93 CLSC). Du côté des 12-18 ans, ces proportions sont respectivement de 10 % et de 9 % ($n$ = 93 CLSC).

Toujours sur le plan des services, on doit particulièrement insister sur la nécessité de former les intervenants sociaux au phénomène de la recomposition familiale, une réalité plus récente qui nécessite un travail d'éducation tant du côté des intervenants sociaux que des familles elles-mêmes.

La séparation des parents propulse certaines familles dans la pauvreté, quand elle ne les y enfonce pas plus profondément. Les programmes sociaux développés au Canada et au Québec ces dernières années ont permis d'atténuer ce problème et, à ce chapitre, la situation des familles québécoises se compare avantageusement à celle des autres provinces canadiennes. On constate cependant que de très nombreux enfants québécois souffrent des conditions économiques difficiles de leur famille. À cet égard, les enfants de familles monoparentales sont surreprésentés (Ministère de la Santé et des Services sociaux, 2007).

## Valoriser la diversité en luttant contre la stigmatisation

Qu'est-ce qui contribue à faire des enfants qui ont connu la séparation des parents des gagnants? Un premier élément, en apparence simpliste, serait de mentionner qu'il faut y croire! En effet, il convient de revisiter la lecture initiale de la trajectoire de ces jeunes, laquelle traçait un portrait plutôt sombre de leur avenir. La séparation des parents n'a pas bonne réputation bien que de nombreux travaux aient démontré que la majorité des jeunes qui ont connu la séparation de leurs parents vont bien et que ce n'est pas tant l'événement de la séparation comme les processus qui peuvent y être associés qui ont des effets négatifs sur les enfants. Il faut dire que les résultats les plus pessimistes sont aussi ceux qui ont été les plus médiatisés, notamment parce qu'ils servent les intérêts de certains groupes sociaux (Coltrane et Adams, 2003).

En effet, Coltrane et Adams (2003) soulignent que l'enfant en danger est un symbole puissant pour les Américains. Ce symbole a été récupéré par les tenants des mouvements sociaux pro-famille qui voient en « l'enfant du divorce » une victime qui saura rallier le consensus social autour de la préservation des familles considérées comme garantes du maintien des valeurs religieuses et traditionnelles. Ces mouvements sociaux sont puissants et ont su capter l'attention des médias qui, eux, sont friands d'histoires qui font vendre. Des chercheurs, tels que Wallerstein, se sont aussi associés à ces mouvements, préférant parfois diffuser leurs résultats dans les médias que les soumettre au filtre des revues savantes généralement moins à la recherche de titres accrocheurs que de rigueur scientifique. Tout cela a contribué à construire une représentation de l'«enfant du divorce» qui s'éloigne de la réalité, les incidences négatives ou observées chez une minorité d'enfants étant amplifiées (Coltrane et Adams, 2003). Bernstein (2007) souligne de son côté qu'on a développé avec les années un paradigme de l'enfant du divorce comprenant des caractéristiques tellement générales que l'on peut se demander dans quelle mesure elles décrivent uniquement les enfants du divorce. On a aussi élaboré un script de la vie d'une personne dont les parents se sont séparés : tout ce qui lui arrive (de négatif) est attribué à ce divorce et là s'arrête l'investigation. Que ce script relève de la fiction ou de la réalité, il n'en a pas moins des incidences sur les représentations que se font les individus de leur vie et il peut devenir le point central de la narration de leur histoire personnelle. Toujours selon Bernstein, ce paradigme amplifie l'embarras et la culpabilité des parents, ce qui affecte leurs habiletés parentales. Enfin, les intervenants et la société en général sont touchés par cette lecture qui forge les attentes et finit par avoir une incidence réelle sur les comportements. Mais est-ce vraiment à cause du divorce?

Il apparaît donc important que les efforts visant à valoriser la diversité familiale soient maintenus, particulièrement dans le milieu scolaire qui représente le milieu de vie des jeunes le plus important après la famille. Entendre, à l'école, que l'on vit dans une vraie famille et que l'on peut y être heureux est très important pour la représentation que se font les enfants de leur famille et cela a des répercussions sur leur adaptation. Par exemple, Doyle, Wolchik et Dawson-McClure (2002) ont montré que les jeunes de familles recomposées, qui sont confrontés à des manifestations d'attitudes négatives de la part de la société à l'égard de la recomposition familiale, ont des problèmes extériorisés et intériorisés. De la même manière, les parents ont besoin d'entendre que leurs enfants pourront s'adapter et se développer harmonieusement au sein d'une famille monoparentale ou recomposée. Ils ont aussi besoin d'entendre qu'ils sont des acteurs essentiels de l'adaptation de leurs jeunes et qu'ils peuvent faire la différence (Simons et al., 1999). Notamment, le maintien de leur engagement et leur capacité à viser leur bien-être malgré toutes les difficultés conjugales qui peuvent persister font partie des éléments de conscientisation à prioriser.

La société a aussi la responsabilité de soutenir ces parents, particulièrement ceux qui sont plus à risque parce qu'ils vivent dans un contexte hautement conflictuel, quand il ne s'agit pas de violence, parce que leur situation économique est précaire, parce qu'ils ne jouissent pas d'une bonne santé physique ou mentale, parce que leurs enfants présentent des difficultés particulières, parce qu'ils souffrent de dépendance ou sont isolés socialement. On doit aussi penser aux parents qui se séparent avec de très jeunes enfants ou dans le contexte d'une immigration récente.

Il faut aussi retenir que de plus en plus de jeunes Québécois grandiront, à un moment ou à un autre, auprès d'un beau-parent. Les travaux de recherche montrent que les beaux-parents qui s'investissent progressivement auprès des enfants de leur partenaire, particulièrement en leur offrant un soutien et en étant chaleureux, contribuent à faire des enfants épanouis. Les beaux-parents ont besoin d'être reconnus dans ce rôle particulier : il ne remplace pas l'autre parent, mais s'adjoint à l'équipe parentale. Par ailleurs, la recomposition familiale est un projet ambitieux et les initiatives visant la prévention des difficultés à travers diverses formes d'intervention, telles que l'éducation et le soutien, doivent être encouragées.

Comment se vivront les transitions familiales en 2020? À nous de trouver réponse à cette question. Cela dépendra des idées qui seront valorisées et des énergies qui seront déployées afin de faire de tous les enfants des gagnants. Ce qui est sûr, c'est que l'on connaît une grande partie des éléments à mettre en place. Reste à savoir ce que l'on fera de cette connaissance.

## BIBLIOGRAPHIE

Abbey, C. et R. Dallos (2004). «The experience of the impact of divorce on sibling relationships : A qualitative study», *Clinical Child Psychology and Psychiatry*, vol. 9, p. 1359-1045.

Ahrons, C.R. (2006). «Family ties after divorce : Long-term implications for children», *Family Process*, vol. 46, p. 53- 65.

Allen, R.K., M.A. Fine et D.H. Demo (2000). «An overview of family diversity : Controversies, questions, and values», dans D.H. Demo, K.R. Allen et M.A. Fine (dir.), *Handbook of Family Diversity*, New York, Oxford University Press, p. 1-14.

Amato, P. et A. Booth (1997). *A Generation at Risk : Growing Up in Era of Family Upheaval*, Cambridge, Harvard University Press.

Amato, P. et J. Gilbreth (1999). «Nonresident fathers and children's well-being : A meta-analysis», *Journal of Marriage and the Family*, vol. 61, p. 557-573.

Amato, P.R. (2000). «Diversity within single-parent families», dans D.H. Demo, K.R. Allen et M.A. Fine (dir.), *Handbook of Family Diversity*, New York, Oxford University Press, p. 149-172.

Amato, P.R. (2001). «Children of *divorce* in the 1990s: An update of the Amato and Keith (1991) meta-analysis», *Journal of Family Psychology*, vol. 15, n° 3, p. 355-370.

Amato, P.R. (2005). «The impact of family formation change on the cognitive, social, and emotional well-being of the next generation», *Future of Children*, vol. 15, p. 75- 96.

Amato, P.R. et B. Keith (1991). «Parental divorce and the well-being of children: A meta-analysis», *Psychological Bulletin*, vol. 110, p. 26-46.

Amato, P. R. et S. Rezac (1994). «Contact with residential parents, interparental conflict, and children's behavior», *Journal of Family Issues*, vol. 15, p. 191-207.

Anderson, E.R., S.M. Greene, E.M. Hetherington et G.W. Clingempeel (1999). «The dynamics of parental remarriage: Adolescent, parent, and sibling influences», dans E.M. Hetherington (dir.), *Coping with Divorce, Single Parenting and Remarriage: A Risk and Resiliency Perspective*, Mahwah, Lawrence Erlbaum Associates.

Baillargeon, D. et E. Detellier (2004). «La famille québécoise d'hier à aujourd'hui (1900-2000)», dans M.-C. Saint-Jacques, S. Drapeau, D. Turcotte et R. Cloutier, *Séparation, monoparentalité et recomposition familiale: bilan d'une réalité complexe et pistes d'action*, Québec, Presses de l'Université Laval, p. 331-356.

Barber, B.L. et J.M. Lyons (1994). «Family processes and adolescent adjustment in intact and remarried families», *Journal of Youth and Adolescence*, vol. 23, n° 4, p. 421-436.

Baum, N. (2003). «Divorce process variables and the co-parental relationship and parental role fulfillment of divorced parents», *Family Process*, vol. 42, n° 1, p. 117-131.

Bauserman, R. (2002). «Child adjustment in joint-custody versus sole-custody arrangements: A meta-analytic review», *Journal of Family Psychology*, n° 16, p. 91-102.

Bernstein, A.C. (1997). «Stepfamilies from sibling's perspective», *Marriage & Family Review*, vol. 26, n°s 1-2, p. 153-175.

Bernstein, A.C. (2007). «Re-visioning, restructuring, and reconciliation: Clinical perspective with complex postdivorce families», *Family Process*, vol. 46, n° 1, p. 67-78.

Bonach, K. (2005). «Factors contributing to quality coparenting: Implications for family policy», *Journal of Divorce & Remarriage*, vol. 43, n°s 3-4, p. 79-104.

Booth, A. (1999). «Causes and consequences of divorce: Reflections on recent research», dans R.A. Thompson et P.R. Amato (dir.), *The Postdivorce Family: Children, Parenting, and Society*, Thousands Oaks, Sage, p. 29-48.

Booth, A. et P.R. Amato (2001). «Parental predivorce relations and offspring post-divorce well-being», *Journal of Marriage and Family*, vol. 63, p. 197-212.

Braver, S.L. et D. O'Connell (1998). *Divorced Dads: Shattering the Myths*, New York, Tarcher, Putnam.

Bray, J.H. (1999). «From marriage to remarriage and beyond: Findings from the developmental issues in stepfamilies research project», dans E.M. Hetherington (dir.), *Coping with Divorce, Single Parenting and Remarriage: A Risk and Resiliency Perspective*, Hillsdale, Lawrence Erlbaum.

Bray, J.H. et D.M. Harvey (1995). «Adolescents in stepfamilies: Developmental family interventions», *Psychotherapy*, vol. 32, n° 1, p. 119-130.

Brody, G.H. et E. Neubaum (1996). «Family transitions as stressors in children and adolescents», dans C.R. Pfeffer (dir.), *Severe Stress and Mental Disturbance in children*, Washington, D.C., American Psychiatric Press, p. 559-590.

Brown, K.G. (2002). *Perceived Parental Authority Style and the Quality of Father-Child and Stepfather-Stepchild Relationship*, Tallahassee, Florida State University. Thèse de doctorat.

Buehler, C., A. Krishnakumar, G. Stone, C. Anthony, S. Pemberton, J. Gerard et B.K. Barber (1998). «Interparental conflict styles and youth problem behaviors: A two-sample replication study», *Journal of Marriage and the Family*, vol. 1, p. 119-132.

Carlson, M.J. (2006). «Family structure, father involvement, and adolescent behavioural outcomes», *Journal of Marriage and the Family*, vol. 68, p. 137-154.

Cloutier, R., C. Bissonnette, J. Ouellet-Laberge et M. Plourde (2004). «Monoparentalité et développement de l'enfant», dans M.-C. Saint-Jacques, S. Drapeau, D. Turcotte et R. Cloutier (dir.), *Séparation, monoparentalité et recomposition familiale: bilan d'une réalité complexe et pistes d'action*, Québec, Presses de l'Université Laval, p. 33-63.

Coleman, M., L. Ganong et M.A. Fine (2000). «Reinvestigating remarriage: Another decade of progress», *Journal of Marriage and the Family*, vol. 62, n° 4, p. 1288-1307.

Coltrane, S. et M. Adams (2003). «The social construction of the divorce "problem": Morality, child victims, and the politics of gender», *Family Relations*, vol. 52, n° 4, p. 363-372.

Cox, M.J., B. Paley et K. Harter (2001). «Interparental conflict and parent-child relationship», dans J.H. Grych et F.D. Fincham (dir.), *Interparental Conflict and Child Development*, Cambridge, Cambridge University Press, p. 249-272.

Crosbie-Burnett, M. et J. Giles-Sims (1994). «Adolescent adjustment and step-parenting styles», *Family Relations*, vol. 43, n° 4, p. 394-399.

Cummings, E.M., M.C. Goeke-Morey et L.M. Papp (2001). «Couple conflict, children, and families: It's not just you and me, babe», dans A. Booth, A.C. Crouter et M. Clements (dir.), *Couples in Conflict*, Mahwah, Lawrence Erlbaum Associates, p. 117-148.

Dandurand, R.B. (1988). *Le mariage en question: essai sociohistorique*, Québec, Institut québécois de recherche sur la culture.

Davies, P.T. et M.E. Cummings (1994). « Marital conflict and child adjustment : An emotional security hypothesis », *Psychological Bulletin*, vol. 116, n° 3, p. 387-411.

Davies, P.T., G.T. Harold, M.C. Goeke-Morey et E.M. Cummings (2002). « Child emotional security and interparental conflict », *Monographs of the Society for Research in Child Development*, vol. 67, n° 3, p. vii-viii.

De Singly, F. (1993). *Sociologie de la famille contemporaine*, Paris, Nathan.

Dearing, E., K. McCartney et B.A. Taylor (2006). « Within-child associations between family income and externalizing and internalizing problems », *Developmental Psychology*, vol. 42, n° 2, p. 237-252.

Deater-Deckard, K. et J. Dunn (1999). « Multiple risks and adjustment in young children growing up in different family settings : A british community study of stepparent, single mother, and nondivorced families », dans E.M. Hetherington (dir.), *Coping with Divorce, Single Parenting, and Remarriage : A Risk and Resiliency Perspective*, Hillsdale, Lawrence Erlbaum Associates.

Desrosiers, H., C. Le Bourdais et B. Laplante (2000). « Les ruptures d'union dans les familles recomposées : l'expérience des Canadiennes », dans M.-B. Tahon et D. Côté (dir.), *Famille et fragmentation*, Ottawa, Presses de l'Université d'Ottawa, coll. « Études des femmes », p. 53-73.

Desrosiers, H., C. Le Bourdais et K. Lehrhaupt (1994). *Vivre en famille monoparentale et en famille recomposée : portrait des Canadiennes d'hier à aujourd'hui*, Montréal, INRS-Urbanisation.

Doyle, A.B. et D. Markiewicz (2005). « Parenting, marital conflict and adjustment from early- to mid-adolescence : Mediated by adolescent attachment style ? » *Journal of Youth and Adolescence*, vol. 34, n° 2, p. 97-110.

Doyle, K.-W., S.A. Wolchik et S. Dawson-McClure (2002). « Development of the sepfamily events profile », *Journal of Family Psychology*, vol. 16, n° 2, p. 128-143.

Drapeau, S. et C. Bouchard (1993). « Soutien familial et ajustement des enfants de familles intactes et séparées », *Revue canadienne des sciences du comportement*, vol. 25, n° 2, p. 205-229.

Drapeau, S., M.-H. Gagné et R. Hénault (2004). « Conflits conjugaux et séparation des parents », dans M.-C. Saint-Jacques, S. Drapeau, R. Cloutier et D. Turcotte (dir.), *La vie après la séparation des parents*, Québec, Presses de l'Université Laval, p. 175-193.

Drapeau, S., M.-H. Gagné, M.-C. Saint-Jacques, R. Cloutier, H. Ivers et R. Lepine (soumis). « Post-separation conflict trajectories : A longitudinal study », *Marriage & Family Review*.

Drapeau, S., M.-C. Saint-Jacques, M.-H. Gagné, R. Cloutier et R. Lépine (2006). « Conjugal conflict and parental separation », dans K. Österman et K. Björkqvist (dir.), *Contemporary Research on Aggression*, p. 198-203. Proceedings of the XVIth World Meeting of the International Society for Research on Aggression, Åbo Akademi University, Finlande.

Drapeau, S., M. Simard, M. Beaudry et C. Charbonneau (2000). « Siblings in family transitions », *Family Relations*, vol. 49, n° 1, p. 77-85.

Duchesne, L. (2002). « Les enfants et le divorce : de plus en plus de garde partagée », *Bulletin Données sociodémographiques en bref*, Québec, Gouvernement du Québec, Institut de la statistique du Québec.

Duchesne, L. (2006). *La situation démographique au Québec. Bilan 2006*, Québec, Institut de la statistique du Québec.

Dunn, J., L.C. Davies, T.G. O'Connor et W. Sturgess (2000). « Parents' and partners' life course and family experiences : Links with parents-child relationships in different family settings », *Journal of Family Psychology*, vol. 15, n° 2, p. 272-287.

Dunn, J., K. Deater-Deckard, K. Pickering et T.G. O'Connor (1998). « Children's adjustment and prosocial behaviour in step-, single-Parent, and non-stepfamily settings : Findings from a community study », *Journal of Child Psychology and Psychiatry and Allied Disciplines*, vol. 39, n° 8, p. 1083-1095.

Emery, R.E. (1999). *Marriage, Divorce, and Children's Adjustment*, 2ᵉ éd., Thousand Oaks, Sage.

Emery, R.E. (2005). *The Truth About Children and Divorce : Emery's Alternative Parenting Plans*, <emeryondivorce.com/parenting_plans>, consulté le 30 octobre 2007.

Evans, G.W. (2004). « The environment of childhood poverty », *American Psychologist*, vol. 59, n° 2, p. 77-92.

Fabricius, W.V. (2003). « Listening to children of divorce : New findings that diverge from Wallestein, Lewis and Blakeslee », *Family Relations*, vol. 52, p. 385-396.

Fabricius, W.V. et L.J. Luecken (2007). « Postdivorce living arrangements, parent conflict, and long-term physical health correlates for children of divorce », *Journal of Family Psychology*, vol. 21, p. 195-205.

Fisher, P.A., L.D. Leve, C.C. O'Leary et C. Leve (2003). « Parental monitoring of children's behavior : Variation across stepmother, stepfather, and two-parent biological families », *Family Relations*, vol. 52, n° 1, p. 45-52

Fortin, A. (1987). *Histoire de familles et de réseaux*, Montréal, Éditions Saint-Martin.

Freeman, H.S. et L.A. Newland (2002). « Family transitions during the adolescent transition : Implications for parenting », *Adolescence*, vol. 37, p. 457-475.

Ganong, L.H., M.M. Coleman, M.A. Fine et P. Martin (1999). « Stepparents' affinity-seeking and affinity-maintaining strategies with stepchildren », *Journal of Family Issues*, vol. 20, n° 3, p. 299-327.

Giles-Sims, J. (1997). « Current knowledge about child abuse in stepfamilies », *Marriage and Family Review*, vol. 26, nᵒˢ 3-4, p. 215-230.

Grych, J., F.D. Fincham, E.N. Jouriles et R. McDonald (2000). « Interparental conflict and child adjustment : Testing the mediational role of appraisals in the cognitive-contextual framework », *Child Development*, vol. 71, p. 1648-1661.

Hallman, M., A. Dienhart et J. Beaton (2007). «A qualitative analysis of fathers' experiences of parental time after separation and divorce», *Fathering*, vol. 5, p. 4-24.

Hao, L. et G. Xie (2002). «The complexity and endogeneity of family structure in explaining children's misbehaviour», *Social Science Research*, vol. 31, p. 1-28.

Hawkins, D.N., P.R. Amato et V. King (2006). «Parent-adolescent involvement: The relative influence of parent gender residence», *Journal of Marriage and the Family*, vol. 68, p. 125-136.

Healy, J.M, J.E. Malley et A.J. Stewart (1990). «Children and their fathers after parental separation», *American Journal of Orthopsychiatry*, vol. 60, p. 531-543.

Henderson, S.H. et L.C. Taylor (1999). «Parent-adolescent relationship in nonstep-, simple step-, and complex stepfamilies», dans E.M. Hetherington, S.H. Henderson, D. Reiss, E.R. Anderson, M. Bridges, R.W. Chan, G.M. Insabella, K.M. Jodl, J.E. Kim, A.S. Mitchell, T.G. O'Connor, M.J. Staggs et L.C. Taylor (dir.), *Adolescent Siblings in Stepfamilies: Family Functioning and Adolescent Adjustment*, *Monographs of the Society for Research in Child Development*, Boston, Blackwell Publishers, p. 79-100.

Hetherington, E.M. (1993). «An overview of the Virginia longitudinal study of divorce and remarriage with a focus on early adolescence», *Journal of Family Psychology*, vol. 7, n° 1, p. 39-56.

Hetherington, E.M. (1999). «Should we stay together for the sake of the children?», dans E.M. Hetherington (dir.), *Coping with Divorce, Single Parenting, and Remarriage: A Risk and Resilience Perspective*, Mahwah, Lawrence Erlbaum Associates, p. 93-116.

Hetherington, M.E., M. Bridges et G.M. Insabella (1998). «What matters? What does not? Five perspectives on the association between marital transitions and children's adjustment», *American Psychologist*, vol. 53, n° 2, p. 167-184.

Hetherington, E.M. et W.G. Clingempeel (1992). *Coping with Marital Transitions: A Family systems Perspective*, Chicago, University of Chicago Press for the Society for Research in Child Development.

Hetherington, E.M., W.G. Clingempeel, E.R. Anderson, J.E. Deal, M. Stanley-Hagan, E.A. Hollier et M.S. Lindner (1992). «Coping with marital transitions: A family systems perspective», *Monographs of the Society for Research in Child Development*, vol. 57, n°s 2-3, serial n° 227.

Hetherington, E.M., M. Cox et R. Cox (1985). «Long-term effects of divorce and remarriage on the adjustment of children», *Journal of the American Academy of Child Psychiatry*, vol. 24, n° 5, p. 518-530.

Hetherington, E.M. et K.M. Jodl (1994). «Stepfamilies as settings for child development», dans A. Booth et J. Dunn (dir.), *Stepfamilies: Who benefits? Who does not?*, Hillsdale, Lawrence Erlbaum, p. 55-79.

Hetherington, E.M. et J. Kelly (2002). *For Better or for Worse Divorce Reconsidered*, New York, W.W. Norton & Company.

Hetherington, E.M. et M. Stanley-Hagan (1999). « The adjustment of children with divorced parents : A risk and resiliency perspective », *Journal of Child Psychology and Psychiatry*, vol. 40, n⁰ 1, p. 129-140.

Hetherington, E.M. et M. Stanley-Hagan (2002). « Parenting in divorced and remarried families », dans M.H. Bornstein (dir.), *Handbook of Parenting*, 2ᵉ éd., Mahwah, Lawrence Erlbaum Associates.

Hines, A.M. (1997). « Divorced-related transitions, adolescent development, and the role of the parent-child relationship : A review of the literature », *Journal of Marriage and the Family*, vol. 59, n⁰ 2, p. 375-388.

Hofferth, S.L. et K.G. Anderson (2003). « Are all dads equal ? Biology versus marriage as a basis for paternal investment », *Journal of Marriage and the Family*, vol. 65, p. 213-232.

Institut de la statistique du Québec (2003a). *Enfants de tous âges selon la structure de la famille, 1951-2001*, Québec, Gouvernement du Québec.

Institut de la statistique du Québec (2003b). *Familles de recensement comportant un couple en union libre, selon le nombre d'enfants à la maison, régions administratives du Québec*, Québec, Gouvernement du Québec.

Institut de la statistique du Québec (2005a). *Nombre de divorces et indice synthétique de divortialité, 1969-2003*, Québec, Gouvernement du Québec.

Institut de la statistique du Québec (2005b). *La situation démographique au Québec. Bilan 2005*, Québec, Gouvernement du Québec.

Institut de la statistique du Québec (2005c). « La famille au tournant du XXIᵉ siècle », Extrait de la publication annuelle *La situation démographique au Québec. Bilan 2005*, Québec, Gouvernement du Québec.

Institut de la statistique du Québec (2005d). *Un portrait statistique des familles au Québec*, Québec, Gouvernement du Québec.

Institut de la statistique du Québec (2006). *La situation démographique au Québec. Bilan 2006*, Québec, Gouvernement du Québec.

Jekielek, S.M. (1998). « Parental conflict, marital disruption and children's emotional well-being », *Social Forces*, vol. 76, p. 905-935.

Jeynes, W.H. (1999). « The role of family residential mobility in explaining the lower academic achievement of high school children from reconstitued families », *Journal of Divorce and Remarriage*, vol. 32, n⁰ˢ 1-2, p. 123-143.

Johnson, J.R., M. Kline et J.M. Tschann (1989). « Ongoing postdivorce conflict : Effects on children on joint custody and frequent access », *American Journal of Orthopsychiatry*, vol. 59, p. 576-592.

Juby, H. et N. Marcil-Gratton (2002). *It's All in the Past ? Exploring the Repercussions of Parents' Early Conjugal and Parental Histories on the Family Life Course of Their Children*, Hull, Centre des publications de développement des ressources humaines du Canada.

Juby, H., N. Marcil-Gratton et C. Le Bourdais (2004). *Quand les parents se séparent : nouveaux résultats de l'Enquête longitudinale nationale sur les enfants et les jeunes*, Ottawa, Ministère de la Justice.

Juby, H., N. Marcil-Gratton et C. Le Bourdais (2005a). *Quand les parents se séparent : nouveaux résultats de l'enquête longitudinale nationale sur les enfants et les jeunes*, Ottawa, Ministère de la Justice.

Juby, H., N. Marcil-Gratton et C. Le Bourdais (2005b). *Et la vie continue : expansion du réseau familial après la séparation des parents*, Ottawa, Ministère de la Justice.

Juby, H., C. Le Bourdais et N. Marcil-Gratton (2001). *A Step Further : Parenthood in Blended Families*, Montréal, Centre interuniversitaire d'études démographiques.

Kelly, J.B. (2000). « Children's adjustment in conflicted marriage and divorce : A decade review of research », *Journal of the Academy of Child and Adolescent Psychiatry*, vol. 39, n° 8, p. 963-973.

Kelly, J.B. (2007). « Children's living arrangements following separation and divorce : Insights from empirical and clinical research », *Family Process*, vol. 46, n° 1, p. 35-52.

Kelly, J.B. et R.E. Emery (2003). « Children's adjustment following divorce : Risk and resilience perspectives », *Family Relations*, vol. 52, p. 352-362.

Kerig, P.K. (1996). « Assessing the links between interparental conflict and child adjustment : The conflicts and problem-solving scales », *Journal of Family Psychology*, vol. 10, n° 4, p. 454-473.

Kurdek, L.A. (1986). « Custodial mothers' perceptions of visitation and payment of child support by noncustodial fathers in families with low and high levels of preseparation interparental conflict », *Journal of Applied Developmental Psychology*, vol. 7, p. 307-323.

Kurdek, L.A. et M.A. Fine (1993). « The relation between family structure and young adolescents' appraisals of family climate and parenting behavior », *Journal of Family Issues*, vol. 14, n° 2, p. 279-290.

Lansford, J.E., R. Ceballo, A. Abbey et A.J. Stewart (2001). « Does family structure matter ? A comparison of adoptive, two-parent biological, single-mother, stepfather and stepmother households », *Journal of Marriage and Family*, vol. 63, p. 840-851.

Laumann-Billings, L. et R.E. Emery (2000). « Distress among young adults from divorced families », *Journal of Family Psychology*, vol. 14, p. 671-687.

Le Gall, D. (1992). « Réguler en l'absence de comportements par habitude – Le quotidien des familles composées », textes réunis par D. Le Gall, *Régulation sociale et contextes sociaux européens*, Caen, Université de Caen.

Maccoby, E.E., C.M. Buchanan, R.H. Mnookin et S.M. Dornbusch (1993). « Postdivorce roles of mothers and fathers in the lives of their children », *Journal of Family Psychology*, vol. 7, p. 4-38.

Maccoby, E.E., C.E. Depner et R.H. Mnookin (1990). « Coparenting in the second year after divorce », *Journal of Marriage and the Family*, vol. 52, n° 1, p. 141-155.

Maccoby, E.E. et R.H. Mnookin (1992). *Dividing the Child : Social and Legal Dilemmas of Custody*, Cambridge, Harvard University Press.

MacDonald, W.L. et A. DeMaris (2002). «Stepfather-stepchild relationship quality», *Journal of Family Issues*, vol. 23, n° 1, p. 121-137.

Marsiglio, W. (2004). «When stepfathers claim stepchildren: A conceptual analysis», *Journal of Marriage and Family*, vol. 66, p. 22-39.

Martin, D. et M. Martin (1992). *Stepfamilies in Therapy*, San Francisco, Jossey-Bass

McHale, J., I. Kahzan, P. Erera, T. Torman, W. DeCourcey et M. McConnell (2002). «Coparenting in diverse family systems», dans M.H. Bornstein (dir.), *Handbook of Parenting*, 2e éd., Mahwah, Lawrence Erlbaum Associates, p. 75-107.

McMunn, M., J.Y. Nazroo, M.G. Marmot, R. Boreham et R. Goodman (2001). «Children's emotional and behavioural well-being and the family environment: Findings from the health survey for England», *Social Science and Medicine*, vol. 53, p. 423-440.

Milevsky, A. (2004). «Perceived parental marital satisfaction and divorce: Effects on sibling relations in emerging adults», *Journal of Divorce and Remarriage*, vol. 41, p. 115-128.

Miller, P. (1997). «Family structure, personality, drinking, smoking and illicit drug use: A study of UK teenagers», *Drug and Alcohol Dependence*, vol. 45, p. 121-129.

Ministère de la Famille, des Aînés et de la Condition féminine (2005). *Un portrait statistique des familles au Québec, Édition 2005*, Montréal, Ministère de la Famille, des Aînés et de la Condition féminine.

Ministère de la Santé et des Services sociaux (2007). *Troisième rapport national sur l'état de santé de la population du Québec – Riches de tous nos enfants. La pauvreté et ses répercussions sur la santé des jeunes de moins de 18 ans*, Québec, Direction des communications du ministère de la Santé et des Services sociaux.

Najman, J.M., B.C. Behrens, M. Andersen, W. Bor, M. O'Callaghan et G.M. Williams (1997). «Impact of family type and family quality on child behavior problems: A longitudinal study», *Journal of American Academy of Child and Adolescent Psychiatry*, vol. 36, n° 10, p. 1357-1365.

Nicholson, J.M., D.E. Fergusson et J.L. Horwood (1999). «Effects on later adjustment of living in a stepfamily during childhood and adolescence», *Journal of Child Psychology and Psychiatry*, vol. 40, n° 3, p. 405-416.

Panish, J.B. et G. Stricker (2001). «Parental marital conflict in childhood and influence on adult sibling relationships», *Journal of Psychotherapy in Independent Practice*, vol. 2, p. 3-16.

Parent, C., M. Beaudry, M.-C. Saint-Jacques, D. Turcotte, C. Robitaille, M. Boutin et C. Turbide (soumis). «Les représentations sociales de l'engagement parental du beau-père en famille recomposée».

Pedro-Carroll, J., E. Nakhnikian et G. Montes (2001). «Assisting children through transition: Helping parents protect their children from the toxic effects of ongoing conflict in the aftermath of divorce», *Family Court Review*, vol. 39, p. 377-392.

Perris, T.S. et R.E. Emery (2004). «A prospective study of the consequences of marital disruption for adolescents : Predisruption family dynamics and post disruption adolescent adjustment», *Journal of Clinical and Adolescent Psychology*, vol. 3, p. 694-704.

Perry, B. (1995). «Step-parenting : How vulnerable are step-children?» *Educational and Child Psychology*, vol. 12, n° 2, p. 58-70.

Pineault, R., L. Séguin, J.-M. Brodeur et L. Richard (2003). «La prévention et la promotion de la santé en périnatalité-enfance-jeunesse», *Canadian Journal of Public Health*, vol. 94, n° 2, p. 109-118.

Quéniart, A. et N. Rousseau (2004). «L'exercice de la paternité à la suite d'un divorce : un parcours semé d'obstacles», dans M.-C. Saint-Jacques, S. Drapeau, D. Turcotte et R. Cloutier, *Séparation, monoparentalité et recomposition familiale. Bilan d'une réalité complexe et pistes d'action*, Québec, Presses de l'Université Laval, p. 101-126.

Reiss, D., R. Plomin, E.M. Hetherington, G. Howe, M. Rovine, A. Tryon et M.S. Hagan (1994). «The separate social worlds of teenage siblings», dans E. M. Hetherington, D. Reiss et R. Plomin, (dir.), *Separate Social Worlds of Siblings : Impact of the Nonshared Environment on Development*, Hillsdale, Lawrence Erlbaum Associates.

Riggio, H.R. (2001). «Relations between parental divorce and the quality of adult sibling relationships», *Journal of Divorce and Remarriage*, vol. 36, p. 67-82.

Rohner, R.P., A. Khaleque et D.E. Cournoyer (2005). «Parental acceptance-rejection : Theory, methods, cross-cultural evidence and implications», *Ethos*, vol. 33, n° 3, p. 299-334.

Rutter, M. (1979). «Protective factors in children's responses to stress and disadvantage», dans M.W. Kent et J.E. Rolf (dir.), *Social Competence in Children*, New England, University press, p. 49-74.

Saint-Jacques, M.-C. (2000). *L'ajustement des adolescents et des adolescentes dans les familles recomposées : étude des processus familiaux et des représentations des jeunes*, Québec, Centre de recherche sur les services communautaires, Université Laval.

Saint-Jacques, M.-C., S. Drapeau, R. Cloutier et R. Lépine (2005). «Adolescence et recomposition familiale. Quels sont les facteurs qui distinguent les jeunes qui vont bien de ceux qui vont mal?» *Revue Divorce et séparation*, vol. 2, p. 131-150.

Saint-Jacques, M.-C., S. Drapeau, R. Cloutier, R. Lépine *et al.* (2003). *Lecture écologique de l'adaptation des adolescentes et des adolescents de familles recomposées : la parole aux jeunes, aux parents et aux beaux-parents*, Québec, Centre de recherche sur l'adaptation des jeunes et des familles à risque, Université Laval.

Saint-Jacques, M.-C. et R. Lépine (soumis). «Le style parental des beaux-pères dans les familles recomposées : perception des jeunes et impact sur leurs problèmes de comportement à court et à moyen terme», *Revue canadienne des sciences du comportement*.

Santeramo, J.S. (2004). «Early neutral evaluation in divorce cases», *Family Court Review*, vol. 42, p. 321-341.

Segalen, M. (1991). *Jeux de familles*, Paris, Presses du CNRS.

Silitsky, D. (1996). «Correlates of psychological adjustment in adolescents from divorced families», *Journal of Divorce and Remarriage*, vol. 26, n^os 1-2, p. 151-169.

Simons, R.L., K.-H.L. Lin, C. Gordon, R.D. Conger et F.O. Lorenz (1999). «Explaining the higher incidence of adjustment problems among children of divorce compared with those in two-parent families», *Journal of Marriage and the Family*, vol. 61, n° 4, p. 1020-1033.

Smith, A., N. Taylor et P. Tapp (2003). «Rethinking children's involvement in decision-making after parental separation», *Childhood*, vol. 10, p. 201-216.

Smyth, B. (2005). «Time to rethink time? The experience of time with children after divorce», *Family Matters*, vol. 71, p. 4-10.

Smyth, B. et R. Weston (2004). «The attitudes of separated mothers and fathers to 50/50 shared care», *Family Matters*, vol. 67, p. 8-15.

Sokol-Katz, J., R. Dunham et R. Zimmerman (1997). «Family structure versus parental attachment in controlling adolescent deviant behavior: A social control model», *Adolescence*, vol. 32, n° 125, p. 199-215.

Steinberg, L. (2001). «We know some things: Parent-adolescent relationships in retrospect and prospect», *Journal of Research on Adolescence*, vol. 11, p. 1-19.

Strohschein, L. (2007). «Challenging the presumption of diminished capacity to parent: Does divorce really change parenting practices?» *Family Relation*, vol. 56, p. 358-368.

Updegraff, K.A., S.M. McHale et A.C. Crouter (2002). «Adolescents' sibling relationship and friendship experiences: Developmental patterns and relationship linkages», *Social Development*, vol. 11, n° 2, p. 182-204.

Van Egeren, L.A. (2004). «The development of the coparenting relationship over the transition to parenthood», *Infant Mental Health Journal*, vol. 25, n° 5, p. 453-477.

Visher, E.B. et J.S. Visher (1996). *Therapy with Stepfamilies*, New York, Brunner/Mazel.

Wald, E. (1981). *The Remarried Family – Challenge and Promise*, New York, Family Service Association of America.

Wallerstein, J. et J.M. Lewis (2007). «Sibling outcomes and disparate parenting and stepparenting after divorce: Report form a 10-year longitudinal study», *Psychoanalytic Psychology*, vol. 24, p. 445-458.

Ward, M. (2006). *The Family Dynamic: A Canadian Perspective*, 4^e éd., Toronto, Thomson Nelson.

White, L. et J.G. Gilbreth (2001). «When children have two fathers: Effects of relationships with stepfathers and noncustodial fathers on adolescent outcomes», *Journal of Marriage and Family*, vol. 63, n° 1, p. 155-167.

# Prospective sur le travail, la vie associative et le temps familial

# Travail et familles

## Des tensions croissantes au cours de la prochaine décennie[1]

Daniel MERCURE
*Département de sociologie, Université Laval*

S'il ne fait pas de doute qu'à toutes les époques les êtres humains ont travaillé, ne serait-ce que pour se nourrir, se loger et se vêtir, il est également vrai que le travail est une construction historique, ce qui signifie que celui-ci présente des configurations multiples selon les sociétés et les époques, notamment au chapitre de la place plus ou moins centrale qu'il occupe dans une société, de la signification qui lui est accordée, des liens sociaux qu'il contribue à édifier et des rapports plus ou moins étroits qu'il entretient avec la vie privée, notamment la famille.

Nos sociétés de type libéral et capitaliste se singularisent en ce qu'elles ont fait du travail le point nodal de leur vivre-ensemble. Ce n'est qu'à l'aube de la révolution industrielle que le travail a été explicitement associé à la création de la richesse. De fait, les premiers économistes anglais s'opposaient aux mercantilistes et prolongeaient en partie la théorie physiocratique. Les premiers soutenaient que l'abondance repose sur l'accumulation de métaux précieux, alors que les seconds, quoique partisans du « laisser-faire », considéraient à tort que seule l'agriculture est productive, qu'elle seule rend compte de l'accroissement réel de la richesse. Témoins privilégiés d'une société qui amorce sa révolution industrielle, les premiers penseurs libéraux avaient une opinion différente. Pour eux, ce n'était ni la nature, ni l'accumulation de métaux

1. Je remercie M. Charles Fleury, assistant de recherche au Département de sociologie de l'Université Laval, qui a contribué à la sélection et au traitement de plusieurs données statistiques pour les fins de cet article.

précieux qui étaient à la source de la richesse, mais le travail. Ce faisant, ils concevaient ce que plusieurs percevaient, nommaient et systématisaient, ce que maints fabricants, marchands et politiciens vivaient. La place centrale qu'ils accordèrent au travail comme principale source de la richesse conjuguée à leurs analyses de la dynamique de la production et de l'échange fut à la source d'un véritable changement de perspective, une perspective qui est toujours la nôtre et le demeurera vraisemblablement au cours des prochaines décennies. La principale conséquence d'un tel changement de paradigme fut d'inscrire le travail au cœur des liens sociaux, de stimuler l'essor d'un ethos de vie de plus en plus caractérisé par la centralité du travail et de faire d'une telle activité le principal marqueur de l'intégration sociale[2].

Paradoxalement, ce phénomène a été accompagné du «désencastrement» de la sphère économique de celle du social. Alors que les sociétés préindustrielles étaient caractérisées par une fusion entre ces deux sphères, les sociétés industrielles ont progressivement autonomisé l'activité économique, séparé celle-ci des dynamiques communautaires, ce qui s'est traduit par la mise en place progressive d'instances de régulation particulières et la multiplication des fractures entre l'économique et le social. Il n'est pas jusqu'à la famille qui ait été touchée par de tels changements. En effet, alors que dans les sociétés rurales de type agricole et artisanal il n'y avait pas une forte dissociation entre le lieu de travail et le cercle familial, les sociétés industrielles ont radicalement séparé l'entreprise de la famille. À la fin du XIXᵉ siècle, l'idéal bourgeois s'est largement diffusé à l'ensemble des couches sociales urbaines: de plus en plus séparée de l'espace public, la sphère domestique devint le centre de l'espace privé et le principal lieu de confinement de la majorité des femmes, sauf bien sûr durant les périodes marquées par de forts besoins de main-d'œuvre.

Depuis trois décennies, la situation a profondément changé, vu que dans la plupart des sociétés occidentales les deux parents sont désormais actifs sur le marché du travail, ce qui a pour effet de rendre plus ténus les liens entre les responsabilités familiales et professionnelles, même si le lieu de travail s'avère toujours séparé du cercle familial[3]. Un tel changement pose avec acuité le problème de la conciliation entre les

2. Pour une rétrospective sur cette question, voir D. Mercure, «Adam Smith: les assises de la modernité», dans D. Mercure et J. Spurk (2003), *Le travail dans l'histoire de la pensée occidentale*, Québec, Presses de l'Université Laval, p. 119-143.

3. En 2005, seulement 16,1 % de la main-d'œuvre âgée entre 15-64 ans au Québec travaillait habituellement une partie de ses heures normales de travail à la maison. Ce taux est en diminution par rapport aux années 1992 et 1998. Source: Statistique Canada, *Enquête sociale générale*, exploitation des microdonnées, 2005.

deux univers en question, ce qui nous conduit à soulever, pour les années à venir, la question des incidences du travail sur les familles. Bref, s'il ne fait guère de doute que pour un individu le travail est un facteur d'intégration sociale, il est permis de se demander s'il en est de même pour la vie quotidienne des familles.

La question fondamentale à laquelle nous tenterons de répondre dans cet article est la suivante : les tendances en cours favoriseront-elles, dans les années à venir, une meilleure conciliation entre les univers du travail et de la famille ou, au contraire, les tensions entre ces deux univers seront-elles grandissantes ?

Afin de répondre à une telle question, nous suivrons trois étapes. D'abord, nous présenterons les lignes directrices des principales tendances en cours en ce qui a trait au travail afin de délimiter le contexte d'ensemble pour les années à venir. Ensuite, nous examinerons la centralité du travail selon deux modalités, soit sa centralité objective, c'est-à-dire ce qui est vécu, et sa centralité subjective, c'est-à-dire la valeur et la signification accordées au travail. En ce qui concerne la centralité objective, il s'agira de savoir si, au cours des années à venir, le travail sera davantage un pôle structurant de la vie des individus et des familles ou, au contraire, si nous nous dirigeons vers une société où le travail revêtira une importance moins grande dans leur vie quotidienne. En ce qui a trait à la centralité subjective, nous tenterons de repérer la valeur accordée au travail et à la famille par les travailleurs actifs, de même que leurs aspirations quant aux conditions de travail.

## LE TRAVAIL DEMAIN :
## QUELQUES LIGNES DIRECTRICES

Nous ne pouvons penser notre époque et les deux prochaines décennies sans nous référer à la période d'après-guerre qui a façonné la plupart de nos institutions et notre manière de vivre ensemble. Cette période de notre histoire, dénommée période des « trente glorieuses », a été marquée par une forte croissance économique et par un mode novateur de développement économique et de régulation de nos sociétés, soit la régulation fordiste. Celle-ci désigne trois ordres de réalité. D'abord, un système de production qui se distingue par la fabrication en série de biens standardisés à l'aide de chaînes d'assemblages alimentées par des travailleurs peu qualifiés, ce qui a favorisé l'essor d'une société de consommation. Ensuite, l'expansion du salariat et la hausse du taux global de syndicalisation, soit un rapport salarial fondé sur un contrat de travail à long terme, la présence de garanties d'emploi et la progression des salaires au rythme des gains de productivité. Enfin, l'accroissement du niveau de vie de la population et l'essor de l'État providence, autrement dit un régime d'accumulation de la richesse qui se caractérise par l'augmentation du pouvoir d'achat des salariés et la mise en place de mécanismes étatiques de redistribution de la richesse, particulièrement par la voie de différents programmes de sécurité sociale et de soutien au revenu. C'est un système semblable de régulation de la société qui a accompagné la croissance économique des pays industrialisés, depuis la période de l'après-guerre jusqu'au milieu des années 1970. Il reposait sur une relative intégration entre le marché du travail et le système de protection sociale, une institutionnalisation des âges de la vie et la place prépondérante du père de famille salarié à titre de principal pourvoyeur au sein de la famille.

C'est au milieu des années 1970 qu'un tel modèle de travail fut sérieusement remis en question. À cette époque, les principaux pays industrialisés ont dû subir de nouvelles pressions économiques, d'abord liées aux chocs pétroliers de 1973-1974 et de 1979-1980, puis à l'intensification de la concurrence en provenance des pays asiatiques. La diversification de la demande, la hausse des exigences de qualité, l'essor des nouvelles technologies de l'information et des communications, de même que la mondialisation croissante des marchés se sont ajoutés à une dynamique économique déjà affectée par de nombreuses turbulences.

C'est dans ce contexte que se sont dessinées quelques-unes des grandes tendances qui façonnent les dynamiques en cours du travail. Six tendances importantes nous semblent dignes de mention, dont les trois premières sont directement liées à la stratégie de sortie de crise de nos sociétés.

Premièrement, le retour en force de l'économie de marché comme modèle idéal de développement selon des modalités qui favorisent la promotion d'une société contractuelle qui s'éloigne de plus en plus de la relation d'emploi traditionnelle. La nouvelle dynamique de contractualisation se singularise notamment par l'externalisation du travail, ce dont témoignent tant les nouveaux statuts d'emploi atypiques que les diverses formes de sous-traitance. Elle est aussi marquée par une forte individualisation des rapports sociaux de travail, une plus grande responsabilité individuelle des travailleurs quant à leur avenir professionnel, de même que par une marginalisation relative du rôle des institutions nationales régulatrices du travail.

Deuxièmement, une mondialisation accrue de l'économie. Celle-ci s'est d'abord caractérisée par la libéralisation progressive des marchés, des devises et des mouvements transfrontaliers de capitaux. D'abord financière, la mondialisation s'étend désormais à tous les secteurs économiques, ce qui se traduit par une nouvelle forme de division internationale du travail entre les pays développés et les pays émergents, notamment dans les secteurs de la fabrication, lieu de nombreuses pertes d'emplois dans les pays du Nord, dont le Québec. Dans un tel contexte, les exigences de compétitivité sont de plus en plus intenses et elles proviennent principalement d'autres pays, en guise d'illustration la Chine et l'Inde, pour ne citer que les deux principaux[4].

Troisièmement, l'essor de stratégies d'entreprise de plus en plus arrimées au contexte international et aux exigences de flexibilité financière, technique, fonctionnelle et numérique, ce qui se traduit par une plus grande capacité d'adaptation des entreprises aux variations quant à la nature et au niveau de la demande[5].

Quatrièmement, une croissance continue de l'économie de service. De ce point de vue, la tendance en cours prolonge des tendances déjà anciennes, d'abord caractérisées par une mutation de l'emploi depuis le secteur primaire jusqu'au secteur secondaire, puis plus récemment du secteur secondaire au secteur tertiaire. Comme le montre le tableau 1, au Québec, le secteur tertiaire est en forte progression : il représente 76,1 % des emplois contre seulement 20,4 % pour l'ensemble du secteur secondaire et 15,4 % pour celui de la fabrication. Depuis 2002, plus de 125 000 emplois ont été perdus dans ce secteur[6]. Si le secteur tertiaire est toujours en croissance, il appert que le quaternaire (le savoir sur le savoir, la recherche et le développement) est un pôle de plus en plus stratégique et structurant au sein de nos économies.

Cinquièmement, une importante transformation de la composition de la main-d'œuvre : forte croissance, puis présence soutenue de la participation des femmes sur le marché du travail, dont le taux d'activité chez les 25-44 ans dépasse aujourd'hui les 80 %[7], augmentation substantielle du nombre de diplômés postsecondaires et importance

---

4. Pour une synthèse des questions relatives à la mondialisation, voir D. Mercure (dir.), *Une société-monde? Les dynamiques sociales de la mondialisation*, Québec et Bruxelles, Presses de l'Université Laval et De Boeck Université, 2001.

5. Pour une synthèse des nouvelles dynamiques de flexibilité et de leurs effets sur la vulnérabilité sociale, voir D. Mercure, « Logiques du capital et vulnérabilité sociale. Les effets de l'impartition flexible », dans V. Châtel et M.-A. Soulet, *Agir en situation de vulnérabilité*, Québec, Presses de l'Université Laval, 2003, p. 29-51.

6. Statistique Canada, *Enquête sur la population active*, 2002-2007.

7. Source : Statistique Canada, *Enquête sur la population active*, 2007.

## TABLEAU 1

Population québécoise en emploi âgée de 15 ans et plus selon le secteur d'activité, 1976 à 2006

| Catégories de secteurs | 1976 | 1981 | 1986 | 1991 | 1996 | 2001 | 2006 |
|---|---|---|---|---|---|---|---|
| Secteur de la production de biens | 35,2 | 31,0 | 29,4 | 27,6 | 26,2 | 25,8 | 23,9 |
| Primaire | 5,9 | 5,2 | 5,0 | 4,7 | 4,6 | 3,6 | 3,5 |
| Agriculture | 2,8 | 2,3 | 2,7 | 2,2 | 2,2 | 1,6 | 1,7 |
| Foresterie, pêche, mines et extraction de pétrole et de gaz | 2,1 | 1,8 | 1,3 | 1,5 | 1,3 | 1,1 | 1,0 |
| Services publics | 1,0 | 1,1 | 0,9 | 1,1 | 1,1 | 0,9 | 0,8 |
| Secondaire | 29,3 | 25,8 | 24,4 | 22,8 | 21,6 | 22,3 | 20,4 |
| Construction | 6,1 | 4,6 | 5,0 | 5,1 | 4,3 | 4,0 | 4,9 |
| Fabrication | 23,2 | 21,2 | 19,4 | 17,8 | 17,3 | 18,3 | 15,4 |
| Secteur des services | 64,8 | 69,0 | 70,6 | 72,4 | 73,8 | 74,2 | 76,1 |
| Commerce | 15,8 | 16,0 | 16,6 | 16,9 | 16,0 | 15,8 | 16,7 |
| Transport et entreposage | 6,0 | 5,8 | 4,8 | 4,7 | 4,7 | 5,1 | 4,4 |
| Finance, assurances, immobilier et location | 4,9 | 5,9 | 6,0 | 6,1 | 6,3 | 5,3 | 5,9 |
| Services commerciaux | 4,1 | 4,6 | 5,9 | 6,3 | 7,5 | 9,2 | 10,1 |
| Services professionnels, scientifiques et techniques | 2,6 | 2,9 | 3,6 | 4,1 | 4,6 | 6,0 | 6,4 |
| Services aux entreprises, services relatifs aux bâtiments et autres services de soutien | 1,5 | 1,6 | 2,3 | 2,2 | 2,9 | 3,2 | 3,7 |
| Services communautaires | 18,4 | 19,6 | 19,4 | 20,8 | 22,2 | 22,2 | 23,2 |
| Services d'enseignement | 7,2 | 6,9 | 6,4 | 6,4 | 7,3 | 6,5 | 6,9 |
| Soins de santé et assistance sociale | 8,2 | 9,4 | 9,7 | 10,8 | 11,0 | 11,2 | 12,1 |
| Information, culture et loisirs | 3,1 | 3,3 | 3,4 | 3,6 | 4,0 | 4,5 | 4,3 |
| Services personnels | 9,4 | 10,5 | 11,4 | 10,6 | 10,7 | 10,3 | 9,9 |
| Hébergement et services de restauration | 4,4 | 5,4 | 6,0 | 5,8 | 5,8 | 5,9 | 5,7 |
| Autres services | 5,0 | 5,1 | 5,4 | 4,8 | 4,9 | 4,4 | 4,2 |
| Administrations publiques | 6,2 | 6,6 | 6,5 | 7,1 | 6,4 | 6,3 | 5,7 |
| Total, tous les secteurs | 100,0 | 100,0 | 100,0 | 100,0 | 100,0 | 100,0 | 100,0 |

Source : Statistique Canada, Enquête sur la population active, différentes années.

grandissante de l'économie du savoir fondée sur le rôle des secteurs des sciences, de la santé et de la gestion, secteurs qui deviennent de plus en plus les moteurs de l'innovation et de la croissance, de même que des pourvoyeurs d'emplois qualifiés. La main-d'œuvre hautement qualifiée représentait en 2006 environ 40 % de l'emploi total au Québec et, depuis les années 2000, le taux annuel moyen de croissance de cette catégorie de travailleurs a été de 2,6 %, contre un recul de 0,2 % pour la main-d'œuvre moins qualifiée[8]. Au total, près de six emplois sur dix créés au Québec de 2000 à 2006 requéraient un diplôme d'études collégiales professionnel ou un diplôme universitaire. Soulignons enfin que les nouvelles technologies de l'information et des communications se sont largement diffusées à tous les secteurs économiques et constituent une source importante de gains de productivité, de même qu'un soutien indispensable pour l'économie du savoir.

Sixièmement, d'importants changements démographiques quant à la composition par âge de la main-d'œuvre sont en cours. Ces changements sont liés au renouvellement de la main-d'œuvre en raison des départs à la retraite des *baby-boomers*, phénomène qui s'accentuera au cours des vingt prochaines années[9]. Ces changements témoignent aussi d'un phénomène majeur, à savoir le vieillissement de la population, ce qui se traduira, dès 2012, par une diminution de plus en plus importante du taux global d'activité, soit le pourcentage de la population active en

---

8. Les données concernent l'emploi dit hautement qualifié. Je substitue l'expression « main-d'œuvre hautement qualifiée » à celle »d'emploi hautement qualifié », étant donné que la qualification réelle des postes ne correspond pas nécessairement – tant s'en faut – aux exigences d'embauche... Selon ma source, l'emploi dit « hautement qualifié » rassemble les emplois qui requièrent des diplômes d'études collégiales techniques ou universitaires dans les domaines de la gestion, des affaires, de la finance et de l'administration (sauf secrétariat), des sciences naturelles et appliquées, de la santé, des sciences sociales, de l'enseignement, de l'administration publique, de la culture et des arts, etc. Centre d'étude sur l'emploi et la technologie, *Revue du nouveau marché du travail*, juillet 2007, vol. 7, p. 20.

9. Au cours des dix prochaines années, soit de 2007 à 2016, un peu plus du quart de la main-d'œuvre en emploi prendra sa retraite au Québec, soit environ un million de travailleurs ; à ces emplois à combler s'ajouteront environ 350 000 nouveaux emplois. On trouvera les fondements de cette évaluation dans Cetech (2007), *Le marché du travail, l'emploi sectoriel et l'emploi professionnel au Québec. Perspective de long terme, 2006-2016*, Emploi Québec.

regard de la population âgée de 15 ans et plus[10], d'où des pressions grandissantes afin d'accroître les gains de productivité de ceux qui seront au travail et qui devront consentir à soutenir financièrement davantage d'inactifs consommateurs de soins de santé. En effet, dans tous les scénarios examinés par une étude de la Division de la démographie de Statistique Canada, il appert « que le nombre de travailleurs pour chaque personne inactive de 65 ans et plus chutera de moitié entre 2005 et 2031, passant d'environ cinq aujourd'hui à un peu plus de deux en 2031[11] ». Il ne fait donc guère de doute que, dans les années à venir, les pressions en vue d'accroître les gains de productivité seront énormes.

Ces quelques lignes directrices des changements en cours permettent de tracer des configurations probables de ce que seront les milieux de travail au cours de la prochaine décennie. Dans le cadre de cet article, nous nous limiterons aux effets de telles dynamiques sur les rapports de plus en plus complexes entre le monde du travail et la famille.

## LA CENTRALITÉ OBJECTIVE : LA PRESSION TEMPORELLE

En ce qui a trait à la centralité objective, la tendance claire est celle de l'affirmation grandissante d'une société du travail, tendance qui contredit toutes les thèses fondées sur la fin du travail et qui ébranle assez sérieusement celles d'une éventuelle société des loisirs.

Pour mesurer l'ampleur d'un tel phénomène, examinons l'évolution du taux d'activité des hommes et des femmes, celui des familles biparentales et monoparentales avec au moins un enfant de 15 ans ou moins, de même que les horaires de travail et la durée du travail.

D'abord, on observe que la famille à deux actifs est une réalité incontournable qui modifie déjà de façon substantielle les dynamiques familiales. En 2006, 81,1 % des hommes et 72 % des femmes de 15-64

---

10. D'après l'étude de L. Martel *et al.*, en 2031, le taux global d'activité au Canada sera vraisemblablement réduit à 58 % ou 62 % dans le meilleur des scénarios, en regard de 67 % en 2005. Au Québec, ce taux passera vraisemblablement de 65 % à 54,8 % ou encore, selon l'hypothèse la plus optimiste fondée sur une improbable forte croissance démographique arrimée à une hausse substantielle du taux d'activité, à 59,7 % au cours de la même période. Source : L. Martel, E. Caron-Malenfant, S. Vézina et A. Bélanger, « Projections de la population active au Canada, 2006-2031 », *L'Observateur économique canadien*, juin 2007, tableau 2, p. 3.7. Aussi : Statistique Canada, *Projections démographiques pour le Canada, les provinces et les territoires, 2005-2031*, catalogue nᵒ 91-520.

11. L. Martel, E. Caron-Malenfant, S. Vézina et A. Bélanger, « Projections de la population active au Canada, 2006-2031 », *ibid.*, p 3.6.

étaient actifs sur le marché du travail (tableau 2). Cette tendance relative à la participation des femmes au marché du travail n'a eu de cesse de se renforcer au cours des deux dernières décennies, surtout chez les plus jeunes générations, notamment celles en âge de procréer. En guise d'illustration, on observe que le taux d'activité des femmes de 25-44 ans atteignait 82,8 % en 2006, contre 48,4 % en 1976. En outre, les femmes avec un ou plusieurs enfants sont de plus en plus nombreuses à être actives sur le marché du travail, comme le montre le taux d'activité des femmes selon l'âge du dernier enfant (tableau 3). En 2006, 74,4 % des femmes ayant un enfant de moins de 3 ans et 77,2 % de celles ayant un enfant entre de 3 à 5 ans étaient actives, contre respectivement 28,9 % et 32,2 % en 1976. Quant aux femmes dont le dernier enfant a entre 6 et 15 ans, 83,2 % d'entre elles étaient actives en 2006, en regard de 40,1 % en 1976. Non seulement le phénomène est de grande amplitude, mais la progression de cette catégorie de travailleuses est fort rapide. Au total, comme l'indique le tableau 4, 76,8 % des familles biparentales avec au moins un enfant de 15 ans ou moins ont deux parents actifs, comparativement à 33,6 % au milieu des années 1970; dans le cas des familles monoparentales, l'unique soutien de famille est actif dans une proportion de 85,4 %, contre 48,5 % en 1976. La famille contemporaine québécoise est donc un lieu qui se caractérise, entre autres, par le fait que plus des trois quarts de tous les responsables d'un ménage occupent un emploi, ce qui, au chapitre du temps de travail par ménage, est une augmentation de la durée du travail sans commune mesure avec la faible diminution de la semaine individuelle moyenne de travail au cours des trente dernières années.

## TABLEAU 2

*Taux d'activité des femmes et des hommes, Québec, 1976 à 2006*

| Âge | Sexe | 1976 | 1981 | 1986 | 1991 | 1996 | 2001 | 2006 |
|---|---|---|---|---|---|---|---|---|
| 15 ans et plus | Hommes | 76,7 | 76,5 | 74,8 | 73,3 | 70,4 | 70,7 | 71,1 |
| | Femmes | 41,4 | 47,9 | 51,5 | 54,4 | 53,7 | 56,5 | 60,1 |
| 15-64 ans | Hommes | 82,6 | 83,2 | 82,0 | 81,5 | 79,0 | 80,2 | 81,1 |
| | Femmes | 45,8 | 53,8 | 58,9 | 63,6 | 63,4 | 67,5 | 72,0 |
| 25-44 ans | Hommes | 94,6 | 93,7 | 92,3 | 91,1 | 90,0 | 90,9 | 91,5 |
| | Femmes | 48,4 | 60,6 | 69,3 | 74,2 | 75,5 | 79,8 | 82,8 |

Source : Statistique Canada, *Enquête sur la population active* (EPA), 1976 à 2006, tableau 282-0002. Estimations détaillées selon le sexe et le groupe d'âge, données annuelles. Les données de 2006 ont été compilées à partir des microdonnées mensuelles de l'EPA.

TABLEAU 3

Taux d'activité des femmes et des hommes selon l'âge du dernier enfant,
Québec, 1976 à 2006

| Sexe | Âge du dernier enfant | 1976 | 1981 | 1986 | 1991 | 1996 | 2001 | 2006 |
|------|------------------------|------|------|------|------|------|------|------|
| Hommes | Moins de 3 ans | 96,7 | 96,0 | 95,5 | 93,6 | 93,1 | 94,4 | 93,9 |
| | 3 à 5 ans | 96,5 | 95,9 | 95,6 | 93,7 | 93,7 | 92,8 | 94,8 |
| | 6 à 15 ans | 93,6 | 93,2 | 93,6 | 93,3 | 93,3 | 93,9 | 94,1 |
| Femmes | Moins de 3 ans | 28,9 | 44,0 | 56,1 | 61,0 | 61,9 | 67,4 | 74,4 |
| | 3 à 5 ans | 32,2 | 45,9 | 57,2 | 65,2 | 65,9 | 75,1 | 77,2 |
| | 6 à 15 ans | 40,1 | 51,8 | 61,0 | 71,2 | 73,5 | 79,1 | 83,2 |

Source : Statistique Canada, Enquête sur la population active (EPA), 1976 à 2006. Exploitation
des microdonnées mensuelles de l'EPA. Population : les hommes et les femmes qui
ont au moins un enfant de moins de 16 ans.

TABLEAU 4

Proportion des familles biparentales avec enfant de 15 ans ou moins dont
les deux parents sont actifs et des familles monoparentales avec enfant
de 15 ans ou moins dont le parent unique est actif, Québec, 1976 à 2006

| Types de familles | 1976 | 1981 | 1986 | 1991 | 1996 | 2001 | 2006 |
|-------------------|------|------|------|------|------|------|------|
| Familles biparentales, deux parents actifs | 33,6 | 46,7 | 57,9 | 64,8 | 66,6 | 72,6 | 76,8 |
| Familles monoparentales, parent unique actif | 48,5 | 53,1 | 54,5 | 64,5 | 66,9 | 76,5 | 85,4 |

Source : Statistique Canada, Enquête sur la population active (EPA), 1976-2006. Exploitation
des microdonnées mensuelles de l'EPA.

Par ailleurs, si le nombre moyen d'heures travaillées habituellement
par semaine a légèrement diminué au cours des trente dernières années
(environ trois heures en moins[12]), il appert que lorsque les personnes
occupent un emploi qui exige plus de trois heures de travail par jour, le
temps consacré au travail et aux activités qui y sont liées a fortement
augmenté, témoignant ainsi d'une durée d'absence du domicile en forte

---

12. Le nombre d'heures moyen travaillé habituellement au Québec a diminué de
3,1 heures entre 1976 et 2006. Dans le cas des 25-44 ans, cette diminution est de
2,2 heures. Source : Statistique Canada, Enquête sur la population active, différentes
années.

progression. Par exemple, en 2005, chez les 15-64 ans, le temps pour le travail et les activités qui y sont liées (transport, repas, etc.) était de huit heures et plus chez 80,3 % des travailleurs et de dix heures et plus chez 38,4 % de cette catégorie de travailleurs, contre respectivement 75,9 % et 31,3 % en 1986. Et de nouveau, ce phénomène est plus accentué chez les travailleurs de 25-44 ans, soit plus de huit heures d'absence du domicile chez 84 % des travailleurs de cette catégorie d'âge, et plus de dix heures d'absence du domicile chez 41,6 % des travailleurs de cette tranche d'âge, contre respectivement 76,2 % et 29,7 % vingt ans plus tôt (tableau 5).

TABLEAU 5

*Temps consacré au travail et aux activités qui lui sont liées, Québec, 1986 à 2005*

| Âge | Sexe | Horaires | 1986 | 1992 | 1998 | 2005 |
|---|---|---|---|---|---|---|
| 15-64 ans | Hommes | 8 heures et + | 81,0 | 84,9 | 80,7 | 84,5 |
| | Femmes | 8 heures et + | 67,9 | 64,9 | 67,3 | 74,5 |
| | Total | 8 heures et + | 75,9 | 77,1 | 75,2 | 80,3 |
| | Hommes | 10 heures et + | 37,0 | 42,1 | 46,9 | 46,8 |
| | Femmes | 10 heures et + | 22,3 | 23,2 | 25,9 | 26,7 |
| | Total | 10 heures et + | 31,3 | 34,8 | 38,3 | 38,4 |
| | Échantillon N (H) | | 503 | 395 | 379 | 684 |
| | N (F) | | 375 | 266 | 307 | 650 |
| 25-44 ans | Hommes | 8 heures et + | 80,6 | 85,5 | 83,3 | 86,3 |
| | Femmes | 8 heures et + | 68,9 | 62,5 | 72,1 | 80,7 |
| | Total | 8 heures et + | 76,2 | 76,5 | 78,8 | 84,0 |
| | Hommes | 10 heures et + | 35,7 | 42,9 | 45,9 | 49,8 |
| | Femmes | 10 heures et + | 19,8 | 24,0 | 27,9 | 30,1 |
| | Total | 10 heures et + | 29,7 | 35,5 | 38,6 | 41,6 |
| | Échantillon N (H) | | 342 | 248 | 228 | 335 |
| | N (F) | | 242 | 165 | 180 | 325 |

Note : À l'instar de l'étude de M. Turcotte intitulée « Le temps passé en famille lors d'une journée de travail typique, 1986 à 2005 » (*Tendances sociales canadiennes*, été 2007, n° 83), la population étudiée est celle qui déclare au moins trois heures de travail lors de la journée de référence, soit celle qui a précédé l'enquête. Pour les fins de l'étude, les activités qui sont liées au travail sont : les heures supplémentaires, la recherche d'un emploi, les déplacements dans le cadre du travail, les repas et collations au travail, le temps de flottement avant et après les repas et collations au travail, les pauses-café et autres pauses, les autres activités liées au travail, les déplacements aller-retour pour se rendre au travail. Par souci de comparabilité avec les données de 1986, le temps consacré au travail non rémunéré dans l'entreprise ou la ferme familiale n'est pas comptabilisé.

Source : Statistique Canada, *Enquête sociale générale*, 1986, 1992, 1998 et 2005. Exploitation des microdonnées.

Ajoutons, pour compléter ce tableau inquiétant du point de vue de la dynamique familiale, qu'une telle emprise du temps associée au travail s'inscrit dans un contexte marqué par un haut taux d'activité des jeunes qui résident chez leurs parents, taux en croissance depuis quelques années. Chez les 15-19 ans, ce taux atteignait en 2006 plus de 50 % ; il était de l'ordre de 66,3 % chez les 17-19 ans (tableau 6). Comme la plupart de ces emplois sont dans le secteur des services (gardiennage, restauration, commerce de détail, etc.), lequel est en pleine expansion, il appert que le travail s'effectue le plus souvent selon des horaires non standards. Et les jeunes ne sont pas les seuls dans une telle situation.

En effet, l'examen de l'évolution des horaires de travail au Québec montre que ceux-ci ont de plus en plus tendance à s'éloigner de l'horaire normal de jour. Comme l'indique le tableau 7, on observe que, chez les 15-64 ans, ce genre d'horaire ne concerne plus que 73,9 % de la population en emploi, en regard de 82,1 % en 1992. Dans le cas des 25-44 ans, l'horaire normal de jour a aussi chuté selon des proportions similaires, passant de 82,6 % chez les travailleurs de cette catégorie d'âge en 1992 à 73,9 % en 2005. De plus, une telle diminution est principalement liée à l'augmentation des emplois avec quart rotatif, marqué par l'alternance des horaires de jour, de soir et de nuit, et de l'horaire irrégulier, donc continuellement modifié, ce qui n'est évidemment pas de nature à favoriser une meilleure harmonisation des temps familiaux (voir le tableau 7). En fait, les horaires difficilement prévisibles ou hachurés, soit l'horaire rotatif, irrégulier, brisé et occasionnel sont le lot quotidien de 19,1 % de la population en emploi âgée entre 25 et 44 ans. En outre, si fort heureusement l'horaire flexible se maintient toujours à un taux avoisinant les 35 % et 37 % selon les catégories d'âge, on observe que le travail à domicile a grandement diminué tant chez les 15-64 ans que chez les 25-44 ans, passant dans ce dernier cas de 22,5 % de la population active occupée en 1992, à seulement 16,8 % en 2005.

En somme, toutes ces données convergent dans la même direction, soit l'augmentation tous azimuts de la pression temporelle du travail sur la vie des familles : forte croissance du taux d'activité de tous les membres des familles, durée d'absence du domicile plus longue lorsque les parents sont au travail, diminution du pourcentage de travailleurs qui bénéficient d'horaires standards et qui travaillent à domicile, etc. Dans un tel contexte, il n'est donc pas étonnant que les pères et les mères québécoises entre 18 et 64 ans consacrent moins de temps aux enfants en 2005 qu'en 1998, même s'ils valorisent davantage la famille, qu'il y ait de plus en plus de Québécois qui affirment ne pas consacrer assez de temps à leur famille, que les femmes actives avec au moins un jeune enfant de 4 ans ou moins soient la catégorie

TABLEAU 6

Taux d'activité des jeunes de 15 à 19 ans qui habitent chez leurs parents,
Québec, 1976-2006

| Âge | Sexe | 1976 | 1981 | 1986 | 1991 | 1996 | 2001 | 2006 |
|-----|------|------|------|------|------|------|------|------|
| 15-16 ans | Hommes | 23,5 | 29,5 | 32,0 | 37,7 | 24,8 | 24,2 | 32,8 |
| | Femmes | 16,7 | 20,1 | 26,8 | 30,4 | 21,6 | 21,8 | 31,4 |
| | Total | 20,2 | 24,9 | 29,5 | 34,1 | 23,2 | 23,0 | 32,1 |
| 17-19 ans | Hommes | 60,4 | 61,1 | 59,5 | 63,8 | 55,5 | 64,9 | 66,3 |
| | Femmes | 55,9 | 55,1 | 53,6 | 56,9 | 51,9 | 57,2 | 66,4 |
| | Total | 58,3 | 58,3 | 56,7 | 60,6 | 53,8 | 61,2 | 66,3 |
| 15-19 ans | Hommes | 44,7 | 48,6 | 48,3 | 52,4 | 42,5 | 48,5 | 51,0 |
| | Femmes | 38,4 | 40,4 | 42,3 | 44,8 | 38,6 | 42,5 | 50,0 |
| | Total | 41,7 | 44,7 | 45,4 | 48,8 | 40,7 | 45,6 | 50,5 |

Source : Statistique Canada, Enquête sur la population active (EPA), 1976 à 2006. Exploitation des microdonnées mensuelles de l'EPA.

sociale qui se déclare la plus stressée au Canada et, conséquemment, que les demandes de congés parentaux au Québec dépassent largement les prévisions[13].

Mais ces familles ne pourraient-elles pas tirer parti d'autres appuis, notamment ces nouveaux jeunes grands-parents qui bénéficient de la « liberté 55 » ? Ce scénario, qui a suscité beaucoup d'espoir au milieu de la précédente décennie, est malheureusement contredit par une nouvelle tendance apparue en 2001-2002, en partie à la suite de la crise des caisses de retraite. De fait, les 55 ans et plus retournent massivement sur le marché du travail et le quittent moins que ce n'était le cas à la fin de la précédente décennie. Et le changement est majeur puisque, de 2001 à 2006, le taux d'activité des 55-64 ans est passé de 40,7 % à 52 %, ce qui marque un fort renversement d'une longue tendance amorcée au milieu des années 1970 (tableau 8). Et plus personne ne doute qu'en raison des changements démographiques et des pénuries de main-d'œuvre, ce phénomène s'accentuera, voire que nous assisterons dans les années à venir à un report de l'âge de la retraite.

---

13. Voir Statistique Canada, Enquête sociale générale, 1998 et 2005. Pour un tableau d'ensemble des dynamiques temporelles des familles canadiennes et québécoises, consulter : G. Pronovost, Le temps dans tous ses états : temps de travail, temps de loisir et temps pour la famille à l'aube du XXIᵉ siècle, Montréal, IREP, février 2007, vol. 8, nᵒ 1 ; aussi, John Robinson, « Changements et facteurs explicatifs de l'emploi du temps chez les parents aux États-Unis, au Canada et au Québec », Enfances, Familles, Générations, nᵒ 1, <www.erudit.org/revue/efg/2004/v/n1/index.html>.

TABLEAU 7

*Horaire de travail des travailleurs de 15 à 64 ans et de 25 à 44 ans,*
*Québec, 1992, 1998 et 2005*

| | Hommes | | | Femmes | | | Tous | | |
|---|---|---|---|---|---|---|---|---|---|
| | 1992 | 1998 | 2005 | 1992 | 1998 | 2005 | 1992 | 1998 | 2005 |
| **Horaires des 15 à 64 ans** | | | | | | | | | |
| Horaire normal jour | 79,4 | 70,6 | 71,8 | 86,2 | 77,0 | 76,6 | 82,1 | 73,3 | 73,9 |
| Quart normal soir | 4,5 | 4,2 | 4,6 | 4,1 | 3,5 | 4,4 | 4,3 | 3,9 | 4,5 |
| Quart normal nuit | 1,8 | 2,6 | 2,0 | 2,5 | 1,5 | 2,3 | 2,1 | 2,1 | 2,1 |
| Horaire rotatif | 8,7 | 7,6 | 10,1 | 3,4 | 7,4 | 7,2 | 6,6 | 7,5 | 8,9 |
| Heures brisées | 1,6 | 2,0 | 2,1 | 2,3 | 1,4 | 1,4 | 1,9 | 1,7 | 1,8 |
| Autre | 4,0 | 13,1 | 9,4 | 1,5 | 9,2 | 8,0 | 3,0 | 11,5 | 8,8 |
|   Occasionnel* | ... | 2,7 | 0,5 | ... | 4,3 | 0,7 | ... | 3,4 | 0,6 |
|   Horaire irrégulier | ... | 10,0 | 7,8 | ... | 4,0 | 6,3 | ... | 7,5 | 7,2 |
|   Autre** | ... | 0,4 | 1,1 | ... | 0,9 | 1,1 | ... | 0,6 | 1,1 |
| Horaire flexible | 37,1 | 43,8 | 37,8 | 30,6 | 27,0 | 31,5 | 34,5 | 36,8 | 35,1 |
| Travail à la maison | 20,7 | 22,9 | 17,2 | 21,4 | 17,7 | 14,8 | 21,0 | 20,7 | 16,1 |
| **Horaires des 25 à 44 ans** | | | | | | | | | |
| Horaire normal jour | 79,9 | 71,0 | 68,8 | 86,4 | 75,8 | 81,1 | 82,6 | 73,0 | 73,9 |
| Quart normal soir | 4,3 | 5,4 | 4,1 | 3,9 | 4,5 | 2,5 | 4,1 | 5,0 | 3,4 |
| Quart normal nuit | 2,4 | 1,8 | 3,1 | 2,2 | 1,9 | 2,3 | 2,3 | 1,8 | 2,7 |
| Horaire rotatif | 9,2 | 8,1 | 11,2 | 2,9 | 8,6 | 6,1 | 6,6 | 8,3 | 9,1 |
| Heures brisées | 1,2 | 1,9 | 2,1 | 3,4 | 1,2 | 1,9 | 2,1 | 1,6 | 2,0 |
| Autre | 3,0 | 11,9 | 10,8 | 1,2 | 7,9 | 6,1 | 2,3 | 10,2 | 8,8 |
|   Occasionnel* | ... | 3,3 | 0,8 | ... | 2,8 | 0,4 | ... | 3,1 | 0,6 |
|   Horaire irrégulier | ... | 8,3 | 9,1 | ... | 4,1 | 5,0 | ... | 6,6 | 7,4 |
|   Autre** | ... | 0,2 | 0,9 | ... | 1,0 | 0,7 | ... | 0,5 | 0,7 |
| Horaire flexible | 39,8 | 43,7 | 40,4 | 29,8 | 29,5 | 32,7 | 35,7 | 37,9 | 37,2 |
| Travail à la maison | 22,5 | 22,4 | 17,0 | 22,6 | 17,6 | 16,4 | 22,5 | 20,4 | 16,8 |

**Horaire de travail**: «Lequel des énoncés suivants décrit le mieux votre horaire habituel de travail (emploi principal)? 1) Horaire normal de jour (1992, 1998 et 2005); 2) Quart normal de soir (1992, 1998 et 2005); 3) Quart normal de nuit (1992, 1998 et 2005); 4) Un quart rotatif (alternant de jour, de soir ou de nuit) (1992, 1998 et 2005); 5) Heures brisées (horaire de travail quotidien divisé en deux périodes distinctes) (1992, 1998 et 2005); 6) Autre (précisez) (1992, 1998 et 2005): 6.1) Travail sur demande ou occasionnel (ces personnes sont appelées à travailler selon les besoins et non d'après un horaire préétabli (p. ex., un enseignant suppléant) (1998 et 2005); 6.2) Horaire irrégulier (l'horaire de travail de ces personnes est habituellement établi une semaine ou plus à l'avance (p.ex., un pilote d'avion) (1998 et 2005);6.3) autre (précisez)**.

**Horaire normal de jour** : horaire de travail qui débute après 6 h et se termine avant 19 h.

**Horaire normal de soir** : horaire de travail qui débute après 15 h et se termine avant 24 h.

**Horaire normal de nuit** : horaire de travail qui débute après 23 h et se termine avant 11 h.

**Horaire flexible** : « Avez-vous un horaire flexible qui vous permet de choisir l'heure à laquelle débute et se termine votre journée de travail ? » (1992, 1998 et 2005.)

**Travail à la maison** : « Sans compter les heures supplémentaires, travaillez-vous habituellement une partie de vos heures normales de travail à la maison ? » (1992, 1998 et 2005.)

  * En 1992, la question relative à l'emploi occasionnel (sur demande ou sur appel) est posée distinctement. Elle n'est pas comparable avec la question posée en 1998 et en 2005 dans la mesure où, en 1992, une personne pouvait déclarer, par exemple, travailler selon un horaire rotatif et être sur appel. En 1998 et 2005, la personne devait choisir entre les deux.

** En 2005, l'énoncé suivant était proposé : *horaire de travail comprimé*. Comme cet énoncé n'était pas comparable avec les autres années (question non demandée en 1998 et non comparable en 1992), nous l'avons classé sous la rubrique « autre ».

Source : Statistique Canada, *Enquête sociale générale* (ESG), 1992, 1998 et 2005. Exploitation des microdonnées de l'ESG.

## Tableau 8

### Taux d'activité de la population de 55 à 64 ans, Québec, 1976 à 2006

| Âge | Sexe | 1976 | 1981 | 1986 | 1991 | 1996 | 2001 | 2006 |
|---|---|---|---|---|---|---|---|---|
| 55-59 ans | Hommes | 82,5 | 79,1 | 73,9 | 72,9 | 67,3 | 66,8 | 71,6 |
| | Femmes | 29,3 | 31,8 | 32,7 | 35,8 | 41,0 | 44,1 | 56,8 |
| | Total | 54,8 | 54,4 | 52,4 | 53,9 | 53,9 | 55,3 | 64,1 |
| 60-64 ans | Hommes | 65,7 | 61,4 | 50,0 | 42,4 | 37,4 | 42,6 | 46,0 |
| | Femmes | 18,6 | 20,5 | 15,4 | 18,1 | 15,4 | 17,9 | 28,6 |
| | Total | 40,9 | 39,4 | 31,4 | 29,6 | 26,0 | 29,8 | 37,1 |
| 55-64 ans | Hommes | 74,8 | 71,3 | 62,9 | 58,2 | 53,4 | 56,5 | 60,2 |
| | Femmes | 24,3 | 26,7 | 24,4 | 27,0 | 28,7 | 28,7 | 44,1 |
| | Total | 48,3 | 47,7 | 42,6 | 42,0 | 40,7 | 40,7 | 52,0 |

Source : Statistique Canada, *Enquête sur la population active* (EPA), 1976 à 2006. Exploitation des microdonnées mensuelles de l'EPA.

## LA CENTRALITÉ OBJECTIVE :
## LE CONTENU DU TRAVAIL

La centralité objective du travail n'est pas qu'une question de durée et d'aménagement des horaires de travail. Elle concerne aussi la nature des activités de travail, la charge mentale qu'elles imposent, notamment la densité, la variété et l'intensité des tâches à accomplir.

Sur cette question, il existe un large consensus chez tous les gestionnaires et observateurs des différents milieux professionnels pour soutenir qu'au cours des deux prochaines décennies les activités de travail seront marquées tant par de fortes pressions au rendement que par une emprise croissante du travail sur la vie objective et subjective des salariés. Et cela, pour trois raisons.

D'abord, le nouveau contexte de compétitivité internationale lié à la mondialisation accroîtra les différentes formes de rationalisation du travail, l'intensité du travail et surtout la charge mentale en raison de la densité et de la variété des activités de travail, lesquelles sont étroitement liées tant aux nouvelles exigences de flexibilité fonctionnelle qu'aux transformations continuelles des dynamiques organisationnelles.

Ensuite, la croissance du secteur des services – donc de la relation de service – et les fortes exigences de polyvalence se renforceront dans les années à venir surtout à cause de l'importance accordée aux compétences transversales plutôt qu'aux seules qualifications officialisées. Les compétences renvoient autant aux savoir-être, principalement les aptitudes, qu'aux savoir-faire : habiletés relationnelles liées à l'importance grandissante de la relation de service et à l'extension du travail en équipe, capacité d'analyse et de résolution de problèmes, autonomie, esprit d'initiative, etc. Bref, les trajectoires professionnelles seront plus individualisées et demanderont aux travailleurs de fortes capacités d'adaptation au sein de milieux de travail de plus en plus soumis au changement. C'est bien ce qu'exprime la notion d'employabilité, par laquelle le travailleur est davantage responsable de ses compétences, ce qui revient à dire que c'est de plus en plus à lui de soutenir le poids de sa compétence et aussi de la flexibilité recherchée par l'entreprise. En somme, le modèle de polyvalence et de compétence qui ne cesse de se répandre mobilisera comme jamais auparavant la subjectivité des travailleurs, d'où les nombreux problèmes de surcharge mentale au travail et l'éclatement des anciennes frontières entre vie de travail et vie hors travail.

Enfin, comme nous l'avons signalé dans la première section du présent article, la diminution du taux global d'activité de la population en raison des effets du vieillissement de la population est une tendance forte qui aura pour effet d'accroître les exigences de productivité de la part des entreprises. Or, de l'avis de la plupart des gestionnaires, les changements techniques ne seront pas suffisants pour relever un tel défi. C'est donc à la mobilisation des ressources humaines qu'elles feront de plus en plus appel, ce qu'elles font déjà au demeurant : plus grand engagement du personnel envers l'entreprise, quête de nouveaux gains de productivité, mobilisation des compétences, multiplication des programmes de formation continue, exigences accrues de polyvalence, etc.

S'il est entendu que dans les années à venir le travail mobilisera de plus en plus le temps et l'esprit des travailleurs, il est raisonnable de penser que les employeurs seront enclins à accorder plus d'importance aux ressources humaines et, ce faisant, à favoriser les conditions sociales de leur mobilisation, notamment en réduisant les tensions de plus en plus vives entre le travail et la vie familiale. Cela est déjà vrai pour certains secteurs marqués par de fortes pénuries de main-d'œuvre et qui font appel à des salariés hautement qualifiés et exigeants au chapitre des conditions de travail. Toutefois, ce n'est pas la tendance générale. C'est bien ce que montre une enquête sur l'emploi et le recrutement effectuée en 2005 par le Centre d'étude sur l'emploi et la technologie auprès d'un échantillon de 6 000 entreprises privées au Québec, à l'exclusion du secteur primaire[14]. Cette étude permet à la fois de mesurer le pourcentage des entreprises de cinq employés ou plus qui ont mis en place des mesures en vue de favoriser la conciliation travail-famille et d'évaluer le taux de celles qui jugent que ces mesures méritent passablement ou beaucoup d'améliorations. Au tableau 9, on observe que 49 % des entreprises déclaraient en 2005 avoir mis en place de telles mesures et que, de façon générale, le degré de priorité de ces mesures se situait au 4e rang sur une échelle de neuf mesures. Par contre, en ce qui concerne l'avenir, seulement 26,2 % des entreprises jugent que ces mesures nécessiteront passablement ou beaucoup d'améliorations, ce qui situe cette mesure au dernier rang des neuf priorités en matière de gestion des ressources humaines, au même niveau que la diversité culturelle. Tout

---

14. Centre d'étude sur l'emploi et la technologie (CETECH), « Enquête sur l'emploi et le recrutement au Québec », *Les indicateurs du CETECH*, automne 2006, vol. 6, p. 27 et 28. L'échantillon de 6 000 établissements québécois ayant cinq employés ou plus est issu de la base de données du Registre des entreprises (BDRE) de Statistique Canada. Effectuée en 2005, l'enquête porte sur tous les secteurs de l'économie, à l'exception du secteur primaire et du secteur public.

se passe donc comme si les entreprises privées considéraient que la question a été largement réglée et qu'il est maintenant temps de s'attarder à d'autres priorités, notamment, comme le montre le tableau 9, à la formation du personnel, à la relève de la main-d'œuvre, à l'embauche et au recrutement, etc.

Une telle lecture de la situation est-elle un bon ou un mauvais calcul de la part des employeurs?

### TABLEAU 9

*Mesures mises en place en matière de gestion des ressources humaines en 2005 et mesures qui, de l'avis des entreprises, nécessiteront «passablement» ou «beaucoup» d'améliorations selon la taille de l'établissement et le rang d'importance de chacune des mesures parmi neuf mesures considérées, Québec, secteur privé, 2005 (% des mentions)*

| | Entre 5 et 19 employés | De 20 à 99 employés | 100 employés et plus | Toutes tailles |
|---|---|---|---|---|
| **Mesures mises en place en 2005** | | | | |
| 1 Formation du personnel | 62,7 | 73,8 | 86,9 | 67,6 |
| 2 Motivation du personnel | 63,8 | 69,6 | 75,2 | 66,3 |
| 3 Climat de travail | 57,9 | 63,6 | 73,7 | 60,7 |
| 4 Conciliation travail- famille | 49,0 | 48,7 | 49,6 | 49,0 |
| 5 Embauche et recrutement | 39,5 | 58,6 | 70,1 | 47,2 |
| 6 Roulement de personnel | 38,6 | 43,2 | 52,2 | 40,9 |
| 7 Relève de la main-d'œuvre | 37,8 | 41,1 | 53,1 | 39,8 |
| 8 Relève entrepreneuriale | 29,1 | 33,1 | 34,4 | 30,6 |
| 9 Diversité culturelle | 18,9 | 26,0 | 34,8 | 22,0 |
| **Mesures qui nécessiteront passablement ou beaucoup d'améliorations dans l'avenir** | | | | |
| 1 Formation du personnel | 46,0 | 53,0 | 50,1 | 48,6 |
| 2 Relève de la main-d'œuvre | 44,3 | 50,9 | 52,2 | 47,0 |
| 3 Embauche et recrutement | 48,0 | 43,0 | 40,1 | 45,4 |
| 4 Motivation du personnel | 39,7 | 51,6 | 48,1 | 44,0 |
| 5 Roulement de personnel | 42,6 | 43,0 | 48,7 | 43,2 |
| 6 Climat de travail | 40,4 | 46,4 | 39,7 | 42,2 |
| 7 Relève entrepreneuriale | 31,3 | 34,6 | 40,6 | 33,0 |
| 8 Diversité culturelle | 28,4 | 22,6 | 26,6 | 26,2 |
| 9 Conciliation travail-famille | 25,3 | 27,0 | 32,2 | 26,2 |

Note : L'échantillon de 6 000 établissements québécois ayant 5 employés ou plus est issu de la base de données du Registre des entreprises (BDRE) de Statistique Canada. Effectuée en 2005, l'enquête porte sur tous les secteurs de l'économie, à l'exception du secteur primaire et du secteur public.

Source :  Centre d'étude sur l'emploi et la technologie (CETECH), «Enquête sur l'emploi et le recrutement au Québec», *Les indicateurs du CETECH*, automne 2006, vol. 6, p. 27 et 28.

Du point de vue de la centralité objective du travail, les données présentées ci-dessus indiquent l'ampleur de la pression temporelle du travail sur la vie des familles; elles nous incitent donc à penser que les entreprises sous-évaluent l'importance que revêt pour les travailleurs la présence de mesures visant à favoriser la conciliation travail-famille. Est-ce vraiment le cas? Il est possible d'obtenir de manière plus directe l'opinion des travailleurs sur cette question, notamment en les interrogeant sur la centralité subjective du travail. C'est ce que nous avons fait à l'occasion d'une enquête en cours sur l'*ethos* du travail au Québec.

## LA CENTRALITÉ SUBJECTIVE : TRAVAIL ET VIE QUOTIDIENNE

Dans le cadre d'une vaste recherche quantitative et qualitative sur l'*ethos* du travail au Québec, nous avons entre autres effectué, en décembre 2006, un sondage téléphonique auprès d'un échantillon représentatif de l'ensemble de la population québécoise de 18 ans et plus en emploi ou à la recherche d'un emploi[15]. Au total, 1 000 entrevues ont été complétées. La marge d'erreur de ce sondage est de 3,1 % dans 19 cas sur 20.

Aux fins du présent article, trois données retiendront notre attention. Premièrement, puisque notre démarche porte sur les rapports entre le travail et la famille, il nous semble opportun de situer l'importance de la famille et de la vie de couple en regard des autres champs de la vie, notamment le travail et la vie professionnelle.

Deuxièmement, étant donné qu'au chapitre de la centralité objective du travail la pression temporelle du travail sur les familles ne cesse de croître, que les employeurs seront appelés à renouveler une bonne partie de leur main-d'œuvre dans les années à venir, et que ces mêmes employeurs font de la relève de la main-d'œuvre l'une de leurs priorités (voir le tableau 9), il est fort pertinent de se demander ce qui, au chapitre des conditions de travail, constitue la priorité des travailleurs dans le choix d'un emploi.

Troisièmement, nous avons vu que la centralité objective renvoie aussi au contenu du travail. À cet égard, les employeurs ont progressivement modifié leurs attentes. D'une part, comme l'exprime la notion d'employabilité, le travailleur devient de plus en plus responsable de ses compétences : il est incité à soutenir davantage le poids de son perfectionnement continu et aussi la flexibilité recherchée par l'entreprise. D'autre part, les entreprises souhaitent une plus grande mobilisation

---

15. Les étudiants à temps complet ont été exclus de l'échantillon de l'enquête.

des ressources, ce qui peut notamment se traduire par l'exercice d'activités de travail ou de formation en dehors des heures normales de travail sans rémunération supplémentaire.

Examinons ce que pensent les travailleurs pour chacun de ces points.

En ce qui concerne la hiérarchie des valeurs, on constate que c'est la vie de couple et la famille qui revêtent le plus d'importance pour les travailleurs, loin, très loin devant le travail et la vie professionnelle. Ainsi, la famille et la vie de couple apparaissent comme la valeur la plus importante pour 76,8 % de la population active, contre 12,5 % pour le travail et la vie professionnelle, 8,8 % pour les loisirs et les amis et seulement 2,0 % pour les engagements sociaux, politiques et communautaires (tableau 10). Ce taux est évidemment encore plus élevé pour les couples (union de fait ou mariés : 87,7 %), les couples avec au moins un enfant de 16 ans ou moins (91,7 %) et, parmi ces derniers, chez ceux qui se situent dans la tranche d'âge entre 25-44 ans (93,9 %). Pas de doute donc que, parmi les valeurs partagées par l'ensemble de la population active québécoise de 18 ans et plus, la famille et la vie de couple revêtent une très grande importance. Nous sommes en présence d'une réalité extrêmement forte et incontournable.

Deuxièmement, lorsqu'on tente de circonscrire les aspirations de la main-d'œuvre à propos des conditions de travail, on observe un phénomène à première vue étonnant, à savoir que l'horaire de travail est, parmi les conditions de travail, le facteur le plus considéré par les travailleurs lors du choix d'un emploi. Ainsi, à la question « Dites-moi si vous jugez très important, assez, peu ou pas du tout important les conditions de travail suivantes dans le choix d'un emploi ? », on constate que l'horaire de travail convenable se situe au premier rang des conditions de travail lorsqu'il s'agit non pas d'exprimer sa satisfaction à l'endroit d'un emploi, mais plus fondamentalement de choisir un emploi. En effet, en examinant le tableau 11, on observe que cette condition de travail est jugée très importante par 56,1 % des travailleurs, avant la stabilité et la sécurité d'emploi (54,5 %), la charge de travail raisonnable (47,0 %), les salaires et les avantages sociaux (41,4 %) et les possibilités de promotion (25,6 %). Et de nouveau, ce taux est plus élevé chez les travailleurs qui vivent en couple avec enfant et chez les familles monoparentales. Le fait que les horaires de travail convenables soient jugés un peu plus importants « qu'une bonne sécurité et stabilité d'emploi » révèle l'ampleur des enjeux pour les travailleurs, en particulier pour les couples et les familles. La question de l'harmonisation des temps sociaux est donc devenue un enjeu crucial pour la main-d'œuvre, à telle enseigne qu'elle détermine le choix d'un emploi. Or la relève de la main-d'œuvre

TABLEAU 10

*Hiérarchie des valeurs dans la vie chez la population active,*
*Québec, décembre 2006 (répartition en pourcentage de ce qui est considéré*
*comme « le plus important »)*

| | Travail et vie professionnelle | Famille et vie de couple | Loisirs et amis | Engagements sociaux et communautaires | Total |
|---|---|---|---|---|---|
| Tous | 12,5 | 76,8 | 8,8 | 2,0 | 100,1 |
| Couple* | | | | | |
| Non | 20,4 | 56,3 | 19,0 | 4,4 | 100,1 |
| Oui | 8,4 | 87,7 | 3,2 | 0,6 | 99,9 |
| Tous* | | | | | |
| Célibataire | 23,9 | 46,3 | 24,3 | 5,4 | 99,9 |
| Couple sans enfant | 10,1 | 84,3 | 5,0 | 0,6 | 100,0 |
| Couple avec enfant | 6,4 | 91,7 | 1,3 | 0,6 | 100,0 |
| Monoparental | 8,3 | 86,9 | 3,6 | 1,2 | 100,0 |
| 25-44 ans* | | | | | |
| Célibataire | 23,3 | 44,2 | 32,5 | 0,0 | 100,0 |
| Couple sans enfant | 11,2 | 80,4 | 7,5 | 0,9 | 100,0 |
| Couple avec enfant | 4,3 | 93,9 | 0,9 | 0,9 | 100,0 |
| Monoparental | 12,2 | 87,8 | 0,0 | 0,0 | 100,0 |

\* Différences significatives à 0,01.
\*\* Différences significatives à 0,05.

Source : D. Mercure *et al.*, *L'Ethos du travail au Québec. Recherche en cours sur le thème de l'ethos du travail*, Québec, 2007. L'enquête par sondage téléphonique a été effectuée en décembre 2006 auprès d'un échantillon représentatif de l'ensemble de la population québécoise de 18 ans et plus en emploi ou à la recherche d'un emploi mais qui n'est pas aux études à temps plein. Question : « Parmi les sphères de vie suivantes, laquelle a le plus d'importance pour vous ? : a) le travail et la vie professionnelle ; b) la vie de couple et la vie familiale ; c) les loisirs et les amis ; d) les engagements sociaux, politiques, religieux et communautaires. »

et le recrutement sont la priorité des entreprises selon des exigences qui font appel à une plus grande mobilisation de leurs ressources temporelles. Un véritable hiatus semble donc se dessiner entre les aspirations des travailleurs quant aux conditions de travail jugées importantes dans le choix d'un emploi et les exigences des employeurs à l'endroit de la main-d'œuvre qu'ils désirent recruter.

Troisièmement, et dans la ligne directrice de ce que nous avons vu, tout indique que les nouvelles exigences des employeurs demanderont de leur part des ajustements dans les années à venir. Non pas que les

## TABLEAU 11

Conditions de travail jugées très importantes dans le choix d'un emploi chez la population active, Québec, décembre 2006 (pour chaque condition de travail, pourcentage des répondants qui jugent celle-ci « très importante »)

| | Salaire et avantages sociaux | Sécurité et stabilité de l'emploi | Possibilité de promotions | Horaire de travail convenable | Charge de travail raisonnable |
|---|---|---|---|---|---|
| Tous | 41,4 | 54,5 | 25,6 | 56,1 | 47,0 |
| Couple | | * | | ** | |
|   Non | 37,3 | 48,7 | 23,7 | 51,5 | 46,0 |
|   Oui | 43,5 | 57,4 | 26,7 | 58,5 | 47,4 |
| Tous | ** | | | * | |
|   Célibataire | 35,1 | 47,9 | 24,5 | 46,9 | 45,0 |
|   Couple sans enfant | 47,0 | 56,5 | 28,2 | 58,0 | 47,0 |
|   Couple avec enfant | 39,5 | 58,3 | 25,0 | 59,1 | 48,1 |
|   Monoparental | 44,0 | 51,2 | 21,3 | 65,5 | 50,0 |
| 25-44 ans | | ** | ** | ** | |
|   Célibataire | 35,8 | 44,2 | 27,4 | 45,4 | 42,9 |
|   Couple sans enfant | 36,8 | 53,8 | 38,5 | 48,1 | 34,9 |
|   Couple avec enfant | 40,0 | 59,1 | 23,1 | 59,6 | 48,7 |
|   Monoparental | 46,9 | 40,8 | 17,0 | 63,3 | 46,0 |

\* Différences significatives à 0,01.

\*\* Différences significatives à 0,05. Ces seuils sont très prudents. Il est possible que d'autres différences soient significatives, mais la taille de l'échantillon empêche parfois de saisir ces différences (dans le groupe de 25-44 ans notamment).

Source : D. Mercure et al., L'Ethos du travail au Québec. Recherche en cours sur le thème de l'ethos du travail, Québec, 2007. L'enquête par sondage téléphonique a été effectuée en décembre 2006 auprès d'un échantillon représentatif de l'ensemble de la population québécoise de 18 ans et plus en emploi ou à la recherche d'un emploi. Question : « Dites-moi si vous jugez très important, assez, peu ou pas du tout important les éléments suivants dans le choix d'un emploi ? »

travailleurs soient dans une position de rejet du travail, ou encore de refus des normes les plus exigeantes envers le travail, mais plutôt parce que les normes qui font appel aux ressources temporelles sans compensation financière suscitent peu d'adhésion de la part des travailleurs. C'est ce que révèle leur taux d'adhésion à certaines normes diffuses que nous avons volontairement amplifiées afin de voir le degré de pénétration du courant ultralibéral actuel.

Comme en témoigne le tableau 12, les travailleurs se sentent moralement engagés à accroître l'efficacité de leur entreprise (89,1 %), accepteraient volontiers un travail peu intéressant plutôt que d'être en

## TABLEAU 12

Degré d'adhésion à certaines normes de travail chez la population active, Québec, décembre 2006 (pour chaque situation de travail, pourcentage des répondants qui sont « tout à fait d'accord » ou « d'accord »)

| | Accomplir de nouvelles tâches peu liées à la formation ou à l'expérience | Travailler si nécessaire en dehors des heures normales sans rémunération supplémentaire | Maintenir mes compétences à jour en dehors des heures normales de travail sans rémunération supplémentaire | Partie de la rémunération liée au rendement | Moralement engagé à accroître l'efficacité de l'entreprise | Sécurité d'emploi sous la responsabilité du travailleur et non sous celle de l'employeur | Travail peu intéressant plutôt que chômage |
|---|---|---|---|---|---|---|---|
| Tous | 76,3 | 45,8 | 59,8 | 69,9 | 89,1 | 70,4 | 78,6 |
| Couple | | | | | | | |
| Non | 78,8 | 45,3 | 60,3 | 69,4 | 90,9 | 68,2 | 79,5 |
| Oui | 75,0 | 46,3 | 59,6 | 70,3 | 88,3 | 71,4 | 78,0 |
| Tous | ** | ** | | | | ** | |
| Célibataire | 77,5 | 42,9 | 60,9 | 70,7 | 89,1 | 63,8 | 79,0 |
| Couple avec enfant | 78,8 | 40,7 | 56,6 | 71,1 | 88,5 | 72,3 | 79,2 |
| Monoparental | 83,8 | 53,0 | 58,5 | 65,9 | 96,4 | 80,7 | 80,7 |
| Couple sans enfant | 71,5 | 51,7 | 62,4 | 69,7 | 88,1 | 70,8 | 76,9 |
| 25-44 ans | | | | | | ** | |
| Célibataire | 84,0 | 46,7 | 68,6 | 69,2 | 87,2 | 62,4 | 83,9 |
| Couple avec enfant | 80,3 | 39,5 | 57,5 | 72,9 | 89,6 | 75,1 | 77,2 |
| Monoparental | 91,8 | 49,0 | 59,2 | 66,7 | 98,0 | 85,7 | 85,7 |
| Couple sans enfant | 76,4 | 50,0 | 67,0 | 74,5 | 88,7 | 73,3 | 79,2 |

\* Différences significatives à 0,01.

\*\* Différences significatives à 0,05. Ces seuils sont très prudents. Il est possible que d'autres différences soient significatives, mais la taille de l'échantillon empêche parfois de saisir ces différences (dans le groupe de 25-44 ans notamment).

Source : D. Mercure et al., L'Ethos du travail au Québec. Recherche en cours sur le thème de l'ethos du travail, Québec, 2007. L'enquête par sondage téléphonique a été effectuée en décembre 2006 auprès d'un échantillon représentatif de l'ensemble de la population québécoise de 18 ans et plus en emploi ou à la recherche d'un emploi. Question : « Êtes-vous tout à fait d'accord, d'accord, plutôt en désaccord ou tout à fait en désaccord avec les propositions suivantes qui décrivent des situations de travail ? »

situation de chômage (78,6 %), accepteraient aussi de nouvelles tâches peu liées à leur expérience ou à leur formation (76,3 %), voire, dans une proportion de 69,9 %, seraient disposés à ce qu'une partie de leur rémunération soit liée à leur rendement. Bien plus, dans une étonnante proportion de 70,4 %, ils adhèrent à l'idée qu'il pourrait être de leur responsabilité, et non de celle de leur employeur, d'assurer la sécurité de leur emploi et de leur avenir professionnel. En revanche, lorsque les normes touchent au temps, l'adhésion diminue fortement et se situe en dessous des affirmations relatives à la sécurité d'emploi. Ainsi, on note que travailler – en cas de nécessité et non de façon habituelle – en dehors des heures normales de travail sans rémunération supplémentaire est la norme qui suscite le moins d'adhésion, soit 45,8 % (et seulement 39,5 % dans le cas des couples de 25-44 ans avec enfant), moins encore que la stabilité et la sécurité d'emploi, ou encore le salaire au rendement. Et on observe le même phénomène, mais avec moins d'amplitude, lorsqu'ils doivent se prononcer sur le maintien de leurs compétences à jour en dehors des heures normales de travail, sans compensation financière.

En somme, ces trois données montrent d'abord que la vie familiale et de couple est la grande priorité des travailleurs, ensuite que, parmi les conditions de travail, ce sont les horaires de travail qui constituent la priorité des travailleurs dans le choix d'un emploi et, enfin, que leur adhésion à des normes exigeantes de travail est étonnamment élevée, mais que cette adhésion se bute de nouveau à ce qui mobilise l'une des ressources les plus importantes pour eux, à savoir le temps, du moins s'il n'y a pas de compensation financière (rappelons, suivant les données présentées au tableau 11, que le salaire et les avantages sociaux se situent au quatrième rang des cinq conditions de travail jugées très importantes dans le choix d'un emploi.) Autrement dit, les priorités des employeurs semblent de plus en plus en contradiction avec les priorités des couples et des familles.

Une telle étude illustre trois choses fondamentales. D'abord, la forte relation d'interdépendance entre le travail et la famille ; ensuite, le fait que les pressions du travail sur la famille sont croissantes et que tout indique qu'elles le seront encore davantage dans les années à venir, tant au chapitre de la pression temporelle que du contenu de l'activité de travail (centralité objective) ; enfin, qu'il y a un fort hiatus entre les aspirations des travailleurs, considérées sous l'angle de la centralité subjective, et les nouvelles exigences du marché du travail. À mon sens, un tel phénomène doit être pris au sérieux, vu ses conséquences non seulement sur la vie des familles, mais aussi sur la mobilisation de la main-d'œuvre et les adjurations de compétitivité de notre économie.

# UNE NOUVELLE QUESTION SOCIALE ?

Je termine ce texte en rappelant qu'un mode particulier de régulation sociale ne s'édifie pas abstraitement. Il est souvent le fruit des exigences propres à un contexte économique et démographique singulier et aux aspirations de la main-d'œuvre ; il est toujours issu de multiples compromis, eu égard aux tensions et contradictions qui caractérisent inévitablement une société. Il témoigne fréquemment de formes de conflits qui participent de la vie sociale.

Les années d'après-guerre ont été marquées par de nombreux conflits dans le champ des relations de travail en vue de la reconnaissance des droits sociaux des travailleurs et de l'amélioration des conditions de travail et de la rémunération. Ces conflits étaient souvent organisés sur la base de catégories sociales produites par les rapports sociaux de production, dans un contexte de salariat assez généralisé. À partir du milieu des années 1970, les revendications salariales furent au centre de nombreux conflits, en raison du contexte inflationniste de l'époque ; puis, au début des années 1980, la défense de l'emploi devint un enjeu décisif dans les différents milieux de travail et la question de l'insertion en emploi, surtout pour les jeunes, fut à la source de maints débats publics.

Qu'en est-il aujourd'hui ? Tout semble calme dans un contexte ou des exigences contradictoires se rencontrent. D'un côté, des employeurs qui doivent renouveler leur main-d'œuvre et qui ont des demandes élevées quant à la mobilisation des travailleurs en vue de faire face à un marché de plus en plus concurrentiel et d'accroître les gains de productivité ; de l'autre, une main-d'œuvre qui valorise de plus en plus la vie privée et la vie familiale et qui éprouve des difficultés croissantes à concilier cette sphère de vie avec les exigences grandissantes du travail. Bref, les tendances en cours laissent présager la possibilité de nouveaux types de tensions sociales dans les milieux de travail, opposant cette fois-ci la vie quotidienne au monde du travail. Cette hypothèse ne me semble pas saugrenue. Elle trouve déjà une forme de vérification empirique dans les difficultés qu'éprouvent plusieurs entreprises à recruter le type de main-d'œuvre souhaité. Mais il n'est pas interdit de penser que de telles tensions entre vie hors travail et vie de travail ne se limiteront pas aux seules politiques des directions des ressources humaines des entreprises ; elles pourraient bien déborder le marché du travail et s'inscrire davantage dans l'espace public, voire devenir un enjeu politique de première importance.

# BIBLIOGRAPHIE

Centre d'étude sur l'emploi et la technologie (2007). *Revue du nouveau marché du travail*, juillet, vol. 7.

Centre d'étude sur l'emploi et la technologie – CETECH (2006). «Enquête sur l'emploi et le recrutement au Québec», *Les indicateurs du CETECH*, automne, vol. 6.

Centre d'étude sur l'emploi et la technologie – CETECH (2007). *Le marché du travail, l'emploi sectoriel et l'emploi professionnel au Québec. Perspective de long terme, 2006-2016, Emploi Québec.*

Conseil de la famille et de l'enfance (2001). *Démographie et famille. Les impacts sur la société de demain*, Québec, CFE.

Martel, L., E. Caron-Malenfant, S. Vézina et A. Bélanger (2007). «Projections de la population active au Canada, 2006-2031», *L'Observateur économique canadien*, juin.

Mercure, D. (dir.) (2001). *Une société-monde? Les dynamiques sociales de la mondialisation*, Québec et Bruxelles, Presses de l'Université Laval et De Boeck Université.

Mercure, D. (2001). «Les mutations contemporaines des rapports entre le travail, l'emploi et la famille», dans Conseil de la famille et de l'enfance, *Démographie et famille*, Québec, Conseil de la famille et de l'enfance, p. 74-87

Mercure, D. (2003). «Logiques du capital et vulnérabilité sociale. Les effets de l'impartition flexible», dans V. Châtel et M.-A. Soulet, *Agir en situation de vulnérabilité*, Québec, Presses de l'Université Laval, p. 29-51.

Mercure, D., M. Vultur et al. (2007). *L'Ethos du travail au Québec*. Recherches en cours.

Pronovost, G. (2007). *Le temps dans tous ses états: temps de travail, temps de loisir et temps pour la famille à l'aube du XXI$^e$ siècle*, Montréal, IREP, février, vol. 8, n° 1.

Robinson, J. (2004). «Changements et facteurs explicatifs de l'emploi du temps chez les parents aux États-Unis, au Canada et au Québec», *Enfances, Familles, Générations*, n° 1, <www.erudit.org/revue/efg/2004/v/n1/index.html>.

Statistique Canada, *Enquête sur la population active, 1976 à 2006.*

Statistique Canada, *Enquête sociale générale, 1986, 1992,1998, 2005.*

Statistique Canada, *Projections démographiques pour le Canada, les provinces et les territoires, 2005-2031*, catalogue n° 91-520.

# Familles et développement social au Québec

## La contribution de l'organisation communautaire et de l'économie sociale

Louis FAVREAU
*Université du Québec en Outaouais (UQO)*
*Titulaire de la Chaire de recherche du Canada*
*en développement des collectivités (CRDC)*

Ce texte veut faire connaître la contribution de l'organisation communautaire et des mouvements sociaux locaux depuis le début des années 1960 dans différents champs de pratique dont celui de la petite enfance, des jeunes et des familles, comment leurs initiatives ont progressivement été appelées à soutenir un «tiers secteur» de plus en plus diversifié et en interface avec des programmes et services publics. À cet égard, il fait ressortir la constitution au Québec d'un «tiers secteur» composé de trois «filières» de développement social: l'action communautaire autonome, le développement local et l'économie sociale. Le texte montre l'importance prise par ce «tiers secteur» dans le renouvellement de certaines politiques de l'État social. Il s'attarde également à la question de savoir comment ce «tiers-secteur» favorise ou favorisera le développement des dites filières dans la prochaine décennie. Nous utilisons l'analyse historique et sociopolitique, en mettant en rapport les initiatives issues des communautés locales avec différents mouvements et avec les politiques publiques. Il s'inspire d'un ouvrage récent sur l'organisation communautaire que nous avons piloté[1].

---

1. D. Bourque, Y. Coméau, L. Favreau et L. Fréchette (2007). *L'organisation communautaire, fondements, approches et champs de pratiques*, Québec, Presses de l'Université du Québec.

## ORGANISATION COMMUNAUTAIRE
## ET MOUVEMENTS SOCIAUX AU QUÉBEC
## DE 1960 À AUJOURD'HUI

### Une première décennie d'émergence
### de contre-pouvoirs locaux

La naissance de comités de citoyens est concomitante à celle d'un nouveau métier du «social», l'organisation communautaire. À la fin des années 1960, l'organisation communautaire s'introduit dans la formation universitaire en travail social, dans les pratiques et les nouveaux services créés par le mouvement communautaire (cliniques communautaires de santé, logement social, aménagement de parcs dans les quartiers, etc.) et, finalement, dans le service public de proximité, tout particulièrement les CLSC[2].

À cette «petite révolution tranquille» se jouxte celle de la séparation définitive de l'Église et de l'État et donc le détachement progressif des mouvements sociaux locaux des institutions caritatives (les Fédérations d'œuvres de charité, par exemple) et des paroisses œuvrant dans le secteur social (McGraw, 1978). Les réformes de l'époque introduiront de nouveaux dispositifs publics (ou parapublics) d'intervention tels les Conseils de développement social et les Conseils régionaux de développement. Avec les années 1960, le mouvement communautaire (dit autonome aujourd'hui) fait son entrée en scène. Indirectement, c'est celui-ci qui favorisera la professionnalisation de nombre de ces animateurs qui intégreront en partie, avec les années 1970, le service public (dans les CLSC, notamment). Mais celui-ci aura surtout favorisé l'émergence de contre-pouvoirs au plan local.

### Une seconde génération : la montée de l'associatif
### dans l'organisation des communautés

Au cours des années 1970, des intervenants sociaux deviennent salariés d'associations de locataires, d'organismes de défense d'assistés sociaux ou de protection des consommateurs, de garderies populaires et des groupes de défense des chômeurs... Ils disposent d'ailleurs de sources d'inspiration de facture internationale : dans un premier temps, plusieurs d'entre eux ont les yeux rivés sur l'organisation communautaire

---

2. Pour suivre l'actualité de l'organisation communautaire, voir le bulletin du RQIIAC, *Interaction communautaire* et le site de recherche de l'Université du Québec en Outaouais que nous coordonnons, <www.uqo.ca/observer>.

américaine d'orientation conflictuelle (Alinsky, 1976). Dans un second temps, d'autres partiront à la recherche de « la voie royale » de la transformation sociale en se mettant en quête d'un projet de société socialiste. Certains trouvent leur inspiration dans l'approche de l'éducation populaire latino-américaine (Freire, 1974).

Contexte de la période : un État providence en expansion et un État québécois en passe de devenir peut-être un État national ; mouvements sociaux à l'offensive, en synergie les uns avec les autres, mouvements populaire et étudiant, syndical et national réunis. Période aussi pendant laquelle un nouveau service public émerge de façon définitive (les CLSC), tandis que le mouvement communautaire autonome fait peu à peu son nid dans nombre de quartiers populaires des grands centres urbains tout comme dans les milieux ruraux et semi-urbains.

## L'introduction de l'associatif dans l'espace public : la décennie 1980

Les années 1980 prennent une tout autre allure. On saisit mieux la nature contradictoire de l'État, ses politiques inconsistantes, ses mesures et pratiques souvent incohérentes et donc la marge de manœuvre dont peuvent disposer, à certaines conditions, les mouvements sociaux locaux.

Contesté à droite par le courant conservateur qui évoque le spectre de la crise financière (« Il faut dégraisser l'État ») et donc de l'impossibilité de répondre adéquatement aux demandes sociales, le service public est également critiqué à gauche par le mouvement communautaire qui diagnostique un État bureaucratisé et dirigé de façon très technocratique. Bref, pour certains, le secteur public est en perte de légitimité et se doit de coexister avec un secteur communautaire autonome parvenu à occuper une place dans l'espace public dans la foulée des travaux de la Commission Rochon (1987)[3].

Ce mode d'intervention public qui se veut universel est en réalité un type particulier de réponse aux besoins sociaux et il a une face cachée. Il comporte un prix à payer : le secteur public, en règle générale, a exclu les usagers et les salariés des décisions de la plus grande à la plus petite.

---

3. Pour une analyse institutionnelle critique de l'ensemble des services sociaux de cette période, voir notamment J.T. Godbout dans son livre : *La démocratie des usagers*, Montréal, Boréal, 1987.

Et il ne règle pas tous les problèmes. Pendant cette période, l'idée d'un secteur associatif plus présent dans l'espace public retient de plus en plus l'attention.

## De 1990 à aujourd'hui : les mouvements sociaux locaux aux prises avec le défi de l'emploi et du développement économique

«Quand l'économique ne suit plus ou, plutôt, quand l'économique ne porte plus la croissance du social, comment réorganiser ce dernier?» (Ion, 1990, p. 43.) Autrement dit, quand on a une croissance sans emploi ou à faible création d'emplois, on a un État providence dont les fondements économiques s'effritent. Ce qui avait constitué les assises du développement social pendant plus de vingt ans perd de sa capacité porteuse :

1) les problèmes sociaux deviennent de plus en plus directement liés au marché du travail et à l'emploi, pivot non seulement d'un revenu décent mais aussi d'une certaine reconnaissance sociale, d'un statut et d'une dignité ;

2) le service public n'est plus considéré, dans les faits tout au moins, comme la voie royale, le mouvement communautaire autonome occupant un espace de plus en plus large.

C'est à partir de ce constat que des mouvements sociaux locaux (organisations communautaires, groupes de femmes et groupes écologiques) vont prendre le tournant du développement local et de l'économie sociale. Dès lors, ces mouvements s'engagent plus explicitement dans la production de services, la création d'emplois et même la revitalisation économique et sociale de communautés locales, notamment avec la création de services communautaires de garderie à une échelle plus grande (lesquelles deviendront des CPE), l'émergence des Carrefours jeunesse emploi et des entreprises d'insertion, la transformation des «Patros» en centres communautaires de loisirs, des coopératives d'habitation, les premières corporations de développement communautaire (CDC)... Pourquoi? Parce que l'**associatif** des quartiers populaires urbains, rejoignant en cela la **tradition coopérative** déjà fortement enracinée en région, s'engage non seulement, comme il l'avait fait jusqu'alors, dans la revendication auprès des pouvoirs publics du transfert de la richesse collective à des groupes de la société qui en ont moins, mais également dans la **création de richesses** avec, par et pour ces groupes et ces communautés en difficulté. En cela, le mouvement associatif rejoint le mouvement coopératif qui faisait déjà ce type de travail dans la plupart des régions du Québec, notamment par l'intermédiaire de coopératives de

*Organisation communautaire et familles :*
*quelques exemples*

**Des initiatives locales nouvelles qui font leurs marques au cours des deux dernières décennies**

Les Centres de la petite enfance (CPE).
Les Carrefours jeunesse emploi et les entreprises d'insertion.
Les Coopératives Jeunesse de service (CJS).
Le Programme Place aux jeunes.
Les Maisons de la famille.
Les cuisines collectives.

**De vieilles organisations du mouvement associatif (fin du XIXe siècle) qui se transforment**

Les « YMCA » deviennent des centres communautaires de loisirs au service des familles.

Les « Patros » deviennent des centres communautaires de loisirs au service des familles dans les quartiers populaires.

N.B. Les YMCA et les « Patros » forment maintenant un regroupement québécois de plus de 80 Centres communautaires de loisir, la Fédération québécoise des Centres communautaires de loisirs (FQCCL).

**Des organisations passerelles entre organisations communautaires et gouvernements locaux**

Le Carrefour Action municipale et famille (CAMF), une organisation qui fait le pont entre les gouvernements locaux (municipalités), les organisations communautaires et les familles.

développement régional (CDR). Cet engagement conduit aujourd'hui le mouvement communautaire, malgré toutes les difficultés et tensions que cela induit, à disposer de meilleures assises pour le développement de services à la population en général, de services aux familles et pour le développement d'une citoyenneté locale.

Dans la décennie 1990, les mouvements sociaux locaux ont donc ouvert de nouveaux chantiers de développement social[4] : d'abord celui de l'insertion par le travail, notamment par l'intermédiaire des Carrefours jeunesse emploi et des entreprises d'insertion (Assogba, 2000 ; Favreau, 1998) et celui des nouvelles formes d'entraide socioéconomique

---

4. Pour une mise en perspective des différentes approches du développement social (sous l'angle des rapports État, marché et associations), voir un premier aperçu plus loin. Pour en savoir plus, voir le texte d'introduction de l'ouvrage « L'organisation communautaire, mise en perspective autour des principales approches d'intervention » (Bourque *et al.*, 2007).

comme les cuisines collectives (Fréchette, 2000). Mais aussi, en milieu urbain de régions ou dans les grands centres comme Montréal, ces mouvements ont également opéré un saut qualitatif en mettant sur pied des projets et des dispositifs de développement local de quartier (Favreau et Lévesque, 1999).

Mentionnons ici les principaux réseaux qui se sont constitués au cours de cette décennie : 1) un réseau de quelque 100 Carrefours jeunesse Emploi (CJE) ; 2) quelque 200 organismes communautaires de formation de la main-d'œuvre ; 3) un réseau d'une cinquantaine de corporations de développement communautaire (CDC) ; 4) un réseau de corporations de développement économique communautaire (17 CDÉC) ; 5) une centaine d'entreprises communautaires ou d'insertion ; 6) plusieurs centaines de garderies qui deviendront des CPE ; 7) des coopératives de service à domicile...

Le réseautage de cet ensemble d'initiatives s'inscrit aussi dans un cadre plus fortement national, notamment les initiatives de développement du mouvement coopératif telles les coopératives de travail, les coopératives de services à domicile, les coopératives de services funéraires, les coopératives de solidarité... lesquelles sont regroupées soit au sein du Conseil québécois de la coopération et de la mutualité (CQCM), soit, comme les entreprises d'insertion ou les CPE au sein du Chantier de l'économie sociale, soit qu'elles participent au Comité aviseur de l'action communautaire autonome (Favreau, 2005). Le tableau 1 indique les trois formes d'action collective qu'ont mis de l'avant le mouvement coopératif et le mouvement communautaire. Cet ensemble forme ce qu'on appelle aussi un « tiers-secteur ».

## LES PRINCIPALES CARACTÉRISTIQUES DE L'ORGANISATION COMMUNAUTAIRE ET DES MOUVEMENTS SOCIAUX LOCAUX AUJOURD'HUI

Animée par le militantisme économique de mouvements sociaux locaux et dynamisée par de nouvelles structures d'accompagnement, la nouvelle stratégie du développement local et communautaire s'appuie aujourd'hui sur les coordonnées suivantes : 1) une approche plus intégrée, tout à la fois économique et sociale ; 2) une intervention territorialisée ; 3) une approche multipartenaires mettant à contribution les secteurs public, associatif et privé ; 4) la multiactivité (soutien à des entreprises locales en difficulté, formation des populations résidentes, renforcement du tissu social des quartiers) ; 5) une démarche partenariale où les principaux

· **TABLEAU 1**

*Typolologie des formes d'organisation et d'action collective
du « troisième secteur »*

| Indicateurs | Organismes de défense et de promotion de droits | Organismes communautaires de services | Économie coopérative et associative (économie sociale) |
|---|---|---|---|
| Objectifs | Mobilisation pour la justice sociale (droits sociaux et éducation populaire) | Organisation de services collectifs dans les communautés | Coopératives et entreprises sociales (production de biens et de services) |
| Stratégie | Contre-pouvoir démocratique | Mission de service public | Action socialement utile dans la viabilité économique |
| Type d'action collective | S'associer pour revendiquer (dimension sociopolitique prévalente) | S'associer pour développer des services collectifs (dimension sociale prévalente) | S'associer pour entreprendre (dimension socioéconomique prévalente) |

acteurs sont liés organiquement par ententes et par projets ; 6) des ressources humaines et financières hybrides combinant le soutien de la solidarité sociale locale, le financement public et la vente de biens et de services sur le marché.

Des municipalités, des organisations communautaires, des syndicats et des entreprises locales sont ainsi devenus les principaux acteurs d'une relance des économies locales par des initiatives tout à la fois viables économiquement (en réponse à des besoins solvabilisés) et socialement utiles (favorisant le renforcement de communautés d'appartenance).

Bien que timidement, un nouveau contrat de société sous-tend plusieurs de ces expériences : par certains aspects, cela ne ressemble plus à l'État providence que l'on a connu car ce nouveau contrat de société fait bonne part au « local » et au « régional » tout en réactualisant la notion d'intérêt général et la nécessité d'une maîtrise des activités économiques et financières (Bourque, 2000). C'est à partir de cette dynamique que nous avions déjà formulé une proposition selon laquelle les mouvements sociaux et de nombreuses communautés ont favorisé la création d'un **espace inédit d'innovation sociale** au cœur de la crise (Favreau et Lévesque, 1999). Par la suite, nous sommes allé plus loin en introduisant l'idée de **filières** (Comeau, Favreau, Lévesque et Mendell, 2001). Qu'est-ce à dire ?

Dans la mobilisation sociale des années 1990, par-delà les innovations mentionnées ci-dessus, se sont constituées de véritables « **familles** » **de développement social** (action communautaire autonome, développement local et économie sociale), lesquels parviendront à se créer des « filières » actives de cohabitation avec le service public :

1) **La filière du développement de nouveaux services de proximité par l'action communautaire :** ce peut être, par exemple, l'émergence de cuisines collectives, le développement d'entreprises de restauration populaire, le renouvellement des centres communautaires de loisirs par une approche de quartier, la création de maisons de la famille ou le travail d'organisation communautaire d'un CLSC qui favorisent le développement de comités de résidents dans des milieux particulièrement marqués par la pauvreté. Sans compter les nouveaux aménagements institutionnels liés au mouvement communautaire autonome : l'arrivée du Secrétariat à l'action communautaire autonome (SACA) et la nouvelle législation sur les coopératives de solidarité.

2) **La filière de création et du maintien en emploi par le développement local :** ce peut être, par exemple, une reprise d'entreprise par des travailleurs qui ont racheté de propriétaires privés l'entreprise et l'ont transformée en entreprise coopérative (plusieurs coopératives ambulancières en sont). Ce peut être des fonds syndicaux de développement (celui de la FTQ ou de la CSN) qui en tant qu'organisations économiques à finalité sociale investissent dans des PME régionales en vue d'assurer leur viabilité de même que le maintien, voire la création d'emplois. Ou encore une Société locale d'investissement dans le développement de l'emploi (SOLIDE) qui participe à la revitalisation d'une région ou d'une communauté en difficulté. CDR, SADC, CLD, SOLIDE, CDÉC et CDC constituent les principales organisations et institutions de cette filière.

3) **La filière de l'insertion socioprofessionnelle par l'économie sociale :** ce peut être, par exemple, la mise sur pied d'une entreprise d'insertion, donc d'une insertion par l'activité économique, dans un cadre associatif (OSBL) ou dans un cadre coopératif (coopérative de solidarité, coopérative de travail, etc.). Ou, autre exemple, le travail d'insertion d'une CDÉC dans une communauté donnée (formation de la main-d'œuvre résidente et soutien au démarrage de petites entreprises de proximité dans des domaines aussi divers que celui de la restauration, de la récupération et du recyclage, de l'entretien ménager d'immeubles) ou le travail d'une coopérative de développement régional (CDR)

dans la mise sur pied d'une coopérative de solidarité multiactivités dans un quartier ou une municipalité rurale. Ou encore, le programme d'aide aux travailleurs autonomes d'un Carrefour jeunesse emploi (CJE) ou d'un organisme de formation de la main-d'œuvre travaillant à la réinsertion des femmes sur le marché du travail. Les fonds locaux et régionaux de développement, le fonds de lutte contre la pauvreté, la Coalition des organismes communautaires de développement de la main-d'œuvre, les CLE, le RISQ et Investissement Québec constituent les assises principales de cette filière.

À partir de là, notre proposition est la suivante : 1) il existe depuis une bonne dizaine d'années (1995-2005) trois grandes familles d'initiatives en développement social issues des communautés qui se sont développées des filières d'entrée avec les services publics (action communautaire autonome, développement local, économie sociale) ; 2) simultanément, si l'on met en perspective cette nouvelle tendance, on en arrive à parler de nouvelles générations d'organisations et d'institutions dans la lutte contre la pauvreté et la revitalisation de communautés et régions en difficulté ; 3) ensuite, ces nouvelles organisations et institutions participent d'un renouvellement de la démocratie locale et plus largement d'une nouvelle architecture du développement économique et social au Québec, contrairement au reste du Canada et à la différence marquée d'avec les États-Unis.

C'est le **croisement actif d'initiatives locales** (en provenance des communautés, des mouvements sociaux locaux et de l'organisation communautaire professionnelle) **et de nouvelles politiques publiques** (notamment la réforme qui donne naissance aux Centres locaux de développement et à une politique d'action communautaire) qui font l'originalité du développement économique et social québécois de la dernière décennie. D'où l'apparition, dans certains secteurs, d'une forte institutionnalisation avec ses gains (et certains ratés) sous la forme de filières. Nous utilisons la notion de « filière » pour bien mettre en relief que les pratiques d'action communautaire, celles de la nouvelle économie sociale et celles du développement local, ne sont pas constituées seulement de réseaux liés à des mouvements sociaux, mais sont également insérées dans **une cohabitation devenue institutionnelle avec le service public**. En d'autres termes, il existe désormais de nouveaux dispositifs permanents de médiation entre les initiatives des communautés locales et le service public.

À partir de la fin des années 1980, le modèle « social-étatiste » qui avait constitué les assises du développement social pendant plus de vingt ans a donc été fortement questionné ou à tout le moins contourné. À

## TABLEAU 2

*Trois conceptions du rôle de l'État, du marché et des associations
dans le développement des communautés*

| Développement des communautés | Approche néolibérale | Approche social-étatiste | Approche de coconstruction |
|---|---|---|---|
| Rôle du marché dans la communauté | Marché prédominant: DS de la communauté, conséquence de la force du marché. | État prédominant: DS local dépend quasi exclusivement d'un service public centralisé. | Partenariat prédominant: collaboration active entre public/ associatif/privé (dans une moindre mesure) aux plans local, régional et national. |
| Rôle de l'État et des services publics au plan local | Services collectifs par le réseau public, subsidiaires aux services privés. | Services collectifs publics ont préséance sur tout autre type de services. | Services collectifs mixtes coordonnés au plan national mais décentralisés au plan local et régional. |
| Rôle des associations au plan local | Prestataires de services dans le cadre de la gestion sociale de la pauvreté par programmes ciblés. | Universalité des programmes sociaux et complémentarité subalterne d'associations prestataires de services. | Prestataires de services et participation à la coconstruction conjointe de l'offre et de la demande de services collectifs. |
| Rôle des citoyens dans leur communauté | Citoyens, consommateurs et clients de services privés et publics. | Citoyens usagers des services. | Citoyens coproducteurs des services et acteurs collectifs du développement de leurs communautés. |

Source: Typologie inspirée de Vaillancourt (1998) et Favreau (2005).

mesure qu'approchent les années 1990, le Québec est porteur d'un courant minoritaire mais significatif de démocratisation des services (approche de coconstruction).

Le tableau 2 permet, entre autres choses, de situer concrètement le rôle dévolu aux dispensateurs des services. Dans la première conception dite néolibérale, les fournisseurs de services sont privés et à but lucratif, comme c'est le plus souvent le cas dans des provinces comme l'Alberta, le Nouveau-Brunswick et Terre-Neuve (Vaillancourt, 2006). Pensons ici aux cliniques privées de médecins, aux garderies privées et à l'aide privée à domicile, par exemple. Puis, dans la conception « social-étatiste », on mise essentiellement sur le service public étatique pour offrir ces services. Enfin, selon la conception de « coconstruction », on mise sur la cohabitation des trois types de services en privilégiant le service public ainsi que les organismes communautaires et les entreprises collectives (coopératives et OBNL).

## LE CONTENU DE CES NOUVELLES PRATIQUES : ALLER DU SOCIAL VERS L'ÉCONOMIQUE ET DE L'ÉCONOMIQUE VERS LE SOCIAL

Avec les années 1980, les économies locales ont souvent été placées devant une concurrence forte avec de grandes entreprises évoluant tout à la fois au plan local et à l'échelle continentale ou internationale. L'arrivée des Wal-Mart et consœurs (Home Depot…) dans plusieurs régions du Québec dans la dernière décennie en est l'exemple le plus révélateur. Les économies se sont alors vues obligées à se reconstituer des créneaux de développement. Elles ont en outre été assez souvent en manque de financement. Simultanément, l'insertion dans le marché du travail est apparu problématique pour des segments de plus en plus importants de la population active : jeunes, femmes, nouveaux arrivants, travailleurs de 45 ans et plus…

Cette crise de l'emploi, cette crise des services collectifs dans les communautés et cette transformation de l'État providence ont trop longtemps été associées à une simple récession et à un État social simplement affaibli pour cause de gestion de la rareté par temps difficiles. Relevons ici quelques tendances fortes.

En premier lieu, depuis plus ou moins deux décennies, l'hypothèse d'une forte remise en question du salariat – au sens classique de ce terme – comme mode principal de régulation économique et sociale est devenu de plus en plus probante (Comeau *et al.*, 2001 ; Castel, 1995) : nous assistons en effet à l'effritement du modèle du travail à temps plein, régulier, à contrat indéterminé, qui s'accompagnait généralement d'une appartenance forte à l'entreprise qu'elle soit privée ou publique. Nous observons aussi le déclin de l'industrialisation modelée sur les « grandes forteresses ouvrières » dans l'automobile, le papier, l'aluminium, l'acier… Parallèlement, nous constatons la décroissance de la production de services collectifs de caractère public par l'intermédiaire de grandes institutions hospitalières et de services sociaux. De plus, les activités de sous-traitance de services privés ont tendance à s'amplifier. Enfin, la production de certains biens se déplace en direction de régions moins coûteuses en frais de main-d'œuvre (délocalisation d'entreprises). Voilà quelques vecteurs stratégiques d'une double mutation, celle du salariat et celle de l'État social, l'une se répercutant directement sur l'autre, car le salariat forme la principale assise des prélèvements sociaux pour les pouvoirs publics (par l'intermédiaire des impôts).

En second lieu, la crise de l'emploi et de l'État providence ont affecté la production des services collectifs dans les communautés locales et les régions. La désorganisation des économies locales de quartiers populaires en milieux urbains (les villes de régions tout comme les villes de grands centres) et l'affaiblissement de la distribution des services publics dans les régions rurales ont également contribué à amplifier la dualisation sociale de l'espace (Dubet et Lapeyronnie, 1992) avec ces concentrations plus marquées des pauvretés diverses (familles en difficulté, jeunes sur l'aide sociale, nouveaux arrivants en chômage...) et les effets que cela entraîne (anomie, création d'enclaves...).

Finalement, il existe une troisième coordonnée incontournable, à savoir la forte remise en cause des dispositifs traditionnels de socialisation liés à la vie quotidienne : la famille, l'école, le réseau de voisinage, le quartier, la paroisse. Bref, le capital social se serait fortement dévalorisé dans un certain nombre de communautés et de régions (Paquet, 1999).

Que signifient cette crise et les tendances nouvelles qu'elle induit ? Au plan macrosocial, nous assistons ici à la remise en question d'une architecture de développement qui séparait le social de l'économique, l'État social d'un côté et sa multitude d'intervenants sociaux professionnels assumant leur rôle à l'intérieur d'un service public central et de l'autre, la grande entreprise et ses cadres de gestion assumant le développement économique et le plein emploi.

Ce ne sont pas seulement les rapports entre l'«économique» et le «social» qui sont redéfinis mais également leur contenu respectif : en premier lieu, le «social» cesse d'être défini exclusivement comme coût (perspective classique des politiques économiques néolibérales) ou comme problème social (perspective traditionnelle des politiques sociales de l'État providence) pour apparaître de plus en plus comme un actif ou mieux comme un capital social et culturel. D'où également la valorisation de la cohésion sociale (lien social) comme condition nécessaire pour le développement économique. En deuxième lieu, l'«économique» cesse d'être réduit au marché et à l'entreprise privée. D'où l'introduction de la notion d'économie plurielle en vertu de laquelle les activités économiques comprennent non seulement le marchand mais également le non-marchand (la redistribution) et le non-monétaire (la réciprocité et le bénévolat).

Dans cette foulée, la société civile est de plus en plus valorisée. À côté du marché et de l'État, en sciences économiques et sociales, on redécouvre une troisième sphère, celle de la société civile. Concrètement, en quoi consiste-t-elle? On peut ici proposer certains critères pour la caractériser : 1) la présence d'associations citoyennes et leurs interactions ; 2) le leadership de la communauté (leaders politiques, économiques et civiques) et la volonté des leaders à prendre des risques et des initiatives ; 3) l'efficacité sociale des instances, particulièrement au plan local ; 4) le bénévolat, la philanthropie et la réciprocité. Autrement dit, l'entrepreneuriat local et la création d'emplois seront grandement favorisés par une société civile en bonne santé, sans oublier que les coûts sociaux (liés au chômage entre autres) sont par le fait même réduits, ce qui entraîne des retombées positives pour tous.

Le développement local, de résiduel qu'il était dans les décennies 1960 et 1970 à l'intérieur d'un modèle national de développement, redevient une tendance significative, la concurrence mondiale et le partenariat local constituant les deux faces d'un même phénomène. Comme l'écrivait Pierre Dommergues (1988, p. 23) :

> Dans un univers déboussolé, l'économie-territoire apparaît comme une alternative de développement plus contrôlable que l'économie-monde. C'est sur le terrain local que les mutations sont les moins difficiles à maîtriser et les partenariats les plus faciles à susciter.

Ce nouveau paradigme reconfigure de façon inédite les rapports entre le marché, l'État et la société civile. C'est dans ce nouveau cadre que les pouvoirs publics comme les mouvements sociaux se sont repositionnés. Les professions du social ont été conséquemment amenées à s'intéresser de plus en plus aux questions liées au marché du travail et à l'économie (Favreau, 2000 ; Donzelot et Roman, 1998) car l'intensité et la durée de cycles successifs de récession depuis vingt ans ont fait du chômage, de la précarité et de l'exclusion sociale des enjeux majeurs de société.

De leur côté, des intervenants économiques et des entreprises ont aussi été obligés de constater les dégâts sociaux du « progrès » liés aux nouvelles technologies et à la montée en puissance d'une mondialisation néolibérale, et donc à la nécessité de relancer les économies locales et régionales par la concertation (Comeau et al., 2001). Les cadres gestionnaires de fonds de développement (SADC, CLD, fonds de travailleurs) et des institutions financières, tel le mouvement Desjardins, sont bien placés pour le savoir.

Durant la décennie 1995-2005 (avec le coup d'envoi du Sommet du gouvernement du Québec de 1996, qui avait été précédé de la marche des femmes en 1995), on a donc assisté au Québec, autour de l'enjeu de l'emploi et de la faiblesse des services collectifs dans les communautés (financement des entreprises, création et maintien à l'emploi, insertion par le travail, services communautaires de toutes sortes...), à une triple évolution :

1) Celle d'une décentralisation tranquille (Côté, 1999) de services publics autrefois fortement centralisés, tels que la santé et les services sociaux, l'éducation, le développement des régions (CLD) de même que la formation de la main-d'œuvre.

2) Celle d'une interface entre de nouvelles initiatives locales, la plupart du temps liées directement à l'organisation communautaire et au service public (l'interface des CLSC et des organismes communautaires en santé et services sociaux, par exemple).

3) Celle d'un croisement des réformes publiques et des initiatives locales, croisement générateur de nouvelles filières (celle des CLD, par exemple).

Mais cette triple évolution ne va pas nécessairement dans la direction de démocratisation de certains secteurs de la société. Elle recèle d'autres risques dont celui de la « néocorporatisation du social » (la participation de certains groupes d'intérêts au détriment d'autres groupes), surtout avec la « réingéniérie sociale » rampante du gouvernement libéral québécois à partir de son arrivée au pouvoir en 2003[5].

## LE CADRE ACTUEL DE L'ORGANISATION COMMUNAUTAIRE ET DU TRAVAIL AUPRÈS DES FAMILLES

L'organisation communautaire et, plus largement, le développement social font face dans la dernière décennie à de nombreuses transformations suscitées par une conjoncture où le progrès économique (gains de productivité) s'est affirmé mais sans progression simultanée de l'emploi et de la redistribution de la richesse par l'État. Le renouvellement passe alors par :

1) **Une inscription dans un cadre plus régional et un engagement plus intensif dans une interface entre le service public et les organisations communautaires.** La décentralisation des services publics issue de la réforme de la santé et des services sociaux

---

5. Voir à ce propos la conclusion de notre dernier ouvrage (Bourque *et al.*, 2007), « L'organisation communautaire à la croisée des chemins », qui identifie les principaux défis actuels de l'organisation communautaire dans ce contexte.

(1991) s'accentue avec celle de l'emploi en 1997 et celle du développement local et régional en 1998. L'arrivée des CLE et des CLD, le renforcement des CRD et la création des CRE de même que la consécration des MRC comme pallier stratégique de développement économique et social donnent une certaine stabilité à cette inscription dans le local, l'infrarégional et le régional (Proulx, 1999). Sans compter l'influence des forums régionaux de développement social (1997-1998) sur les institutions publiques régionales (CRD, régies régionales...) qui sont les ancêtres de l'actuel Réseau québécois de développement social et de la revue du même nom (Morel, 2006).

2) **Une organisation communautaire de plus en plus engagée dans une sorte de «virage économique»** tant du côté des programmes sociaux des pouvoirs que de celui des projets des mouvements sociaux eux-mêmes. On assiste ainsi à l'émergence d'une approche autre que celle des transferts sociaux pour la résolution des problèmes sociaux et la recomposition du tissu social. Autrement dit, des solutions sociales nouvelles se font jour à partir d'interventions sur le registre économique. D'où l'introduction dans l'espace public de notions telles que celles d'économie sociale, d'insertion sociale par l'économique et de développement économique communautaire, notions qui rejoignent celles, plus anciennes, de coopératives de développement, d'aménagement intégré des ressources et de développement communautaire.

3) **Une organisation communautaire qui contribue à la mise en place de nouveaux dispositifs associatifs transversaux d'intervention** privilégiant la stratégie de développement local et régional. Les politiques publiques sectorielles par programmation visant certaines populations cibles et certains groupes d'âge (ou étapes de la vie) continuent d'exister et même de prévaloir. Mais elles sont de plus en plus remises en question par l'expérimentation des dispositifs à partir des collectivités locales et de la problématique renouvelée du développement local. Ces dispositifs peuvent être publics, coopératifs ou associatifs, comme en témoignent les Coopératives régionales de développement (CDR), les Centres de développement local (CLD), les Corporations de développement communautaire (CDC), les Corporations de développement économique communautaire (CDÉC) et les Sociétés d'aide aux collectivités locales (SADC). Nouveaux acteurs, nouvelles règles du jeu, nouveaux outils d'intervention, nouveaux chantiers et nouveaux savoir-faire en gestion et,

partant de là, gestation de nouveaux modes de régulation où le développement social (reconfiguration de l'État providence) et le développement économique s'articulent autrement.

En somme, on perçoit mieux les limites de l'approche sectorielle des problèmes sociaux tandis que l'approche exclusivement sociale par le service public ne suffit plus. D'où une tendance nouvelle caractérisée par la montée du «local» et du «territorial» et par la résolution des problèmes sociaux à partir d'initiatives économiques locales dans des communautés et régions en difficulté, par, pour et avec elles (CSBE, 1996).

## LE REDÉPLOIEMENT D'INITIATIVES COLLECTIVES DANS LES COMMUNAUTÉS LOCALES AU COURS DE LA PROCHAINE DÉCENNIE

Si l'on compare les années 1960-1970 avec aujourd'hui, nous pouvons avancer la proposition suivante : au cours de la décennie 1960-1970, le développement social, tant celui du service public que des organisations communautaires, est très intimement soudé au développement de l'État providence québécois. Dans cette période forte de l'État providence, la réponse aux problèmes sociaux développe sa configuration centrale autour de nouvelles politiques publiques (assurance-santé universelle, réforme Castonguay-Nepveu...) devenues nécessaires et possibles par une croissance économique qui va bon train. Ce sont les années de mise en place des grands services publics (hôpitaux, collèges publics, etc.). Les finances publiques sont capables, au moins partiellement, d'absorber la demande en provenance des mouvements sociaux. Les mouvements sociaux eux-mêmes sont, pendant cette période, plus «étatistes» qu'aujourd'hui dans ce sens qu'ils contribuent à aiguillonner la résolu-tion des problèmes sociaux et de santé en faisant valoir la nécessité et la pertinence d'une extension du secteur public.

Cependant, vingt ans plus tard, s'ouvre une nouvelle période, une période de crise de l'emploi liée à une crise de la croissance économique ainsi qu'à une période de crise de l'État providence où les finances publiques accumulent des déficits. Cette nouvelle donne provoque le resserrement de la production de services collectifs dont il n'est plus évident qu'ils seront ou qu'ils demeureront de caractère public. Deux scénarios sont à envisager : soit une privatisation de certains services, soit le développement plus prononcé d'un «tiers-secteur» pour de nouveaux services de proximité et des entreprises collectives (Vaillancourt, 1999). Ces propositions deviennent aujourd'hui centrales dans les débats actuels comme l'avait été l'étatisation dans les années 1960. On n'a qu'à penser aux alternatives en chantier au sein du Conseil québécois de la coopération et de la mutualité (CQCM) qui cherche à consolider les cliniques coopératives de santé (Brassard, 2007) et les coopératives de service multiactivités dans les petites communautés.

En d'autres termes, le Québec social a eu besoin – et il s'agit là d'un besoin de longue durée qui est de portée stratégique – de renforcer un troisième pôle de développement, un tiers secteur (à côté et en inter-action avec le secteur public et le secteur privé) avec ses trois familles, celle du communautaire autonome, celle du développement local et celle de l'économie sociale. Le Québec n'est pas le seul à le faire : dans le contexte de la mondialisation néolibérale, des communautés locales et des régions un peu partout dans le monde ont été engagées dans un cycle de déclin. Mais, dans de très nombreux pays, des initiatives croisées de décentralisation, de développement local et d'économie sociale ont émergé pour faire face à cette crise (Defourny, Favreau et Laville, 1998). Nombreux aujourd'hui sont les chercheurs, les intervenants sociaux et économiques, certains gouvernements (France, Belgique, Italie, Espagne, Québec...) et même certaines instances internationales, tel le BIT, qui confirment l'importance de la décentralisation du service public, du développement local et de l'économie sociale dans le processus conduisant au dévelop-pement[6]. D'où le développement, par l'intermédiaire d'acteurs d'origines diverses (public, privé, associatif), d'une démocratie locale.

En outre, ce type de mobilisation sociale voit sa portée internationale s'étendre car les réseaux, grâce aux nouvelles technologies, s'alimentent directement et en temps réel dans le cadre d'échanges interactifs à l'échelle planétaire. Il y a en effet prolifération de sites sur Internet qui confirment en quelque sorte que ces initiatives, bin que locales, se rejoignent néanmoins dans une même « communauté internationale ».

**Il est probable que cette tendance à faire appel au « tiers secteur » s'approfondira dans la décennie qui vient.** Et que le Québec, en Amérique du Nord, maintiendra une architecture de services aux commu-nautés qui renvoie davantage à l'intérêt général. Pourquoi ? C'est qu'avec son économie publique (des Sociétés d'État comme Hydro-Québec) et la présence d'institutions de l'État social sur tout le territoire, avec la vigueur de son « tiers secteur » et avec la force de ces mouvements sociaux, dont le mouvement d'affirmation nationale, le Québec est une société qui, sur une trajectoire de longue durée (sur plusieurs décennies), a su développer une capacité propre de répondre à l'offensive néolibérale ; 1) par ses dispositifs de médiation entre les initiatives locales et les

---

6. Voir à ce propos un numéro thématique de la revue *Économie et Humanisme* (n° 350, octobre 1999), « Le développement local, une dynamique internationale ».

pouvoirs publics, et donc par la création d'espaces locaux de négociation sociale (contrairement à l'Ontario, par exemple); 2) par ses solutions plus collectives qu'individuelles aux problèmes de l'emploi et de la revitalisation des communautés (contrairement aux États-Unis, par exemple); 3) par des initiatives locales de la société civile adossées à des politiques publiques volontaristes de l'État (concertation des acteurs locaux de développement social).

À certaines conditions, la décentralisation des politiques publiques et la poussée des mouvements sociaux peuvent favoriser une orientation progressiste et plus démocratique au développement économique et social (Bourque, 2006). Le redéploiement des mouvements sociaux en direction de nouvelles formes d'organisation communautaire, de développement local et d'économie sociale peut favoriser la construction de nouvelles légitimités sur le terrain institutionnel et sur le registre démocratique (Comeau *et al.*, 2001). L'émergence de ces nouvelles filières peut stimuler, à tout le moins potentiellement, un peu plus de démocratie. Désormais, chaque communauté dispose non seulement d'un CLSC et de caisses populaires mais également de CJE, de CLD, de Maisons de la famille, de Centres de loisirs communautaires, etc. Et plus largement d'une nouvelle génération d'organisations et d'institutions pouvant fournir du soutien et de l'accompagnement **pour transformer des problèmes en projets collectifs**, et ainsi consolider là démocratie au plan local par un contrôle plus effectif des populations sur le développement de leur territoire d'appartenance, là où elles choisissent de bâtir un «vivre-ensemble».

Cela dit, les gains de l'État social au Québec et le potentiel de réponses innovatrices qui existe présentement ne sont pas nécessairement garants du scénario qui prévaudra: la «réingéniérie» du gouvernement libéral québécois et la montée de l'ADQ et de ses politiques conservatrices comportent des risques importants pour les acquis de ces 20 ans d'innovation en développement social de tout le Québec. Peut-être que le Québec social est entré, temporairement du moins, dans une phase plus réactive – c'est-à-dire de défense de ces nouveaux acquis collectifs par défaut d'un agenda public fait de projets et de politiques progressistes – que proactive – c'est-à-dire de construction conjointe avec les pouvoirs publics de nouveaux services collectifs. Dossier à suivre, notamment du côté des Conférences régionales des élus (CRE) et dès gouvernements locaux, désormais engagés dans le développement social (politique familiale).

## Le Québec et l'État social :
### expérience originale de développement
### en Amérique du Nord

Au Québec, l'État pèse pour 48,6 % du PIB (au Canada pour 42,8 % et aux États-Unis pour 33 %) car il intervient fortement dans l'éducation, la santé, les services sociaux et l'accès aux médicaments. De plus, le Québec dispose d'un régime public de retraite et, avec Hydro-Québec comme entreprise publique, d'une équité territoriale en matière d'énergie pour toutes les régions.

Dans la foulée des travaux de Esping-Andersen (1990), Saint-Arnaud et Bernard (2003) classent le Québec, dans l'ensemble des provinces canadiennes, presque dans une classe à part se rapprochant nettement plus des régimes européens sociaux-démocrates que des régimes « ultralibéraux » comme ceux des États-Unis et... de l'Alberta! Les indicateurs sociaux utilisés pour comparer les régimes providentiels dans la recherche de Saint-Arnaud et Bernard sont les suivants : 1) les charges sociales assumées par l'État; 2) le pourcentage d'emploi dans l'administration publique; 3) les dépenses de santé et la proportion de dépenses publiques assumées dans ce domaine; 4) le taux de mortalité infantile; 5) les dépenses publiques en éducation pour produire des scientifiques et des techniciens; 6) le taux de chômage; 7) le taux de syndicalisation. Mis à part le chômage et en raison de l'ensemble de ces indicateurs (6 des 7), le Québec a une cote plus élevée d'où l'« on voit se profiler, sur fond de scène d'un régime providentiel libéral, un interventionnisme d'État qui évoque les pays du nord de l'Europe ».

À la différence des États-Unis, le mouvement syndical québécois est numériquement et politiquement fort, le mouvement associatif et coopératif activement présent sur l'ensemble du Québec depuis quarante ans, fournissant un éventail de services collectifs de proximité soutenus par un financement public. En outre, depuis vingt ans, dans certains secteurs, les services publics œuvrent en étroite collaboration avec les communautés locales et les régions. Il existe de plus une économie publique forte (Caisse de dépôt, Société générale de financement), faisant relativement bon ménage avec la grande entreprise collective (Mouvement Desjardins, fonds de travailleurs...).

Ajoutons ici que cet ensemble de services collectifs est généralement perçu comme servant aux uns et aux autres. Ils sont perçus par une majorité comme indispensables tant à la bonne marche des affaires qu'au bien-être des populations : la sécurité dans les quartiers des centres-villes, la qualification de la main-d'œuvre, l'état des routes et du transport collectif, le dynamisme des collèges et universités en matière de recherche et d'accompagnement de projets, pour ne citer que ces domaines d'intérêt général, rendent le territoire du Québec attractif pour des entreprises tout autant qu'ils comblent certaines aspirations des populations concernées. Que la fiscalité pèse plus lourd dans la balance – cas du Québec par rapport à la plupart des provinces du Canada et encore plus par rapport aux États-Unis – ne le rend pas moins attractif. Si la fiscalité québécoise est plus lourde, elle génère par contre des bénéfices plus importants qu'ailleurs, comme le démontrent Guay et Marceau (2004, p. 67-68). Il y a un fond historique à cela : le Québec des quarante dernières années ne s'est pas développé d'abord grâce à l'entreprise privée mais grâce à sa « Révolution tranquille » qui a été pour l'essentiel une intervention de l'État doublée d'une cohabitation active avec l'économie coopérative et associative.

Bref, l'expérience québécoise, sur une base comparative avec les pays d'Europe qui ont un régime de type social-démocrate, démontre que même au cœur de l'Amérique du Nord, il est possible de faire autre chose qu'un développement néolibéral à l'américaine.

## ANNEXE

### Sites de recherche en développement des communautés, en économie sociale et en développement régional

L'Alliance de recherche université-communautés (ARUC-ISDC), démarrée en 2006 à l'UQO, comprend trois axes de recherche : *Développement social des communautés* ; *Développement socioéconomique des communautés et des régions* ; *Développement local au plan international*. (<www.uqo.ca/ARUC-ISDC>).

L'observatoire en organisation communautaire, économie sociale et en développement régional de la CRDC et du CRDT (<www.uqo.ca/observer>). Ce site a été créé en 2002 pour remédier aux lacunes concernant la diffusion d'informations sur les pratiques innovatrices des communautés locales, en OC, en économie sociale et en développement régional ainsi que sur les politiques publiques afférentes à ce domaine.

Le site du regroupement des organisateurs communautaires professionnels du Québec, le RQIIAC (<www.rqiiac.qc.ca>). Voir aussi leur bulletin d'information de 36 pages, qui paraît six fois l'an : *Interaction communautaire*.

# BIBLIOGRAPHIE

Alinsky, S. (1976). *Manuel de l'animateur social*, Paris, Éditions du Seuil.

Assogba, Y. (2000). *Insertion des jeunes, organisation communautaire et société*, Québec, Presses de l'Université du Québec, coll. « Pratiques et politiques sociales ».

Bélanger, J.-P. (1999). « Les organismes communautaires, une composante essentielle de ce tiers secteur », *Nouvelles pratiques sociales*, vol. 12, n° 2, p. 89 à 102.

Bourque, D. (2006). « Développement des communautés et santé publique. Perspectives, expertises et dynamique en présence », dans M. Tremblay, P.-A. Tremblay et S. Tremblay (dir.), *Le développement social : un enjeu pour l'économie sociale*, Presses de l'Université du Québec, coll. « Pratiques et politiques sociales et économiques », p. 104-114.

Bourque, D., Y. Comeau, L. Favreau et L. Fréchette (2007). *L'organisation communautaire : fondements, approches et champs de pratique*, Québec, Presses de l'Université du Québec, 540 p.

Bourque, G.-L. (2000). *Le modèle québécois de développement : de l'émergence au renouvellement*, Québec, Presses de l'Université du Québec, coll. « Pratiques et politiques sociales ».

Brassard, M.-J. (2007). « La clinique coopérative de santé ne rime pas avec privatisation », *Le Devoir*, 8 juin, p. A9.

Castel, R. (1995). *Les métamorphoses de la question sociale*, Paris, Éditions du Seuil.

Comeau, Y., L. Favreau, B. Lévesque et M. Mendell (2001). *Emploi, économie sociale et développement local : les nouvelles filières*, Québec, Presses de l'Université du Québec, coll. « Pratiques et politiques sociales ».

Conseil de santé et du bien-être (1996). *L'harmonisation des politiques de lutte contre l'exclusion* (avis au MSSS), Québec, CSBE, Gouvernement du Québec.

Côté, S. (1999). « Délestage tapageur ou décentralisation tranquille », dans R. Côté (dir.), *Québec 1999 : toute l'année politique, économique, sociale et culturelle*, Montréal, Fides/Le Devoir, p. 341-350.

Defourny, J., L. Favreau et J.-L. Laville (1998). *Insertion et nouvelle économie sociale : un bilan international*, Paris, Desclée de Brouwer.

Dommergues, P. (dir.) (1988). *La société de partenariat (économie-territoire et revitalisation régionale)*, Paris, Afnor-Anthropos.

Donzelot, J. et J. Roman (1998). « À quoi sert le travail social ? », *Esprit*, mars-avril, dossier thématique, p. 7-267.

Dubet, F. et D. Lapeyronnie (1992). *Les quartiers d'exil*, Paris, Éditions du Seuil.

Esping-Andersen, G. (1990). *The Three Worlds of Welfare Capitalism*, New Jersey, Princeton University press.

Favreau, L. (1998). « Québec : l'insertion conjuguée avec le développement économique communautaire », dans J. Defourny, L. Favreau et J.-L. Laville (dir.), *Insertion et nouvelle économie sociale : un bilan international*, Paris, Desclée de Brouwer, p. 159-182.

Favreau, L. (2000). « Le travail social au Québec (1960-2000) : 40 ans de transformation d'une profession », *Nouvelles pratiques sociales*, vol. 13, n°1, juin, p. 27-47.

Favreau, L. (2005). *Les regroupements nationaux d'économie sociale : essai d'analyse politique*, Gatineau, CRDC, Université du Québec en Outaouais, 35 p.

Favreau, L. et B. Lévesque (1999). *Développement économique communautaire, économie sociale et intervention*, Québec, Presses de l'Université du Québec.

Fréchette, L. (2000). *Entraide et services de proximité : l'expérience des cuisines collectives*, Québec, Presses de l'Université du Québec, coll. « Pratiques et politiques sociales ».

Freire, P. (1974 et 1977). *Pédagogie des opprimés*, Paris, Maspéro.

Godbout, J.-T. (1987). *La démocratie des usagers*, Montréal, Boréal.

Guay, A. et N. Marceau (2004). « Le Québec n'est pas le cancre économique qu'on dit », dans M. Venne (dir.), *L'Annuaire du Québec 2005*, Montréal, Fides.

Ion, J. (1990). *Le travail social à l'épreuve du territoire*, Privat, Toulouse.

MacGraw, D. (1978). *Le développement des groupes populaires à Montréal (1963-1973)*, Montréal, Éditions Saint-Martin.

Morel, M. (2006). « Plate-forme du Réseau québécois de développement social », dans M. Tremblay et S. Tremblay, *Le développement social*, Québec, Presses de l'Université du Québec, coll. « Pratiques et politiques sociales et économiques », p. 332-340.

Paquet (1999). *Oublier la Révolution tranquille. Pour une nouvelle socialité*, Montréal, Liber.

Proulx, M.-U. (1999). « Volontariat institutionnel et gouvernance du Québec à l'échelle supralocale », *Économie et Solidarités*, vol. 30, n° 2, p. 60-74.

Saint-Arnaud, S. et P. Bernard (2003). « Convergence et résilience ? Une analyse de classification hiérarchique des régimes providentiels des pays avancés », *Sociologie et Sociétés*, n° 35-2.

Vaillancourt, Y. (dir.) (1999). « Le tiers secteur », *Nouvelles pratiques sociales*, vol. 11, n° 2 et vol. 12, n° 1 (numéro double), p. 21-176.

Vaillancourt, Y. (2006). « Le tiers secteur au Canada, un lieu de rencontre entre la tradition américaine et la tradition européenne », *Revue canadienne de politique sociale*, n° 56, automne, p. 23-39.

Vaillancourt, Y. et J.-L. Laville (1998). « Les rapports entre associations et État », *Revue du MAUSS*, n° 11, p. 119-135.

Veltz, P. (2000). *Mondialisation, villes et territoires. L'économie d'archipel*, Paris, Presses universitaires de France.

# Le temps parental à l'horizon 2020

Gilles PRONOVOST
*Conseil de développement de la recherche sur la famille du Québec*

Cette communication s'appuie principalement sur l'analyse des données originales de quatre enquêtes sur l'emploi du temps, menées par Statistique Canada en 1986, 1992, 1998 et 2005. Ce genre d'étude consiste à faire le décompte des principales activités quotidiennes d'une personne au cours des dernières vingt-quatre heures. On peut ainsi mesurer la durée réelle du temps consacré à diverses activités quotidiennes ; ici, on s'appuie non pas sur une estimation que l'on fait de la durée des activités, mais sur une donnée plus précise. Je renvoie aux références en bibliographie pour une présentation détaillée de cette méthode (notamment mon ouvrage de 1996, ainsi que les publications récentes de Gershuny, 2000, Robinson, 1999, et Bianchi *et al.*, 2006).

En résumant sommairement, il en ressort notamment les grandes conclusions suivantes[1]. Depuis environ une décennie, le temps de travail a tendance à croître ; ce mouvement a débuté un peu plus tard au Québec par rapport au Canada. Alors que le temps de travail diminuait régulièrement depuis plusieurs décennies dans toutes les sociétés occidentales, on constate ainsi une nette inversion de la tendance. Ce sont particulièrement les plus scolarisés, les professionnels, les cadres et les gestionnaires qui ont vu leur durée du travail progresser. En contrepartie, alors que le temps consacré au loisir et à la culture affichait une hausse constante, pour la première fois depuis au moins un demi-siècle, celle-ci

---

1. Pour une description plus détaillée, voir Pronovost, 2007.

a été stoppée; le saut dans le XXIᵉ siècle semble avoir été fatal au temps libre, la «civilisation du loisir» semble s'être effondrée. À cet égard, au vu des données de l'enquête de 2005 de Statistique Canada, presque tous les indicateurs de temps libre sont à la baisse: le temps consacré à la culture, au sport et à la lecture, tout particulièrement.

Au tournant du XXIᵉ siècle, divers facteurs ont ainsi contribué à des changements importants, dont l'avenir dira s'ils sont durables. La plupart des études sur le sujet parlent non seulement de l'allongement de la durée du travail, mais également de son intensification, de sa précarisation; elles permettent encore d'étayer la montée de rythmes brisés, les changements fréquents d'emploi et l'augmentation du travail autonome. Au plan du loisir, peu d'analyses en ont prédit le déclin pourtant bien étayé.

### TABLEAU 1

*Budget temps hebdomadaire parmi la population active, Québec, 1986, 1992, 1998 et 2005 (population âgée de 15 ans et plus)*

|                                         | 1986 | 1992 | 1998 | 2005 |
|-----------------------------------------|------|------|------|------|
| Travail (y compris les déplacements)    | 46,4 | 42,5 | 41,3 | 43,2 |
| dont déplacements                       | 4,2  | 3,4  | 3,4  | 3,8  |
| Éducation                               | 1,4  | 1,0  | 0,7  | 0,6  |
| Travaux ménagers                        | 9,1  | 10,3 | 12,3 | 12,3 |
| Achats et services                      | 3,9  | 4,4  | 4,9  | 4,7  |
| Soins personnels                        | 73,9 | 74,3 | 71,4 | 72,7 |
| dont sommeil                            | 56,3 | 56,6 | 56,4 | 57,2 |
| Soins aux enfants                       | 3,8  | 2,6  | 3,1  | 2,4  |
| Associations                            | 1,3  | 2,1  | 1,8  | 1,8  |
| Loisir                                  | 28,3 | 30,9 | 32,5 | 30,2 |
| dont télé                               | 12,9 | 12,5 | 11,3 | 10,9 |
| Activités culturelles                   | 4,2  | 3,8  | 3,3  | 2,9  |
| dont lecture                            | 2,1  | 2,7  | 2,1  | 1,5  |
| Sport                                   | 2,1  | 3,1  | 3,9  | 3,5  |
| Soirées, visites                        | 5,5  | 7,6  | 9,5  | 8,8  |

## LE TEMPS DES MÈRES ET LE TEMPS DES PÈRES

Parmi la population active, il est incontestable que ce sont les parents qui ont fait les frais de cette détérioration du travail et du temps libre. Qu'on en juge: les mères travaillent maintenant trois heures de plus par semaine qu'il y a dix ans, elles s'approchent de quarante heures semaines (incluant le temps de déplacement). Chez les pères, on travaille maintenant six heures de plus par semaine, soit environ cinquante heures !

Jusqu'à tout récemment, on s'approchait lentement d'un meilleur équilibre dans le partage des tâches domestiques : en 1986, les hommes consacraient à peine l'équivalent de 40 % du temps des femmes à cette activité ; en 1998, c'était plus de 70 %. En 2005, on régresse vers la barre du 60 % ! Alors que la durée des tâches domestiques avait tendance à diminuer légèrement, mais progressivement chez les femmes, compensée en cela par une augmentation significative chez les hommes, l'équilibre a non seulement été rompu, mais maintenant les femmes consacrent plus de temps aux tâches domestiques qu'il y a vingt ans et les hommes tendent à se délester légèrement de cette responsabilité.

Les gains en temps libre des femmes ont été rayés d'un seul trait, c'est un retour d'une vingtaine d'années en arrière. Pour les pères, on peut parler d'un recul d'une trentaine d'années. En d'autres termes, deux heures de plus de travail chez les femmes ont induit une chute du double d'heures de temps libre, six heures de plus de travail chez les hommes a ramené leur temps de loisir à ce qui était vécu dans les années 1970.

Il faut imputer à l'intensification du temps de travail des parents ces mouvements dans les tâches domestiques et la durée du temps libre. Si l'on additionne le travail rémunéré et le travail domestique non rémunéré, on constate que l'accroissement de la durée du travail, chez les femmes n'a pas été réellement compensé par une diminution de leurs tâches domestiques, puisque le total des heures hebdomadaires observé en 2005 est pratiquement identique à celui de 1986. En revanche, l'important accroissement et du temps de travail et du temps domestique chez les hommes (malgré une diminution d'une trentaine de minutes par semaine entre 1998 et 2005) a fait en sorte qu'au total les pères « travaillent » maintenant près de 62 heures par semaine, soit près de cinq heures de plus que les mères. Si on y ajoute le temps consacré aux achats et services ainsi qu'au soin des enfants, les mères consacrent en tout 69 heures par semaine à diverses tâches professionnelles et familiales, les pères, 77 heures ! Ces données sont très près de ce qui a été observé aux États-Unis (Bianchi *et al.*, 2006, p. 57). Pères et mères, chacun à leur manière, ont ainsi dû composer avec la dégradation des temps sociaux.

Ils ont également dû composer avec la désynchronisation croissante de leurs horaires de travail. Une revue des données françaises indique que celle-ci s'est accrue de 20 % en une quinzaine d'années et que les

## Tableau 2

*Budget temps hebdomadaire chez les mères, Québec, 1/986, 1992, 1998*
*et 2005, parmi la population active âgée de 18 à 64 ans*

|                                          | 1986 | 1992 | 1998 | 2005 |
|------------------------------------------|------|------|------|------|
| Travail (y compris les déplacements)     | 39,8 | 36,4 | 37,1 | 39,3 |
|    dont déplacements       | 3,6  | 2,8  | 3,1  | 3,6  |
| Éducation                                | 2,0  | 2,0  | 0,6  | 0,6  |
| Travaux ménagers                         | 17,5 | 17,0 | 16,8 | 17,9 |
| Achats et services                       | 4,8  | 5,2  | 6,2  | 5,9  |
| Soins personnels                         | 73,9 | 74,9 | 71,2 | 73,1 |
|    dont sommeil            | 55,9 | 56,7 | 56,3 | 57,7 |
| Soins aux enfants                        | 5,8  | 7,1  | 6,4  | 6,0  |
| Associations                             | 1,1  | 1,5  | 1,8  | 1,7  |
| Loisir                                   | 23,2 | 23,8 | 27,8 | 23,5 |
|    dont télé              | 9,5  | 8,8  | 8,6  | 9,3  |
|    Activités culturelles  | 3,5  | 2,9  | 2,7  | 2,5  |
|      dont lecture | 2,0 | 2,3  | 1,8  | 1,5  |
|    Sport                  | 1,4  | 2,2  | 3,6  | 2,9  |
|    Soirées, visites       | 5,0  | 7,2  | 8,6  | 5,6  |

couples jouissant tous deux d'horaires standards comptent pour un peu plus de 40 % de ceux-ci (Chenu et Lesnard, 2006). L'enquête 2005 de Statistique Canada montre par ailleurs que, tous parents confondus, ceux ayant des enfants de moins de 5 ans sont plus affectés par des horaires non standards de travail.

## LE TEMPS PARENTAL SOUS TENSION

Les constatations qui précèdent ont également des conséquences sur le temps parental. Pour les fins de ce texte, en m'inspirant des travaux menés par Suzanne Bianchi aux États-Unis, j'utilise deux mesures complémentaires. Il y a le temps que les parents consacrent à des soins donnés à leurs enfants (par exemple, pour l'hygiène, l'éducation, le jeu), que l'on peut appeler *temps primaire* : en ce cas, on s'occupe directement de l'enfant. Il y a également le temps que l'on passe avec les enfants, dans le cadre d'activités communes (par exemple, prendre un repas, faire des courses, regarder ensemble la télévision, ou faire une activité culturelle ou sportive) : on peut le dénommer *temps secondaire* ou *temps interactif*. L'addition de ces deux mesures donne le *temps parental total*.

TABLEAU 3

*Budget temps hebdomadaire chez les pères, Québec, 1986, 1992, 1998 et 2005, parmi la population active âgée de 18 à 64 ans\**

|  | 1986 | 1992 | 1998 | 2005 |
|---|---|---|---|---|
| Travail (y compris les déplacements) | 52,5 | 44,3 | 44,8 | 50,4 |
| dont déplacements | 4,9 | 3,6 | 3,6 | 4,7 |
| Éducation | 0,9 | 0,5 | 0,2 | 0,3 |
| Travaux ménagers | 6,9 | 9,9 | 12,0 | 11,5 |
| Achats et services | 2,8 | 4,6 | 3,5 | 3,6 |
| Soins personnels | 71,9 | 73,3 | 70,7 | 69,6 |
| dont sommeil | 54,7 | 55,2 | 55,7 | 54,4 |
| Soins aux enfants | 3,1 | 4,9 | 5,3 | 4,4 |
| Associations | 1,3 | 2,0 | 1,6 | 1,8 |
| Loisir | 28,5 | 28,5 | 29,8 | 26,5 |
| dont télé | 13,9 | 12,9 | 11,8 | 10,8 |
| Activités culturelles | 4,0 | 2,8 | 2,5 | 2,0 |
| dont lecture | 2,5 | 2,0 | 2,0 | 1,3 |
| Sport | 2,4 | 3,4 | 3,7 | 3,5 |
| Soirées, visites | 4,6 | 5,0 | 7,2 | 6,8 |

\* 15 à 64 ans en 1986.

En référence aux figures 1 à 3, après une remontée chez les hommes, au point qu'une certaine convergence se dessinait avec le temps parental des femmes, on constate depuis peu un déclin très net du temps consacré aux enfants chez les parents (au Québec comme au Canada). Cette tendance ne semble pas avérée aux États-Unis, où les parents seraient plus présents auprès de leurs enfants, mais il peut y avoir quelques problèmes de mesure pour une comparaison plus stricte[2] (Bianchi *et al.*, 2006). La chute est plus accentuée en ce qui concerne le temps d'interaction, très souvent des activités de loisir, qu'en ce qui a trait au temps

---

2. Les mesures américaines faites par Bianchi et ses collaborateurs incluent également le temps consacré à des activités *secondaires* avec les enfants, par exemple déclarer comme activité principale que l'on prépare le repas tout en ajoutant converser avec les enfants, mais Statistique Canada n'a pas retenu cette mesure. En conséquence, les données américaines donnent des résultats plus élevés si l'on additionne le temps pour les soins primaires et les activités secondaires, mais les données canadiennes donnent des résultats plus élevés pour le temps avec les enfants (lequel peut parfois inclure l'équivalent d'une activité secondaire, par exemple regarder la télévision tout en discutant avec les enfants).

## FIGURE 1

*Temps hebdomadaire de soins aux enfants.*
*Parents sur le marché du travail*

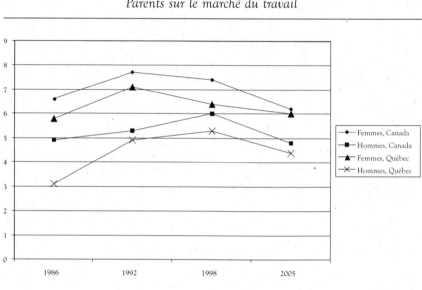

## FIGURE 2

*Évolution du temps interactif avec les enfants (temps hebdomadaire).*
*Parents sur le marché du travail*

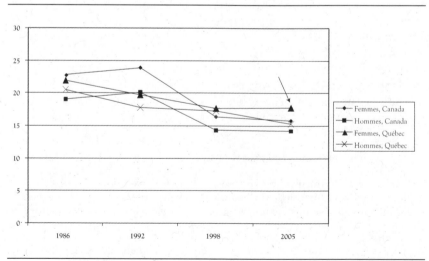

FIGURE 3

*Temps parental total*
*(temps hebdomadaire)*

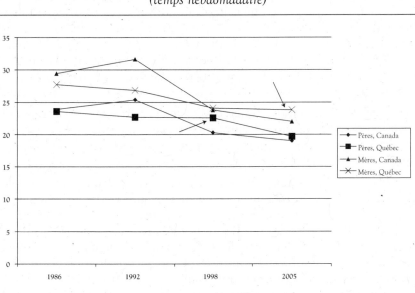

de soin. En d'autres termes, face aux contraintes du travail ou de leurs autres tâches, les parents tendent à résister fortement à la diminution du temps qu'ils consacrent au soin et à l'éducation des enfants, compressant au besoin d'autres activités communes, quitte parfois à recourir à des services spécialisés pour les activités culturelles ou sportives (cours de toutes sortes, camps de vacances, etc.) de leurs enfants. Suzanne Bianchi note également que les parents américains ont cherché à transformer certaines activités qu'ils pratiquaient seuls, en couple ou avec d'autres adultes, pour des activités familiales avec les enfants, d'autant plus que leur métier de parent a été l'objet d'un choix explicite et que l'on n'hésite pas à y investir plus de temps (2006, p. 87).

Il va sans dire que le temps parental est le plus élevé lorsque les enfants sont plus jeunes. Les études d'emploi du temps sont très claires à ce sujet : par exemple, les parents consacrent environ cinq fois plus de temps à leurs enfants âgés de moins de 5 ans qu'à leurs enfants plus vieux et demeurent en leur compagnie deux fois plus longtemps.

On constate encore que les parents québécois sont maintenant plus présents auprès de leurs enfants que leurs homologues canadiens. Ainsi, le temps total que les pères québécois consacrent à leurs enfants est maintenant plus élevé que celui qui est observé chez les pères canadiens. Il en est de même pour les mères québécoises, championnes du temps parental. Signe de la dégradation des temps sociaux, dans l'enquête de 1998, le temps parental des pères québécois s'approchait de celui des mères, au point que l'on pouvait anticiper une certaine parité dans les années ultérieures, mais depuis lors la tendance inverse s'est produite.

Il faut encore ajouter que ce sont les parents plus scolarisés qui consacrent le plus de temps à leurs enfants ; ce sont pourtant ces parents qui ont vu leur temps de travail s'accroître et s'alourdir leurs responsabilités professionnelles.

Dans un tel contexte, on ne sera pas surpris d'apprendre que le stress temporel est le plus important chez les mères sur le marché du travail ayant de jeunes enfants, suivis des pères ayant les mêmes caractéristiques (Pronovost, 2007). Les personnes en mal de temps sont les parents ayant de jeunes enfants, dont on a vu qu'ils étaient plus nombreux à travailler selon des horaires non standards. On se doute bien que les questions de conciliation famille-travail se trouvent au cœur de leurs préoccupations, et que les stratégies mises en œuvre par les parents s'appuient sur la nature de leur accès au marché du travail et sur un partage des responsabilités professionnelles et familiales, en fonction des possibilités de synchronisation ou non de leurs horaires.

Les tensions entre les temps sociaux ne peuvent être aussi manifestes. Il y a d'abord une tension entre le temps de travail et le temps familial et à ce jeu, le temps de travail constitue une donnée objective contribuant pour l'instant à la contraction observée du temps parental, principalement le temps d'interaction avec les enfants dans des activités communes. On observe encore une tension entre la réalité « objective » du travail et l'éthos du temps libéré (Daniel Mercure) ; encore ici, le temps libre a été sacrifié à l'autel du travail. Autre « signe des temps : la croissance constante de cette tension entre le temps familial et le temps personnel, entre la réalité des tâches domestiques et des responsabilités familiales et la recherche du temps pour soi, notamment chez les femmes.

## QUELS SCÉNARIOS POUR L'AVENIR ?

À l'examen des quatre enquêtes canadiennes disponibles, l'élaboration de scénarios constitue un véritable défi, la plupart des tendances passées ayant été récemment inversées. Il faut tenir compte du fait que l'on a ici affaire à des temps longs, qui se modifient lentement. Par exemple, chez les mères sur le marché du travail, on calcule que leur temps de travail s'est accru d'une vingtaine de minutes par semaine, par année, entre 1998 et 2005, et que le temps consacré aux enfants n'a décru que de quatre minutes. Sur un horizon d'une quinzaine d'années, il faut donc entrevoir des changements d'une heure ou deux, tout au plus, pour certaines activités, de quelques minutes par année pour d'autres.

Au regard des scénarios, je propose trois futurs possibles, basés sur les hypothèses suivantes :

- L'accélération des tensions entre les temps, marquée notamment par un temps de travail de plus en plus contraignant, qui impose une chute continue du temps libre et du temps parental.

- Le réalisme du statu quo, en vertu duquel la situation actuelle se stabilise, les parents doivent composer avec des tensions importantes.

- Le refus des nouveaux rythmes imposés par le temps de travail et la volonté de préserver un temps parental ou familial plus important.

Il va sans dire que l'on peut aussi envisager une infinité de scénarios intermédiaires, mais les trois scénarios retenus sont suffisamment explicites pour permettre de songer à toutes les nuances possibles.

## Le scénario noir des parents débordés

L'un des scénarios possibles suppose que la durée du temps de travail continuera d'augmenter, dépassant les 52 ou 53 heures par semaine chez les pères, et les 40 heures par semaine chez les mères. Dans une telle situation, la chute du temps parental se poursuit inexorablement, les pères pouvant ne consacrer que quelques heures par semaine à leurs enfants. Il demeure incertain si les parents pourront contenir la décroissance de leurs temps libres. Les conséquences sont faciles à prévoir : les problèmes de conciliation famille-travail prennent de l'ampleur, le stress parental s'accentue, les parents demeurent insatisfaits mais impuissants à assumer leurs responsabilités, la désynchronisation des temps parentaux s'amplifie.

# Figure 4

## Scénario « mères débordées »

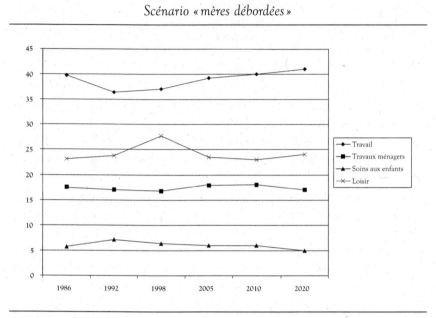

# Figure 5

## Scénario « pères débordés »

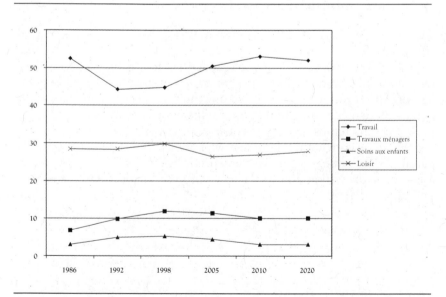

## Le scénario gris des parents réalistes

Dans un tel scénario, on fait l'hypothèse que la situation actuelle tend à se stabiliser ; le temps de travail est contenu. Les mères parviennent même à connaître un certain répit. Après une période difficile, jusqu'en 2010, les parents voient leurs responsabilités professionnelles devenir moins intenses, ils connaîtront bientôt une légère diminution de leur temps de travail. Ils en profiteront pour stabiliser, puis accroître le temps qu'ils consacrent à leurs enfants. Ils pourront même se permettre, à l'horizon 2020, une à deux heures additionnelles de temps libre. Il est possible ici que les jeunes familles soient celles qui résistent le plus fortement au scénario noir évoqué, provoquant un certain confinement dans le statu quo.

## Le scénario des parents engagés

Ce troisième scénario, nettement plus optimiste, sans que l'on puisse établir qu'il demeure improbable, repose sur l'hypothèse du refus de la situation actuelle, d'une sorte de révolte des parents face aux contraintes de plus en plus fortes du marché du travail. On n'accepte plus que les responsabilités familiales et le temps libre soient ainsi sacrifiés. On refuse donc les heures supplémentaires et les longues journées de travail. On demande des vacances, des longs week-ends et de nombreux congés ! On exige des mesures sévères de conciliation famille-travail, on cherche à éroder le temps de déplacement. Les parents deviennent de plus en plus insoumis eu égard aux heures de travail désynchronisées et au travail atypique. On parvient à fort prix à inverser la tendance et à accroître le temps consacré aux enfants, tant chez les pères que chez les mères. Les pères parvenant à contenir puis diminuer leur temps de travail, le partage des tâches domestiques devient progressivement plus égalitaire entre les hommes et les femmes. Le temps libre recommence à croître et, encore ici, on vise une certaine parité entre les parents.

## CONCLUSION

L'évolution des temps sociaux constitue un indicateur très significatif des grandes tendances des sociétés contemporaines. Elle nous renseigne sur le poids du travail comme temps pivot des autres temps. Elle nous indique combien le temps parental est tributaire du temps de travail et de son contenu. Elle constitue une véritable mesure des difficultés de synchronisation et d'harmonisation des horaires des membres d'une

# Figure 6
*Scénario « mères réalistes »*

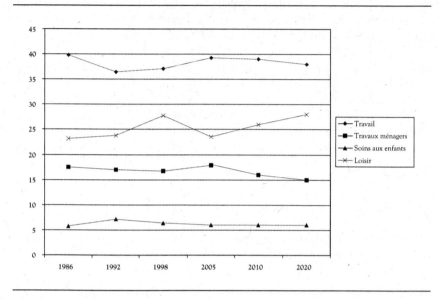

# Figure 7
*Scénario « pères réalistes »*

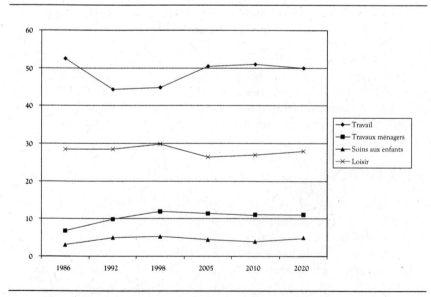

## FIGURE 8

*Scénario « mères engagées »*

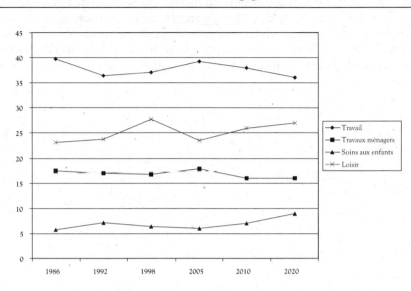

## FIGURE 9

*Scénario « pères engagés »*

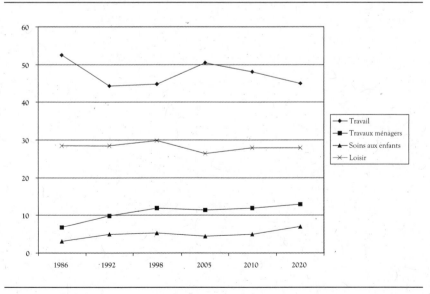

même famille. Si l'entreprise constitue un acteur clé dans la possibilité ou non d'atténuer les tensions que subissent actuellement les parents, par exemple par des mesures plus ou moins audacieuses de conciliation famille-travail, l'attitude des futurs parents, dans les «nouvelles jeunes familles», peut s'avérer déterminante. Avec la pénurie annoncée de main-d'œuvre à l'horizon, les parents relativement scolarisés détiennent une partie de la clé du futur de la société québécoise.

# ANNEXE

## TABLEAU A1

*Temps parental et temps familial, Québec, 1986-2005.*
*Population âgée de 18 à 64 ans\**

|  |  | Hommes actifs (pères) | Femmes actives (mères) | Ratio hommes/ femmes (%) |
|---|---|---|---|---|
| 1. Soins aux enfants | 1986 | 3 | 6 | 53 |
|  | 1992 | 5 | 7 | 69 |
|  | 1998 | 5 | 6 | 83 |
|  | 2005 | 4 | 6 | 73 |
| 2. Temps interactif | 1986 | 21 | 22 | 94 |
|  | 1992 | 18 | 20 | 90 |
|  | 1998 | 17 | 18 | 98 |
|  | 2005 | 15 | 18 | 86 |
| 3. Temps total avec les enfants | 1986 | 24 | 28 | 85 |
|  | 1992 | 23 | 27 | 85 |
|  | 1998 | 23 | 24 | 94 |
|  | 2005 | 20 | 24 | 83 |
| 4. Temps familial\*\* | 1992 | 41 | 41 | 101 |
|  | 1998 | 42 | 40 | 105 |
|  | 2005 | 38 | 39 | 98 |

\* 1986 : population âgée de 15 à 64 ans.
\*\* Toute activité quotidienne réalisée en compagnie de l'un ou l'autre membre de la famille sans double compte.

Les données de 1986 ne sont pas comparables.

# BIBLIOGRAPHIE

Bianchi, Suzanne M., John P. Robinson et Melissa A. Milkie (dir.) (2006). *Changing Rhythms of American Family Life*, New York, Russell Sage, 249 p.

Bianchi, Suzanne, Vanessa Wight et Sara Raley (2005). *Maternal Employment and Family Caregiving: Rethinking Time with Children in the ATUS*. Texte préparé pour l'ATUS Early Results Conference, Bethesda (Maryland), décembre, 59 p.

Chenu, Alain et Nicolas Herpin (2002). «Une pause dans la marche vers la civilisation des loisirs?», *Économie et Statistique*, nᵒˢ 352-353, p. 15-37.

Chenu, Alain et Laurent Lesnard (2006). «Time use surveys: A review of their aims, methods and results», *European Journal of Sociology*, vol. 47, nᵒ 3, p. 335-359.

Gershuny, Jonathan (2000). *Changing Times. Work and Leisure in Postindustrial Society*, Oxford, Oxford University Press, 304 p.

OCDE (2005). *Bébés et employeurs: comment concilier travail et vie de famille. Canada, Finlande, Royaume-Uni et Suède*, Paris, OCDE, 279 p.

Pronovost, Gilles (1996). *Sociologie du temps*, Bruxelles, De Boeck Université, 181 p.

Pronovost, Gilles (2005). *Temps sociaux et pratiques culturelles*, Québec, Presses de l'Université du Québec, 180 p.

Pronovost, Gilles (2006). «Trends in child care and parenting in Canada: 1986 to 1998», dans Suzanne M. Bianchi, John P. Robinson et Melissa A. Milkie (dir.), *Changing Rhythms of American Family Life*, New York, Russell Sage, p. 196-200.

Pronovost, Gilles (2007). «Le temps dans tous ses états: temps de travail, temps de loisir et temps pour la famille à l'aube du XXIᵉ siècle», *Enjeux publics IRPP*, volume 8, nᵒ 1, 35 p.

Robinson, John (2004). «Changements et facteurs explicatifs de l'emploi du temps chez les parents, aux États-Unis, au Canada et au Québec», *Enfances, Familles, Générations*, nᵒ 1, <www.erudit.org/revue/efg/2004/v/n1/index.html>.

Robinson, John et Geoffrey Godbey (1999). *Time for Life: The Surprising Ways Americans Use their Time*, 2ᵉ éd., University Park, Pennsylvania State University Press, 402 p.

Statistique Canada (1986). *Enquête sociale générale, 1986 – cycle 2. Emploi du temps, mobilité sociale et langue*, Ottawa.

Statistique Canada (1992). *Enquête sociale générale, 1992 – cycle 7. L'emploi du temps*, Ottawa.

Statistique Canada (1999). *Aperçu sur l'emploi du temps des Canadiens en 1998*, Ottawa. 21 p., Catalogue 12F0080X1F, <www.statcan.ca/>.

Statistique Canada (2006). *Aperçu sur l'emploi du temps des Canadiens 2005*. Ottawa, 70 p., Catalogue 12F0080X1F, <www.statcan.ca/>.

Tremblay, Diane-Gabrielle (dir.) (2005). *De la conciliation emploi-famille à une politique des temps sociaux*, Québec, Presses de l'Université du Québec, 291 p.

Turcotte, Martin (2007). «Le temps passé en famille lors d'une journée de travail typique, 1986 à 2005», *Tendances sociales canadiennes*, nᵒ 83, 44 p.

# Prospective
## sur les générations

# Grandir au Québec au début du XXIe siècle

## Conditions de vie des enfants, vulnérabilité et conséquences[1]

Christa JAPEL
*Université du Québec à Montréal*
Pierre McDUFF
*Université de Montréal*
Manon MOUSSEAU
*Université du Québec à Montréal*

Le développement des enfants est influencé par de nombreux facteurs relevant de leurs caractéristiques personnelles et de leur environnement. Ces différents facteurs sont en interaction dynamique et permettent à un individu de s'adapter à son environnement. Les facteurs qui augmentent la probabilité chez un enfant de développer un désordre émotionnel ou comportemental sont considérés comme des facteurs de risque (Werner, 2007). Ce concept de facteurs de risque renvoie à une caractéristique mesurable, présente au sein d'un groupe de personnes ou de leur contexte de vie, qui prédit une issue négative en regard d'un critère particulier (Wright et Masten, 2005). Ainsi, la notion de risque se rapporte à un groupe et non à un individu, ce qui ne permet pas de prédire qui, dans un groupe à risque, va éventuellement éprouver des difficultés d'adaptation. Il convient également de prendre en considération qu'un facteur peut être distal ou proximal selon la nature plus ou moins directe à laquelle il affectera l'enfant qui y est exposé. Par

---

1. Ce texte est un extrait d'un rapport qui sera prochainement publié par l'Institut de recherche en politiques publiques.

exemple, le divorce ou des pratiques parentales inadéquates seront considérés comme des facteurs de risque proximaux puisque l'enfant y est exposé directement. La pauvreté ou l'impossibilité d'avoir accès à des services de garde de qualité, par contre, représenteraient des facteurs de risque distaux, puisqu'ils surviennent à l'intérieur d'un contexte plus éloigné du vécu immédiat de l'enfant. Ces facteurs distaux ont une incidence sur l'environnement social et affectif de l'enfant, indirecte toutefois, puisqu'elle est médiatisée par des facteurs proximaux (Wright et Masten, dans Goldstein et Brooks, 2005).

Plusieurs études longitudinales ont cherché à identifier de façon précise les facteurs susceptibles d'affecter le développement optimal des enfants. Parmi les premières études, l'étude longitudinale de Kauai a permis de mesurer l'incidence d'un grand nombre de facteurs de risque biologiques, psychologiques et sociaux à différentes périodes s'étendant de la périnatalité à l'âge de 40 ans. Ainsi, chez le groupe d'individus qui avaient connu des difficultés importantes, les facteurs de risque les plus néfastes étaient l'exposition à l'alcoolisme parental ou la maladie mentale, surtout pour les hommes. D'autres facteurs, tels qu'un petit poids à la naissance de même qu'un diagnostic de retard intellectuel dans l'enfance, augmentaient la probabilité de connaître des problèmes de santé à l'âge adulte, y compris des épisodes de dépression majeure. Les adultes qui avaient été exposés à plus d'événements stressants au cours de leur enfance rapportaient également plus de problèmes de santé à l'âge de 40 ans. Les chercheurs ont également pu établir que la qualité d'adaptation des individus à l'âge de 40 ans était reliée à des problèmes de santé physique avant l'âge de 10 ans, aux compétences parentales de la mère de même qu'au soutien émotionnel reçu dans l'enfance (Werner, 1997).

Les résultats d'études canadiennes ont ajouté à la compréhension de l'effet de certaines caractéristiques familiales et socioéconomiques sur le développement des enfants. Ainsi, on observe un lien significatif entre l'âge de la mère à la naissance du premier enfant, le revenu familial, l'éducation de la mère et le fonctionnement familial et les difficultés psychosociales manifestées par les enfants pendant l'enfance, l'adolescence et l'âge adulte (Lipman *et al.*, 2000). Hoddinott et ses collègues (2002) constatent, par exemple, que les enfants de mères ayant fait des études postsecondaires démontrent plus de compétences langagières et que ces compétences sont liées à leurs performances scolaires ultérieures. Cela suggère que la scolarité des parents, en particulier celle de la mère, a une forte incidence sur le développement cognitif de l'enfant. Quant au fonctionnement familial, le fait de provenir d'une famille dysfonctionnelle (par exemple, les familles où les membres se sentent peu accueillis ou ont de la difficulté à s'exprimer) augmente de 40 % pour un enfant la possibilité de présenter des troubles du comportement comme de l'agressivité (Racine et Boyle, 2002).

D'autres facteurs, tels que la pauvreté, la monoparentalité et la santé mentale des parents, se sont également avérés des facteurs de risque associés à des troubles du comportement, à la santé physique et mentale de même qu'à la réussite scolaire des enfants (Munroe Blum, Boyle et Offord, 1988 ; Rae-Grant, Thomas, Offord et Boyle, 1989 ; Pagani, Boulerice, Tremblay et Vitaro, 1999). Ainsi, la dépression de la mère semble un facteur particulièrement important puisque les jeunes enfants dont la mère rapporte un degré élevé de symptômes dépressifs sont susceptibles de connaître un développement cognitif plus lent ou de développer des troubles comportementaux (Somers et Willms, 2002). D'autres résultats démontrent que la monoparentalité associée à un faible revenu peut avoir une incidence sur le développement intellectuel de l'enfant et contribuer à l'apparition de comportements problématiques, surtout chez les garçons (Lipman, Offord, Dooley et Boyle, 2002). Finalement, dans les quartiers défavorisés sur le plan socioéconomique, généralement caractérisés par des taux élevés de pauvreté et d'instabilité résidentielle ainsi que par peu de cohésion sociale, on observe plus de problèmes de comportement de même que des compétences langagières plus faibles chez les enfants d'âge préscolaire (Kohen, Brooks-Gunn, Leventhal et Hertzman, 2002). Ces caractéristiques du quartier augmentent également le risque que le jeune soit affilié à des pairs délinquants ou encore qu'il soit engagé dans des relations sexuelles précoces (Dupéré, Lacourse, Willms, Vitaro et Tremblay, 2007 ; Dupéré, Lacourse, Willms et Tremblay, 2008).

Il est important de tenir compte du fait qu'un seul facteur de risque pris isolément n'est pas suffisant pour expliquer le développement problématique d'un enfant mais que cet effet serait cumulatif et augmenterait en fonction du nombre de facteurs en présence. Ainsi Rutter, en 1979, dans son étude sur des enfants de milieux pauvres, avait fait ressortir qu'en présence d'un seul facteur de risque la probabilité des enfants de développer des troubles mentaux augmentait de 1 %, en présence de deux facteurs, le risque augmentait de 5 % alors qu'à partir de quatre facteurs, la probabilité atteignait 21 %. D'autres chercheurs se sont aussi intéressés à la nature cumulative des facteurs de risque. En 1987, Sameroff et ses collègues ont comparé le quotient intellectuel d'enfants aux prises avec différents facteurs de risque et ont démontré qu'en présence de un, deux ou trois facteurs de risque, il n'y avait pas de différence significative au regard des performances mais qu'à partir de quatre facteurs, on voyait une chute importante du QI. Ils ont également pu établir que le nombre de facteurs à l'intérieur d'un niveau socioéconomique était beaucoup plus important pour expliquer l'inadaptation que le facteur socioéconomique en lui-même. Plus récemment, des chercheurs ont étudié les facteurs de risque à l'intérieur de six différents contextes écologiques se basant sur le modèle de Bronfenbrenner (1977). Leurs résultats ont permis de démontrer que certaines variables étaient un risque pour tous les aspects du développement, par exemple le soutien à l'autonomie ou un climat familial négatif, tandis que d'autres variables, telles que le niveau d'éducation des parents ou la monoparentalité, affectaient seulement quelques aspects du développement (Furstenberg et al., 1999).

En résumé, ces études d'ici et d'ailleurs convergent et donnent un portrait cohérent de facteurs de risque qui pourraient mettre en péril le développement optimal des enfants. Ces facteurs peuvent être représentés selon un modèle écologique (Bronfenbrenner, 1977 ; Garbarino, 1990) dans lequel l'enfant se construit et se développe grâce à ses interactions avec son environnement physique et humain. Dans ce modèle dynamique et interactif, le développement de l'individu est affecté par différents systèmes dans lesquels on retrouve une variété de risques potentiels dont les incidences sont plus ou moins directes. L'enfant étant au centre de ce modèle, des caractéristiques telles que sa santé, le contexte familial adéquat et stimulant dans lequel il évolue sont considérés comme des facteurs proximaux. Les caractéristiques familiales plus éloignées du vécu de l'enfant, telles que l'âge de la mère, son niveau d'éducation ou les ressources financières disponibles pour la famille, sont considérées comme des facteurs distaux. Finalement, la famille est entourée par un environnement physique et social qui a ses propres caractéristiques et qui influence le bien-être des membres de la communauté. Par conséquent, certaines caractéristiques d'un quartier, telles qu'un manque de soutien social ou la criminalité, peuvent constituer des facteurs susceptibles de contribuer au développement de l'enfant. Il importe toutefois de rappeler que l'occurrence d'un seul de ces facteurs n'est pas suffisante pour compromettre le développement d'un individu, la force de l'effet résidant plutôt dans l'accumulation ou la contribution additive des facteurs. Ainsi, les enfants qui grandissent dans une famille où l'on retrouve un nombre élevé d'influences négatives s'en sortiront moins bien que ceux qui sont exposés à moins de facteurs de risque (Sameroff et Fiese, 2000).

## L'IMPORTANCE DE LA PETITE ENFANCE

Les connaissances sur le développement de l'enfant ont beaucoup progressé au cours de la dernière décennie. Nous savons maintenant, par exemple, que le développement cérébral durant la petite enfance pose les fondements des aptitudes à l'apprentissage et des capacités d'adaptation de l'être humain pour le reste de sa vie. Dans leurs rapports sur l'importance de la petite enfance, McCain et Mustard (1999) et McCain, Mustard et Shanker (2007) présentent une synthèse des nouvelles connaissances en neuroscience, psychologie du développement, épidémiologie, biologie moléculaire et économie et constatent que les résultats de ces recherches indépendantes convergent de façon remarquable en ce qui concerne les conséquences à long terme des premières expériences. De ce fait, le développement du cerveau, de la conception à l'âge de 6 ans, détermine les aptitudes à l'apprentissage, le comportement et la santé de l'être humain tout au long de son existence. Ces recherches confirment également que le développement des compétences chez l'être humain est le produit d'un processus interactif entre les prédispositions génétiques de l'individu et les nombreux facteurs environnementaux s'étendant de l'alimentation et du bien-être de la mère, à la qualité des interactions avec les personnes significatives jusqu'au degré de soutien offert par la société au regard des soins et services disponibles aux familles. Dans leur œuvre détaillée et novatrice sur le développement des jeunes enfants, intitulée *From Neurons to Neighborhoods*, Shonkoff et Phillips (2000) stipulent que le bien-être et le développement optimal des jeunes enfants reposent sur deux conditions essentielles. Premièrement, les enfants ont besoin de relations stables et affectueuses avec un nombre limité d'adultes qui sont capables de leur prodiguer des soins répondant à leurs besoins et de leur offrir des interactions réciproques, qui assurent leur sécurité, encouragent leurs explorations et apprentissages et qui leur transmettent des valeurs culturelles. Deuxièmement, il est essentiel que l'enfant puisse s'épanouir dans un environnement sécuritaire et prévisible qui lui procure une variété d'expériences favorisant son développement cognitif, linguistique, social, affectif et moral. Les auteurs concluent que, malheureusement, un bon nombre d'enfants aux États-Unis ne bénéficient pas de ces conditions favorables. En ce qui concerne des statistiques plus précises, Fraser Mustard[2], de l'Institut canadien de recherches avancées, observe qu'en Ontario plus d'un enfant sur cinq peut être considéré comme «vulnérable» et ainsi

---

2. <www.peterboroughchamber.ca/newsletter/pdfs/CC_Mar_2003.pdf>.

en danger de ne pas pouvoir réaliser son plein potentiel. Par ailleurs, les données de l'Enquête longitudinale nationale sur les enfants et les jeunes (ELNEJ) ont permis d'établir qu'à travers le Canada près d'un tiers des enfants manifeste des comportements problématiques ou des retards cognitifs (Willms, 2002). Au Québec, des études récentes font ressortir qu'environ 30 à 50 % des enfants de milieux défavorisés présenteraient un retard dans un ou plusieurs domaines reliés à la maturité scolaire (Direction de santé publique, 2008 ; Pomerleau, Malcuit, Moreau et Bouchard, 2005). Ces difficultés d'adaptation sont infailliblement les conséquences de grandir dans un contexte de vie qui comporte plusieurs facteurs de risque et laissent entrevoir des conséquences économiques et sociales importantes.

## L'ÉTUDE LONGITUDINALE DU DÉVELOPPEMENT DES ENFANTS DU QUÉBEC (ELDEQ)

Dans quelles conditions de vie grandissent les enfants au Québec? Combien d'entre eux sont exposés à des facteurs de risque? Et quelles sont les conséquences pour ces enfants de grandir dans un contexte à risque multiple?

Les données recueillies dans le cadre de l'Étude longitudinale du développement des enfants du Québec (ELDEQ) nous permettent de répondre à ces questions. Cette enquête est menée conjointement par la Direction Santé Québec de l'Institut de la statistique du Québec et une équipe interdisciplinaire et de chercheurs venant de diverses universités. Depuis 1998, l'ELDEQ suit annuellement le développement de 2 223 jeunes enfants. Cette cohorte, constituée à partir du registre des naissances, est un échantillon représentatif des enfants nés au Québec entre le 1er octobre 1997 et le 31 juillet 1998. Cette période n'a pas été choisie arbitrairement : elle permettait de s'assurer que les enfants suivis feraient leur entrée à l'école au cours de la même année (Jetté et Des Groseilliers, 2000). L'objectif de cette étude, qui a débuté alors que les enfants étaient âgés de cinq mois, est de déterminer les facteurs de risque et de protection qui, pendant une période cruciale de leur développement, peuvent compromettre ou favoriser leur adaptation à l'école. Les nombreuses données recueillies par les chercheurs permettent alors 1) d'établir un profil détaillé du contexte sociodémographique et relationnel dans lequel évoluent ces enfants, 2) d'examiner le lien entre des facteurs de risque présents dans leur vie et le développement socioaffectif et cognitif de la naissance à leur entrée en maternelle et 3) de vérifier l'association entre le degré de risque auquel les enfants sont exposés et leur fréquentation d'un service de garde, ce qui peut potentiellement représenter un facteur de protection (Côté *et al.*, 2007 ; Geoffroy *et al.*, 2007).

## LES FACTEURS DE RISQUE

Les données recueillies dans le cadre de l'ELDEQ permettent d'établir un profil détaillé des différents facteurs de risque pouvant influer sur l'adaptation des enfants du Québec. Ces facteurs de risque ont été choisis à la lumière des recherches citées et peuvent être conçus dans une perspective écologique. La figure 1 présente ce modèle. On y retrouve des facteurs plus proximaux telles les caractéristiques propres à l'enfant et les variables ayant trait à la qualité de l'interaction entre les parents et l'enfant et entre tous les membres de la famille. Ces facteurs se situent à l'intérieur d'une série de facteurs plus distaux tels que les caractéristiques de la mère et de la famille ; finalement, on considère quelques indices relatifs à la qualité du quartier.

FIGURE 1

*Modèle écologique des facteurs de risque présents
dans la vie des enfants de l'ELDEQ*

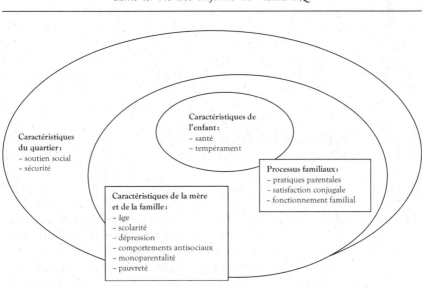

TABLEAU 1

*Classification des risques reliés
aux différents facteurs personnels ou contextuels\**

| Facteur contextuel | Risque |
|---|---|
| Santé de l'enfant à 5 mois | Moins qu'excellente ou très bonne |
| Tempérament difficile à 5 et 17 mois | 25 % les plus élevés |
| Âge de la mère à la naissance de l'enfant | Moins de 20 ans |
| Scolarité de la mère | Moins d'un diplôme d'études secondaires |
| Symptômes dépressifs de la mère | 25 % les plus élevés |
| Comportements antisociaux de la mère pendant l'adolescence | Deux et plus |
| Statut familial | Monoparentalité |
| Revenu familial | Faible revenu – seuil établi par ISQ |
| Pratiques parentales coercitives | 25 % les plus élevés |
| Satisfaction conjugale | 25 % les plus bas |
| Dysfonctionnement familial | 25 % les plus élevés |
| Soutien social | 25 % les plus bas |
| Sécurité du quartier | 25 % les plus bas |

\* Voir l'annexe I pour une description détaillée des différentes questions et échelles ayant
  servi pour établir les facteurs de risque.

Ces facteurs de risque sont généralement présentés de façon dichotomique, ce qui veut dire qu'ils sont considérés comme étant absents
ou présents dans la vie de l'enfant. En nous appuyant sur les recherches
antérieures (voir Puma *et al.*, 2007, pour un résumé et Sameroff, 2006),
nous avons utilisé la classification de risque qui est présentée au
tableau 1.

## LES INDICATEURS D'ADAPTATION
## CHEZ LES ENFANTS DE L'ELDEQ

Des comportements problématiques ainsi que des lacunes sur le plan
cognitif manifestés pendant les années préscolaires laissent entrevoir
une trajectoire sociale et scolaire moins réussie lors des années de
scolarisation formelle (Duncan *et al.*, 2007 ; Tremblay, 2000). Pour tenir
compte de ces deux dimensions, nous avons retenu pour nos analyses
les comportements d'agressivité physique ainsi que les performances des
enfants à des tests cognitifs administrés à l'âge de la prématernelle et
de la maternelle.

## Les comportements d'agressivité physique

À partir de la deuxième collecte de données, alors que les enfants sont âgés de 17 mois, plusieurs aspects du comportement de l'enfant sont évalués annuellement dans le but de mieux comprendre le contexte d'émergence de certains problèmes de comportement. Ces mesures du comportement, dont la plupart sont également incluses dans L'Enquête longitudinale nationale sur les enfants et les jeunes (ELNEJ), ont été tirées de nombreuses sources par Richard E. Tremblay, du Groupe de recherche sur l'inadaptation psychosociale chez l'enfant (GRIP) de l'Université de Montréal et directeur scientifique de l'ELDEQ, en consultation avec D. Offord et M. Boyle de l'Hôpital Chedoke-McMaster[3]. Les données concernant le comportement de l'enfant sont recueillies auprès de la personne qui connaît le mieux l'enfant (PCM). Cette dernière indique à quelle fréquence (jamais, quelques fois ou souvent) son enfant démontre une série de comportements. Dans le cas de l'agressivité physique, ces comportements comprennent, entre autres, attaquer physiquement les autres enfants, frapper, mordre, donner des coups de pied ou se bagarrer. L'échelle de comportement est standardisée pour avoir un minimum de 0 et un maximum de 10.

## Les compétences cognitives

Pour mesurer les capacités d'apprentissage des enfants, un test de vocabulaire a été administré alors que les enfants avaient atteint l'âge de la prématernelle (environ 4 ½ ans). L'année suivante, quand ces enfants étaient en maternelle et âgés d'environ 5 ½ ans, le test était administré de nouveau. La version française du Peabody Picture Vocabulary Test – Revised (PPVT-R) de Dunn et Dunn (1981), adaptée pour une population francophone et validée par Dunn, Thériault-Whalen et Dunn (1993) a été utilisée pour mesurer leur compréhension des mots. L'administration de l'Échelle de vocabulaire en images Peabody (EVIP) se fait individuellement et peut durer entre 10 et 20 minutes selon l'âge de l'enfant. Les résultats obtenus à l'EVIP sont fortement corrélés avec le quotient intellectuel obtenu à l'aide d'autres échelles (Dunn et Dunn, 1997), et même si ce test ne vise que les compétences à l'égard du vocabulaire réceptif, ces résultats sont des indices fiables de la réussite scolaire ultérieure (Williams et Wang, 1997). Chaque enfant soumis à l'EVIP

---

3. Pour plus de détails concernant l'origine des ces mesures, voir <www.stat.gouv. qc.ca/publications/sante/pdf/BebeV2No12-2.pdf>.

s'est vu attribuer un score brut[4] fondé sur le calcul des réponses correctes sur un maximum de 170 images à identifier. Les moyennes des scores à l'âge de la prématernelle et la maternelle se situent respectivement à 67,1 (écart type = 18,92 ; N = 967) et à 80,47 (écart type = 17,12 ; N = 1 161).

Pour obtenir un profil des enfants en ce qui concerne leurs connaissances des nombres et des notions mathématiques de base, un autre test leur a été administré alors qu'ils étaient à l'âge de la prématernelle (environ 4 ½ ans) et l'année suivante, quand ils étaient en maternelle. Cette activité sur les nombres, *The Number Knowledge Test* (NKT, Okamoto et Case, 1996), a été développée par Robbie Case de l'Université de Toronto. Ce test, qui est administré individuellement, permet de mesurer les connaissances informelles de l'enfant en ce qui a trait aux prérequis conceptuels aux opérations mathématiques. Tout comme les habiletés langagières, ces connaissances sont un très bon prédicteur des apprentissages ultérieurs (Duncan *et al.*, 2007). Le score maximal que les enfants peuvent obtenir à ce test est de 18 et les scores moyens de tous les participants à l'âge de la prématernelle et de la maternelle sont respectivement 9,63 (écart type = 4,1 ; N = 985) et 13,3 (écart type = 3,27 ; N = 1 186).

## RÉSULTATS

Combien d'enfants de l'ELDEQ débutent leur vie dans un contexte à risques multiples ? La figure 2 illustre la répartition des enfants selon le nombre de facteurs de risque présents à l'âge de 5 mois. Elle permet de constater qu'environ un enfant sur six de cette cohorte évolue dans un environnement sans risque apparent au début de sa vie. Un peu plus d'un enfant sur cinq est confronté à un ou deux facteurs de risque et approximativement un enfant sur six grandit dans un contexte où l'on retrouve trois facteurs de risque. Un enfant sur dix est exposé à quatre facteurs de risque, et un peu plus d'un enfant sur vingt fait face à cinq facteurs de risque au cours de sa première année de vie. Ce ratio diminue graduellement avec le nombre croissant de facteurs de risque relevés dans le contexte de vie de ces enfants. Quant aux enfants

---

4. Nous avons utilisé les scores bruts et non les scores normalisés qui tiennent compte de l'âge de l'enfant. Dans le système scolaire, on observe des variations dans la performance puisque les enfants n'ont pas le même âge mais sont évalués au même moment selon les mêmes critères.

FIGURE 2

*Répartition des enfants de l'ELDEQ selon le nombre de facteurs de risque
présents à l'âge de 5 mois (N = 2 214)*

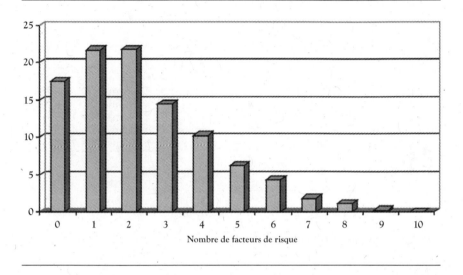

Nombre de facteurs de risque

considérés « à risque », on constate que près d'un quart d'entre eux
(24 %) débutent leur vie dans un contexte où l'on retrouve quatre facteurs
de risque ou plus.

Est-ce que le nombre de facteurs de risque présents au cours de la
première année de vie des enfants de l'ELDEQ est associé à un niveau
élevé d'agressivité physique au cours des années préscolaires ? La figure 3
illustre bien la réponse à cette question : le score moyen d'agressivité
physique augmente graduellement avec le nombre de facteurs présents
à la première collecte de données de l'ELDEQ alors que les enfants
étaient âgés de 5 mois. Lors des six temps où cette variable a été recueillie,
soit de l'âge de 17 mois à l'âge de la maternelle, on constate que le score
moyen des enfants exposés à quatre facteurs de risque et plus s'avère
nettement supérieur à celui rapporté pour les enfants qui vivent dans
un contexte de vie sans risque apparent (p ≤ 0,001).

Est-ce que la performance cognitive diminue en fonction du nombre
de facteurs de risque présents au début de la vie de l'enfant ? La figure 4
illustre le lien entre le nombre de facteurs de risque présents à l'âge
de 5 mois et la performance au test mesurant le vocabulaire réceptif
administré alors que les enfants avaient 5 et 6 ans. Cette figure montre
bien qu'à l'âge de la prématernelle ainsi qu'en maternelle le score moyen

## FIGURE 3

*Lien entre le score moyen d'agressivité physique
et le nombre de facteurs de risque présents à l'âge de 5 mois*

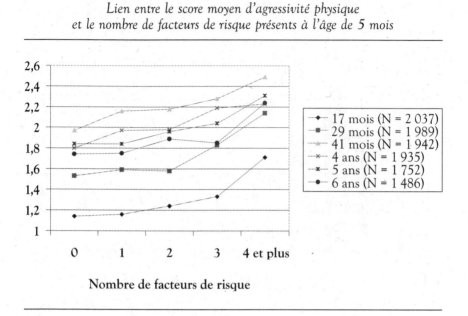

**Nombre de facteurs de risque**

## FIGURE 4

*Lien entre le score moyen à l'EVIP administré en prématernelle et maternelle
et le nombre de facteurs de risque présents à l'âge de 5 mois*

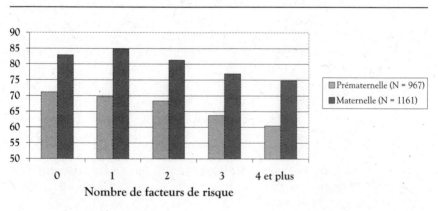

**Nombre de facteurs de risque**

FIGURE 5

*Lien entre le score moyen à l'Activité sur les nombres (NKT)
administré en prématernelle et maternelle et le nombre
de facteurs de risque présents à l'âge de 5 mois*

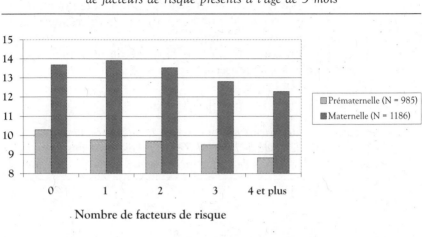

Nombre de facteurs de risque

obtenu à l'EVIP diminue avec le nombre de facteurs trouvés au début de la vie de ces enfants. En fait, à ces deux moments, les enfants qui ont commencé leur vie dans un contexte où l'on retrouve quatre facteurs de risque et plus présentent un écart significatif lorsque comparés à ceux qui n'ont été exposés à aucun facteur de risque au début de leur vie ($p \leq 0{,}01$).

Est-ce que ce même lien entre les facteurs de risque présents tôt dans la vie et la performance de l'enfant se dégage lorsqu'on examine les résultats à un test mesurant les connaissances des nombres administré à l'âge de la prématernelle et de la maternelle ? Comme la figure 5 l'illustre, on remarque une décroissance des scores en fonction du nombre des facteurs de risque présents au début de la vie. Ainsi, à l'âge de 5 ans, les enfants qui n'ont connu aucun facteur de risque au cours de leur première année de vie obtiennent un meilleur résultat à ce test, comparés aux enfants exposés à de multiples facteurs de risque ($p \leq 0{,}01$). À la maternelle, on observe le même gradient, ce qui indique que cet écart significatif persiste.

À chaque collecte de données, les parents ont été interrogés dans le but de savoir s'ils avaient recours à un mode de garde pour leur enfant. Ces renseignements nous permettent de vérifier s'il y a un lien entre le nombre de facteur de risque présents dans la vie des enfants[5] et leur fréquentation d'un milieu de garde. La figure 6 présente le pourcentage des parents qui ont indiqué avoir eu recours de façon régulière à un mode de garde à partir de l'âge de 5 mois jusqu'à l'âge de 5 ans. La figure 6 montre bien qu'il y a un écart significatif entre le pourcentage d'enfants sans risque et ceux à risque élevé quant à leur fréquentation d'un service de garde : tout au long de leurs années préscolaires, les enfants vivant dans un contexte où l'on retrouve de multiples risques sont moins nombreux à fréquenter un service de garde[6].

## FIGURE 6

*Pourcentage de parents qui ont recours de façon régulière*
*à un mode de garde de l'âge de 5 mois à l'âge de 5 ans,*
*selon le nombre de facteurs de risque présents dans la vie de l'enfant*

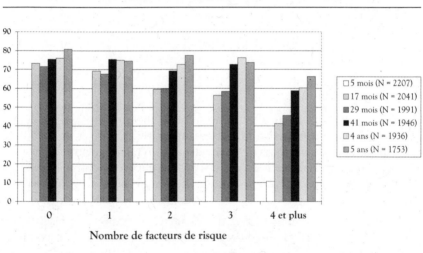

Nombre de facteurs de risque

La figure 7 présente la durée moyenne de fréquentation d'un service de garde de l'âge de 5 mois jusqu'à l'âge de 5 ans, selon le nombre d'années que les enfants ont vécu dans un contexte à risques multiples (quatre facteurs de risque et plus). Cette figure illustre bien qu'il y a une

---

5.  Pour cette analyse, nous avons utilisé un indice de risque calculé pour chaque collecte. Voir l'annexe II pour une description des facteurs de risque considérés à chaque collecte

6.  Toutes les différences rapportées sont statistiquement significatives à un seuil d'au moins p < 0,05.

nette diminution de la durée moyenne de fréquentation d'un service de garde en fonction du nombre d'années à risque. Ainsi, les enfants qui n'ont jamais connu un contexte de vie à risques multiples ont fréquenté, en moyenne, un service de garde pendant presque quatre années avant d'entrer en maternelle. Cette durée est significativement plus longue que celle observée chez les enfants qui ont connu cinq ou six périodes à risque (p ≤ 0,01).

FIGURE 7

*Durée moyenne de la fréquentation d'un service de garde de 5 mois à 5 ans selon le nombre de périodes « à risque » (N = 1978)*

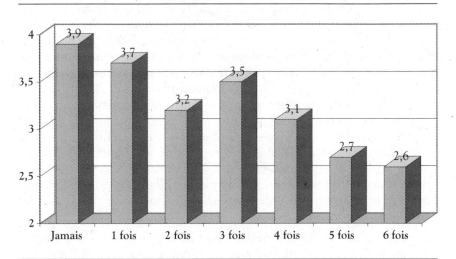

## DISCUSSION ET RECOMMANDATIONS

Cette étude dresse un portrait des conditions de vie d'une cohorte d'enfants québécois nés à la fin du XXᵉ siècle et permet d'établir des liens entre leur contexte de vie et leur développement psychosocial et cognitif au cours des années précédant leur entrée dans le système scolaire. Les données présentées dans cette étude laissent entendre qu'une proportion importante de ces enfants grandit dans des conditions moins qu'optimales et risque ainsi de voir leur réussite scolaire compromise. En fait, on observe une nette augmentation des comportements d'agressivité physique ainsi qu'une forte diminution de la performance aux tests cognitifs en fonction du nombre croissant des facteurs de risque présents au cours de la première année de vie. Il en ressort alors qu'il existe un lien étroit entre les caractéristiques du contexte de vie des enfants et des indicateurs comportementaux et cognitifs associés à une trajectoire scolaire réussie ou compromise. La présence de multiples facteurs de risque à un très jeune âge permet donc de manière assez fiable de prédire l'adaptation ultérieure.

Les effets des caractéristiques personnelles et sociales de l'enfant sur son fonctionnement scolaire sont bien documentés (par ex. : Duncan *et al.*, 2007 ; Lapointe et Japel, 2007). Chacune de ces caractéristiques a en soi un effet puissant sur l'adaptation de l'enfant mais l'effet cumulatif de ces facteurs est plus puissant que leur apport individuel. Ainsi, conceptualiser le développement de l'enfant de cette perspective permet de situer son développement dans un cadre écologique élargi qui tient compte de la complexité du développement humain et des multiples influences qui y jouent un rôle (Sameroff et Fiese, 2000). Étant donné cette complexité, cibler un seul facteur de risque, dans un contexte à risques multiples, ne semble pas suffisant pour engendrer des changements significatifs chez les enfants (Sameroff et Fiese, 2000). À titre d'exemple, les résultats d'un programme intitulé « Déménagement vers l'opportunité » – *Moving to Opportunity* – qui visait à améliorer la réussite scolaire des enfants par la possibilité offerte aux parents de pouvoir quitter des quartiers défavorisés, n'a pas donné les résultats escomptés (Leventhal, Fauth et Brooks-Gunn, 2005). Ainsi, si l'on ne tient pas compte des multiples dynamiques impliquées dans un milieu à risque élevé, cibler de façon isolée des facteurs de risque ne semble donc pas une voie prometteuse.

Les facteurs de risque ne sont toutefois pas distribués de façon aléatoire. Quoiqu'ils existent à tous les niveaux socioéconomiques, on retrouve une concentration de ceux-ci chez les familles défavorisées (Sameroff, 1998). En fait, dans l'ELDEQ, si on divise l'échantillon selon le niveau de suffisance de revenu, seulement 12 % des enfants vivant dans des familles financièrement à l'aise sont à risque élevé (quatre facteurs de risque et plus), tandis que ce pourcentage se situe à plus de cinq fois ce nombre, soit à 63 % chez les enfants dont la famille a un revenu en dessous du seuil de faible revenu (données non présentées).

Selon le dernier rapport de l'organisme Campagne 2000, environ un enfant sur six au Québec vit dans une famille à faible revenu et grandit donc dans des conditions de pauvreté (Campagne 2000, 2006). Plusieurs recommandations ont été émises pour remédier à cette situation, notamment une hausse du salaire minimum pour assurer que le revenu d'un adulte travaillant à temps plein toute l'année au salaire minimum soit suffisant pour se hisser au-dessus du seuil de pauvreté, des mesures de soutien du revenu reconnaissant les coûts liés à l'éducation d'un enfant, la création d'un système de services éducatifs et de garde à l'enfance de qualité, accessibles et abordables, l'accroissement du nombre d'unités de logement abordable et, finalement, la mise en place de programmes permettant aux enfants provenant de familles à faible revenu l'accès à l'éducation postsecondaire (Campagne 2000, 2006).

Agir pour diminuer le nombre d'enfants qui subissent les diverses conséquences de la pauvreté exige donc des stratégies à de multiples niveaux. Ces stratégies relèvent des politiques publiques qui jouent un rôle déterminant dans l'établissement d'un contexte social qui favorise le développement optimal de tous les individus. La pauvreté est cependant aussi liée à certains facteurs individuels, notamment au niveau de scolarité des parents et, en particulier, celui de la mère. D'autres facteurs, tels qu'un jeune âge à la naissance du premier enfant, la monoparentalité, l'existence de troubles d'adaptation antérieures, une santé mentale, physique et psychologique moindre ainsi que des pratiques parentales moins qu'adéquates, sont également reliés à la pauvreté et au bien-être des familles (Japel, Tremblay et McDuff, 2000; Zoccolillo, 2000). À la lumière des nombreux facteurs de risque accumulés et de leur incidence bien documentée sur la prochaine génération, il est donc de prime importance d'intervenir auprès de ce groupe de parents. Par ailleurs, plusieurs programmes ont ciblé ce groupe à risque élevé et ont documenté les bénéfices importants observés tant chez les mères que chez les enfants (pour une revue, voir Tremblay et Japel, 2003).

Les résultats de nos analyses soulignent l'importance de la prévention des difficultés d'adaptation chez les enfants puisque les facteurs de risque présents au début de la vie de l'enfant ont un pouvoir prédictif important quant à son adaptation ultérieure. Ainsi, en termes de prévention de ces difficultés d'adaptation, il est nécessaire d'intervenir tôt, de façon intensive et continue, et ce, de la grossesse jusqu'à l'entrée à l'école. Un programme ciblé tel que *Les services intégrés en périnatalité et pour la petite enfance* (Ministère de la Santé et des Services sociaux, 2004), qui vise à diminuer la transmission intergénérationnelle des problèmes de santé et des problèmes sociaux, promet donc d'être une initiative qui peut avoir une incidence positive sur les trajectoires développementales des futures générations. Il faut s'assurer cependant que les sommes allouées à ce projet, environ 44 millions de dollars en 2005-2006[7], soient investies dans des démarches qui permettent d'élaborer les stratégies préconisées. Par ailleurs, il est de prime importance que l'implantation de ce

---

7. <communiques.gouv.qc.ca/gouvqc/communiques/GPQF/Octobre2006/17/c9209.html>.

programme soit suivie de près pour garantir que les diverses interventions auprès des familles respectent les paramètres des pratiques exemplaires et que ces interventions soient rigoureusement évaluées pour s'assurer de leur efficacité.

La nécessité de ce type d'intervention préventive est sans équivoque, et particulièrement à la lumière d'un rapport récent publié par *Aide à l'enfance* (Save the Children, 2007). Cet organisme charitable d'envergure mondiale établit chaque année un indice mesurant les perspectives d'avenir des enfants des différents pays. Contrairement au passé, le Canada a reçu une mauvaise note pour la façon dont il traite ses enfants : du 5e rang qu'il occupait, le pays est tombé à la 25e place en ce qui concerne l'Indice des enfants. Cette dégringolade est due au fait que le Canada consacre moins d'argent à l'éducation préscolaire que les pays européens, facteur que *Aide à l'enfance* considère comme un élément clé du développement des enfants. Plus précisément, le Canada investit 0,25 $ pour 100 $ de son PIB dans les programmes d'éducation de la petite enfance, tandis que les autres pays développés y consacrent jusqu'à 2 $.

Par rapport aux autres provinces, le Québec fait toutefois figure d'exception en ce qui a trait à l'éducation préscolaire et les sommes d'argent qu'il y investit. Depuis l'adoption de la nouvelle politique familiale du gouvernement du Québec en 1997, dont l'un des axes était la mise sur pied d'un réseau de services de garde à prix fixe pour tous les enfants de 4 ans et moins, indépendamment du revenu familial, près de 200 000 places à contribution réduite ont été mises à la disposition des parents[8] au coût d'environ 1,3 milliard de dollars annuellement. La création de ce réseau avait comme but de faciliter la conciliation famille-travail ainsi que de fournir à tous les enfants, quel que soit le statut de leurs parents, un milieu préscolaire de qualité qui favorise à la fois leur développement socioaffectif et cognitif et leur préparation aux exigences auxquelles ils feront face à leur entrée dans le système scolaire (ministère de la Famille et de l'Enfance, 1997). Or un rapport récent a révélé que les enfants provenant de familles de faible statut socioéconomique sont moins nombreux à bénéficier de ce réseau (Japel, Tremblay et Côté, 2005). Les résultats présentés dans cette étude permettent d'ajouter des détails à ce constat : non seulement les enfants à risques multiples sont-ils moins nombreux à fréquenter les services de garde au cours des années préscolaires, la durée pendant laquelle ils pourraient bénéficier de ce facteur potentiel de protection est également moindre au cours de ces années importantes. Cela est partiellement reflété dans le fait

---

8. Au 30 juin 2007, le nombre exact de places à contribution réduite se situait à 198 953 (<www.mfa.gouv.qc.ca/statistiques/services-de-garde/index.asp>).

qu'ils sont effectivement moins bien préparés aux exigences de l'école. Soulignons que, pour représenter un facteur de protection, les services de garde doivent être de bonne qualité. Il appert toutefois que les services de garde au Québec affichent généralement un niveau de qualité minimale, ce qui ne permet pas d'augmenter l'égalité des chances pour les enfants à risque élevé d'échec scolaire (Japel *et al.*, 2005).

Pour conclure, assurer les meilleures conditions de départ et faire en sorte que tous les enfants puissent bénéficier, dans toute la mesure du possible, des mêmes chances de succès et de réussite dans la vie nécessite un investissement majeur de fonds publics. Les résultats de l'ELDEQ montrent qu'au début du XXIe siècle une proportion importante d'enfants grandit encore dans des conditions défavorables et, par conséquent, n'ont pas toutes les habiletés nécessaires pour réussir à l'école. Cela souligne de nouveau l'importance d'investir davantage dans les services à la petite enfance pour ne pas avoir à assumer les coûts importants des différentes conséquences d'un mauvais départ dans la vie. Les enfants de l'ELDEQ entreront sous peu sur le marché du travail et deviendront parents eux-mêmes. Leurs expériences doivent nous aider à mieux comprendre l'importance des premières expériences et leur incidence sur la trajectoire développementale de l'individu, de la naissance à l'entrée à l'école. Les enfants de l'ELDEQ nous apprennent également que nous devrons veiller à ce que la population future puisse réaliser son plein potentiel. Nous savons qu'en améliorant les perspectives d'avenir de la prochaine génération, c'est-à-dire sa réussite scolaire, sa santé, sa qualité de vie et son succès sur le marché du travail, nous préparons un avenir meilleur pour toute la population.

## ANNEXE I

### Les facteurs de risque

*Santé de l'enfant à l'âge de 5 mois* : Lors de la première collecte en 1998, la personne qui connaît le mieux l'enfant (PCM)[1] a indiqué si, en général, son état de santé était excellent, très bon, bon, passable ou mauvais.

*Tempérament difficile* : Les questions sur le tempérament de l'enfant proviennent du Infant Characteristics Questionnaire (ICQ) de Bates, Freeland et Lounsbury (1979). Dans le ICQ, les parents sont invités à indiquer sur une échelle de 1 (facile) à 7 (difficile) comment ils perçoivent le comportement de leur bébé quand ils le comparent à celui d'un bébé « dans la moyenne » ou « typique ». Sept items constituent l'échelle de tempérament difficile. Ces questions sont les suivantes :

- En moyenne, combien de fois par jour votre bébé devient-il agité et irritable, que ce soit pour un court ou un long moment ?
- En général, dans quelle mesure est-ce qu'il pleure ou s'agite ?
- Dans quelle mesure est-il facilement contrarié ?
- Lorsqu'il est contrarié (avant les boires, pendant les changements de couche, etc.), avec quelle vigueur ou quelle force pleure-t-il et s'agite-t-il ?
- En général, quel degré d'attention exige-t-il en plus des soins habituels (c'est-à-dire l'alimentation, les bains, les changements de couche, etc.) ?
- Quand on le laisse seul, est-ce qu'il s'amuse bien par lui-même ?
- Veuillez évaluer le degré de difficulté général que votre bébé peut présenter pour la moyenne des parents.

*Âge de la mère à la naissance de l'enfant* : Cette variable a été construite à partir des données sociodémographiques recueillies lors du premier volet de l'ELDEQ.

*Scolarité de la mère* : À chaque collecte de données, la mère de l'enfant cible est invitée à indiquer si elle détient un diplôme d'études secondaires.

---

1. Dans 99,7 % des cas, la PCM est la mère biologique.

*Symptômes dépressifs de la mère* : La présence et la gravité des symptômes associés à la dépression durant la semaine précédant l'enquête ont été mesurées avec une version réduite de l'Échelle de dépression du centre d'étude épidémiologique du National Institute of Mental Health des États-Unis (Échelle CES-D). Cette échelle, également utilisée dans l'Enquête longitudinale nationale sur les enfants et les jeunes (ELNEJ), a été mise au point pour mesurer la fréquence des symptômes dépressifs dans le grand public. Les parents sont alors invités à indiquer sur une échelle de 1 (rarement ou jamais – moins d'un jour) à 4 (la plupart du temps ou tout le temps – 5 à 7 jours), combien de fois ils se sont sentis ou comportés de cette façon au cours de la dernière semaine :

- Je n'ai pas eu envie de manger ; j'avais peu d'appétit.
- J'ai eu le sentiment de ne pas pouvoir me débarrasser du cafard, même avec l'aide de ma famille ou de mes ami(e)s.
- J'ai eu de la difficulté à me concentrer sur ce que je faisais.
- Je me suis senti(e) déprimé(e).
- J'ai eu le sentiment que tout ce que je faisais me demandait un effort.
- J'ai été plein/e d'espoir face à l'avenir.
- Mon sommeil a été agité.
- J'ai été heureux/heureuse.
- Je me suis senti(e) seul(e).
- J'ai joui de la vie.
- J'ai pleuré.
- J'ai eu le sentiment que les gens ne m'aimaient pas.
- J'ai ressenti de la peur ou de la panique sans avoir une très bonne raison.

*Comportements antisociaux de la mère pendant l'adolescence* : Cette échelle a été développée par Mark Zoccolillo de l'Université McGill (Zoccolillo, 2000) pour mesurer la fréquence des symptômes du trouble des conduites avant la fin des études secondaires. Elle contient les cinq comportements suivants :

- A piqué ou volé plus d'une fois.
- A été impliquée plus d'une fois dans une bagarre qu'elle avait commencée.
- A été en contact avec la DPJ ou arrêtée par la police en raison d'une mauvaise conduite.

- A fait l'école buissonnière au moins deux fois en un an.
- S'est sauvée de la maison/a passé la nuit hors du foyer.

*Statut familial*: Cette variable qui permet de savoir si l'enfant vit dans une famille biparentale, reconstituée ou monoparentale est dérivée des données sociodémographiques recueillies auprès de la PMC à chaque volet de l'ELDEQ.

*Faible revenu*: Pour chacun des volets de l'enquête, le niveau de revenu du ménage est établi à partir des seuils de faible revenu avant impôt définis par Statistique Canada. Ces seuils correspondent au plan de revenu à partir duquel un ménage consacre en moyenne à l'alimentation, aux vêtements et au logement une part de son revenu avant impôt supérieure de 20 % à celle consacrée par un ménage moyen comptant le même nombre de personnes et vivant dans une collectivité de taille comparable.

*Pratiques parentales coercitives*: L'échelle de pratiques parentales coercitives utilisée à l'âge de 5 et 17 mois provient de l'Échelle des cognitions et des conduites parentales à l'égard du nourrisson (ÉCOPAN) qui a été mise au point par Michel Boivin et collègues pour l'ELDEQ. Pour chaque énoncé, le parent répond à l'aide d'une échelle de type Likert en 10 points (« 0 = pas du tout » à « 10 = exactement ») selon le degré de correspondance entre chaque énoncé et ce qu'il ou elle fait, pense ou ressent à l'égard de son enfant. Cette échelle contient les items suivants.

- Il m'est déjà arrivé de me fâcher après mon bébé lorsqu'il s'était montré particulièrement difficile.
- Quand mon bébé pleure, il me tape sur les nerfs.
- Il m'est arrivé de parler fort ou de crier après mon bébé lorsqu'il s'était montré particulièrement difficile.
- Il m'est arrivé de taper mon bébé lorsqu'il s'était montré particulièrement difficile.
- Il m'est déjà arrivé de perdre le contrôle avec mon bébé lorsqu'il s'était montré particulièrement difficile.
- Il m'est arrivé de laisser mon bébé seul dans sa chambre lorsqu'il s'était montré particulièrement difficile.
- Il m'est déjà arrivé de secouer mon bébé lorsqu'il s'était montré particulièrement difficile.

À partir de l'âge de 29 mois, les questions utilisées pour l'échelle de pratiques parentales coercitives des parents proviennent de l'Enquête longitudinale nationale sur les enfants et les jeunes (ELNEJ). Elles ont été formulées pour l'ELNEJ par M. Boyle de l'Hôpital Chedoke-McMaster, à partir des travaux de Ken Dodge (Vanderbilt University) et d'une adaptation de la Parent Practices Scale de Strayhorn et Weidman. La personne qui connaît le mieux l'enfant répond aux questions suivantes en indiquant sur une échelle de 1 (jamais) à 5 (plusieurs fois par jour ou tout le temps) la fréquence de ses comportements ou réactions au cours des 12 derniers mois :

- À quelle fréquence vous est-il arrivé de lui dire qu'il/elle n'était « pas fin/e » (vilain/e) ou qu'il/elle n'était pas aussi bon/ne que les autres ?

- Lorsque vous lui parliez de sa conduite, dans quelle proportion du temps le/la désapprouviez-vous ?

- À quelle fréquence vous mettiez-vous en colère lorsque vous punissiez votre enfant ?

- À quelle fréquence croyiez-vous que le genre de punition que vous lui donniez dépendait de votre humeur ?

- Lorsque votre enfant désobéissait aux règles ou faisait des choses qui lui étaient défendues, à quelle fréquence vous est-il arrivé : d'élever la voix, de le/la gronder ou de lui crier après ?

- Lorsque votre enfant désobéissait aux règles ou faisait des choses qui lui étaient défendues, à quelle fréquence vous est-il arrivé : de lui infliger ou donner des punitions corporelles ?

*Satisfaction conjugale* : Les questions constituant cette échelle proviennent de l'échelle de satisfaction conjugale (Dyadic Adjustment Scale – DAS) de Spanier (1976), dont la version originale comprend 32 questions. Pour l'ELDEQ, une version abrégée a été suggérée par Michel Boivin du Département de psychologie de l'Université Laval. La mère répond aux questions suivantes en indiquant dans quelle mesure elle est en accord (1) jusqu'à toujours en désaccord (6) avec les énoncés suivants ou à quelle fréquence (de 1 – jamais à 6 – plus souvent) certains événements se produisent.

- La plupart des gens rencontrent des problèmes dans leurs relations. Indiquez dans quelle mesure vous et votre partenaire êtes en accord ou en désaccord au sujet des manifestations d'affection.

- Est-ce qu'il vous arrive souvent ou est-ce qu'il vous est déjà arrivé d'envisager un divorce, une séparation ou de mettre fin à votre relation actuelle?

- De façon générale, pouvez-vous dire que les choses vont bien entre vous et votre partenaire?

- Vous confiez-vous à votre partenaire?

- Avez-vous déjà regretté de vous être mariée (ou de vivre ensemble) ou d'être dans cette relation?

- Discutez-vous calmement de quelque chose avec votre conjoint/ partenaire?

- Travaillez-vous avec votre conjoint/partenaire sur quelque chose (un projet ou une activité quelconque)?

*Fonctionnement familial*: L'ELDEQ reprend l'échelle de fonctionnement familial utilisée dans l'étude ontarienne sur la santé des enfants (Offord *et al.*, 1987) ainsi que dans l'Enquête longitudinale nationale sur les enfants et les jeunes (ELNEJ). La personne qui connaît le mieux l'enfant répond à 12 questions portant sur 6 dimensions reflétant la qualité des relations familiales, telles que la résolution de problème, la communication, les rôles, l'émotivité, l'engagement et la maîtrise des comportements. Pour chaque item, la PCM indique sur une échelle de 1 (entièrement d'accord) à 4 (entièrement en désaccord) à quel point les énoncés suivants correspondent à sa perception de la qualité des relations intrafamiliales.

- Nous avons de la difficulté à planifier des activités familiales, parce que nous nous comprenons mal les uns les autres.

- En période de crise, nous pouvons compter l'un sur l'autre pour trouver du soutien.

- Nous ne pouvons pas parler entre nous de la tristesse que nous ressentons.

- Dans notre famille, chaque personne est acceptée telle qu'elle est.

- Nous évitons de discuter de nos craintes ou de nos préoccupations.

- Nous exprimons nos sentiments l'un à l'autre.

- Il y a beaucoup de sentiments négatifs dans notre famille.

- Dans notre famille, nous nous sentons acceptés tels que nous sommes.

- Notre famille a de la difficulté à prendre des décisions.

- Nous sommes capables de prendre des décisions sur la façon de régler nos problèmes.
- Nous ne nous entendons pas bien les uns avec les autres.
- Nous nous confions les uns aux autres.

*Soutien social* : Les questions sur le soutien social proviennent de l'ELNEJ et constituent une version abrégée de la Social Provisions Scale mise au point par Carolyn E. Cutrona et Daniel W. Russell de l'Iowa State University. La PCM indique dans quelle mesure elle est (1) entièrement d'accord jusqu'à (4) entièrement en désaccord avec les énoncés suivants :

- J'ai une famille et des ami(e)s qui m'aident à me sentir à l'abri du danger, en sécurité et heureux.
- J'ai quelqu'un en qui j'ai confiance et vers qui je pourrais me tourner pour avoir des conseils si j'avais des problèmes.
- Il y a des gens sur qui je peux compter en cas d'urgence.
- À part vos ami(e)s et votre famille, est-ce que des professionnels des services communautaires ou sociaux vous ont aidé/e à régler vos problèmes personnels au cours des 12 derniers mois ? (Oui ou non.)

*Sécurité du quartier* : Ces questions portent sur la durée de résidence dans le quartier, la satisfaction à l'égard du quartier comme endroit où élever des enfants, la sécurité, la cohésion sociale et les problèmes de quartier. Elles représentent une version révisée de certaines parties du Simcha-Fagan Neighbourhood Questionnaire utilisées par Jacqueline Barnes dans ses études sur des quartiers de Boston et de Chicago.

- Comment jugez-vous votre quartier comme endroit pour élever des enfants ? (échelle variant de [1] excellent à [5] très mauvais).
- Participez-vous à des organisations bénévoles locales quelconques, par exemple des comités d'école, des comités d'église, des groupes communautaires ou des associations ethniques ? (Oui ou non.)

L'échelle de réponse des huit prochaines questions varie de (1) entièrement d'accord à (4) entièrement en désaccord.

- On peut marcher seul(e) dans ce quartier en toute sécurité après la tombée de la nuit.
- Les enfants peuvent jouer dehors durant la journée en toute sécurité.
- Il y a des parcs sécuritaires, des terrains de jeux et des endroits pour jouer dans ce quartier.

- Autour d'ici, lorsqu'il y a un problème, les voisins s'unissent pour le régler.

- Dans notre quartier, il y a des adultes qui peuvent servir de modèle de comportement aux enfants.

- Les gens autour d'ici sont prêts à aider leurs voisins.

- On peut se fier aux adultes du quartier pour veiller à ce que les enfants soient en sécurité et qu'ils n'aient pas d'ennuis.

- Quand je m'absente de la maison, je sais que mes voisins garde-ront l'œil ouvert pour s'assurer qu'il n'y ait pas de problème.

L'échelle de réponse des six prochaines questions varie de (1) un grave problème à (3) pas de problème.

- Quelle est l'ampleur du problème suivant dans votre quartier : ordures, détritus ou éclats de verre ?

- Quelle est l'ampleur du problème suivant dans votre quartier : la vente ou la consommation de drogues ?

- Quelle est l'ampleur du problème suivant dans votre quartier : la présence d'alcooliques ou la consommation excessive d'alcool en public ?

- Quelle est l'ampleur du problème suivant dans votre quartier : des groupes de jeunes qui causent des problèmes ?

- Quelle est l'ampleur du problème suivant dans votre quartier : des cambriolages dans des maisons ou des appartements ?

# ANNEXE II
## Variables (facteurs de risque) recueillies et considérées à chaque temps de collecte

| | 5 mois | 17 mois | 29 mois | 41 mois | 4 ans | 5 ans |
|---|---|---|---|---|---|---|
| Santé de l'enfant à l'âge de 5 mois | ✓ | * | * | * | * | * |
| Tempérament difficile | ✓ | ✓ | * | * | * | * |
| Âge de la mère à la naissance de l'enfant | ✓ | * | * | * | * | * |
| Scolarité de la mère | ✓ | ✓ | ✓ | ✓ | ✓ | ✓ |
| Symptômes dépressifs de la mère | ✓ | ✓ | ✓ | ✓ | ✓ | ✓ |
| Comportements antisociaux de la mère | ✓ | * | * | * | * | * |
| Famille monoparentale | ✓ | ✓ | ✓ | ✓ | ✓ | ✓ |
| Faible revenu | ✓ | ✓ | ✓ | ✓ | ✓ | ✓ |
| Pratiques parentales coercitives | ✓ | ✓ | ✓ | ✓ | ✓ | ✓ |
| Satisfaction conjugale | | | ✓ | ✓ | ✓ | ✓ |
| Fonctionnement familial | ✓ | ✓ | | | | |
| Soutien social | | ✓ | ✓ | ✓ | ✓ | |
| Sécurité du quartier | ✓ | | ✓ | | ✓ | |
| Total des facteurs de risque | 11 | 11 | 12 | 11 | 12 | 10 |

✓ variable recueillie
* variable considérée

# BIBLIOGRAPHIE

Bates, J.E., C.A.B. Freeland et M.L. Lounsbury (1979). «Measurement of infant difficultness», *Child Development*, vol. 50, p. 794-803.

Bronfenbrenner, U. (1977). «Toward an experimental ecology of human development», *American Psychologist*, vol. 32, p. 513-531.

Cairney, J., T.J. Wade et L. Corna (2000). «Self-perceived health in early adulthood: An examination of distal, childhood effects», *Ontario Child Health Study, Preliminary Findings*, Ontario, <www.offordcentre.com/ochs/research/research_2000.html>.

Campagne 2000 (2006). *Oh Canada! Trop d'enfants pauvres et depuis trop longtemps... Rapport 2006 sur la pauvreté des enfants et des familles au Canada*, Toronto, <www.campaign2000.ca/rc/rc06/06_C2000NationalReportCardFR.pdf>.

Côté, S.M., M. Boivin, D. Nagin, C. Japel, Q. Xu, M. Zoccolillo et R.E. Tremblay (2007). «The role of maternal education and nonmaternal care services in the prevention of children's physical aggression problems», *Archives of General Psychiatry*, vol. 64, n° 11, p. 1305-1312.

Côté, S., R.E. Tremblay, D.S. Nagin, M. Zoccolillo et F. Vitaro (2002). «Childhood behavioral profiles leading to adolescent conduct disorder: Risk trajectories for boys and girls», *Journal ot the American Academy of Child and Adolescent Psychiatry*, vol. 41, n° 9, p. 1086-94.

Direction de santé publique (2008). *Enquête sur la maturité scolaire des enfants montréalais – Rapport régional – 2008*, Montréal, Agence de la santé et des services sociaux de Montréal, <www.santepub-mtl.qc.ca>.

Duncan G.J. et J. Brooks-Gunn (1997). *Consequences of Growing Up Poor*, New York, Russell Sage Foundation.

Duncan, G.J., C.J. Dowsett, A. Claessens, K. Magnuson, A. Huston, P. Klebanov, L. Pagani, L. Feinstein, M. Engel, J. Brooks-Gunn, H.R. Sexton, K. Duckworth et C. Japel (2007). «School readiness and later achievement», *Developmental Psychology*, vol. 44, n° 1, p. 232.

Dunn, L.M. et L.M. Dunn (1981). *Peabody Picture Vocabulary Test – Revised: Manuel for Forms L and M*, Circle Pines, American Guidance Service.

Dunn, L.M. et L.M. Dunn (1997). *Examiner's Manual for the Peabody Picture Vocabulary Test – Third Edition (PPVT-III)*, Circle Pines, American Guidance Service.

Dunn, L.M., C. Thériault-Whalen et L.M. Dunn (1993). *Échelle de vocabulaire en images Peabody*, Toronto, Psycan.

Dupéré, V., E. Lacourse, J.D. Willms et R.E. Tremblay (2008). «Early sexual activity in young adolescents: Form whom does living in a poor neighborhood make a difference?», *Child Development*.

Dupéré, V., E. Lacourse, J.D. Willms, F. Vitaro, et R.E. Tremblay (2007). «Affiliation to youth gangs during adolescence: The interaction between childhood psychopathic tendencies and neighborhood disadvantage», *Journal of Abnormal Child Psychology*, vol. 35, n° 6, p. 1035-1045.

Furstenberg, F.F., Jr., T. Cook, J. Eccles, G.H. Elder et A.J. Sameroff (1999). *Urban Families and Adolescent Success*, Chicago, University of Chicago Press.

Garbarino, J. (1990). «The human ecology of early risk», dans S.J. Meisels et J.P. Shonkoff (dir.), dans *Handbook of Early Child Intervention*, New York, Cambridge University Press.

Geoffroy, M.-C., S. Côté, A. Borge, F. Larouche, J.R. Séguin et M. Rutter (2007). «Association between nonmaternal care in the first year of life and children's receptive language skills prior to school entry: The moderating role of the socioeconomic status», *Journal of Child Psychology and Psychiatry*, vol. 48, nᵒ 5, p. 490-497.

Goldstein, S. et R.B. Brooks (2005). *Handbook of Resilience in Children*, New York, Kluwer Academic/Plenum Publishers.

Hoddinott, J. *et al.* (2002). « Notre avenir est-il dicté par nos antécédents? Ressources, transitions et rendement scolaire des enfants au Canada», Document de travail SP-551-12-02F, Ottawa, Développement des ressources humaines.

Japel, C., L.S. Pagani, P. McDuff, M. Mousseau, M. Boivin et R.E. Tremblay (soumis). « Increments in maternal education during early childhood and its association with indicators of school readiness», *Merrill-Palmer Quarterly*.

Japel, C., R.E. Tremblay et S. Côté. (2005). «La qualité, ça compte! Résultats de l'*Étude longitudinale du développement des enfants du Québec* concernant la qualité des services de garde», *Choix IRPP*, vol. 11, nᵒ 4.

Japel, C., R.E. Tremblay et P. McDuff (2000). «Santé et adaptation sociale des parents, section I – Habitudes de vie et état de santé», *Étude longitudinale du développement des enfants du Québec (ELDEQ 1998-2002)*, Québec, Institut de la statistique du Québec, vol. 1, nᵒ 9.

Jetté, M. et L. Des Groseilliers (2000). «L'enquête: description et méthodologie», *Étude longitudinale du développement des enfants du Québec (ELDEQ 1998-2002)*, Québec, Institut de la statistique du Québec, Gouvernement du Québec.

Kohen, D. E., J. Brooks-Gunn, T. Leventhal et C. Hertzman (2002). « Neighborhood income and physical and social disorder in Canada: Associations with young children's competencies», *Child Development*, vol. 73, nᵒ 6, p. 1844-1860.

Lapointe, P. et C. Japel (2007). «Effects of preschool experiences on children's adaptation in elementary school». Présentation à la 13th European Conference on Developmental Psychology, 25 août, Jena, Allemagne.

Leventhal, T., R.C. Fauth et J. Brooks Gunn (2005). « Neighborhood poverty and public policy: A 5-year follow-up of children's educational outcomes in the New York city moving to opportunity demonstration», *Developmental Psychology*, vol. 41, nᵒ 6, p. 933-952.

Lipman E., M. Boyle, K. Hadjiyannakis, Y. Racine et P. Rao-Melacini (2000). «The impact of being born to a teen mother», On Psychosocial Functioning, *Ontario Child Health Study, Preliminary Findings*, <www.offordcentre.com/ochs/research/research_2000.html>.

Lipman, E.L., D.R. Offord, M.D. Dooley et M.H. Boyle (2002). «Children's outcomes in differing types of single-parent families», dans J.D. Willms (dir.), *Vulnerable Children – Findings from Canada's National Longitudinal Survey of Children and Youth*, Edmonton, University of Alberta Press.

McCain, M. et J.F. Mustard (1999). *Inverser la véritable fuite des cerveaux. Étude sur la petite enfance*, Toronto, Publications Ontario, <www.children.gov.on.ca/CS/fr/programs/BestStart/Publications/EarlyYearsStudy.htm>.

McCain, M., J.F. Mustard et S. Shanker (2007). *Early Years Study 2. Putting Science into Action*, Toronto, Council for Early Child Development, <www.councilecd.ca/cecd/home.nsf/pages/about>.

Ministère de la Famille et de l'Enfance (1997). *Nouvelles dispositions de la politique familiale*, Québec, Gouvernement du Québec.

Ministère de la Santé et des Services sociaux (2004). *Les services intégrés en périnatalité et pour la petite enfance à l'intention des familles vivant en contexte de vulnérabilité*, Québec, Ministère de la Santé et des Services sociaux.

Munroe Blum, H., M.H. Boyle et D.R. Offord (1988). «Single parent families – child psychiatric disorder and school performance», *Journal of the American Academy of Child and Adolescent Psychiatry*, vol. 27, n° 2, p. 214-19.

Nagin, D. et R.E. Tremblay. (1999). «Trajectories of boys' physical aggression, opposition, and hyperactivity on the path to physically violent and non violent juvenile delinquency», *Child Development*, vol. 70, p. 1181-1196.

Offord, D.R., M.H. Boyle, P. Szatmari, N.I. Rae-Grant, P.S. Links, D.T. Cadman, J.A. Byles, J.W. Crawford, H. Munroe Blum, C. Byrne, H. Thomas et C.A. Woodward (1987). «Ontario Child Health Study: II. Six-month prevalence of disorder and rates of service utilization», *Archives of General Psychiatry*, vol. 44, p. 832-836.

Okamoto, Y. et R. Case (1996). «Exploring the microstructure of children's central conceptual structures in the domain of number», dans R. Case et Y. Okamoto (dir.), *The Role of Central Conceptual Structures in the Development of Children's Thought – Monographs of the Society for Research in Child Development*, vol. 60, p. 27-58.

Pagani L.S., B. Boulerice, R.E. Tremblay et F. Vitaro (1999). «Effects of poverty on academic failure and delinquency in boys: A change and process model approach», *Journal of Child Psychology and Psychiatry*, vol. 40, n° 8, p. 1209-1219.

Pommerleau, A., G. Malcuit, J. Moreau et C. Bouchard (2005). *Contexte de vie, ressources et développement de jeunes enfants de milieux populaires montréalais*, Montréal, Groupe de recherche sur le développement des enfants dans la communauté (DEC). Rapport de recherche présenté au ministère de l'Emploi, de la Solidarité sociale et de la Famille.

Puma J.I., J.C. Leboeuf, M. Spellmann, E.T. Rodriguez, N.F. Watt et J. P. Selig (2007). «Cumulative risk and early childhood outcomes: A comparison of the predictive ability of cumulative risk indices across domains». Présentation à la rencontre biennale 2007 de la Society for Research in Child Development, Boston.

Racine, Y. et M. Boyle (2002). «Family functioning and children's behavior problems», dans J. D. Willms (dir.), *Vulnerable Children – Findings from Canada's National Longitudinal Survey of Children and Youth*, Edmonton, University of Alberta Press.

Rae-Grant, N.I., B.H. Thomas, D.R. Offord et M.H. Boyle (1989). «Risk, protective factors and the prevalence of behavioral and emotional disorders in children and adolescents», *Journal of the American Academy of Child and Adolescent Psychiatry*, vol. 28, no 2, p. 262-268.

Rutter, M. (1987). «Continuities and discontinuities from infancy», dans J. Osofsky (dir.), *Handbook of Infant Development*, 2e éd., New York, Wiley and Sons.

Sameroff, A.J. (1998). «Environmental risk factors in early infancy», *Pediatric*, vol. 102, no 5, p. 1287-1292.

Sameroff, A.J. (2006). «Longitudinal prediction of resilience in children: Social constraints on developmental success». Présentation aux 10es Journées annuelles de santé publique, October 23-27, Montréal, Québec.

Sameroff, A.J. et B.H. Fiese (2000). «Transactional regulation: The developmental ecology of early intervention», dans J.P. Shonkoff et S.J. Meisels (dir.), *Handbook of Early Childhood Intervention*, 2e éd., New York, Cambridge University Press.

Sameroff, A.J., R. Seifer, B. Barocas, M. Zax et S. Greenspan (1987). «IQ scores of 4-year-old children: Social-environmental risk factors», *Pediatrics*, vol. 79, no 3, p. 343-350.

Save the Children (2007). *2007 Mothers'Index Rankings*, <www.savethechildren.org/publications/mothers/2007/Mothers-Index-2007.pdf>.

Shonkoff, J.P. et D.A. Phillips (2000). *From Neurons to Neighborhoods*, Washington, DC, National Academy Press.

Somers, M.A. et J.D. Willms (2002). «Maternal depression and childhood vulnerability», dans J.D. Willms (dir.), *Vulnerable Children – Findings from Canada's National Longitudinal Survey of Children and Youth*, Edmonton, University of Alberta Press.

Spanier, G.B. (1976). «Measuring dyadic adjustment: New scales for assessing the quality of marriage and similar dyads», *Journal of Marriage and the Family*, vol. 38, no 1, p. 15-28.

Tremblay, R.E. (2000). «The development of aggressive behaviour during childhood: What have we learned in the past century?», *International Journal of Behavioral Development*, vol. 24, no 2, p. 129-141.

Tremblay, R.E. et C. Japel (2003). «Prevention during pregnancy, infancy, and the preschool years», dans D. Farrington et J. Coid (dir.), *Early Prevention of Adult Anti-Social Behaviour*, Cambridge, Cambridge University Press, p. 205-242.

Vandell, D.L. (2004). «Early child care: The known and the unknown», *Merrill-Palmer Quarterly*, vol. 50, p. 387-414.

Werner, E.E. (2007). «Journeys from childhood to midlife: Risk, resilience, and recovery», *Pediatrics*, <www.pediatrics.org/cgi/content/full/114/2/492>.

Williams, K.T. et J.J. Wang (1997). *Technical References to the Peabody Picture Vocabulary Test – Third Edition (PPVT-III)*, Circle Pines, American Guidance Service.

Willms, J.D. (2002). *Vulnerable Children – Findings from Canada's National Longitudinal Survey of Children and Youth*, Edmonton, University of Alberta Press.

Wright, M.O. et A.S. Masten (2005). «Resilience processes in development: Fostering positive adaptation in the context of adversity», dans S. Goldstein et R.B. Brooks (dir.), *Handbook of Resilience in Children*, New York, Springer Science and Business Media.

Zoccolillo, M. (2000). «Santé et adaptation sociale des parents, section II – Adaptation sociale» *Étude longitudinale du développement des enfants du Québec (ELDEQ 1998-2002)*, Québec, Institut de la statistique du Québec, vol. 1, n° 9.

# Quels scénarios entrevoir lorsqu'il est question de l'avenir des jeunes?

Madeleine GAUTHIER
*Observatoire Jeunes et Société*

Scénarios d'avenir qui concerneraient les jeunes? Un exercice périlleux à plusieurs titres. Les sciences sociales ne sont pas encore parvenues à relever des régularités qui permettraient de prédire un ou des comportements qui pourraient influencer le cours de la vie. Il n'y a qu'à réaliser des études rétrospectives pour constater que des effets inattendus des changements sociaux peuvent complètement chambarder les prévisions. L'appréhension devant l'essai de prospective se double du fait que la jeunesse est une période du cycle de vie où tout est possible et souvent encore réversible : période d'orientation, de choix du mode de vie, du lieu d'habitation...

Ainsi, qui eût cru que les *Children of the Great Depression* (Elder, 1974) composeraient la première cohorte de personnes âgées à connaître une condition meilleure que celle de leurs parents? Quelques années à peine après leur entrée dans le marché du travail, les jeunes de la génération X avaient déjà regagné du terrain, bien qu'un certain nombre d'entre eux eussent continué de croire qu'ils appartenaient à «une génération sacrifiée» (Gauthier, 1996). Hervé Gauthier a montré récemment que ce que cette génération avait pu perdre au début de sa vie active, en se comparant aux baby-boomers, elle l'a regagné en aide de l'État par la suite (H. Gauthier, 2008). Comment aurait-il été possible de prévoir que le nombre de naissances augmenterait en 2005-2006 (Girard, 2007, p. 27-29) alors que les facteurs expliquant la chute de la fécondité, quelques années auparavant, sont plus présents aujourd'hui chez les jeunes femmes et les jeunes couples (Gauthier et Charbonneau, 2002)? On y retrouve en fait le plus haut degré de scolarisation des femmes chez celles en âge de procréer, une présence se rapprochant de celle des hommes dans la population active et la plus forte progression des unions libres. Autre question : comment expliquer que le nombre de diplômés du secondaire, à l'âge de trente ans, n'ait que peu à voir avec la proportion de décrocheurs une quinzaine d'années auparavant (Gauthier *et al.*, 2004)?

Ce qui vient compliquer la donne lorsqu'il est question des jeunes, c'est le problème de la définition. Qu'entend-on par «jeunes»? De qui parle-t-on? Comment se situent les jeunes dans le cycle des âges de la vie? Le problème de la définition peut se résoudre par le choix plus ou moins arbitraire de limites d'âge comme celles que les recensements utilisent pour établir des catégories. Mais le XXᵉ siècle qui, en ses débuts, a été celui de l'adolescence (Lemieux, 2006), aura aussi été celui de la jeunesse, à partir des années 1950 et 1960. L'importance que ces âges de la vie ont acquise au cours des dernières décennies confirme l'observation des historiens et des sociologues voulant que l'âge soit une construction sociale (Gauthier, 2000).

Il est indispensable de fixer quelques limites d'âge à la période du cycle de vie que représente la jeunesse avant de parler de l'avenir des jeunes et de formuler des scénarios en ce sens. Ces balises permettront de définir ce qu'est la jeunesse, mais aussi de développer une méthode d'observation de certaines régularités qui pourra être appliquée jusqu'à en dégager des scénarios d'avenir. Cet exercice de prospective repose sur un cheminement conceptuel qu'il faut «démonter» pour en arriver à quelques propositions finales.

## D'ABORD, DÉFINIR

Il est ici question «des jeunes», c'est-à-dire d'une période du cycle de vie et de sa délimitation comme on le fait pour l'enfance, l'adolescence ou l'âge adulte et non pas de «génération[1]». Ni la définition, ni l'approche

---

1. Pour éviter tout malentendu, il faut entendre ici par «génération» ce qu'en dit Attias-Donfut : «La conscience de génération se forme dans un continuum, elle ne procède pas d'une conscience immédiate mais s'élabore en opposition aux autres, que sont les prédécesseurs comme les successeurs. Ce différentiel fait l'objet de définitions sociales, situées à l'intersection de la mémoire collective et de l'histoire contemporaine» (1988, p. 235). La «conscience de génération» contribue certes à orienter l'action et pourra intervenir dans les analyses qui vont suivre, mais elle n'en est pas l'objet premier. J'ai fait cet exercice en première partie d'un rapport de recherche intitulé : *Insertion professionnelle des policiers des générations* X *et* Y. *Bilan raisonné de la littérature* (2008).

ne peuvent être les mêmes. La lecture de Platon nous rappelle qu'il y a toujours eu des jeunes, mais l'appellation n'a pas toujours recouvert les mêmes âges (Levi et Schmitt, 1996). L'étude de la jeunesse s'est particulièrement développée au cours des dernières décennies, en particulier depuis ce qu'il a été convenu d'appeler « la montée des jeunes » pendant les années 1950 et 1960. Cette période du cycle de vie a ceci de particulier qu'elle se trouve coincée entre l'adolescence et la vie adulte. Ce caractère de liminalité oblige à se demander ce qui peut bien la caractériser et qu'on ne trouve ni dans l'adolescence ni dans la vie adulte. Comme les étapes de la vie ne sont plus balisées par des rites de passage, à l'exception peut-être du bal des finissants au secondaire, il n'y a plus ce moment qui marquait la fin d'une étape et le début de l'autre, comme c'est encore le cas dans d'autres sociétés.

Par ailleurs, si l'on essaie de trop baliser l'âge des jeunes, on se rend vite compte que ce qu'on attribue à la jeunesse peut se trouver plus tôt chez les adolescents et que ce qu'on peut imaginer comme appartenant à la vie adulte peut déjà se vivre à un âge précoce. Un ouvrage sur les jeunes du Brésil (Teles et Espirito Santo, 2008) montre comment, dans certains milieux, il faut gagner sa vie très jeune, ce qui rend légitime la formation d'une famille. Le passage de l'adolescence à la vie adulte se fait si rapidement qu'on peut se demander s'il existe cette étape intermédiaire qui semble appartenir en propre à certaines sociétés du Nord.

## Des critères pour délimiter « l'âge des jeunes »

Des critères permettant quelque peu de délimiter « l'âge des jeunes » se dégagent des multiples observations et travaux de recherche effectués au cours des dernières décennies tant au Québec qu'ailleurs dans le monde, les jeunes étant devenus un objet privilégié de recherche et d'intérêt. C'est ainsi qu'Olivier Galland a donné le ton, en sociologie de langue française, par divers travaux sur l'allongement de la jeunesse (1984, 1991) et récemment par ce qu'il appelle les « attributs de l'indépendance » pour décrire la jeunesse contemporaine : résidence, vie en couple, revenu et travail stable (2006, p. 26). Ce sociologue français a récemment relevé trois modèles de transition vers l'âge adulte dans 12 pays d'Europe : le modèle d'autonomie précoce en Grande-Bretagne, une longue postadolescence dans le modèle méditerranéen et une variété de combinaisons de « dépendance et d'autonomie à l'égard de la famille et de l'État » pour le troisième modèle (2006, p. 27).

Pour déterminer ces attributs de l'indépendance, encore faut-il avoir préalablement défini l'âge adulte comme étant celui de l'indépendance. Certains auteurs apportent des nuances à cette définition. François de Singly se demande ainsi si le jeune qui a des difficultés d'insertion professionnelle, n'a pas de revenu et doit continuer de cohabiter avec ses parents serait moins adulte qu'un autre qui aurait franchi toutes ces étapes (2000, p. 17). Il illustre de la sorte l'autre face de l'individualisation dans le monde contemporain, celle de l'autonomie, en la définissant comme « la capacité de l'individu de se donner lui-même sa propre loi » (2000, p. 13).

Faire le tour de ces thèses qui s'affrontent, se contredisent et parfois se complètent serait bien long. Celle de « l'allongement de la jeunesse » qu'a proposée Olivier Galland avant bien d'autres, dès la fin des années 1970, correspond à ce qui s'est passé au Québec depuis la démocratisation de l'enseignement des années 1960. C'est l'étape de la socialisation qui fait aujourd'hui toute la différence. L'obligation scolaire jusqu'à 16 ans révolus éloigne la possibilité d'indépendance si elle ne le fait pas pour l'autonomie. Cependant, dans une société où une très grande majorité des étudiants, déjà à la fin du secondaire et encore plus au cégep, concilient les études et l'emploi salarié à temps partiel (Roy, 2006, p. 215), ces questions se posent moins. Il y a d'autres façons d'assurer son autonomie, même lorsqu'on n'a pas sa complète indépendance.

Galland parle aussi de la désynchronisation des seuils de passage : la vie de couple peut précéder la fin des études, tout comme la décohabitation ou le début de la vie active. À cette notion de désynchronisation, il faut joindre celle de polymorphie des trajectoires vers la vie adulte pour bien marquer le caractère non linéaire de ces attributs, c'est-à-dire un croisement des formes et de la temporalité qui peut donner l'image de parcours tous azimuts qui sont le fait de cette période de la vie. Autre notion à ajouter aux deux précédentes : celle de brouillage. Le fait de pouvoir retrouver les attributs qui caractérisent le passage à l'âge adulte à d'autres âges du cycle de vie vient brouiller encore plus les étapes du cheminement. L'éducation permanente, la fragilité des unions, la précarité des emplois, une représentation de l'espace qui déborde aujourd'hui les notions de frontières et de territoire constituent quelques-uns des éléments qui rendent encore plus complexe ce que le modèle linéaire des transitions, qu'on associe souvent à la société traditionnelle, pouvait permettre d'identifier[2], quasi à l'image des rites de passage.

---

2. Horace Miner décrivait bien, en 1939, ce cheminement du jeune homme qui cherchait à gagner sa vie parce que c'était le préalable à la formation du couple et de la famille (1985).

## Une conception de la jeunesse sous-jacente

Le choix des attributs tient donc à une conception de la jeunesse, de la socialisation des individus et de leur intégration progressive dans une autre étape du cycle de vie caractérisée par l'indépendance et l'autonomie. De multiples enquêtes, en particulier les recensements et les grandes enquêtes nationales, permettent de bien définir le cheminement progressif vers l'indépendance. C'est ainsi qu'on retrouve au Québec les attributs proposés par Galland principalement entre la fin du secondaire et avant la trentaine, avant vingt-cinq ans dans plusieurs cas. Comme près de 60 % des Québécois s'inscrivent au cégep, l'entrée sur le marché du travail de manière stable commence à la fin de la scolarisation obligatoire, soit à 17 ans, mais s'étend après 20 ans pour une majorité de la population. Il faut ajouter une entrée plus tardive pour les 40 % de diplômés de cégep qui entreront à l'université (*Indicateurs de l'éducation*, édition 2007, p. 11). Déjà à la fin de la vingtaine, entre 25 et 29 ans, la vie active commence aujourd'hui à ressembler de plus en plus à ce qu'elle sera après cet âge. L'âge moyen à la maternité est de 29,6 ans. La vie de couple se stabilise vers la fin de la vingtaine. La mobilité géographique est la plus forte entre 20 et 24 ans. La majorité des jeunes adultes ont quitté le foyer à partir de 25 ans, même si la cohabitation, pour les jeunes hommes en particulier, a eu tendance à se prolonger au cours de la dernière décennie. Bref, c'est entre 20 et 30 ans que se concrétisent les principaux attributs de l'indépendance dans la société québécoise.

Il ne suffit cependant pas de connaître quelques statistiques pour saisir la manière dont se vivent ces divers attributs qui, pour trois d'entre eux, sont des moments de transition qui peuvent être « datés », donc faciles à rapporter à un âge donné : décohabitation, mise en couple, emploi stable, mais il en va autrement pour la question du revenu qui peut cependant constituer un préalable, à tout le moins à la décohabitation. Ne faudrait-il pas ajouter aux attributs de l'indépendance proposés par Galland au moins trois autres qui ont beaucoup d'importance au Québec ? L'âge de fin des études à temps plein, l'âge de la migration qui touche 64,5 % des Québécois de 20 à 34 ans interrogés par le GRMJ en 2004-2005 et la prise de conscience de l'identité citoyenne. Deux de ces attributs peuvent correspondre à des âges, le troisième est plus difficile à circonscrire.

L'approche pour définir la jeunesse n'a rien de définitif et est liée à la fois à une conception des autres âges de la vie et à diverses idéologies que les chercheurs eux-mêmes contribuent à alimenter. Il est possible de se demander ici, à l'instar de Singly, si être adulte constitue aujourd'hui un objectif (2000, p. 9). Dumont posait autrement ce problème en soulevant la possibilité du « mythe de la jeunesse » à la suite de la montée des jeunes durant les années 1960 (1986, p. 20). L'allongement des perspectives de vie et surtout de celle de la socialisation alimentent ce mythe, tout comme la société de consommation par tout ce qu'elle offre pour conserver la jeunesse du corps, mais aussi pour perpétuer ce qui pourrait être une période d'expérimentation où dominent le plaisir et l'insouciance.

La conception d'une jeunesse «victime» de la précarisation de l'emploi a duré plus longtemps que la réalité elle-même[3]. Il faudrait analyser l'incidence que cette image a pu avoir sur les jeunes eux-mêmes. Elle a certes contribué à créer la « conscience de génération» de la génération X, tout comme l'idée d'une jeunesse triomphante a contribué à la formation de l'identité des baby-boomers.

## CHOISIR

Comme l'âge moyen où l'on peut prendre acte des attributs de l'indépendance – qu'on pourrait aussi qualifier d'étapes ou de transitions – a beaucoup varié au cours du siècle dernier, il faut pouvoir expliquer ces variations. Ces étapes sont-elles déterminées par des facteurs structurants externes aux individus? De quelle nature sont ces facteurs? A contrario, ces étapes relèveraient-elles uniquement du choix des individus dans un type de société que les sciences sociales qualifient d'individualiste? Ces questions commencent déjà à tracer ce qui pourrait constituer autant d'instruments de construction de scénarios pour envisager l'avenir.

### Facteurs structurants

Quels seraient ces **facteurs structurants externes** à l'individu? Une conception matérialiste de la réalité sociale voudrait que ce soit les facteurs économiques qui conditionnent l'orientation des individus. Quelques exemples donnés plus haut, en ce qui concerne la migration entre autres, montrent que d'autres dimensions de la morphologie sociale peuvent exercer une certaine détermination sur l'avenir des cohortes. Ainsi la démographie, c'est-à-dire la composition de la population – on l'a suffisamment dit à propos des baby-boomers – y est sans doute aussi pour quelque chose. Une approche culturaliste y voit plutôt l'importance des

---

3. Voir à ce sujet l'évolution de la recherche sur les jeunes et le travail dans le premier chapitre de l'ouvrage dirigé par Bourdon et Vultur : «De jeunes "chômeurs" à jeunes "travailleurs" : évolution de la recherche sur les jeunes et le travail depuis les années 1980» (Gauthier, 2007, p. 23-50).

valeurs et de la socialisation (qui comprend la formation). Giddens a été de ceux qui ont tenté de réconcilier ces deux approches, même s'il utilise un langage qui peut donner l'impression contraire en disant qu'il veut détruire les deux empires, celui du sujet individuel dans les sociologies interprétatives et celui du fonctionnalisme et du structuralisme qui imposent des « totalités sociétales ». L'objet d'étude de la théorie de la structuration est plutôt, pour ce sociologue, « l'ensemble des pratiques sociales accomplies et ordonnées dans l'espace et dans le temps, et non l'expérience de l'acteur individuel ou l'existence de totalités sociétales » (Giddens, 1984, p. 50). Cette orientation sera inspirante dans le choix des manières d'aborder les différentes facettes de la question.

Il faut ajouter à la liste des facteurs structurants l'importance du type de société où se passe la jeunesse : la jeunesse ne se vivra pas dans une société de type communautariste où la famille occupe encore une grande place dans le soutien et l'orientation de ses jeunes comme c'est le fait dans une société de type technocratique tel que l'État providence qui veille à l'insertion réussie par ses institutions, ses services et ses programmes. À titre d'exemple, cette figure construite par Galland à partir des données d'Eurostat (1996) sur la proportion de 22 à 25 ans vivant encore chez leurs parents dans 14 pays européens. L'échelle s'étend de 89 % pour les Espagnols à 15 % pour les Danois (Galland, 2006, p. 24). Galland explique le départ hâtif du foyer des jeunes Danois et la durée de cohabitation des Espagnols à la différence qui peut exister d'un pays à l'autre sur la conception de l'autonomie et des mesures qui la concrétisent. Ainsi, les jeunes Danois, s'ils se classent premiers quant à l'autonomie résidentielle, sont loin dans les rangs en ce qui concerne la stabilité en emploi. Cela est possible, selon une autre classification de Galland, parce que six Danois sur dix sont bénéficiaires de prestations sociales (Galland, 2006, p. 26). Il est intéressant de noter dans ce fait d'observation l'incidence d'une aide gouvernementale sur l'acquisition de l'indépendance. Ce type d'intervention de l'État est beaucoup moins développé en Espagne : c'est la famille qui soutient son jeune en période d'insertion professionnelle. L'**approche comparative** apparaît donc ici importante autant dans le temps que dans l'espace : en a-t-il toujours été ainsi? En est-il ainsi partout?

## Sensibilité à la conjoncture

Un autre facteur structurant qu'il n'est pas exagéré d'associer étroitement à cette période du cycle de vie et qui est facilement observable, c'est la **sensibilité des jeunes à la conjoncture**. Les divers passages ou transitions qui caractérisent la jeunesse sont tributaires de l'état de la société au moment où ils se produisent. Ainsi, vouloir quitter sa famille pendant une période de pénurie de logements à bon prix, chercher un emploi pendant une crise économique, former un couple quand la question identitaire se pose en problème, arriver en surplus de main-d'œuvre dans un secteur fortement saturé et ainsi de suite, autant de conditions qui montrent la fragilité des jeunes au moment de franchir les étapes qui caractérisent la jeunesse. Certains peuvent arriver au bon moment, d'autres pas.

Cette sensibilité à la conjoncture peut être amoindrie dans une société comme la nôtre par la mise en place de programmes qui peuvent atténuer l'effet immédiat d'une conjoncture défavorable. Il faut aussi compter sur le mouvement communautaire qui a pris un essor considérable depuis la crise de l'emploi des années 1980 pour compenser ce que le cadre familial ne peut plus toujours offrir comme ce pouvait être le cas dans une société qui avait longtemps conservé un type de solidarité familialiste ou appuyé sur les institutions religieuses.

## Choix et stratégies de l'acteur

Il faut ajouter aux facteurs structurels et conjoncturels **les choix et les stratégies de l'acteur,** de l'individu jeune dans le cadre d'une société qui permet ces choix caractéristiques de l'autonomie qui est recherchée. Ce sont souvent des enquêtes de type qualitatif ou des enquêtes sur les valeurs qui nous permettent de comprendre ces motivations, parfois difficiles à saisir, et qui pourront jouer sur l'avenir. Ainsi, pendant longtemps, au Québec, convaincus que l'économie était un déterminant incontournable, on a cru que la seule recherche d'emploi expliquait le départ des jeunes des régions périphériques. C'est encore le cas aujourd'hui lorsqu'on entend certains reportages. L'enquête sur la migration des jeunes a montré comment les motivations des jeunes contemporains pouvaient être variées (Gauthier *et al.*, 2006). Ce n'est que dans la vingtaine avancée que le lieu de travail prend de l'importance. Il est fortement associé, chez les femmes de manière plus particulière, au mode de vie et à la famille.

Avant d'entreprendre l'application des réflexions qui précèdent à l'un ou l'autre des attributs de l'indépendance, une méthodologie se dégage :

- comparer les expressions des attributs de l'indépendance dans le temps et dans l'espace afin d'identifier les facteurs externes qui peuvent être structurants, y incluant le type de société en cause ;

- les jeunes étant sensibles à la conjoncture, retracer les facteurs conjoncturels qui facilitent ou freinent les moments de passage caractéristiques de cet âge, facteurs liés au marché du travail tout autant qu'à l'orientation que peuvent se donner les jeunes ;
- connaître les motifs de choix des jeunes qui s'expriment entre autres par leurs valeurs et qui fournissent des indicateurs de la quête d'autonomie, cette dernière étant plus difficile à cerner que l'accès à l'indépendance.

## APPLIQUER LA DÉMARCHE

Il est impossible de traiter tous les attributs de l'indépendance dont il a été question, encore moins d'y associer la question de l'autonomie. Pour les fins de cet exposé, il faut faire un choix.

### Justification du choix d'un attribut

L'insertion professionnelle, à cause des implications qu'elle peut avoir sur les autres attributs, qu'on pense à l'insertion résidentielle et à la formation du couple et de la famille, peut constituer un exemple de l'application de cette méthode qui se dégage de la démarche intellectuelle entreprise au début de l'exercice de prospective. Le revenu, quelle que soit son importance, constitue très tôt un moyen d'acquisition de l'autonomie parce qu'il permet, même minime et dès les études secondaires, de se dégager de l'emprise des parents pour certains choix de consommation. Cet attribut est assez bien connu par l'abondance des données recueillies par les organismes, tant fédéraux que provinciaux, dans l'Enquête sur la population active, par exemple.

De nombreux chercheurs s'intéressent à cette dimension de la vie des jeunes, en particulier depuis la crise de l'emploi et les mutations du marché du travail de la fin de la décennie de 1975 et des années 1980. Pas moins de 16 chercheurs ont collaboré récemment à la rédaction d'un ouvrage collectif dirigé par Sylvain Bourdon et Mircea Vultur sur *Les jeunes et le travail* (2007). La question de l'insertion professionnelle est maintenant le fait de tous les jeunes. À d'autres périodes, elle pouvait être réservée aux hommes ou principalement aux hommes parce qu'il s'est toujours trouvé des femmes dans des professions dites féminines qui, souvent en lien avec le célibat, s'adonnaient aussi au travail rémunéré. Selon un analyste de l'Institut de la statistique du travail, entre 1997 et 2006, «le taux d'emploi des femmes âgées de 25 à 44 ans, soit le groupe d'âge où elles sont le plus susceptibles d'avoir de jeunes enfants, a connu une croissance continue et très marquée. L'écart avec les hommes a été réduit sur la période, passant de 10,1 points de pourcentage à 6,5 points. En 2006, presque 8 femmes sur 10 âgées de 25 à 44 ans étaient en emploi» (Cloutier, 2007, p. 1-2). Le taux d'activité des 15-24 ans en 2006 est de 63,4 % et celui des 25-34 ans, de 80,4 %.

Ajoutons à une vie active pour pratiquement tous les jeunes, le travail à temps partiel pendant les études, qui a aussi connu une progression constante : de 2 cégépiens sur 10 qui avaient un emploi en 1977, c'est le cas de 7 sur 10 aujourd'hui (Roy, 2008, p. 215). La période de socialisation s'étant allongée depuis la démocratisation de l'enseignement des années 1960, les jeunes ont fini par trouver une façon de se donner une certaine indépendance par la combinaison des études et du travail salarié à temps partiel.

Il va de soi que l'application de la démarche ne pourra faire appel à l'ensemble des dimensions de cet attribut de la jeunesse et encore moins à ses relations avec les autres dimensions de la vie. Mais, à l'occasion, il pourra être fait référence à des effets inattendus du changement social sur les jeunes et à l'interaction avec d'autres attributs qui marquent le passage à la vie adulte.

## Facteurs structurants de l'insertion professionnelle

Parmi les facteurs structurants de l'insertion professionnelle, un apparaît comme caractéristique de la jeunesse actuelle et des cohortes qui s'en viennent. Il a un rapport certain avec la démographie et, par comparaison avec la génération des baby-boomers qui s'est affirmée par son arrivée massive à l'âge de l'insertion professionnelle, c'est l'inverse qui se produit aujourd'hui, et ce, à l'image des pays occidentaux qui ont connu une baisse radicale de la natalité au cours des dernières décennies.

Bien que nombreux sur le marché du travail, les 15-24 ans ne représentent plus que 15,4 % de la population active, alors qu'ils étaient 28 % en 1976. Outre la baisse de la proportion des jeunes sur l'ensemble de la population, il faut aussi tenir compte de l'augmentation de la présence aux études. Les 15-19 ans étaient 80,4 % aux études en 2001 et 68,8 % en 1971. La différence chez les 20-24 ans est encore plus grande, de 16,5 % en 1971 à 41,4 % en 2001. Les jeunes font ainsi de moins en moins le poids dans la population active, ce qui ne signifie pas qu'ils ne pourront exercer d'influence dans les milieux de travail ou sur la société, mais ce sera par d'autres moyens que les manifestations de masse. Inversement, ils pourront s'imposer à cause d'une pénurie de main-d'œuvre, ce qui est déjà le cas dans certains milieux au Québec en ce moment. Les taux de chômage très bas ne sont pas uniquement dus à l'essor économique mais à un manque de main-d'œuvre dans certains secteurs d'emploi.

Autre facteur structurant, l'état du marché du travail. Plusieurs indicateurs devraient être ici pris en compte. Il a été question plus haut du taux d'activité des jeunes. Depuis les mutations qu'a connues le marché du travail à la fin de la décennie de 1970 et au début de celle qui a suivi, le taux de chômage, autant dans les représentations que dans les faits, a constitué un indicateur important de la situation des jeunes en emploi. Il faut ajouter au taux de chômage, la qualité des emplois. La notion de précarité a souvent été associée aux premiers emplois qui étaient et continuent d'être offerts aux jeunes et qui sont l'expression de la flexibilité dans les conditions de travail introduites depuis ces années : emplois atypiques (contrats de courte durée, travail à temps partiel, faible rémunération).

Mais les taux de chômage permettent en même temps de faire un certain nombre de constats. La figure 1 l'illustre bien. La comparaison dans le temps permet d'observer que les 15-24 ans sont toujours le groupe d'âge qui a les plus hauts taux de chômage même si, comme on

FIGURE 1

*Taux de chômage selon le groupe d'âge, moyennes annuelles,*
*Québec, 1976 à 2005*

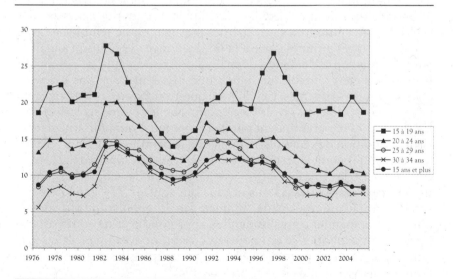

l'a déjà vu, ce groupe d'âge n'est pas le plus nombreux sur le marché du travail. Comment expliquer ce constat : période d'expérimentation du marché du travail à travers des emplois atypiques ? Conséquence d'une faible scolarisation ? Les deux explications peuvent convenir : un segment du marché du travail est réservé – et on le verra dans un tableau sur les grandes catégories professionnelles – aux étudiants qui se satisfont d'emplois à temps partiel, mais il y a aussi les premiers emplois que les faiblement scolarisés décrochent, faute de qualification. Lorsque le chômage est analysé en tenant compte de la scolarisation, les faiblement scolarisés ont toujours des taux plus élevés que ceux qui ont une qualification professionnelle, technique ou universitaire. En 2000, par exemple, les 15-24 ans non diplômés du secondaire avaient un taux de chômage de 21,9 %, alors que celui des diplômés était de 14,3 % (Institut de la statistique du Québec). Les diplômés du postsecondaire avaient alors un taux de chômage de 8,1 %, alors que les non-diplômés des mêmes ordres d'enseignement connaissaient un taux de chômage de 13,2 % (*idem*).

## Sensibilité des jeunes à la conjoncture observée à travers les indicateurs de l'activité

Cette même figure illustre bien la sensibilité de ce groupe d'âge à la conjoncture. Les principales inflexions à la hausse, si tous les groupes d'âge s'en trouvent atteints, ont un plus grand impact chez les plus jeunes au moment où les difficultés économiques et les restructurations du monde du travail ont été les plus difficiles (début des années 1980 et 1990). Une autre inflexion, chez les plus jeunes, ne semble pas avoir atteint les autres groupes d'âge à la fin des années 1990 jusqu'à maintenant. La plus forte demande de main-d'œuvre au cours de ces années n'aurait pas été profitable aux plus jeunes. Ils sont les moins scolarisés et les moins expérimentés. Ce fait pose question. Notre société serait-elle passée à la « société du savoir » à ce point que les moins scolarisés chez les plus jeunes n'y trouveraient plus leur compte ? Y aurait-il concurrence pour l'obtention des emplois atypiques de la part des nouveaux retraités qui compléteraient leur rente par un travail à temps partiel ? Assez curieusement, les 15-24 sont 67 % en 2006 à avoir des emplois atypiques. Ils sont rejoints par les 55 ans et plus qui sont 45,7 % dans la même situation (Statistique Canada, Enquête sur la population active). Ces questions demandent une étude plus approfondie et ne sont pas sans intérêt pour expliquer ce qui pourrait être un nouveau type de concurrence dans certains secteurs d'emploi qu'occupent les étudiants et les moins scolarisés depuis la décennie de 1980.

La comparaison des différents groupes d'âge dans le temps montre également que les 25-29 ans, lorsqu'il y a eu crise de l'emploi, ont été aussi vulnérables, mais qu'ils ont retrouvé assez rapidement une situation en emploi comparable d'un groupe d'âge à l'autre. La situation économique présente des cycles de plus en plus courts et il faut ajouter à ce facteur le fait que les individus profitent des périodes sans emploi pour parfaire leurs connaissances, avec l'aide de l'État le plus souvent. De nombreux programmes d'aide à l'emploi (solidarité sociale, sécurité du revenu) ont permis de diminuer le recours à l'aide sociale et remis sur la voie de l'emploi un nombre de jeunes tel que cela explique aussi les faibles taux de chômage des dernières années.

Faut-il aussi tenir compte du taux d'activité? Celui des 15-24 ans se tient élevé depuis le début de ce siècle, au-dessus de 60%. En 2006, il est de 63,4% (Statistique Canada, Données du recensement de 2006). Il n'y a eu qu'une période où le taux d'activité a été aussi élevé dans ce groupe d'âge depuis 1976 (59,8%): c'est à la fin des années 1980, à la suite de la crise de l'emploi qui avait marqué le début de cette décennie (Statistique Canada, CD-Rom Revue chronologique de la population active, 2005). Par rapport aux autres groupes d'âge, le taux d'activité est toujours plus bas, mais cela s'explique par la forte présence aux études à temps plein.

## Sensibilité des jeunes à la conjoncture observée à travers la répartition de la main-d'œuvre

La sensibilité à la conjoncture s'observe de bien d'autres manières. La répartition de la main-d'œuvre dans les différentes professions l'illustre de façon éloquente. Pour une meilleure compréhension, les 10 principaux groupes professionnels dans lesquels se répartissent les individus actifs seront illustrés à l'aide de deux figures. Au moment de leur arrivée sur le marché du travail, chaque groupe professionnel est composé d'une main-d'œuvre qui atteint des sommets à certains âges. Pendant longtemps on a décrié le fait que les baby-boomers occupaient toute la place dans le secteur des sciences sociales, de l'enseignement et de la fonction publique, bref, dans tous les services de l'État. On avait tendance à oublier que les baby-boomers étaient entrés dans ces professions au moment de la création des services et qu'ils étaient prêts à y entrer parce qu'ils appartenaient à l'une des premières cohortes de jeunes à fréquenter aussi longtemps les institutions d'enseignement.

Les baby-boomers ont déjà passablement quitté la scène, comme on peut l'observer sur la figure 2. Mais qui voit-on apparaître? Les 25-34 ans sont maintenant les plus nombreux dans le secteur des sciences

## FIGURE 2

*Répartition de la population selon le groupe d'âge et le type de profession, Québec, 2006*

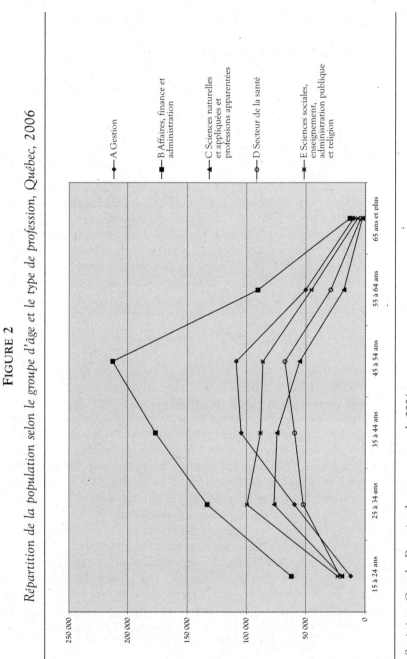

A Gestion

B Affaires, finance et administration

C Sciences naturelles et appliquées et professions apparentées

D Secteur de la santé

E Sciences sociales, enseignement, administration publique et religion

Source : Statistique Canada, Données du recensement de 2006.

sociales, de l'enseignement et de la fonction publique. Même scénario pour les sciences naturelles et appliquées. Les secteurs des affaires et de la gestion sont fortement occupés par les 45-54 ans. L'âge moyen dans le secteur de la santé est plus fluctuant.

Qu'en est-il des professions illustrées sur la figure 3? Le secteur de la vente et des services est fortement occupé par les 15-24 ans. Il s'agit d'un secteur où beaucoup d'emplois sont à temps partiel et saisonnier: restauration, commerces de détail. Les autres secteurs professionnels sont plutôt l'apanage des plus âgés: en particulier dans les métiers, le transport et la machinerie qui est le royaume des 45-54 ans. C'est pour ce secteur d'activité qu'il se fait beaucoup de promotion auprès des jeunes en ce moment. Les jeunes n'y sont pas, peut-être pas parce que le marché ne leur est pas ouvert, peut-être aussi parce qu'ils ne se préparent pas à y entrer. Le peu d'inscription dans certaines options du secteur professionnel des études secondaires et certaines techniques offertes dans les cégeps peuvent créer une pénurie de main-d'œuvre appréhendée en ce moment. Il y a seulement dans le secteur des arts qu'il est possible de percevoir le pic de la relève, mais ce n'est pas le type de professions qui compte le plus grand nombre d'adhérents.

Ce que ces figures nous apprennent, c'est qu'au moment de l'entrée sur le marché du travail, certaines professions sont en demande, d'autres sont déjà saturées. Comment l'orientation professionnelle des jeunes les prépare-t-elle à cette réalité où les places, sans être déterminées par «une volonté consciente» de quelque génération accaparante, ne peuvent se libérer sous prétexte d'équité intergénérationnelle? Il y a des secteurs professionnels en renouvellement et d'autres qui le seront bientôt. Quelles places prendront les jeunes? Une présence démographique moins importante leur laissera-t-elle un plus grand choix des places? Faudra-t-il combler les vides par l'appel à l'immigration?

D'autres éléments de conjoncture peuvent influencer la position qu'occupent les jeunes sur le marché du travail. Il a déjà été question des programmes gouvernementaux, des campagnes en faveur de la formation professionnelle ou de certains groupes professionnels en pénurie de main-d'œuvre, celui de la santé en ce moment, par exemple. Il n'a pas été question ici des effets de la mondialisation sur les secteurs d'emploi, qu'on pense au secteur de la fabrication qui a connu une délocalisation vers les pays à économie émergente où la main-d'œuvre est encore bon marché. Ces secteurs constituaient des avenues intéressantes pour les individus qui ne possédaient pas de qualification et apprenaient leur métier sur le tas. La disparition de ces secteurs explique une grande partie du chômage des aînés.

# FIGURE 3

*Répartition de la population selon le groupe d'âge et le type de profession, Québec, 2006*

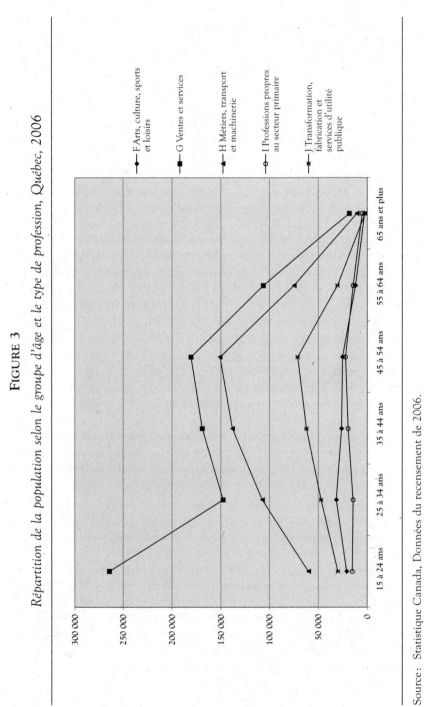

Source: Statistique Canada, Données du recensement de 2006.

Faut-il dire aux jeunes que la formation, quelle qu'elle soit, est un prédicteur de succès pour l'avenir ? Ce fut un discours récurrent en faveur de la société du savoir au cours des dernières années. Cela peut stimuler à poursuivre des études : les taux de décrochage scolaire ont baissé. Mais cela peut aussi créer chez les jeunes un effet inattendu : la perception du déclassement consécutive à l'écart entre l'anticipation du type d'emploi par la formation et la réalité du marché du travail (Vultur, 2006).

## Choix et stratégies de l'acteur

S'il y a de grandes parts d'impondérable dans les facteurs externes et la conjoncture en ce qui entoure l'insertion professionnelle des jeunes, cette part n'est pas moins grande lorsqu'il s'agit d'examiner les comportements des jeunes, leurs choix et leurs valeurs. Dans la plupart des enquêtes récentes consultées, les jeunes apparaissent assez optimistes à l'égard de leur avenir professionnel qu'ils situent cependant à l'intérieur d'une vision plus globale de l'ensemble de leur vie. Pour les jeunes contemporains, travailler n'est pas tout, même s'ils sont des champions en cette matière, l'enquête de Jacques Roy auprès des cégépiens les décrivant à certaines reprises comme des *workaholic* (un étudiant sur cinq interrogés considère comme normale une semaine de travail de soixante heures) (Roy, 2006, p. 73).

L'enquête du Groupe de recherche sur la migration (GRMJ) auprès de 6 000 jeunes adultes de 20-34 ans a contredit l'opinion fortement ancrée que les jeunes quittent leur milieu d'origine (souvent décrit comme anémié) pour se trouver un emploi. C'est d'abord par quête d'autonomie mais aussi pour améliorer leurs perspectives d'avenir, motifs suivis par la recherche de qualité de vie qu'ils vont voir ailleurs s'ils ne s'y trouveraient pas mieux même si, pour les plus jeunes (20-24 ans), le départ pour les études constitue l'un des motifs parmi les plus importants (Gauthier *et al.*, 2006, p. 17). Lorsque interrogés sur leur avenir par le GRMJ, les jeunes sont relativement optimistes en ce qui touche l'emploi, un emploi dans la ligne de leurs études, et leur situation économique (Gauthier, 2008, p. 39). Ainsi, à propos de questions posées en 2005 concernant leur avenir professionnel, 81,1 % se disaient confiants de toujours avoir un emploi et 78,2 % pensaient qu'il leur serait facile de trouver du travail dans le domaine où ils ont étudié. Ils sont encore plus nombreux à penser que leur niveau de vie augmentera dans l'avenir (85,3 %) (Gauthier *et al.*, 2006, p. 54).

On retrouve la même quête d'autonomie chez les cégépiens interrogés par Jacques Roy à propos de leur implication dans l'emploi salarié
pendant les études : loin de confirmer l'opinion suivant laquelle ils
seraient d'abord de grands consommateurs, c'est pour se donner une
marge d'autonomie qu'ils ont un emploi salarié (Roy, 2006, p. 72). Ils
y trouvent une forme de réalisation personnelle et apprécient leur expérience du marché du travail, qui leur apparaît comme une forme d'intégration à la société, impression que les études seules ne donnent pas,
orientées qu'elles sont sur l'avenir plutôt que sur le présent.

L'enquête du GRMJ sur la migration révélait un autre fait étonnant
de la relation des 20-34 ans au travail. À la question qui leur était posée,
à savoir quelle caractéristique de l'emploi ils trouvaient la plus importante, ils répondaient l'emploi intéressant à 64,8 %, à 25,3 % l'emploi
stable et à 9,9 % seulement l'emploi bien payé. Cependant, des différences apparaissaient selon certaines catégories sociales : les diplômés
universitaires choisissaient d'emblée l'emploi intéressant, ceux qui avaient
un diplôme d'études secondaires ou moins étaient les plus nombreux
à choisir l'emploi stable et ceux qui n'avaient aucun diplôme optaient
pour l'emploi bien payé (Gauthier, 2008, p. 34). Ces différences, bien
que légères, indiquent qu'il n'y a pas unanimité à l'intérieur d'un même
groupe d'âge.

Des différences sont aussi observables entre des jeunes qui n'ont
pas obtenu le diplôme qu'ils postulaient, même s'il s'agit du DES (diplôme
d'études secondaires) dans un cas et du DEC (diplôme d'études collégiales)
dans l'autre. Cette autre enquête, une enquête rétrospective, a été réalisée
au cours de cette décennie auprès de jeunes qui ont interrompu leurs
études secondaires ou collégiales en 1996-1997 (Gauthier et al., 2004). Il
s'agissait de connaître comment s'était passée l'insertion professionnelle
pour ces « décrocheurs ». Benoît Gendron et Jacques Hamel ont étudié
une partie des résultats sous l'angle du rapport au travail. Ils ont perçu
des différences entre les deux catégories de « sans diplôme » qui, soit dit
en passant, étaient retournés aux études pour un certain nombre d'entre
eux. On y retrouve, de façon plus étayée, les fonctions dites instrumentales
et expressives du travail. Ainsi, chez les non-diplômés du secondaire, le
travail ne traduit pas un accomplissement personnel mais se pare des
attributs de l'entreprise où ils recherchent la stabilité. Les non-diplômés
du collégial « veulent gravir les échelons sur la base de la compétence
dont ils se targuent » (Gendron et Hamel, 2004, p. 144).

Autre sujet d'étonnement, la syndicalisation des plus jeunes s'est
accrue au cours des dernières années. Le taux de couverture syndicale
est passé de 19,3 % à 23,7 % chez les 15-24 ans et de 37,0 % à 37,8 %

chez les 25-34 ans (Institut de la statistique du Québec, Direction du travail et de la rémunération). Les plus jeunes auraient-ils gagné des secteurs d'emploi où la syndicalisation est traditionnellement présente? Il y a eu, en effet, une légère augmentation de la proportion de travailleurs de 25-34 ans dans le secteur public en 2006 par rapport à 2001, de 20,8% à 22,0%, ce qui n'est pourtant pas le cas des 15-24 ans où la proportion a légèrement diminué (Institut de la statistique du Québec). On observe aussi une augmentation des 25-34 ans dans le secteur des services, des sciences sociales et de la santé, qui sont des secteurs où le syndicalisme est traditionnellement présent.

Dans l'enquête du GRMJ dont il a déjà été question, les jeunes situent à un niveau très élevé leur réussite amoureuse, beaucoup plus que leur avenir professionnel (Gauthier, 2008, p. 39). Les enquêtés de Jacques Roy ont fait la surprise de choisir «une famille unie» comme expression de la réussite de leur vie dans l'avenir (Roy, 2006, p. 76). Des sondages, dont un sondage CROP sur les valeurs des jeunes en 2002, montraient l'importance de la famille, ce qui se confirme dans les travaux de Royer, Pronovost et Charbonneau (2004, p. 55). Le poids de cette valeur se ressent dans les revendications actuelles des jeunes parents sur le marché du travail. La conciliation travail-famille n'échappe désormais plus à aucun employeur ou directeur des ressources humaines. D'autant plus que ces revendications sont appuyées par des politiques gouvernementales à l'égard de la famille qui ont fait en sorte que cette réalité soit devenue incontournable, les normes minimales du travail incluant des congés parentaux. Une assurance parentale et un système universel de garderie financé en grande partie par l'État sont venus, au cours des dernières années, donner raison aux jeunes parents dont les deux membres du couple sont présents pour la grande majorité sur le marché du travail.

S'il était besoin de faire le tour des revendications des jeunes de ce point de vue, la liste serait longue d'attitudes et de demandes qui témoignent d'un changement de paradigme par rapport à l'importance que prenait le travail pour d'autres générations, en particulier pour les femmes qui ont revendiqué le droit et l'égalité au travail. Le léger accroissement du nombre de naissances des dernières années tient peut-être au fait que l'enfant fait partie de la qualité de vie rêvée. Un sondage CROP-*La Presse* réalisé en 2005 indiquait que 70% des mères qui travaillent à temps plein interrompraient leur carrière pour rester à la maison si elles le pouvaient. Ce qui apparaissait comme les facteurs de la baisse de fécondité dans les pays occidentaux ne tient plus.

## SCÉNARIOS POSSIBLES

Pour alimenter la réflexion, il aurait été intéressant de voir comment la génération X s'est constituée en réaction aux baby-boomers de la première vague. Si des changements importants dans le monde du travail marquaient les prochaines années de manière négative pour les jeunes, des réactions et des attitudes semblables pourraient réapparaître. Des expressions différentes sans doute, mais une réaction à la génération jeune actuelle qui, au terme d'un bilan, s'en tire probablement aussi bien que les baby-boomers à une autre époque et qui n'était pas une cohorte plus homogène. On l'oublie parfois!

En reprenant chaque dimension de l'exercice d'application de la démarche envisagée pour en arriver à formuler des scénarios (examen des facteurs externes, dimensions conjoncturelles et choix de l'acteur), il est maintenant possible de se hasarder à esquisser ce que pourrait être l'avenir du travail pour les jeunes.

### Scénario optimiste

Dans un premier scénario, il y a maintien de ce qui se passe actuellement et qui a été décrit dans la troisième section. Il s'agit d'un scénario optimiste. La diminution du poids des jeunes constitue ici un élément en leur faveur. Ils sont en demande et sont prêts à répondre à la demande dans plusieurs secteurs d'emploi, mais ne le sont pas dans d'autres, ce qui va exiger l'appel à un autre type de main-d'œuvre. C'est à partir de là que la situation des jeunes pourrait perdre l'atout qu'elle a actuellement.

### Scénario pessimiste

Dans un deuxième scénario, des facteurs externes changent. Ce scénario est plus pessimiste à cause des facteurs externes qui peuvent jouer en défaveur des jeunes: économie plus chancelante, incidence de la mondialisation, concurrence d'une main-d'œuvre immigrante plus qualifiée et de retraités plus expérimentés.

Ces scénarios, dont le premier n'est que la reproduction de la situation actuelle, pourraient être multipliés en faisant jouer l'une ou l'autre des trois dimensions observées. Ils sont suffisamment le reflet de l'histoire récente de l'insertion professionnelle des groupes d'âge qui composent la population pour faire partie de l'ordre des possibles et non pas être uniquement le fruit de l'imagination. En dépit des choix

## TABLEAU 1

*Scénario optimiste*

| Facteurs externes | Conjoncture | Choix de l'auteur |
|---|---|---|
| Démographie : <br> - poids des jeunes continue de diminuer, <br> - arrivée d'immigrants en plus grand nombre, <br> - maintien des retraités en emploi à temps partiel. <br><br> Économie : <br> - pas de récession, <br> - économies émergentes favorisent la délocalisation. <br><br> État : <br> - création d'emplois, <br> - incitatifs à l'emploi, <br> - aide à la famille, <br> - mécanismes de régulation par les normes du travail. | Emploi : <br> - maintien des secteurs qui exigent qualification, <br> - places disponibles dans les groupes professionnels, <br> - manque de main-d'œuvre dans certains secteurs, comme les métiers. | Formation : <br> - maintien aux études dans tous les ordres d'enseignement, <br> - peu d'intérêt pour les métiers. <br><br> Emploi : <br> - recherche de l'emploi intéressant correspondant à la formation, <br> - maintien d'une certaine mobilité au travail, <br> - conciliation travail-famille. <br><br> Solidarité : <br> - syndicalisation, <br> - mouvement communautaire pour les plus précaires. |

## TABLEAU 2

*Scénario pessimiste*

| Facteurs externes | Conjoncture | Choix de l'acteur |
|---|---|---|
| Démographie : <br> - diminution prévisible du poids des jeunes, <br> - ouverture plus grande à l'immigration, <br> - augmentation du nombre de retraités en emploi à temps partiel. <br><br> Économie : <br> - récession, <br> - concurrence internationale accrue. <br><br> État : <br> - les jeunes n'ont plus le poids pour s'affirmer, <br> - l'endettement rend l'État moins généreux : les pressions viennent d'ailleurs. | Emploi : <br> - accroissement de la flexibilité du côté des employeurs, <br> - précarisation de l'emploi dans un contexte de chômage, <br> - perte d'emplois non qualifiés. | Formation : <br> - surqualification qui décourage le maintien aux études, <br> - décrochage avant la fin de l'obtention du diplôme si l'occasion d'obtenir un emploi se présente. <br><br> Incitatifs : <br> - incitation mères de jeunes enfants à demeurer à la maison. <br><br> Solidarité : <br> - diminution de l'appartenance syndicale, <br> - développement de catégories sociales antagonistes : ceux qui occupent la place et les autres. |

qui s'offrent à «l'individu jeune» contemporain, ils ne sont pas sans limites et l'observation de ce qui se passe dans le monde du travail en est l'illustration.

## CONCLUSION

Les jeunes, ceux qui sont en cheminement vers l'indépendance qui caractérise la vie adulte, sont probablement, avec les aînés moins scolarisés lors de fermeture d'usines et dans un contexte de délocalisation d'emplois non qualifiés, le groupe le plus sensible à la conjoncture. Les données sur l'activité selon les groupes d'âge l'illustrent fort bien. Cette sensibilité a des conséquences sur l'insertion professionnelle sous plusieurs aspects, les derniers à entrer sur le marché du travail, ils sont les premiers à faire les frais des restructurations et des mutations de toutes natures, comme ils sont les derniers à choisir le secteur d'emploi vers lequel ils se sont longuement préparés à entrer. Il faut prendre garde cependant de ne voir que le côté négatif de cette sensibilité. Ils peuvent aussi être les premiers à investir des secteurs d'emploi en développement, être à l'origine d'initiatives que leur condition de chercheurs d'emploi a pu stimuler à mettre en œuvre. Et même plus, ces potentialités reçoivent l'appui de l'état par des programmes d'aide à la création d'emplois et par des lois qui contribuent à une meilleure qualité de vie du travailleur comme toutes ces mesures de conciliation travail-famille.

Cette sensibilité a des répercussions sur les autres dimensions de la vie. Comment assurer son indépendance résidentielle et soutenir une famille sans une certaine indépendance financière? Plus encore, il n'en a pas été question plus haut, mais comme l'a si bien dit Dubar, cette période d'insertion est aussi celle de la formation de l'identité sociale et professionnelle du jeune travailleur (1991). Identité sociale en ce que, à partir de cette période d'intégration qui a commencé à prendre forme généralement quelques années plus tôt, l'individu est reconnu en tant que «tel type de travailleur». Identité professionnelle que l'acteur se reconnaît au fil des stratégies qu'il déploie pour s'adapter au milieu du travail ou, plus difficile encore, pour adapter le milieu du travail à ses besoins, ce qui correspond souvent à une action collective, pas uniquement, mais la plupart du temps liée à la syndicalisation. C'est dans ce contexte que naissent «les victimes de la précarité», qui peuvent conserver longtemps cette représentation d'eux-mêmes comme «les gagnants» du monde du travail qui s'attribuent des gains dont ils n'ont fait que cueillir le fruit alors qu'il était mûr.

# BIBLIOGRAPHIE

Attias-Donfut, C. (1988). *Sociologie des générations: l'empreinte du temps*, Paris, Presses universitaires de Frances, coll. « Le sociologue », 249 p.

Bourdon, S. et M. Vultur (dir.) (2006). *Regard sur... les jeunes et le travail*, Québec, Presses de l'Université Laval-IQRC, coll. « Regard sur la jeunesse du monde », 308 p.

Cloutier, L. (2007). « Effets de certaines politiques sociales sur la qualité de l'emploi des femmes au Québec », *Flash-info. Travail et rémunération*, vol. 8, n° 3, p. 1-6.

De Singly, F. (2000). « Penser autrement la jeunesse », *Lien social et Politiques*, vol. 42, p. 9-21.

Dubar, C. (1991). *La socialisation. Construction des identités sociales et professionnelles*, Paris, Armand Colin, 278 p.

Dumont, F. (dir.) (1986). *Une société des jeunes?*, Québec, Institut québécois de recherche sur la culture, 391 p.

Elder, G.H. Jr. (1974). *Children of the Great Depression*, Chicago et Londres, The University of Chicago Press.

Galland, O. (1984). « Précarité et entrées dans la vie », *Revue française de sociologie*, n° 1, p. 49-66.

Galland, O. (1991). *Sociologie de la jeunesse. L'entrée dans la vie*, Paris, Armand Colin, 231 p.

Galland, O. (2006). « Devenir adulte en Europe: un regard anthropologique », dans C. Bidart (dir.), *Devenir adulte aujourd'hui. Perspectives internationales*, Paris, L'Harmattan, 232 p.

Gauthier, H. *et al.* (2004). *Vie des générations et personnes âgées: aujourd'hui et demain*, vol. 2, Québec, Institut de la statistique du Québec.

Gauthier, M. (1996). « Précaires un jour...? ou quelques questions à propos de l'avenir des jeunes contemporains », *Sociologie et sociétés*, vol. 28, n°1, p. 135-146.

Gauthier, M. (2000). « L'âge des jeunes: "un fait social instable" », *Lien social et Politiques*, vol. 42, p. 23-32.

Gauthier, M. (2002). « L'hypersensibilité des jeunes aux changements du monde du travail: inconvénient ou atout? », *ACSALF, Bulletin d'information*, vol. 24, n° 1, p. 6-8.

Gauthier, M. (2007). « De jeunes "chômeurs" à jeunes "travailleurs": évolution de la recherche sur les jeunes et le travail depuis les années 1980 », dans S. Bourdon et M. Vultur (dir.), *Regard sur... les jeunes et le travail*, Québec, Presses de l'Université Laval-IQRC, p. 23-50.

Gauthier, M. (2008). *Insertion professionnelle des policiers des générations X et Y. Bilan raisonné de la littérature*, Montréal, INRS Urbanisation, Culture et Société. Rapport de recherche, 67 p.

Gauthier, M. et J. Charbonneau, avec la collaboration de M. Côté, L. Gauthier, A.-A. Brouillette et M. Vultur (2002). *Jeunes et fécondité: les facteurs en cause. Revue de littérature et synthèse critique*, Montréal, INRS Urbanisation, Culture et Société, 106 p. Disponible en format pdf.

Gauthier, M., J. Hamel, M. Molgat, C. Trottier et M. Vultur (2004). *L'insertion professionnelle et le rapport au travail des jeunes qui ont interrompu leurs études secondaires ou collégiales en 1996-1997*, Montréal, INRS Urbanisation, Culture et Société, <www.inrs-ucs.uquebec.ca/pdf/rap2004_07.pdf>, consulté le 21 juin 2006.

Gauthier, M., P. LeBlanc, S. Côté, F. Deschenaux, C. Girard, C. Laflamme, M.-O. Magnan et M. Molgat (2006). *La migration des jeunes au Québec. Résultats d'un sondage 2004-2005 auprès des 20-34 ans du Québec*, Montréal, INRS Urbanisation, Culture et Société, <www.obsjeunes.qc.ca/pdf/RapportNational.pdf>, consulté le 21 juin 2006.

Gendron, B. et J. Hamel (2004). «Travail, valeurs et être jeune. Quel rapport?», dans G. Pronovost et C. Royer (dir.), *Les valeurs des jeunes*, Québec, Presses de l'Université du Québec, p. 129-148.

Giddens, A. (1987). *La constitution de la société*, Paris, Presses universitaires de France, coll. «Sociologies», 474 p.

Girard, C. (2007). *Le bilan démographique du Québec*, Québec, Institut de la statistique du Québec.

Lemieux, D. (2006). «Visions des jeunes, miroirs des adultes: quelques points de vue des adultes sur la jeunesse», dans F. Dumont (dir.), *Une société des jeunes?*, Québec, Institut québécois de recherche sur la culture, p. 61-76.

Levi, G. et J.-C. Schmitt (sous la dir.) (1996). *Histoire des jeunes en Occident. De l'antiquité à l'époque moderne*, tome 1, Paris, Seuil, 379 p.

Miner, H. (1985). *Saint-Denis: un village québécois*, LaSalle, Hurtubise HMH. 1re édition américaine en 1939.

Roy, J. (2006). *Regard sur... les logiques sociales et la réussite scolaire des cégépiens*, Québec, Presses de l'Université Laval-IQRC, coll. «Regard sur la jeunesse du monde», 116 p.

Roy, J. (2008). *Regard sur... Portrait d'une nouvelle génération de cégépiens*, Québec, Presses de l'Université Laval-IQRC, coll. «Regard sur la jeunesse du monde».

Royer, C., G. Pronovost et S. Charbonneau (2004). «Valeurs sociétales fondamentales de jeunes québécoises et québécois. Ce qui compte pour eux», dans G. Pronovost et C. Royer (dir.), *Les valeurs des jeunes*, Québec, Presses de l'Université du Québec, p. 49-69.

Teles, N. et W. Espirito Santo (dir) (2008). *Regard sur... les jeunes au Brésil*, Québec, Presses de l'Université Laval-IQRC, coll. «Regard sur la jeunesse du monde».

Vultur, M. (2006). «Diplôme et marché du travail. La dynamique de l'éducation et le déclassement au Québec», *Recherches sociographiques*, vol. XLVII, n° 1, p. 41-69.

# Une vieillesse en transition

## Les solidarités intergénérationnelles en 2020

Jean-Pierre LAVOIE
CREGÉS, CSSS Cavendish ; École de travail social, Université McGill
Nancy GUBERMAN
École de travail social, UQAM ; CREGÉS, CSSS Cavendish
Ignace OLAZABAL
CREGÉS, CSSS Cavendish ; École de travail social, UQAM

On a cru au milieu du siècle dernier avec les travaux de sociologues fonctionnalistes, notamment ceux de Parsons, que la famille élargie était appelée à disparaître. L'institution familiale se résumerait désormais à la famille nucléaire. Cette conclusion a été contredite par les travaux d'Agnès Pitrou (1978), d'Ethel Shanas (1979) et, plus récemment, ceux de Tamara Hareven et Kathleen Adams (1994) de même que ceux de Claudine Attias-Donfut (1995). Tous ces travaux ont au contraire démontré la vitalité des relations et des solidarités entre les membres de différentes générations dans les familles.

Ces travaux ont également permis de mettre en lumière trois caractéristiques fondamentales de ces solidarités. D'abord, les flux d'échanges sont généralement descendants, les parents occupant le plus souvent le rôle de donateurs, leurs enfants celui de donataires, sauf quand l'incapacité frappe les vieux parents, alors les flux s'inversent (Attias-Donfut, 1995). Françoise Cribier (1991) a, pour sa part, démontré que l'amélioration de l'état de santé (augmentation de l'espérance de vie totale et l'espérance de vie sans incapacités) et la mise en place des programmes de retraite ont assuré une autonomie et un certain confort financier aux parents âgés, leur permettant ainsi de soutenir souvent leurs descendants. Ensuite, des études menées en France (Segalen, 2002) et au Québec (Lavoie, 2000) illustrent le caractère électif des solidarités qui ne se fondent plus vraiment sur le statut familial ou le lien biologique mais bien davantage sur le lien affectif, mais aussi et toujours sur le genre. Enfin, les mêmes études ont mis en évidence le rôle d'une génération pivot – globalement les 45-59 ans – qui est au centre de la circulation du don dans la parenté (Godbout et Charbonneau, 1996).

Cette génération pivot est constituée essentiellement de personnes dites baby-boomers, les 45-59 ans étant nés grosso modo entre 1948 et 1962. Les baby-boomers ont directement contribué à la redéfinition de la structure parentale et grand-parentale en impliquant l'État (providence) en tant que « partenaire » dans la distribution de services à la famille (Dandurand et Ouellette, 1992 ; Dandurand et Kempeneers, 2002, pour le Québec ; Attias-Donfut et Segalen, 1998, 2001 ; Attias-Donfut, Lapierre et Segalen, 2002, pour la France). Ils ont été parmi les principaux acteurs des transformations inédites qu'a connues la structure parentale, à la fin du XXᵉ siècle, parmi lesquelles on compte la diffusion progressive des unions libres, de la famille recomposée, monoparentale et homo-parentale – dont on connaît encore mal les répercussions –, sans oublier la « verticalisation » de ces familles avec la chute de la fécondité et le prolongement de la vie et la participation des deux parents au marché du travail (Lapierre-Adamcyk, 2001 ; Noreau, 2001).

Comme ces changements semblent se maintenir dans les généra-tions subséquentes, la génération des baby-boomers, du moins au Québec, constitue une véritable charnière entre les générations qui la précèdent et celles qui suivent. Ces changements ne sont pas que factuels ou strictement démographiques, ils modifient également la façon d'être en famille. Ainsi, certains auteurs mentionnent le développement de nouvelles préoccupations chez les membres de cet ensemble générationnel (souci du corps, quête de liberté après la retraite, etc.), préoccupations qui se traduiraient par le désir de maintenir une plus ou moins grande autonomie vis-à-vis des générations descendantes (Le Breton, 1990 ; Rémy, 1990 ; Vigarello, 1993).

Dans le cadre d'une perspective de la famille en 2020, l'analyse des changements démographiques, sociaux et familiaux qui ont marqué les générations du baby-boom est incontournable pour deux raisons. D'abord, les baby-boomers constitueront les plus jeunes cohortes des personnes dites âgées de 2020 – ils seront alors âgés de 60 à 75 ans – et feront en sorte d'accroître l'hétérogénéité du troisième âge. Comme les changements qui les caractérisent semblent persister dans les géné-rations subséquentes, leur façon d'être en famille peut constituer une assise importante d'une réflexion sur les solidarités familiales. Cette réflexion porte sur les relations entre les grands-parents et leurs petits-enfants, d'une part, et sur les solidarités à l'égard des parents âgés ayant des incapacités, d'autre part, telles que nous les entrevoyons en 2020. Ces deux domaines ne constituent pas la totalité du champ des solidarités familiales, loin de là. Toutefois, nous nous limiterons à ces deux domaines qui ont davantage fait l'objet de recherche et de politiques gouvernementales.

## UNE VIEILLESSE EN TRANSITION – UNE HÉTÉROGÉNÉITÉ CROISSANTE

On ne peut évidemment analyser les solidarités intergénérationnelles sans parler de l'augmentation majeure de l'effectif de la population âgée de 65 ans et plus, qui doublera entre 2001 et 2021. Cet effectif passera de 965 000 à 1 700 000 (Gauthier, 2004). Les personnes âgées de 65 ans et plus devraient alors représenter environ 21 % de la population québécoise. Outre cette croissance importante, les démographes et les gérontologues s'attendent à ce que les caractéristiques de cette population âgée changent. Les gérontologues soulignent depuis longtemps que la catégorie des «vieux», généralement associée aux personnes âgées de 65 ans et plus, est fort hétérogène. Afin de refléter cette hétérogénéité, ne serait-ce que pour tenir compte des différences entre les plus jeunes et les plus âgés parmi les «vieux», on parle désormais d'un 3e, d'un 4e et voire d'un 5e âge (Caradec, 2002). Cette hétérogénéité entre les cohortes les plus jeunes et les plus âgées qui composent la population de 65 ans et plus devrait s'accentuer d'ici 2020.

Les personnes qui auront 85 ans et plus en 2020 sont nées avant 1935; elles sont pour la plupart les parents des baby-boomers ou des premiers «baby-busters». Les femmes de ces cohortes ont donc eu un nombre passablement élevé d'enfants, ayant des descendances finales variant de 2,8 à 3,5 enfants (Girard, 2007; Charton et Lapierre-Adamcyck, 2007). Près de quatre femmes sur dix ont eu quatre enfants ou plus (Duchesne, 2007). Parallèlement, plusieurs de ces femmes n'ont eu qu'une présence épisodique sur le marché de l'emploi: leurs taux d'activité ont été inférieurs à 50 % à tous les âges de leur vie active (Institut de la statistique du Québec, 2007). La plupart ont été ménagères ou ont connu une carrière entrecoupée par la maternité. Enfin, ces cohortes ont généralement été peu touchées par le divorce. La plupart ont contracté leur mariage avant 1960 alors que les taux de divorce demeurent sous les 10 % jusqu'en 1970. La proportion de divorcés atteint son sommet vers 65-69 ans chez les générations de 1921 à 1936 et elle varie de 4 à 9 % chez ces différentes générations (Duchesne, 2007). Nous pourrions qualifier ce régime sociodémographique de «traditionnel».

Le portrait sera tout autre chez les personnes âgées de 65 à 74 ans en 2020. Ces personnes, nées entre 1945 et 1955, constituent le groupe le plus âgé des baby-boomers. Avec des descendances finales de 1,6 à 1,7 enfant (Girard, 2007 ; Charton et Lapierre-Adamcyck, 2007), ces personnes auront eu en moyenne moins de deux enfants et auront peut-être trois petits-enfants. La majorité des femmes de ces cohortes ont fait carrière et ont combiné vie professionnelle et maternité. Les taux d'activité de ces femmes ont varié entre 67 et 80 % alors qu'elles étaient âgées de 25 à 54 ans (Institut de la statistique du Québec, 2007). Enfin, le parcours matrimonial de ces cohortes a été caractérisé par la montée du divorce et de l'union libre. Les personnes de ce groupe d'âge ont conclu en majorité leurs premières unions entre 1965 et 1985 alors que le taux de divorce atteignait 40,8 % en 1982, 51 % en 1987. Ainsi, les générations nées entre 1946 et 1951 présentaient une proportion de divorcés de près de 13 % à 50-54 ans. Cette proportion est deux fois plus élevée que chez les générations nées entre 1931 et 1936, trois fois plus élevée que chez celles nées entre 1926 et 1931 (Duchesne, 2007). Par ailleurs, la proportion de personnes vivant en union libre entre 50 et 54 ans est respectivement quatre et six fois plus élevée chez les générations nées entre 1946 et 1951 que chez les générations nées entre 1931 et 1936 et celles nées entre 1926 et 1931 (Duchesne, 2007).

Ce nouveau « régime sociodémographique » qui caractérise les générations nées lors des dix premières années du baby-boom se maintient ou s'approfondit chez les générations subséquentes. Elles cristallisent en quelque sorte un passage à une certaine modernité dans les comportements maritaux, reproductifs et professionnels amorcé par les générations qui les ont précédées. Les personnes âgées de 75 à 84 ans en 2020 présentent en effet des indicateurs qui se situent à mi-chemin entre ceux des générations qui les précèdent et celles qui leur succèdent.

Toutefois, dans le cadre d'une perspective des solidarités intergénérationnelles en 2020, on ne peut se contenter d'explorer des données factuelles. Ces changements démographiques sont à la fois cause et conséquence de changements dans la façon de concevoir et d'être en famille. Il faut donc également examiner quelles sont les valeurs, les conceptions qui entrent (et entreront) en jeu dans la construction des solidarités entre générations. Nous pouvons en obtenir un aperçu en analysant les cohortes charnières du baby-boom dont les valeurs et les conceptions risquent d'être partagées par les générations subséquentes (et même, quoique dans une mesure moindre, par leurs ascendants). Nous porterons notre attention sur deux facettes des rapports intergénérationnels : la grand-parentalité et le soin aux parents âgés ayant des incapacités.

## UNE NOUVELLE GRAND-PARENTALITÉ[1] ?

La reconfiguration des familles, liée à la chute de la fécondité, à la montée des divorces, de la monoparentalité et des recompositions familiales, ainsi qu'à la multiplication des formes de parentalité, a suscité énormément d'études et de réflexions sur les familles nucléaires qui ont, au Québec, quelque peu laissé dans l'ombre des acteurs familiaux dont l'importance commence à être reconnu : les grands-parents. La reconfiguration des familles d'aujourd'hui et de demain n'est pas sans avoir des répercussions profondes sur la pratique de la grand-parentalité. La direction de ces changements n'est cependant pas toujours limpide et univoque.

Comme les baby-boomers ont eu en moyenne moins de deux enfants, qui eux-mêmes ont eu un ou deux enfants, les grands-parents auront généralement trois ou quatre petits-enfants, dont les naissances pourraient s'être produites sur une période de vingt ans. Cette réduction du nombre de petits-enfants fait en sorte que les grands-parents peuvent consacrer davantage de temps à chacun d'entre eux. Il devient dès lors possible de développer des rapports de plus grande intensité et très individualisés (Attias-Donfut et Segalen, 2002 ; Herman, 2006 ; Segalen, 2000). Par ailleurs, plusieurs grands-parents retraités ou divorcés – la proportion de divorce s'établissait à 53 % en 2003 – semblent avoir à la fois plus de temps et plus d'intérêt à investir le lien avec les petits-enfants :

> Je sens que j'ai plus de temps, à parler, à écouter, à m'intéresser à ce qu'ils font, que moi quand j'étais parent. Je pense que c'est très précieux, d'avoir du temps là, tu sais, comme mon petit-fils, quand il vient, je suis certaine qu'il y a une grosse partie qu'il adore venir, c'est qu'il a toute mon attention. Alors que c'est sûr qu'il partage son attention à la maison, et puis moi, il est le centre de l'univers. (Grand-mère)

> J'ai du temps, même si l'horaire est chargé, quand je dis je garde une journée, comme Marie je la gardais toute la journée. (Grand-père)

Même si la plupart des grands-parents sont retraités, parfois divorcés et seuls, même s'ils ont des disponibilités qu'ils n'avaient pas comme parents, notre société moderne axée sur la productivité, la réalisation de soi à travers de multiples activités et engagements, fait en sorte que tout le monde vit avec un emploi du temps chargé, tant les grands-parents que les parents et les petits-enfants. On ne peut plus compter sur une présence diffuse des grands-parents ou sur le hasard pour les rencontres ;

---

1. Cette section est fondée en grande partie sur les résultats d'une recherche en cours « Grand-parentalité et représentations sociales du soutien intergénérationnel chez les baby-boomers issus de trois groupes ethnoculturels au Québec », menée par Ignace Olazabal et financée par le CRSHC.

il faut désormais provoquer des moments de rencontre en conciliant les obligations de chacun. Cette nouvelle tendance tient d'une pluralité de facteurs.

Outre les enjeux de disponibilité, les nombreuses ruptures et les recompositions familiales qui s'ensuivent ont des effets sur ces liens. Ils induisent tout d'abord des négociations avec plusieurs « ensembles » de petits-enfants : les siens, ceux de la nouvelle conjointe. Il ne va pas de soi que tous les petits-enfants soient sur un pied d'égalité aux yeux de chaque grand-parent, ce qui peut être source de tensions. Les divorces peuvent également créer certaines distances entre les grands-parents et leurs enfants ou leurs beaux-enfants, réduisant la fréquence et l'intensité des contacts et modifiant l'engagement des grands-parents (Herman, 2006). Toutefois, la fragilité des unions aurait aussi pour effet de renforcer le lien entre grands-parents et petits-enfants. Selon Claudine Attias-Donfut et Martine Segalen (2002), les grands-parents joueraient parfois les agents de conciliation et deviendraient les repères d'une continuité familiale.

Comme on peut le constater, une plus grande intensité du lien entre grands-parents et petits-enfants s'accompagne d'une perte de spontanéité. Il est de plus en plus négocié et, dans le cadre de cette négociation, les enfants jouent un rôle de *médiateurs* (Buchbinder, Lowenstein et Werner, 2005 ; Oppelaar et Dykstra, 2004). Ce rôle, largement accepté par l'ensemble des protagonistes (Buchbinder *et al.*, 2005), leur permet de maintenir la *bonne distance* – l'expression est de Martine Segalen (2000) – entre grands-parents et petits-enfants alors que la relation apparaît de plus en plus malléable et de moins en moins normée. Cette *bonne distance* a deux composantes majeures. Les enfants exercent d'abord un certain contrôle sur la fréquence des contacts. Certains parents tentent d'éviter que les grands-parents investissent trop la relation. D'autres, au contraire, favorisent les contacts et cherchent à intensifier la relation :

> *Et ils font tout pour nous aider à développer notre relation. Je le vois. Et ils font toute la place. Et pas de façon opportuniste, genre... Pour que je garde Blanche. Ce n'est comme pas du tout ça. Et même, c'est rare qu'ils me demandent, et ils me demandent ça sur le bout des doigts parce qu'ils savent que je suis quand même occupé et tout...* (Un grand-père qui garde occasionnellement sa petite-fille mais qui partage toujours le repas du dimanche soir en compagnie de sa fille, son gendre et sa petite-fille.)

La seconde composante de cette *bonne distance* renvoie, quant à elle, au rôle que peuvent jouer (ou ne pas jouer) les grands-parents. Dans l'ensemble, les parents ne voient pas d'un bon œil que ceux-ci assument un rôle d'éducateur ou un rôle disciplinaire, qui leur revient d'abord sinon exclusivement, ce dont sont fort conscients les grands-parents : «*Je respecte la façon dont ils élèvent leurs enfants. En m'immisçant je pourrais aller à leur encontre et je risquerais de ne pas les voir.* » Selon les parents, les grands-parents doivent essentiellement offrir des activités de nature ludique. La plupart des grands-parents partagent cette vision : ils mettent également l'accent sur le caractère ludique de leur relation avec leurs petits-enfants :

> On essaie beaucoup aussi de faire plein de choses. C'est pour ça que là, on va se promener sur le mont Royal quand il fait beau. Puis on se promène avec les deux filles. Puis en tout cas, c'est très agréable, très, très agréable. Le dimanche je suis allée avec la plus vieille, j'avais acheté des billets pour une petite pièce de théâtre de marionnettes. Donc, c'est ça. Pour moi mon rôle, c'est que je m'amuse avec elles. Je m'amuse avec elles. Vous devriez voir quand elles viennent ici hein : « Bye bye papa », « Bye bye maman ». Puis le sourire jusque-là, elles sont gâtées. (Grand-mère)

Cet accent sur la relation ludique ne serait pas vraiment nouveau. Le modèle du grand-parent *gâteau*, marqué par la grande proximité affective, l'autonomie et la déhiérarchisation des rapports, serait apparu au XVIIIᵉ siècle et se serait généralisé à partir du XIXᵉ siècle selon Vincent Gourdon (2003) avec l'apparition du modèle familial de type bourgeois. L'amélioration des revenus des personnes âgées[2], conjuguée à un nombre nettement plus faible de petits-enfants, de même que l'accroissement de la longévité feraient toutefois que ce modèle s'impose et s'actualise comme jamais auparavant. En effet, le rôle des grands-parents baby-boomers, qui a fait l'objet d'une négociation (la tendance est marquée, selon notre enquête), ressemble davantage à celui de la « relation à plaisanterie » observée dans les sociétés traditionnelles du Pacifique Sud par Malinowski (1963). L'autorité des grands-parents ne doit donc en aucun cas interférer avec celle des parents. Notons que leur rôle n'en est pas moins complémentaire de celui des parents, dans la mesure où il pallie l'autorité au sein de la famille par une relation beaucoup moins contraignante.

Ce caractère ludique de la relation ne doit cependant pas faire illusion. Comme l'indique Vincent Caradec (2004), la relation est marquée d'une certaine ambiguïté car il y a également des attentes de soutien ou d'aide de la part des parents. La grand-mère qui dit faire plein de choses avec ses deux petites-filles le fait principalement les samedis où les deux parents travaillent et qu'aucun service de garde n'est disponible. Le soutien grand-parental s'accentue d'ailleurs quand les petits-enfants sont en situation précaire (Hoff, 2007). Lorsque les parents connaissant des difficultés maritales, les grands-parents prendraient en quelque sorte en charge la relation avec leurs petits-enfants et joueraient à leur tour un rôle de médiation (Buchbinder *et al.*, 2005). Les grands-parents

---

2. Une étude américaine indique que les grands-parents dépenseraient environ 1 700 $ dans la première année de vie de chacun de leurs petits-enfants (Focalyst, 2007).

peuvent même être appelés à jouer un rôle de relève ou de substitut quand leurs enfants connaissent des difficultés majeures, qu'il s'agisse de maladie, de problème de dépendance ou encore avec la justice. La situation demeure toutefois exceptionnelle alors que seulement 2 petits-enfants sur 1 000 vivraient avec leurs grands-parents, sans leurs parents, selon les données de Statistique Canada (Milan et Hamm, 2003). L'accent mis sur la relation ludique est aussi source d'ambiguïté pour les grands-parents. Au grand âge, la transmission occupe une place majeure dans le travail identitaire, elle fait souvent partie de l'identité du grand-parent (Lavoie et al., à paraître). Encore là, comme l'indique Éric Donfu (2007), il devient difficile d'établir la *bonne distance* entre la relation ludique et la transmission.

Quoi qu'il en soit, il est clair que, d'autre part, les grands-parents contemporains acceptent de jouer un rôle de soutien mais refusent géné-ralement toute contrainte excessive, comme par exemple le gardiennage au quotidien, du moins chez les Québécois d'origine canadienne-française et chez les familles juives anglophones (Desplanques et Olazabal, à paraître). Ainsi, nombreux sont ceux qui éluderont toute contrainte ou obligation sociale dans la relation qu'ils entretiennent avec leurs petits-enfants. Une grand-mère et un grand-père soulignent à cet égard :

> J'adore les enfants, mais je ne voudrais pas les garder cinq jours semaine. Tu sais, c'est important pour moi que je maintienne une vie avec les adultes, avec des gens de mon âge, une vie sociale, intellectuelle et communautaire.

> Moi, je ne veux pas avoir de «cédule» de gardiennage. Il n'est pas question de ça. Si je décide que j'ai des travaux à faire, ma pelouse est due par exemple... Non, non, moi, je suis à ma retraite là. Je n'en ai plus de boss puis je n'en veux pas. Je ne veux pas non plus avoir de poinçon là tu sais. Je vais dépanner. Moi, j'ai des besoins, j'ai des priorités.

En somme, si les enfants exercent un rôle de médiateurs entre les grands-parents et les petits-enfants, les grands-parents se constituent aussi en maîtres de leur destinée en ne souhaitant pas une implication excessive au sein de la parenté, afin de pouvoir se consacrer à d'autres activités dans le cadre d'une participation sociale épanouie (Desplanques et Olazabal, à paraître). On peut raisonnablement prévoir que ce type de relation sera en vogue dans les prochaines décennies à cause de son caractère consensuel.

Enfin, avec l'augmentation de la longévité – l'espérance de vie approchant de 80 ans – de nombreux grands-parents, qui le deviennent dans la cinquantaine ou la jeune soixantaine, auront des parents encore vivants. Cette présence d'une quatrième génération très âgée, générale-ment de plus de 80, voire de 85 ans, pourrait modifier le regard porté sur les grands-parents et sur les «vieux». Socialement, les grands-parents pourraient ne plus être associés aux «vieux» et le groupe des 60-70 ans

serait de plus en plus considéré comme faisant partie de la population
« active » – même si elle est à la retraite – d'autant plus qu'ils sont dans
leur grande majorité en bonne santé. D'ailleurs, les grands-parents ne
se voient pas comme vieux, ils se sentent plus jeunes (Kaufman et Elder,
2003 ; Lemay, 1999). Les grands-parents n'endosseraient donc plus les
habits de la vieillesse comme autrefois selon Martine Segalen (2000).
Ce changement contribuerait donc à reporter bien au-delà des 65 ans
le « seuil » de la vieillesse. La présence de cette quatrième génération,
très âgée, rappelle un autre domaine des solidarités familiales : la demande
de soins provenant des vieux parents, qui peut venir en concurrence
avec le désir de s'engager auprès des petits-enfants.

## PRENDRE SOIN D'UN PARENT ÂGÉ[3]

Si le nombre de personnes âgées de 65 ans et plus doublera au Québec
entre 2001 et 2021, l'augmentation du nombre de personnes âgées
recevant de l'aide sera proportionnellement moins importante : d'un
peu plus de 150 000 en 2001, ce nombre passera à un peu moins de
250 000 en 2021 (Légaré, Carrière et Keefe, 2005). Cette croissance plus
lente s'explique par la diminution de la proportion des 85 ans et plus
dans le groupe des 65 ans et plus (Gauthier, 2004). En fait, ce groupe
rajeunira quelque peu avec l'arrivée des baby-boomers, alors âgés de
65 à 74 ans, succédant aux cohortes bien moins nombreuses de la crise
économique de 1929. La hausse de la demande de soins sera tout de
même substantielle et déjà les personnes les plus jeunes ayant des incapacités ne pourront compter en moyenne que sur deux enfants pour
les soutenir. Outre ce nombre déjà en décroissance, sujet d'inquiétude
pour plusieurs, les conceptions du soin aux parents âgés et des responsabilités familiales relatives à ce soin risquent de refaçonner l'engagement
et les stratégies des familles.

Une constante s'observe dans pratiquement toutes les sociétés
étudiées, avec quelques différences il va de soi : prendre soin des parents
âgés est vu comme une responsabilité familiale (Guberman et al., 2006 ;
Lowenstein et Daatland, 2004). Au Québec, cette croyance est partagée

---

3. Cette section est fondée en partie sur deux projets de recherche. Le premier, en
cours, « Les "baby-boomers" comme personnes aidantes : une nouvelle réalité, un
nouveau défi pour le système de santé », est mené par Nancy Guberman, Jean-Pierre
Lavoie, Ignace Olazabal et Amanda Grenier et financé par les IRSC. Le rapport
de recherche du second projet, mené par Nancy Guberman, Jean-Pierre Lavoie et
Éric Gagnon (2005), est disponible.

par les baby-boomers malgré ce qui a été dit sur «l'égoïsme» de cette génération (Guberman *et al.*, 2006). Toutefois, dans les faits, cette affirmation mérite quelques nuances. Tout d'abord, exception faite des conjoints, cette responsabilité est loin d'être absolue et le sentiment de responsabilité de même que l'engagement concret auprès des parents sont modulés par un ensemble de «lignes de conduite» ou de «règles» parfois contradictoires, généralement négociées, qui rendent difficile toute prédiction des comportements (Finch et Mason, 1993). Comme l'indiquent Serge Clément et ses collègues, «les individus ont ici une large marge d'interprétation de leurs obligations» (Clément, Gagnon et Rolland, 2005, p. 154). L'affinité, la disponibilité, la situation familiale, la personnalité, sans oublier le genre, sont autant d'arguments utilisés lors de négociations et concourent tous ainsi à renforcer ou à restreindre le sentiment de responsabilité (Lavoie, 2000). Malgré ce caractère contingent des obligations, certaines lignes de conduite peuvent être relevées.

D'abord, première ligne de conduite, cette responsabilité ne devrait pas se faire au détriment des descendants, surtout s'ils sont encore dépendants de leurs parents :

> *Parce que moi j'aimerais bien la prendre, mais c'est un pensez-y-bien [...] J'ai une maison qui n'a pas fini d'être payée, ça fait qu'il faut que j'y pense moi là. J'ai une vie, j'ai encore un fils qui va aux études, il faut que je l'épaule*

Ce point de vue est d'ailleurs partagé par de très nombreuses personnes âgées qui ne veulent pas constituer un fardeau pour leurs enfants et qui sont de plus en plus réticentes à solliciter leur aide, préférant plutôt faire appel aux services pour l'aide instrumentale (Guberman *et al.*, 2005 ; Lavoie, 2000). Autre ligne de conduite, la responsabilité de prendre soin d'un parent âgé est circonscrite dans son champ d'application. Comme le soulignait Jean-Pierre Lavoie (2000), prendre soin se veut d'abord un «accompagnement» : être présent, soutenir, encourager, socialiser.

> *Je pense que si on avait un choix à faire seulement entre les services sociaux puis la famille – parce que les deux se complètent –, mais je pense que les services du gouvernement sont équivalents ou même supérieurs aux services que la famille peut donner à la personne âgée. [...] Le rôle de la famille est de parler au téléphone, d'aller la voir, de faire une sortie, c'est pas aux services sociaux de faire ça.*

Cet accompagnement s'inscrit dans une stratégie de protection de l'identité du parent, responsabilité que l'on peut difficilement déléguer car elle implique une connaissance intime et un lien profond avec la personne âgée. De plus, en se démarquant de l'aide instrumentale, en refusant de s'y engager trop fortement, plusieurs familles souscrivent à une troisième ligne de conduite : éviter de brimer l'intimité, la dignité et l'autonomie du parent âgé. D'ailleurs, un trop grand investissement dans l'aide instrumentale risque de « pervertir » en quelque sorte le lien à son parent :

> Il y a une différence entre ce qui se vit entre un membre de la famille et un être cher et le fait d'être un aidant. Des fois si tu n'as pas de l'aide et tu es tellement absorbé... ta relation – que ce soit d'être la femme, la fille ou le fils – devient obscurcie et se perd quand tu deviens si impliqué. La relation est complètement minée par le rôle d'aidant.

Si l'on se démarque de l'aide instrumentale, on ne s'en désintéresse pas totalement, la famille devant s'assurer que les parents âgés reçoivent bien les services auxquels on a fait appel et que ces services soient de qualité :

> Bien moi je pense que le rôle de la famille c'est de trouver une résidence qui convient aux besoins, de s'assurer qu'ils ont des bons soins, de faire les sorties régulièrement avec les parents, mais ce n'est pas au rôle de la... ce n'est pas à la famille à aller faire prendre un bain à sa mère... ce n'est pas à la famille à partir le matin puis à aller faire trois repas par jour à sa mère. C'est normal qu'il y ait des endroits spécialisés. C'est sûr que c'est à la famille à voir, à s'assurer qu'elle soit... que la personne soit bien traitée

Les familles se conçoivent de plus en plus comme étant d'abord des gestionnaires de services plutôt que des dispensateurs d'aide (Clément et Lavoie, 2001).

Cette façon de concevoir la responsabilité des membres de la famille à l'égard des parents âgés semble correspondre à un changement majeur dans les trajectoires de vie chez les femmes du baby-boom par rapport aux femmes des générations antérieures. Pour les femmes des plus vieilles générations, prendre soin pouvait s'inscrire dans une certaine continuité alors qu'elles ont peu investi le marché du travail et qu'elles ont consacré le plus clair de leur temps à prendre soin des enfants et, éventuellement, de parents âgés. Désormais, prendre soin des parents âgés s'insère pour plusieurs femmes dans un agenda fort chargé résultant de multiples engagements :

> [...] je pense que les aidants naturels se retrouvent chez les femmes, on cumule plusieurs fonctions, on n'est plus à la maison, on a un travail, on a des enfants, et on a la personne pour laquelle on doit donner de notre temps, de notre énergie, alors pour moi c'est une grosse différence là [...]

Pour ces femmes qui ont investi le marché de l'emploi, il est « normal » d'avoir une vie professionnelle. Les autres responsabilités doivent se concilier avec cette vie professionnelle qui devient un élément majeur de l'identité de plusieurs femmes :

> On a travaillé très fort pour faire avancer le Québec et puis en tant que femme, moi, je me considère comme peut-être 10 % des femmes du Québec, qui ont travaillé beaucoup à l'avancement des soins de la santé en particulier là, tu sais, par nos efforts académiques, nos efforts de travail. Puis j'ai eu toute ma vie à concilier travail, famille, puis carrière. Pas juste travail. Carrière et famille là. Et puis, couple. Puis vie sociale.

Comme les mesures de conciliation travail-soins au parent âgé sont quasi inexistantes (Lavoie *et al.*, 2005), plusieurs femmes sont incapables de concilier soin au parent âgé et vie professionnelle. Elles font alors face à un dilemme : prendre soin ou poursuivre la carrière ? Alors qu'elles se sentent responsables du bien-être de leurs parents âgés, ce sentiment de responsabilité chez plusieurs femmes se confronte à leur identité. Pour celles qui interrompent la carrière ou qui revoient à la baisse leur engagement dans le monde du travail en refusant une promotion, en abandonnant un emploi pour un autre où il y a plus de flexibilité, en réduisant leur nombre d'heures de travail (Guberman, 1999), il y a un sentiment de rupture dans leur trajectoire de vie. Dès lors, prendre soin d'un parent âgé est de moins en moins vu comme naturel. D'ailleurs, symptôme probable d'une « dénaturalisation » du soin, de plus en plus de femmes se définissent comme « aidantes » et non plus uniquement comme des filles ou des conjointes, comme elles le faisaient il y a à peine une décennie (Lavoie, 2000).

La mise en place de mesures de conciliation travail/soin pour les proches de parents âgés sinon de compensation – si l'on doit laisser le travail rémunéré – constitue une exigence d'une ampleur inédite parmi les aidantes au Québec. Plusieurs s'inquiètent des conséquences à long terme des pertes de revenu qui minent la possibilité d'accumuler un certain capital :

> *On n'a pas pu se mettre d'argent de côté là. T'sais c'est qu'en plus... tu as une perte de revenu, puis tu as des frais supplémentaires [...] On aurait pu s'acheter... on n'a pas de maison.*

Les travaux d'Anne-Marie Guillemard (1972, 2003) et de Vincent Caradec (2004) sur la retraite démontrent que la retraite est passée du désengagement et du renfermement sur la famille à la retraite marquée par le loisir et l'engagement social. Cette évolution est favorisée par la mise en place des régimes de retraite, la hausse de la scolarité et l'amélioration de l'état de santé des retraités. En ce sens, un grand investissement dans le soin risque de miner la situation financière et l'état de santé des proches. Plusieurs aidants baby-boomers ont manifesté la crainte de ne pouvoir vivre cette retraite qui devait être source d'épanouissement personnel et de réalisation de soi.

Comment évolueront les solidarités familiales à l'égard des personnes âgées d'ici 2020 ? Il est fort probable que tant les personnes âgées que leurs enfants et petits-enfants seront réticents à un engagement important dans la prestation de soins, préférant entretenir des relations dans un registre affectif plutôt qu'instrumental. Toutefois, ce choix n'est pas du seul ressort des familles. L'État québécois a plutôt eu comme politique de responsabiliser les familles pour ce qui est des soins aux personnes âgées (Lavoie *et al.*, 2005). Le virage ambulatoire du milieu des années 1990 et la récente modification du code des professions («loi 90») de 2004, qui autorise tout membre de la famille à dispenser des soins autrement réservés à des professionnels, n'ont fait que renforcer cette orientation. Avec ces positionnements contradictoires, qui alors assumera les soins aux parents âgés? Les sentiments d'obligation des familles feront en sorte que les personnes âgées continueront à recevoir leur soutien. Toutefois, en l'absence de tout investissement de l'État, qui fera vraisemblablement l'objet de pressions importantes, le marché prendra probablement de plus en plus de place, que ce soit par le recours à des firmes privées ou par l'embauche de personnel de gré à gré (probablement de plus en plus constitué d'immigrants). Ce recours accru au marché laissera sur la touche les personnes les plus démunies financièrement, qui n'auront d'autre choix que de donner les soins, à moins que les parents âgés ne s'en passent. Avec les répercussions négatives des soins sur la vie et la santé des proches, de même que la grande variabilité des ressources mises à la disposition des personnes âgées et des soins qui leur sont offerts, nous pourrions assister à un accroissement des inégalités sociales en santé. Il sera cependant difficile pour l'État de maintenir son positionnement actuel. La politique de responsabilisation des familles oblige trop de femmes à se retirer du marché du travail pour prendre soin d'un proche âgé. Alors que se manifestent de plus en plus de craintes quant à d'éventuelles pénuries de main-d'œuvre avec l'arrivée des baby-boomers à l'âge de la retraite, une politique de responsabilisation des familles apparaît pour le moins paradoxale.

## CONCLUSION, PERSPECTIVES ET QUESTIONS EN SUSPENS

Prévoir l'état précis des solidarités intergénérationnelles en 2020 est un exercice pour le moins périlleux tant ces solidarités donnent lieu à de multiples interprétations et apparaissent négociées entre de multiples acteurs, pas toujours familiaux, dans des contextes singuliers. Rappelons aussi que le champ des solidarités familiales est vaste et que nous avons dû nous limiter à deux domaines qui ont été plus largement étudiés. Cela dit, la famille «traditionnelle» ou «d'ancien régime» demeure le modèle de référence en gérontologie; par conséquent, les répercussions de la fluidité familiale actuelle n'a encore été que peu étudiée, notamment en ce qui concerne le soutien aux parents âgés. Quelques «lignes de conduite» semblent tout de même se dégager, mais les questions et les incertitudes demeurent nombreuses.

Pour ce qui est des liens entre grands-parents et petits-enfants, ceux-ci semblent régis par un principe de « bonne distance ». Les contacts ne doivent pas – et souvent ne peuvent pas – être trop fréquents et les grands-parents ne doivent pas trop s'engager dans l'éducation de leurs petits-enfants. La relation doit surtout rester dans le registre du ludique. Dans un tel contexte, les grands-parents peuvent certes dépanner leurs enfants en gardant occasionnellement leurs petits-enfants, en soutenant ces derniers financièrement lors des études ou lors de l'installation dans la vie adulte, mais il est nettement moins question qu'ils gardent systé-matiquement leurs petits-enfants. Cette « bonne distance » semble convenir tant aux grands-parents qu'à leurs enfants. Quant à l'effet des séparations, des divorces et des recompositions familiales sur les liens entre grands-parents et petits-enfants, il semble là encore difficile de tirer une conclusion générale. Si cela peut mener à des rapprochements où les grands-parents prennent l'initiative, il peut également en résulter de grandes distances ou encore des ruptures. Les pratiques sur ce plan sont multiples et aucun encadrement légal ne vient définir ces pratiques. Verrons-nous apparaître de nouveaux droits aux grands-parents, tels le droit de visite ? Cela semble peu probable alors que le gouvernement du Québec a éliminé il y a à peine quelques années l'obligation alimentaire des grands-parents, qui apparaissait dans le Code civil.

En ce qui concerne le soin aux parents âgés handicapés, celui-ci apparaît de plus en plus comme une rupture pour les femmes qui ont investi la sphère professionnelle et dont l'identité ne se limite plus à la prestation de soin et d'attention aux proches. Si la famille est responsable de prendre soin, cette responsabilité est circonscrite : le registre d'actions des familles se limite aux soins socioaffectifs, au monitoring de la situa-tion et à la gestion de services. Cette orientation des familles se trouve en contradiction avec les attentes de l'État qui voient dans les familles, et les femmes, les premières responsables de la prestation de soins. Les services de longue durée demeurent largement sous-développés au Québec alors que la demande, tant pour des raisons démographiques que socio-logiques, ira en croissant. Comment évolueront les politiques de l'État québécois et ses services ? Verra-t-on la mise en place de mesures permet-tant l'actualisation du principe d'engagement libre et éclairé des membres de la famille dans les soins inscrit dans la dernière politique de services à domicile (Ministère de la Santé et des Services sociaux, 2003) ? Mettra-t-il en place des mesures facilitant la conciliation travail–soins aux parents âgés ? L'évolution des solidarités familiales à l'égard des parents âgés dépendra donc beaucoup de l'action gouvernementale au cours des dix prochaines années. Cette action gouvernementale sera sans doute elle-même fort influencée par le poids démographique des cohortes de baby-boomers, reconnus pour être pour le moins « revendicateurs ».

## BIBLIOGRAPHIE

Attias-Donfut, Claudine (1995). *Les solidarités entre générations – Vieillesse, familles, État*, Paris, Nathan.

Attias-Donfut, Claudine et Martine Segalen (1998). *Grands-parents. La famille à travers les générations*. Paris, Odile Jacob.

Attias-Donfut, Claudine et Martine Segalen (2001). *Le siècle des grands-parents. Une génération phare, ici et ailleurs*, Paris, Autrement, coll. « Mutations », n° 210.

Attias-Donfut, Claudine et Martine Segalen (2002). « The construction of grandparenthood », *Current Sociology*, vol. 50, p. 281-294.

Attias-Donfut, Claudine, Nicole Lapierre et Martine Ségalen (2002). *Le nouvel esprit de famille*, Paris, Odile Jacob.

Buchbinder, Eli, Ariela Lowenstein et Perla Werner (2005). « Mediation across generations : A tri-generational perspective », *Journal of Ageing Studies*, vol. 19, 489-502.

Caradec, Vincent (2002). *Sociologie de la vieillesse et du vieillissement*, Paris, Nathan.

Caradec, Vincent (2004). *Vieillir après la retraite. Approche sociologique de la vieillesse*, Paris, Presses universitaires de France.

Charton, Laurence et Évelyne Lapierre-Adamcyck (2007). *Avoir ou ne pas avoir des enfants au Québec et en France : une analyse du calendrier des naissances*, Montréal, Partenariat Famille en mouvance et dynamiques intergénérationnelles, INRS – Urbanisation, Culture et Société, 11 janvier.

Clément, Serge et Jean-Pierre Lavoie (2001). « L'interface formel-informel au confluent de rationalités divergentes », dans Jean-Claude Henrard, Oscar Firbank, Serge Clément, Michel Frossard, Jean-Pierre et Aline Vézina (dir.), *Personnes âgées dépendantes en France et au Québec. Qualité de vie, pratiques et politiques*, Paris, INSERM, p. 97-119.

Clément, Serge, Éric Gagnon et Christine Rolland (2005). « Dynamiques familiales et configurations d'aide », dans Serge Clément et Jean-Pierre Lavoie, *Prendre soin d'un proche âgé – Les enseignements de la France et du Québec*, Toulouse, Érès, p. 137-186.

Cribier, Françoise (1991). « Les générations se suivent et ne se ressemblent pas : deux cohortes de nouveaux retraités parisiens de 1972 et 1984 », *Annales de Vaucresson*, vol. 30-31, 181-197.

Dandurand, Renée B. et Françoise-Romaine Ouellette (1992). *Entre autonomie et solidarité. Parenté et soutien dans la vie de jeunes familles montréalaises*, Québec, IQRC.

Dandurand, Renée B. et Marianne Kempeneers (2002). *Pour une analyse comparative et contextuelle de la politique familiale au Québec*, Chicoutimi, <www.uqac. uquebec.ca/zone30/Classiques_des_sciences_sociales/index.html>.

Desplanques, Anne-Caroline et Ignace Olazabal (à paraître). « Usages des temps sociaux et liberté d'action chez les grands-parents baby-boomers au Québec », dans Laurence Charton et Joseph J. Lévy (dir.), *Temps biologiques et temps sociaux*.

Donfu, Éric (2007). *Oh mamie-boom*, Paris, Jacob-Duvernet.

Duchesne, Louis (2007). « Les modes de vie des personnes âgées », dans Hervé Gauthier (dir.), *Vie des générations et personnes âgées : aujourd'hui et demain*, volume 2, Québec, Institut de la statistique du Québec, p. 117-144.

Finch, Janet et Jennifer Mason (1993). *Negotiating Family Responsibilities*, Londres/ New York, Tavistock/Routledge.

Focalyst (2007). *Meet the Grandparents : Introducing Today's First Time and Seasoned Grandparents*, <www.marketingvox.com/archives/2007/12/10/grandparents-spending-billions-on-their-grandchildren>.

Gauthier, Hervé (2004). « Les personnes âgées et le vieillissement démographique », dans Hervé Gauthier (sous la direction de), *Vie des générations et personnes âgées : aujourd'hui et demain*, volume 1, Québec, Institut de la statistique du Québec.

Girard, Chantal (2007). *Le bilan démographique du Québec – Édition 2007*, Québec, Institut de la statistique du Québec.

Godbout, Jacques T. et Johanne Charbonneau (1996). *La circulation du don dans la parenté*, Montréal, INRS-Urbanisation, coll. « Rapports de recherche ».

Gourdon, Vincent (2003). « Aux sources de la grand-parentalité gâteau (XVIIIe et XIXe siècles). Deux siècles de représentation politique et sociale des grands-parents », *Recherches et prévisions*, vol. 71, 63-74.

Guberman, Nancy (1999). *Caregivers and Caregiving : New Trends and their Implications for Policy. Final Report Prepared for Health Canada*, Montréal, École de travail social, Université du Québec à Montréal.

Guberman, Nancy, Jean-Pierre Lavoie et Éric Gagnon (2005). *Valeurs et normes de la solidarité familiale : statu quo, évolution, mutation ?*, Montréal, CREGÉS, CSSS Cavendish, <www.fqrsc.gouv.qc.ca/recherche/pdf/RF-nguberman.pdf>.

Guberman, Nancy, Jean-Pierre Lavoie, Éric Gagnon, Hélène Belleau, Aline Vézina, Michel Fournier et Lise Grenier (2006). « Families' values and attitudes with regard to responsibility for the frail elderly : Implications for aging policy », *Journal of Aging & Social Policy*, vol. 18, nos 3-4, numéro spécial, p. 59-78

Guillemard, Anne-Marie (1972). *La retraite, une mort sociale*, Paris, Mouton.

Guillemard, Anne-Marie (2003). *L'âge de l'emploi. Les sociétés à l'épreuve du vieillissement*, Paris, Armand Colin.

Hareven, Tamara K. et Kathleen Adams (1994). « Génération intermédiaire et aide aux parents âgés dans une communauté américaine », *Gérontologie et Société*, vol. 68, p. 83-97.

Herman, Barbara (2006). *Le grand-père : son rôle en fonction des milieux socioculturels.* Mémoire présenté en vue de l'obtention de grade de licencié en sociologie et anthropologie, Université libre de Bruxelles.

Hoff, Andreas (2007). *Functional Solidarity between Grandparents and Grandchildren in Germany,* Oxford, Oxford Institute of Ageing Working papers.

Institut de la statistique du Québec (2006). *Taux d'activité des femmes selon certains groupes d'âge, moyennes annuelles, Québec, Ontario, Canada, 1976-2006,* <www.stat.gouv.qc.ca/donstat/societe/march_travl_remnr/parnt_etudn_march_travl/pop_active/a6_2006.htm>.

Kaufman, Gayle et Glen H. Elder Jr (2003). «Grandparenting and age identity», *Journal of Aging Studies,* vol. 17, p. 269-282.

Lapierre-Adamcyk, Évelyne (2001). «Portrait démographique du Québec», dans J.-P. Lamoureux (dir.), *Démographie et famille. Les impacts sur la société de demain,* Québec, Conseil de la famille et de l'enfance, p. 34-44.

Lavoie, Jean-Pierre (2000). *Familles et soutien aux parents âgés dépendants,* Paris, L'Harmattan.

Lavoie, Jean-Pierre, Vincent Caradec, Jean-François Bickel, Jean Bouisson, Isabelle Mallon et Monique Membrado (à paraître). «Grand âge et transformations du pouvoir sur soi et son environnement, entre déprise et exclusion», dans J.-P. Viriot-Durandal (dir.), *L'âge et le pouvoir en question. Intégration et exclusion des personnes âgées dans les décisions publiques et privées* (titre provisoire).

Le Breton, David (1990). *Anthropologie du corps et modernité,* Paris, Presses universitaires de France.

Légaré, Jacques, Yves Carrière et Janice Keefe (2005). *Le soutien aux personnes âgées en perte d'autonomie : jusqu'où les baby-boomers pourront-ils compter sur leur famille pour répondre à leurs besoins ?,* Rapport final de recherche soumis au Fonds québécois de recherche sur la société et la culture, <www.fqrsc.gouv.qc.ca/recherche/pdf/RF-Jlegare.pdf>.

Lemay, Michel (1999). «Le rôle des grands-parents au sein de la famille», *Prisme,* vol. 29, p. 74-91.

Lowenstein, Ariela et Svein O. Daatland (2004). «Filial norms and family support to the old-old (75+) in a comparative cross-national perspective (The OASIS Study)». Présentation à la 57th Annual Scientific Meeting of the Gerontological Society of America, Washington, Novembre.

Malinowski, Bronislaw (1963). *Les Argonautes du Pacifique occidental,* Paris, Gallimard.

Milan, Anne et Brian Hamm (2003). «Les liens entre les générations : grands-parents et petits-enfants», *Tendances sociales canadiennes,* hiver, p. 2-8. Statistique Canada, n° 11-008.

Noreau, Pierre (2001). «Formes et significations de la vie familiale : des liens entre famille, espace public et le droit», dans J.-P. Lamoureux (dir.), *Démographie et famille. Les impacts sur la société de demain,* Québec, Conseil de la famille et de l'enfance, p. 44-67.

Oppelaar, Janneke et Pearl A. Dykstra (2004). «Contacts between Grandparents and Grandchildren», *The Netherlands Journal of Social Sciences*, vol. 40, p. 91-113.

Pitrou, Agnès (1978). *Vivre sans famille? Les solidarités familiales dans le monde d'aujourd'hui*, Toulouse, Éditions Privat.

Rémy, Jacqueline (1990). *Nous sommes irrésistibles. (Auto)critique d'une génération abusive*, Paris, Seuil.

Segalen, Martine (2000). «Enquêter sur la grand-parentalité», *Anthropologie et Sociétés*, vol. 24, p. 75-91.

Segalen, Martine (2002). *Sociologie de la famille*, Paris, Armand Colin.

Shanas, Ethel (1979). «The family as a social support system in old age», *The Gerontologist*, vol. 19, p. 169-174.

Vigarello, Georges (1993). *Le gouvernement du corps*, Paris, Seuil.

# Prospective sur les milieux de vie et les valeurs culturelles

# Milieux de vie des familles au Québec

## Perspective 2020

Gérard DIVAY
*INRS-Urbanisation, Culture et Société*
*Avec la collaboration de Mathieu DIVAY*[1]

Cette communication part d'une interrogation simple, mais extrêmement vaste[2] : en 2020, les milieux de vie au Québec seront-ils plus ou moins favorables aux familles que maintenant ? Toute tentative de réponse à cette simple question se heurte à trois types de difficultés qu'il faut d'emblée reconnaître et qui tiennent aux trois termes principaux de la question. Dans l'ordre : le caractère fragmentaire de la prospective territoriale au Québec, l'évidence fallacieuse de la notion courante de milieu de vie et la complexité de la relation entre les familles et leurs milieux de vie.

---

1. Proche, futur père de famille qui a collecté quantité d'informations qui ont été utiles pour dresser cette fresque à grands traits.
2. Pour pouvoir en traiter adéquatement, il aurait fallu faire des synthèses de la production académique et professionnelle sur de multiples thèmes. Nous ne citons que quelques documents. Nous présentons nos excuses à tous les chercheurs québécois dont les travaux permettent d'éclairer l'un ou l'autre aspect, mais qui ne sont pas cités.

## CARACTÈRE FRAGMENTAIRE DE LA PROSPECTIVE TERRITORIALE AU QUÉBEC

Un milieu de vie évoque spontanément un espace habité par un être vivant, son « territoire ». Essayer de cerner la configuration des milieux de vie à l'horizon 2020 relève donc de la prospective territoriale. La réponse à la question initiale serait facilitée si nous disposions de scénarios globaux sur l'évolution des territoires au Québec[3]. Tel n'est pas le cas. Certes la réflexion collective sur l'avenir des portions institutionnelles de territoire s'est généralisée. Chaque schéma d'aménagement de MRC doit « énoncer une vision stratégique du développement culturel, économique, environnemental et social[4] ». Mais ces exercices de visionnement, apparentés à de la prospective[5], concernent les territoires institutionnels qui correspondent aux limites administratives et ne coïncident pas forcément avec les territoires relationnels[6] où s'inscrivent les milieux de vie. Ces différentes visions n'ont pas été agrégées, à l'échelle du Québec, dans une mosaïque d'ensemble des avenirs territoriaux possibles et souhaités. Par ailleurs, si elles fournissent une toile de fond où se profilent certaines tendances, elles restent d'une utilité limitée pour notre exercice particulier, puisqu'elles s'adressent d'abord à toute la population et non à des groupes particuliers (en l'occurrence les familles, qui nous intéressent ici) et qu'elles portent davantage sur l'évolution des paramètres agrégés (d'ordre démographique, économique...) que sur les processus et les ressorts sociaux de cette évolution.

En l'absence de balises collectivement prédéterminées sur l'évolution des territoires du point de vue particulier des familles, une élaboration de scénarios pour les milieux de vie, pour être la plus pertinente

---

3. Certes, il existe sur certains thèmes ou pour certaines régions de remarquables scénarios ou exercices de réflexion sur le futur : au plan démographique, les scénarios 2050 de l'Institut de la statistique du Québec. *Perspectives de la population. Québec 2001-2052 et régions 2001-2026* <www.stat.gouv.qc.ca/donstat/societe/demographie/persp_poplt/index.htm>, consulté le 3 janvier 2008, au plan géographique, les échanges sur l'avenir de la Gaspésie : Danielle Lafontaine (dir.) (2001) *Choix publics et prospective territoriale. Horizon 2025. La Gaspésie : futurs anticipés.* Rimouski, UQAR-GRIDEQ, 390 p.

4. *Loi sur l'aménagement et l'urbanisme*, article 5.

5. La prospective n'est pas très développée au Québec, comme le montre l'aperçu synthétique de Gilles Pronovost (2007). « La prospective en rétrospective », *Recherches sur la famille*, automne, p. 7-8.

6. Cette distinction entre territoire institutionnel et territoire relationnel est reprise de Stéphane Découtère et autres (dir.) (1996). *Le management territorial : pour une prise en compte de la nouvelle gestion publique*, Lausanne, Presses polytechniques et universitaires romandes, 328 p.

socialement, devrait s'insérer « dans une démarche interactive, capable de détecter des signaux faibles, d'élaborer des futurs souhaitables et d'animer des processus de changement auxquels contribuent les acteurs[7] ». Le présent texte se situe hors d'une telle démarche. Il ne résulte même pas d'une recherche approfondie. Il présente une perception personnelle et impressionniste des tendances à l'œuvre dans l'évolution des territoires habités, du moins celles qui peuvent être d'intérêt pour les familles. Ces tendances sont inégalement documentées. L'entreprise comporte donc des risques importants.

Fort heureusement, l'horizon de temps auquel il faut réfléchir n'est pas trop éloigné : 13 ans. Les changements dans les territoires habités ne s'effectuent que lentement. Par exemple, le parc de logements ne s'accroît que d'environ 1 % par année. Les zones bâties connaissent rarement des démolitions majeures dans le contexte actuel, porté vers la conservation. Un petit exercice d'imagination rétrospective sur les paysages qui nous sont familiers convainc facilement de la lenteur des évolutions, qui n'est cependant pas de l'immobilisme, surtout si l'on prend davantage en considération les éléments sociaux et institutionnels des situations locales que leurs aspects physiques. Il y a 13 ans, les CPE n'existaient pas ; les grandes agglomérations étaient fragmentées au plan municipal ; bon nombre de villages n'étaient pas branchés à la Toile ; certains quartiers étaient moins cosmopolites... Cependant, avec un horizon de seulement à peine plus d'une décennie, la probabilité que certaines tendances prennent une ampleur insoupçonnée est réduite, ce qui n'écarte pas les surprises, surtout sur les aspects qui sont davantage sous contrôle politique direct.

## L'ÉVIDENCE FALLACIEUSE DE LA NOTION COURANTE DE MILIEU DE VIE

La deuxième difficulté vient de la notion de milieu de vie. Elle s'impose tant sous le mode de l'évidence comme concept analytique et catégorie d'action que le plus souvent on juge superflu d'en préciser les différentes dimensions et leurs interrelations. Elle fait référence à des environnements plus ou moins étendus. Au sens le plus général, le milieu de vie est « un espace physique donné où la population consacre une partie de son temps pour y travailler, pour s'y détendre ou encore pour y élever

---

7. Edith Heurgon (2006). « Territoires en question(s), territoires en devenir. Essai de prospective du présent », *Territoires 2030*, n° 3, p. 27-28.

une famille[8] ». Dans ce sens, tous les endroits où se meut une personne font partie de son milieu de vie. Mais cette notion est surtout utilisée pour qualifier des endroits particuliers : une institution ou la résidence, quand les deux ne sont pas fondus. L'école ou un centre communautaire peut ainsi être abordé sous l'angle d'un milieu de vie[9]. La résidence apparaît cependant comme la focale du milieu de vie, autant par le temps qui y est effectivement passé que par l'attachement et la valorisation dont elle est l'objet[10]. En plus du logement proprement dit, elle inclut le périmètre de familiarité du voisinage que les analyses statistiques essaient d'appréhender par le quartier[11]. Le milieu de vie centré sur la résidence est considéré comme l'environnement quotidien de référence et même lorsque les conditions objectives y sont peu propices, on s'efforce de le récréer, comme dans les résidences pour personnes âgées[12].

Dans ce cas, les dimensions sociales tendent à l'emporter sur les aspects physiques. Et souvent le milieu de vie fait effectivement davantage référence aux relations et à la vie sociale qu'à l'environnement physique. La position de la Conférence régionale des élus (CRE) de l'Abitibi-Témiscamingue est bien représentative de cet usage : « Le développement du milieu de vie à l'échelle locale passe par le maintien et l'amélioration de l'environnement social et culturel. Cet environnement représente la fête, le pow-wow, la corvée, l'école, la salle communautaire, les associations dynamiques, etc.[13]. » Les composantes intangibles de vie collective y sont

---

8. Pierre Maurice (2006). « L'approche par milieu de vie : particularités et avantages », *Journées annuelles de santé publique* 2005, p. 4, <www.crpspc.qc.ca/Approche_privil %C3%A9gi%C3%A9es_milieu_de_vie_Pierre.pdf>, consulté le 3 janvier 2008.

9. Proulx, Jean-Pierre (1997). « L'école, institution et milieu de vie », *Recherches sociographiques*, vol. 38, n° 2, p. 221-249. Les centres communautaires de loisir se présentent aussi comme milieux de vie, <www.milieudevie.org/portCadreRef.asp>, consulté le 3 janvier 2008.

10. « Le "cocooning" n'est certainement pas un phénomène éphémère au Québec. Le sondage révèle que 88 % des gens se sentent généralement relaxes à la maison, qu'ils y passent près de 100 heures par semaine, que 90 % ont hâte d'y revenir et que 68 % y seraient davantage s'ils avaient plus de temps libre. » Société d'habitation du Québec (2007). *Valeurs et tendances en habitation au Québec*, Québec, p. 5.

11. Infrastructure Canada (2005). Bref aperçu de la recherche sur les quartiers au Canada, Note de recherche, <www.infrastructure.gc.ca/research-recherche/result/ alt_formats/pdf/rn05_f.pdf>, consulté le 3 janvier 2008.

12. MSS (2003). *Un milieu de vie de qualité pour les personnes hébergées en CHSLD*, Québec, 24 p.

13. Conférence régionale des élus de l'Abitibi-Témiscamingue, le milieu de vie, <www. conferenceregionale.ca/milieu_de_vie.htm>, consulté le 3 janvier 2008.

encore plus soulignées que les éléments physiques. Le milieu de vie tend alors à être saisi par une autre notion, elle aussi très lourde d'ambiguïtés et très pratique en action publique, celle de communauté[14].

Si certains documents passent vite sur la définition de milieu de vie, ils en énumèrent néanmoins un certain nombre de composantes. Le Conseil de la famille et de l'enfance, dans son avis *Créer des environnements propices avec les familles. Le défi des politiques municipales*[15], passe en revue l'accès aux équipements et activités de loisir public, le logement et la stabilité résidentielle, la sécurité, la proximité géographique et les déplacements, ainsi que l'appauvrissement. Cette dernière question dépasse largement les préoccupations locales, mais elle est incluse en raison de ses fortes répercussions locales.

Le milieu de vie apparaît ainsi comme une notion englobante, combinant des considérations locales et des questions supra locales, des dimensions sociales et physiques. Il évoque la synthèse expérientielle de l'environnement vécue par une personne au même titre que sa propre vie personnelle. Il ne sert pas seulement à décrire cet environnement; il traduit une aspiration à une complétude de vie dans cet environnement qui nécessite une «approche globale et intégrée[16]» de la part des intervenants... Cela complique singulièrement la tâche d'en faire une prospective!

## LA COMPLEXITÉ DE LA RELATION ENTRE LES FAMILLES ET LEURS MILIEUX DE VIE

D'autant plus qu'il faut la faire d'un point de vue particulier, celui des familles. Or la relation entre milieux de vie et famille est complexe et peut être abordée sous plusieurs angles. Elle fait l'objet d'un courant de littérature vigoureux[17], surtout dans une conception du milieu de vie

---

14. Martin, Jean-Claude (1997). «Les personnes âgées, la famille et les autres, ou la communauté locale comme milieu de vie», *Lien social et Politiques*, n° 38, p. 159-164.

15. Conseil de la famille et de l'enfance (2006). *Créer des environnements propices avec les familles. Le défi des politiques municipales*, Québec, 156 p.

16. Voir par exemple Morissette, Pierre (2006). «Le concept de milieu de vie», *Le Trait d'Union*, vol.3, n° 4, p. 1, ou Chaire Approches communautaires et Inégalités en santé (2004). *Pour améliorer la qualité des milieux de vie: intervenir de façon intensive et intégrée*, Mémoire, 6 p. <www.cacis.umontreal.ca/Memoire%20urbanisme.pdf>, consulté le 3 janvier 2008.

17. Brossoie, Nancy *et al.* (2005). «Families and communities: An annotated bibliography», *Family Relations*, n° 54, p. 666-675.

comme communauté. Encore faut-il préciser de quel type de famille on parle. Dans ce texte, sans entrer dans des considérations sur les différences dans les interactions entre milieu et types de familles, nous entendrons la famille dans un sens large comme l'ensemble des relations intergénérationnelles d'apparentés, et pas la cellule de base parents-enfants[18].

D'abord, cette relation est interactive. Le milieu influence les familles et les familles transforment le milieu. Dans le premier sens de la relation, on recherche l'existence d'effets de milieu, c'est-à-dire une influence particulière de la composition du milieu, par exemple sur les comportements et les trajectoires individuelles[19] ou sur les différences dans l'état de santé de groupes particuliers[20]. En sens inverse, les familles, par leur évolution et leur mobilité, contribuent à modeler le milieu sous divers aspects. Les études disponibles sur cette relation dynamique dans différents milieux au Québec sont cependant trop limitées pour essayer d'en projeter l'évolution sur treize ans.

Pour esquisser un portrait possible des milieux de vie et des familles à l'aube de la troisième décennie de ce siècle, deux approches sont possibles. On pourrait dresser un portrait de la composition familiale actuelle de divers milieux et des conditions de vie des familles dans ces milieux et tenter de le projeter dans treize ans. De nombreuses publications de l'Institut de la statistique du Québec (ISQ) permettent de le faire, notamment pour la composition démographique, pour les dépenses familiales et pour le logement (accessibilité et équipements)[21] ; d'autres indicateurs pertinents sont fournis par l'Institut national de santé publique (INSP)[22], notamment sur l'environnement physique, l'environnement social, les habitudes de vie et les comportements. Ces données permettent de souligner les variations dans les conditions de vie des

---

18. Il est à noter que les politiques municipales à l'égard des familles oscillent entre définitions large et restreinte.

19. Séguin, Anne-Marie et Damaris Rose (2007). « Les quartiers de pauvreté des grandes villes sont-ils des creusets de misère et d'exclusion ? », Communication au Colloque national sur la revitalisation urbaine intégrée, <ecof.qc.ca/colloque/presentations/cnpri07_04b.ppt>, consulté le 3 janvier 2008.

20. De Koninck, Maria *et al.* (2006). « Inégalités sociales de santé : influence des milieux de vie », *Lien social et Politiques*, n° 55, p. 125-136.
    Centre Léa-Robak (2007). *Le point sur... l'effet de quartier. Mieux comprendre le lien entre le quartier et la santé*, <https ://www.webdepot.umontreal.ca/Recherche/CRLR/Internet/WEB/publications/CLR-PUB_PointEffetQuartier1.pdf>, consulté le 3 janvier 2008.

21. ISQ, *Statistiques en bref*, <www.stat.gouv.qc.ca/observatoire/publicat_obs/occ_bref.htm>, consulté le 3 janvier 2008, en particulier les numéros de février 2001, 2002, 2007 et juin 2004.

22. INSPQ (2006). *Portrait de santé du Québec et de ses régions 2006*, Québec, 152 p.

familles, entre milieux et à l'intérieur d'un même milieu (en fonction du type de famille et de son revenu). Cependant, elles sont compilées selon des découpages administratifs (surtout région administrative) qui ne rendent pas forcément compte de la spécificité de divers milieux et nous renseignent peu sur la dynamique d'évolution (en dehors de la structure démographique). Plutôt que de tracer un portrait familial synthèse des divers milieux qui aurait certes de l'intérêt[23], nous préférons suivre une démarche plus spéculative sur l'évolution des facteurs qui peuvent influencer la dynamique de la relation entre familles et milieux de vie, au cours des treize prochaines années.

L'ambition à terme (démesurée) que cette communication laisse entrevoir serait de saisir cette relation à travers deux indices synthétiques qu'on pourrait appeler le quotient familial d'un milieu et son degré de réactivité familiale. Le quotient familial traduirait le rapport entre tous les facteurs favorables et les facteurs défavorables à la vie des familles dans leur diversité. Le degré de réactivité familiale exprimerait la capacité et l'intensité d'initiatives du milieu propices aux familles.

## LE MILIEU DE VIE EN SEPT DIMENSIONS

Quels sont ces facteurs qui peuvent influencer la dynamique de la relation entre familles et milieux de vie ? Nous proposons de les appréhender à partir d'une conception du milieu de vie articulée autour de sept grandes dimensions qui, faute de la saisir adéquatement dans son unité et sa spécificité intrinsèques, permettent d'illustrer sa complexité, de même ordre que celle du territoire[24]; le milieu de vie est en effet une façon de saisir le territoire à partir de l'expérience de la vie quotidienne. Chacune de ces dimensions est sous tension entre des tendances contradictoires et se manifeste donc de façon particulière aux différents endroits. La combinaison locale de ces diverses manifestations donne à chaque milieu sa spécificité, dont les grandes catégories usuelles rendent mal compte : milieux urbain, suburbain, rural[25].

---

23. Exemple de cette démarche en France : Crépin, Christiane (2007). « Familles et territoires », *Recherche et Prévisions*, no 87, p. 89-95.

24. Moine, Alexandre (2006). « Le territoire comme un système complexe : un concept opératoire pour l'aménagement et la géographie », *L'espace géographique*, vol. 35, no 2, p. 115-132.

25. Les milieux urbains ont depuis longtemps fait l'objet d'analyses écologiques montrant leur diversité ; la diversité des milieux ruraux commence aussi à être bien documentée. Voir entre autres Sorensen, Marianne *et al.* (2007). Profil du Québec rural. Canada, Partenariat rural canadien, 120 p., <www.rural.gc.ca/research/profile/qc_f.pdf>, consulté le 3 janvier 2008.

## Le milieu de vie comme espace multilieux

L'image institutionnelle fréquente du milieu de vie comme espace clos
où l'on insuffle de l'animation et de la «chaleur humaine» risque de
faire oublier qu'il est d'abord pour la majorité des familles un espace
multilieux. Le plus souvent chaque membre d'une famille passe, au gré
de ses propres rythmes temporels, une partie de sa journée, de sa semaine
ou de son année dans divers lieux qui lui sont familiers, parfois dès les
premiers mois avec la fréquentation de la garderie, jusque tard dans la
vieillesse dans la situation de perte complète d'autonomie. Le milieu
de vie d'une famille est composite; il englobe les milieux particuliers à
chacun des membres de la famille; autour du noyau commun habituellement partagé, le logement, se dessinent des lanières spatiales correspondant aux trajets et à leur destination finale des lieux d'activités
diverses (travail, études ou autres). Par leur milieu de vie, les membres
de la famille ont une expérience partielle du territoire.

Comme mentionné précédemment, le logement est le lieu de prédilection et il se vit d'ailleurs pour une minorité significative sous forme
multiple, autant pour les enfants à garde partagée que pour les propriétaires de résidence secondaire. Le lieu de travail reste pour les adultes,
en dépit de la tendance à l'accroissement du travail à domicile, un autre
lieu habituel. Enfin, de multiples autres lieux sont utilisés à des fréquences
diverses pour des achats, des rencontres ou des services.

Ces lieux sont soumis à deux tendances lourdes. Ils peuvent se
spécialiser ou se diversifier, se disperser ou se concentrer. Dans le logement, la tendance à la spécialisation semble vouloir s'affirmer, autant
par groupes d'âge (plus de résidences spécialisées pour personnes âgées
que de maisons multigénérationnelles) que par catégories de revenu
(plus de complexes «exclusifs» et parfois refermés que d'ensemble à
mixité sociale); la tendance à la dispersion (par exemple, périmétropo-
lisation et néoruralisation) coexiste avec une revalorisation des zones
centrales (notamment avec les condos). Pour les lieux de travail, la
tendance à la spécialisation semble se maintenir (bureaux de direction,
de *back office*, laboratoire de recherche, lieu de production, entrepôt),
et leur répartition spatiale, continuer selon le même *pattern* qu'au cours
de la dernière décennie. Pour les lieux de services, comme pour le
logement, spécialisation et dispersion semblent l'emporter sur une
concentration néanmoins bien présente: au plan commercial, l'implantation des *power centres* (pourtant moins pratiques pour les familles que
le grand centre d'achat conventionnel) va de pair avec une revitalisation
de certaines anciennes rues commerciales et dans l'agglomération de

Montréal, le regroupement de fonctions dans les TOD[26] est encore assez timide. Il faut par ailleurs noter que la démarcation nette entre ces trois types de lieux tend à s'estomper légèrement : le domicile devient davantage lieu de travail et de services, notamment récréatifs ; certains lieux de travail, surtout dans des secteurs de pointe, aspirent à être vus comme des milieux de vie.

Ces tendances résultent de l'inscription spatiale de diverses évolutions d'ordre économique (diversification des prestations de travail, restructurations, éventail des revenus, dynamique interne des divers sous-marchés immobiliers, en particulier incidence sur le marché résidentiel du vieillissement des propriétaires baby-boomers...), socioculturel (signes de différenciation sociale, préférences pour les divers modes de cohabitation...) et institutionnel (prestation de services...) qu'il serait hors de propos d'aborder dans cette communication. Elles ont des conséquences directes sur la vie des familles sur deux plans : l'accessibilité financière et physique et les déplacements.

L'accessibilité financière au logement risque de rester la question la plus importante au cours de la prochaine décennie, même si elle n'est vraiment névralgique que pour les familles à revenu modeste et faible. Pour ces catégories, l'évolution des revenus de travail dans des fonctions relativement peu rémunérées permettra-t-elle d'éviter une détérioration de l'accessibilité financière à un logement de qualité et surtout, pour les agglomérations, dans une localisation qui minimise les coûts totaux d'habitat ?

Au plan des déplacements, les tendances apparaissent moins favorables aux familles. Les enquêtes Origine-Destination ont montré une diversification et une multiplication des trajets et le temps de navettage semble vouloir s'allonger[27]. Cette tendance va de pair avec celles de spécialisation/diversification et de dispersion/concentration. Elle se répercute aussi au plan de l'accessibilité physique et financière. Si l'évolution des marchés résidentiels pousse les ménages à revenu plus modeste à devoir se localiser davantage en périphérie pour trouver un logement plus abordable, leur accessibilité généralisée au travail et aux services en sera-t-elle diminuée, à moins que des ajustements concomitants dans la distribution de ces lieux de travail et de services ne suivent pas le même

---

26. TOD : Transit Oriented Development. Développement de noyaux urbains multifonctionnels autour de stations de transport collectif.
27. Turcotte, Martin (2005). *Le temps pour se rendre au travail et en revenir*, Statistique Canada, 27 p.

rythme? L'évolution des modes de vie[28] dans leur expression spatiale est susceptible de devenir une question clé dans la génération des inégalités sociospatiales.

L'éclatement en multiples lieux du mode de vie est moins affaire de choix que de contraintes liées à l'aménagement et à la spécialisation des espaces fonctionnels. S'il n'en tenait qu'aux familles, le milieu de vie souhaitable serait plus concentré[29].

## Le milieu de vie comme établissement écosystémique

Le milieu de vie est un établissement humain qui est entièrement immergé dans l'environnement physique, de manière plus ou moins perceptible selon la densité d'occupation. Cette dimension est importante pour les familles. Elle conditionne en particulier leur état de santé par le degré de pollution, leur confort par la densité de biomasse, leurs possibilités de récréation par l'accès aux espaces naturels, leur initiation à leur dépendance à l'égard des écosystèmes par une prise de conscience de l'empreinte écosystémique de leurs comportements[30].

Les tendances sur cette dimension se présentent sous des augures favorables. Malgré le parti pris dans ce texte d'une évolution lente et tranquille des principaux paramètres, il se pourrait que des transformations plus rapides se manifestent sur cette dimension. S'il a fallu vingt ans pour que la notion de développement durable devienne un credo d'action gouvernementale[31], l'urgence d'agir paraît s'imposer dans les représentations en attendant qu'elle se concrétise dans les réalisations, qu'il s'agisse de réduction des émissions automobiles ou d'accentuation des efforts de recyclage.

Par rapport aux conditions quotidiennes de vie des familles, les améliorations pourraient se manifester dans la qualité des environnements résidentiels intérieurs (au gré du rythme plutôt lent d'utilisation de matériaux plus sains dans les rénovations et les constructions neuves

---

28. Milieu de vie et mode de vie sont imbriqués. L'évolution de l'un ne peut s'examiner sans l'autre. Commissariat général du Plan (2005). « Comment vivrons-nous demain? L'avenir des modes de vie : la nécessité d'innover », *Les Docs d'Aleph*, n° 29, p. 1-8.

29. Conseil de la famille et de l'enfance (2005). *Bilans et perspectives*. Le rapport 2004-2005, Québec, p. 199.

30. Villemagne, Carine (2005). « Le milieu de vie comme point d'ancrage pour l'éducation relative à l'environnement : réalité ou chimère? », *Éducation relative à l'environnement*, vol. 5, p. 89-95.

31. Loi sur le développement durable, 2006.

et de l'amélioration de la performance énergétique des bâtiments) et extérieurs (plus grande vigilance à l'égard des arbres et de la biomasse), dans l'accès à des espaces naturels par une protection plus soutenue des milieux écologiquement sensibles (notamment des rives et des zones inondables).

Cependant, même si les individus et les familles deviennent individuellement plus sensibles aux incidences environnementales de leurs comportements, il est possible que l'incidence globale agrégée de leur mode spatial de vie (localisation et déplacements) continue à perpétuer la situation actuelle sur certains aspects, en particulier dans les agglomérations. Ce résultat un peu paradoxal s'explique aisément par l'incapacité de traduire certaines inclinaisons individuelles en choix collectif d'imposition de contraintes, dans un contexte où les « choix » individuels résidentiels sont dictés essentiellement par les règles d'un marché, certes fort encadré localement par la réglementation municipale, mais presque entièrement libre au plan des agglomérations.

## Le milieu de vie comme tourbillon localisé sur une trame de flux continus

Les milieux de vie ont tendance à être perçus comme de petits mondes clos à l'intérieur desquels chacun mène tranquillement sa vie. La première dimension d'espace multilieux a déjà largement fissuré l'enveloppe de ces petits cocons. Il importe de les ouvrir encore davantage et de clairement saisir l'articulation entre ces milieux de vie intrinsèquement locaux et la société en général. Les milieux de vie peuvent à cet égard être envisagés, pour reprendre une image évocatrice de complexité, comme des tourbillons localisés sur une trame de flux divers. Chaque milieu de vie local est entièrement traversé ou brassé par ces flux ; à ce point de vue, il donne à toute la société une configuration particulière. Cependant, il se différencie ou plutôt se fait remarquer par sa capacité de générer des initiatives particulières sur de nombreux plans. Il participe aux tendances générales de la société, à des degrés divers selon les tendances ; mais il peut aussi mettre à profit la manifestation locale particulière de ces tendances ou au contraire s'en distancer, pour innover, se transformer et se maintenir. L'activation des ressorts des tourbillons locaux reste mal connue ; elle représente encore le graal du développement local.

Par rapport à la relation entre familles et milieux de vie, ce phénomène de tourbillon localisé apparaît important sur trois plans : économique, démographique et culturel. Un milieu ne peut guère être qualifié de vie si les gens ne peuvent pas y gagner leur vie. La disponibilité d'emplois reste donc un critère essentiel de qualité de milieu. L'expérience des dernières décennies, et récemment la restructuration majeure de l'industrie forestière, laissent entrevoir que pour l'horizon temporel considéré plusieurs milieux de vie au Québec traverseront des crises majeures peu propices au développement des familles. Le tonus entrepreneurial de chaque milieu sera de plus en plus critique dans sa capacité à faire face aux soubresauts des flux de marchés internationaux.

Au plan démographique, les scénarios de l'ISQ annoncent clairement des changements dont toutes les conséquences ne semblent pas avoir été pleinement jaugées, en particulier en termes de capacité à soutenir les services publics. D'ici 2026, la moitié des MRC devrait connaître une décroissance démographique, en moyenne de 11% et pouvant atteindre jusqu'à 25%[32]. Les flux migratoires jouent un rôle majeur dans cette tendance; il est cependant possible qu'à quelques endroits la balance migratoire se redresse. À d'autres endroits, surtout en milieux urbains centraux, les migrations continueront à renforcer le caractère cosmopolite de plusieurs milieux de vie.

Au plan culturel, chaque milieu de vie se caractérise par le rapport entre les flux émetteurs et récepteurs. Certes les médias nationaux irriguent l'ensemble des milieux du Québec. Cependant, chaque milieu fait preuve d'un dynamisme culturel plus ou moins accentué, en termes de création, d'événements ou de consommation de produis culturels[33]. Cette vitalité est essentielle à l'épanouissement des familles, et surtout des jeunes générations, dans un contexte économique où prime la créativité.

Les dynamiques sur ces trois plans s'influencent, sans être étroitement corrélées. Elles contribuent à animer les tourbillons localisés qui permettent aux familles de pleinement participer à l'évolution de la société, tout en jouissant d'une «qualité de vie» locale stimulante.

## Le milieu de vie comme dispositif sociotechnique d'équipements

Le milieu de vie est aussi un dispositif sociotechnique, un ensemble d'infrastructures et d'équipements avec leurs caractéristiques physiques, leurs modes de gestion et d'utilisation qui permet aux divers acteurs

---

32. Thibault, Normand *et al.* (2004). «La croissance démographique des MRC, 2001-2026», ISQ, *Données sociodémographique en bref*, p.1-3.

33. Garon, Rosaire (2005). *La pratique culturelle au Québec, recueil statistique*, Québec, Ministère de la Culture et des Communications, 299 p.

d'un milieu de vie de communiquer entre eux et avec l'extérieur, de se fournir des services communs. Sur cette dimension, les tendances apparaissent à l'horizon étudié plutôt favorables aux familles, même si leurs manifestations locales peuvent être variables. Examinons brièvement certains éléments.

Les réseaux locaux d'infrastructures devraient cesser de se détériorer, avec la mise en œuvre du plan gouvernemental de réinvestissement dans les infrastructures[34]. Encore faut-il que les municipalités puissent toutes avoir la marge de manœuvre financière pour fournir leur part. Par ailleurs, ce plan est quinquennal et même s'il est présenté comme un premier (donc éventuellement suivi d'autres), il n'assure pas d'emblée la mise en œuvre de pratiques courantes de réinvestissement régulier dans les infrastructures à un niveau suffisant. Il maintient d'ailleurs dans son montage financier la dépendance des municipalités à l'égard du gouvernement (et des aléas de ses engagements à long terme), au lieu de pleinement les responsabiliser en leur octroyant des sources de revenus adéquates. L'avenir à long terme des infrastructures locales reste donc incertain, notamment dans les municipalités en déclin économique et démographique.

Les infrastructures et les équipements publics dans divers domaines (loisirs, eau, sécurité, éducation, santé, transport, énergie), ainsi que les services dont ils sont les soutiens, continueront à être ébranlés (ou stimulés) par une triple pression, plus ou moins forte selon les domaines. D'abord, les modifications dans les rythmes de vie quotidiens et hebdomadaires continueront à peser sur les horaires de disponibilité de certains services[35]. Ensuite, l'achat et l'utilisation de compléments individuels (ou de substituts plus ou moins partiels) éroderont davantage la position monopolistique du secteur public, quelle que soit l'ampleur du recours au privé ou au tiers secteur dans la prise en charge de certaines activités. Enfin, une tendance à une plus grande tarification se confirmera, même si jusqu'à maintenant les municipalités du Québec se sont montrées plus timides que celles d'autres provinces. Ces tendances favoriseront la liberté

---

34. Gouvernement du Québec (2007). *Des fondations pour réussir. Plan québécois des infrastructures*, Québec, 17 p.

35. La gestion du temps comme telle n'est pas encore une préoccupation importante au plan local (elle serait d'ailleurs plus d'intérêt régional), même si des municipalités posent des gestes pour la conciliation travail-famille. Brais, Nicole (2005). « Des politiques temporelles au Québec : une greffe possible en milieu municipal ? », *Lien social et Politiques*, n° 54, p.145-150.
Au sujet de la pression du temps sur la gestion des milieux de vie : Jetté, Christian (2000). « La redéfinition des temps de vie et la nécessaire transformation des institutions », *Nouvelles pratiques sociales*, vol. 13, n° 2, p. 26-40.

de choix des familles et de chacun de leurs membres ; cependant, dans un tel contexte, l'accessibilité financière à des services publics de qualité pour les familles à revenu faible ou modeste sera à surveiller.

Le transport en commun est particulièrement critique pour les familles, en particulier celles à revenu modeste. L'amélioration de l'offre, particulièrement sensible dans l'agglomération de Montréal (surtout avec le train de banlieue) pourrait se poursuivre. Toutefois, la dispersion des développements à faible densité pose des limites à une desserte efficace en transport en commun.

Le branchement à Internet s'est généralisé au cours de la dernière décennie, même dans les régions éloignées, en particulier avec le programme Villages branchés. Si, dans les faits, la haute vitesse disponible restera variable selon les milieux de vie, les différentes générations d'une famille devraient continuer à intensifier leur utilisation d'Internet[36], et plus globalement des TIC, pour échanger avec le reste du monde, amplifiant la turbulence des tourbillons locaux.

Ces tendances dans le dispositif sociotechnique contribueront, de pair avec d'autres notées précédemment dans l'utilisation de l'espace, à estomper les frontières entre domaines public et privé, rapetissant le domaine public formel et rendant davantage d'intérêt public certains aspects du domaine privé.

## Le milieu de vie comme groupement social diversifié

Comme mentionné dans la première section, la dimension sociale est essentielle au milieu de vie. D'ailleurs, le premier terme de l'expression est aussi utilisé pour catégoriser, sans aucune référence spatiale, des groupes dont les membres partagent certaines pratiques et certaines valeurs : milieux mafieux, milieux professionnels, milieux syndicaux ou patronaux... Les milieux de vie ne connaissent pas forcément (et sans doute pas souvent, sauf les cas apparentés à des «communautés») ce genre de partage. Ils représentent des groupements sociaux définis par les réalités, les vicissitudes et les stimulations de la cohabitation obligée sur un même territoire. Par rapport à l'évolution de la situation des familles, trois aspects méritent quelques remarques : la diversité, les mécanismes de contrôle social et la vie associative.

---

36. Tendance bien documentée par l'Infomètre du CEFRIO, <www.infometre.cefrio. qc.ca>, consulté le 3 janvier 2008.

Plusieurs milieux continueront à connaître une hétérogénéisation croissante qui se manifestera de façons différentes selon les endroits. Dans les agglomérations, surtout celle de Montréal, le maintien du niveau d'immigration, et probablement son augmentation pour des raisons de besoins en main-d'œuvre, renforceront la présence des communautés ethnoculturelles, dont la distribution spatiale est plus ou moins dispersée. Mais même les milieux ruraux connaissent une diversification sociale avec l'implantation des néoruraux. Il faut cependant noter que le rythme de diversification est fort inégal entre les différents milieux de vie, puisqu'il est lié au taux de mobilité qui connaît des différences marquées[37]. En contexte de diversification, le rôle des familles comme foyer d'apprentissage et d'affirmation de valeurs en sera sans doute renforcé et davantage interpellé.

Les tendances en cours dans les mécanismes du contrôle local (familial et social) devraient se poursuivre. Sa technicisation se généralise, par la vidéosurveillance des propriétés et par le repérage des déplacements grâce au GPS. Les tensions de voisinage persistent et peut-être même s'accentuent dans les situations de transformation de quartier, avec un NIMBYisme[38] rampant et polyvalent. Par contre, le recours à la médiation s'accentue pour désamorcer les tensions locales.

La vie associative locale qui fournit aux familles divers apports (services, réseaux, entraide) continuera sans doute à être d'intensité variable selon les milieux. Mais, globalement, sa variété en fonction des multiples centres d'intérêt individuels et sa densité globale devraient se maintenir ; si une certaine fatigue semble s'installer chez les bénévoles dans un contexte où les comportements de clients s'importent aussi dans le secteur sans but lucratif[39], l'accroissement du temps disponible pour la cohorte des baby-boomers est susceptible de favoriser le renouvellement des travailleurs bénévoles.

---

37. À titre d'illustration, 9 % de la population de 5 ans et plus de Baie-Comeau en 2006 n'habitait pas la même subdivision de recensement 5 ans auparavant, contre 40 % à Saint Colomban... Source des données. Statistique Canada, *Profil des communautés 2006*.

38. NIMBY : « *Not in my back yard* » (« Pas dans ma cour »).

39. Thibaut, André et Julie Fortier (2004). « Comprendre et développer le bénévolat en loisir dans un univers technique et clientéliste », *Bulletin de l'Observatoire québécois du loisir*, vol. 1, n° 14.

## Le milieu de vie comme potentiel et objet d'action collective

En plus de cohabiter, les acteurs d'un milieu de vie sont soumis à une destinée démo-économique commune. Ils peuvent se contenter d'être parties prenantes individualistes à cette destinée ou décider en plus de prendre collectivement en main leur sort collectif. Les possibilités d'épanouissement des familles seront sans doute plus fortes dans le deuxième cas. Il faut donc jeter un coup d'œil aux évolutions possibles dans l'intensité de l'action collective, entendue comme mobilisation générale sur des thématiques locales communes, de la part de chaque groupe particulier d'acteurs (individus, associations, entreprises, organismes publics) et de tous les groupes en initiatives concertées. Ces thématiques sont nombreuses, constantes (par exemple, situation des familles, décrochage scolaire, lutte contre la pauvreté, santé...) ou plus conjoncturelles (réaction à des fermetures d'usine ou à un événement tragique).

Les familles participent individuellement à de telles mobilisations, que l'on songe au mouvement de Parents secours ou à la multiplication récentes des Fêtes de voisins. Leur engagement se fait souvent dans le cadre des contributions des diverses associations à de telles mobilisations. Particulièrement sur les questions de familles, plusieurs milieux se sont mobilisés au cours des dernières années, dans le cadre de l'élaboration des politiques municipales sur les familles. Ces politiques se sont multipliées[40], surtout sous impulsion et stimulation centrales, à la fois financière (subvention du ministère) et technique (soutien fourni par le Carrefour Action municipale et famille)[41]. Ce mouvement est susceptible de se poursuivre ; l'expérience montre que les générations de politiques se succèdent dans les municipalités qui les ont adoptées les premières. Elles sont par contre confrontées aux mêmes défis que toute autre action partenariale locale[42], entre autres, le risque de monopolisation municipale de la démarche collective, la difficulté d'obtenir et surtout de maintenir des contributions tangibles des partenaires lors de la mise en œuvre, l'adaptation à la fluidité du membership des associations... Ces défis sont plus facilement relevés si le leadership local est partagé.

---

40. De La Durantaye, Michel (2004). « Résultats d'analyse des politiques familiales municipales jusqu'en 2002 », dans Carrefour Action municipale et famille. *La municipalité un milieu de vie énergisant : les actes du 16ième colloque*, Shawinigan, Carrefour Action municipale et famille, p. 4-6.
41. <www.carrefourmunicipal.qc.ca>, consulté le 3 janvier 2008.
42. Divay, Gérard (2008). « L'État local à l'épreuve des nombreux partenariats multipartites », p. 278-295, dans Michel Boisclair et Louis Dallaire (dir.), *Les défis du partenariat dans les administrations publiques : un regard systémique. (Théorie et pratique)*, Québec, Presses de l'Université du Québec.

Les milieux de vie sont susceptibles d'être davantage objet d'action collective locale, si l'on se fie au discours dominant des municipalités au cours des dernières années. Elles insistent sur l'élargissement, de fait, de leur rôle à tout le sort de leur collectivité, bien au-delà de la prestation des services traditionnels. Cette tendance, indépendamment des velléités de décentralisation, devrait amener un meilleur arrimage dans l'action locale des divers organismes publics, au bénéfice des familles, comme dans le cas des ententes entre le « milieu » scolaire et le « milieu » municipal.

## Le milieu de vie comme édification collective évolutive

La dernière dimension prolonge la précédente, tout en offrant une appréhension synthétique du milieu de vie. Le milieu de vie est tout autant état de situation que processus constant de renouvellement, en similaire ou en transformation. Les milieux de vie ne peuvent se réduire à des produits que les familles choisiraient et consommeraient sans que leur choix ait des incidences sur le produit lui-même. Le milieu de vie gagne plutôt à être appréhendé comme une édification collective évolutive. Il est construit collectivement par le jeu de tous les acteurs. Son état résulte en tout temps des comportements passés et présents des divers acteurs qui contribuent ou cherchent de manière plus ou moins réflexive à le renouveler. Cette conception dynamique conduit à souligner quatre traits importants : le caractère coproduit des avantages (et inconvénients) d'un milieu, la synergie des interdépendances, l'importance du temps et l'attitude envers l'avenir.

La plupart des caractéristiques non physiques d'un milieu de vie sont coproduites ; elles sont des effets induits et agrégés des comportements et initiatives, concertés ou non, de multiples acteurs. Il en est ainsi de certaines qualités facilement perceptibles (par exemple, qualité architecturale des ensembles ou fleurissement) comme des plus intangibles et pourtant ressenties (par exemple, l'animation du milieu). La qualité des services publics ne se résume pas à quelques bonnes pratiques de prestation ; elle est aussi conditionnée par l'attitude et l'apport des usagers. À un moment où certains services privés font de plus en plus appel à une démarche active de leurs clients qui se servent plutôt que d'être simplement servis (cas des services en ligne), l'importance de la coproduction dans les services publics locaux et la génération des propriétés collectives du milieu est susceptible d'être mieux reconnue et valorisée.

Les diverses dimensions d'un milieu que nous avons distinguées interagissent entre elles et cette interaction n'est qu'une des facettes des multiples interdépendances dont la synergie dynamise les situations locales. Les effets croisés des états de situations intersectorielles commencent à être bien documentés, notamment sous l'impulsion des recherches sur les déterminants de la santé ou les corollaires de la pauvreté. Les approches de type holistique ou intégré qui en découlent par rapport à certains groupes ou à certaines problématiques devraient être bénéfiques pour les familles qui connaissent, par expériences, les répercussions de problèmes particuliers sur de nombreux aspects de leur vie. Cependant, les effets de telles approches ne se feront sans doute sentir que progressivement et à long terme, ne serait-ce qu'en raison de la force des logiques organisationnelles sectorielles.

Le temps est un ingrédient essentiel de l'évolution d'un milieu de vie. Il est pourtant souvent malmené. À l'heure où des *webcams* permettent de visualiser en direct certains paramètres du milieu (animation, congestion routière ou smog), la tentation est grande de forcer le rythme de changement, curiosité médiatique ou imminence d'une échéance électorale aidant. Des résultats quantifiables doivent être « livrés » au plus vite. Cette pression peut être stimulante et efficace sur certains aspects du milieu (par exemple, son aspect physique) ; mais ses effets sont beaucoup plus douteux lorsqu'il s'agit essentiellement de changer des comportements à la racine des situations problématiques. Elle pousse à privilégier des gestes visibles d'autorité publique pour lesquels il est facile de rendre des comptes et à négliger les accompagnements en douceur et profondeur dans le cheminement de divers acteurs et dans leur mise en relation. À cet égard, il n'est pas évident d'entrevoir si le paradigme dominant d'action publique sous forme d'intervention directe laissera une part plus importante de légitimité à une action plus collective, mieux adaptée à une intendance avisée des milieux de vie.

Le respect du temps et des rythmes particuliers d'évolution d'un milieu de vie selon ses composantes n'est possible que si les acteurs d'un milieu croient en l'avenir de leur milieu et sont conscients de le préparer. L'anticipation à long terme dans la construction des milieux de vie est d'autant plus importante que plusieurs décisions sont fortement irréversibles ; les grilles de rue restent stables en longue période et les bâtiments ont habituellement une durée de vie qui s'étale sur plus d'une génération. Un milieu de vie s'inscrit dans une continuité intergénérationnelle. Il n'est pas évident que cette conscience intergénérationnelle soit toujours vive, comme le laissent entrevoir les pratiques fréquentes d'entretien différé des infrastructures. Et, par ailleurs, la tendance au morcellement des espaces urbains par groupe d'âge ne paraît guère favorable à son renforcement.

Les milieux de vie sont durables, ce qui ne signifie pas qu'ils soient tous conformes aux canons du développement durable. Ils évoluent et leur évolution n'est pas forcément linéaire ; aux cycles de stabilité peuvent succéder des cycles de déclin ou de revitalisation, au plan physique et de manière encore moins lente au plan social. La vitalité d'un milieu de vie tient beaucoup, par-delà la viabilité et la stabilité des entreprises, à des combinaisons conjoncturelles de présence de leaders dans divers secteurs et de capacité de mobilisation des énergies bénévoles. Ces combinaisons peuvent aisément s'effriter. Elles ont plus de chance de se renouveler si les acteurs influents ont confiance dans l'avenir de leur milieu. Au cours des dernières décennies, plusieurs collectivités frappées par des crises économiques ont su se prendre en main pour rester des milieux de vie et cette capacité de résilience semble devoir se maintenir, même si elle risque d'être plus fréquemment mise à l'épreuve (voir les perspectives démographiques). L'optimisme dans l'avenir est sans doute l'un des éléments des milieux de vie les plus favorables aux familles, elles-mêmes gestes de confiance en l'avenir.

## RESSORTS DE BASE ET CONFIGURATIONS À VENIR DES MILIEUX DE VIE

Au terme de ce survol très rapide des tendances sur les sept dimensions, quelle vue d'ensemble pouvons-nous dégager sur l'évolution des milieux de vie d'ici 2020 ? Comme nous n'avons pas choisi au départ de constituer la mosaïque actuelle des milieux de vie d'un point de vue familial, nous ne jouerons pas avec les tendances repérées pour en visualiser l'évolution kaléidoscopique possible. Nous nous contenterons d'essayer de dégager les ressorts qui nous apparaissent les plus importants pour cette évolution, au plan de chaque milieu et pour l'ensemble des milieux.

Au plan de chaque milieu, le ressort le plus déterminant nous apparaît être le rapport que chaque famille et plus généralement chaque acteur entretient avec son milieu de vie. Ce rapport peut être vécu sous le mode de la consommation ou sur celui de l'investissement. En mode consommation, la famille profite en tant que client des diverses facilités et aménités que les divers lieux de son milieu de vie lui offrent. En mode investissement, tout en jouissant de ces facilités et aménités, elle s'en sent un brin responsable et s'arrange pour le rendre plus agréable, sinon plus convivial, par ses comportements ou même par ses engagements dans diverses associations ou mobilisations. Tout en vibrant au gré des divers flux extralocaux, son investissement local alimente le tourbillon qui ajoute vitalité et attrait à son milieu. Cet investissement est différent du sentiment d'appartenance, qui peut aussi être très fort en mode consommation (distinction sociale oblige).

La prévalence relative de ces modes de rapport au milieu est susceptible d'influencer la manifestation locale des tendances brièvement évoquées. Si le mode consommation prédomine, le milieu de vie risque de se fragmenter davantage au gré des différences sociales et culturelles, des choix de mode de vie. Si le mode investissement[43] attire davantage, le milieu pourrait se vouloir plus rassembleur par des événements, des projets intergénérationnels, des ambitions d'avenir ou des initiatives concertées.

Compte tenu de l'éventail des trajectoires possibles pour un même milieu, le ciblage du ressort principal qui influera sur la configuration d'ensemble des milieux de vie est bien problématique. Risquons-en un : l'évolution de la ligne délicate de démarcation entre la diversité et les disparités. La diversité des milieux de vie est importante sur tous les plans. Plusieurs des tendances mentionnées devraient l'intensifier. La question cruciale est de savoir si cette diversité accrue va se traduire en disparités marquées entre les milieux de vie, si les différences socioéconomiques vont se traduire en inégalités sociospatiales plus vives[44]. Bien sûr, cette question renvoie à des analyses plus globales sur les tendances sociétales et des discussions sur les politiques publiques, autre indice que les milieux de vie ne sont pas à l'abri des tendances générales. Sans entrer dans ces discussions, soulignons l'importance de la question pour la relation entre milieux de vie et familles, en reprenant les deux indices hypothétiques évoqués dans la première section.

La diversité en tant que telle est susceptible d'améliorer le quotient familial des milieux, de privilégier les facteurs favorables, de rendre stimulante l'émulation entre milieux différents et de ce fait d'aviver leur réactivité. Les disparités auraient plutôt tendance à rendre ce quotient

---

43. Surtout si cet investissement cible les associations ou mouvements d'intérêt pour la famille dans son ensemble ou chacun de ses membres. On peut faire l'hypothèse que ce genre d'associations tend à surmonter d'autres clivages sociaux. Par ailleurs, si cet investissement est canalisé dans des réactions de NIMBYisme, l'effet sera contraire.

44. Sur les tendances à la polarisation sociale dans les grandes agglomérations, J. Myles et al. (2000). *Inégalités entre les quartiers des villes canadiennes*, Statistique Canada, 40 p.

inhibiteur et à diminuer la réactivité, en privant certains milieux de la capacité financière et en restreignant leur bassin de ressources et de compétences pour soutenir des initiatives favorables aux familles. La diversité offre aux familles un choix de milieux à la carte. Les disparités excluent bon nombre de familles de ces choix. La mise en évidence de cette question pourrait apparaître surtout idéologique. Elle se veut d'abord pragmatique. Plusieurs épisodes de violence urbaine dans des sociétés riches rappellent que de trop grandes disparités dans les milieux de vie peuvent engendrer le désordre social. La clairvoyance et l'habileté dans l'action collective, au plan de chaque milieu et pour l'ensemble du Québec, sont nécessaires pour ne pas franchir cette délicate ligne de démarcation entre la diversité et les disparités perturbatrices. Le défi des sociétés actuelles, bien synthétisé dans le titre du livre d'Alain Touraine, *Pourrons-nous vivre ensemble? Égaux et différents*[45], se révèle être aussi la question centrale sur l'évolution de chacun et de l'ensemble des milieux de vie des prochaines décennies, du point de vue des familles. Ces milieux de vie ne peuvent qu'être différents, ne serait-ce que par leur localisation; pour que toutes les familles y trouvent les éléments nécessaires à leur épanouissement, encore faut-il qu'ils ne soient pas trop inégaux[46].

---

45. Touraine, Alain (1997). *Pourrons-nous vivre ensemble? Égaux et différents*, Paris, Fayard, 395 p.
46. L'égalité ne pouvant pas être opérationnalisée par l'uniformité, elle s'évalue par un processus sociopolitique d'évaluation des équivalences, dans les diverses propriétés d'un milieu.

# Quel avenir pour la pratique culturelle dans la famille de demain ?

Rosaire GARON
*Université du Québec à Trois-Rivières*

Quelles seront les valeurs culturelles prédominantes au sein de la famille dans quelques décennies ? Est-ce que les pratiques culturelles qui ont été traditionnellement valorisées dans la société québécoise, depuis l'accession du Québec à la société moderne, trouveront encore audience auprès des jeunes parents de demain ? Les changements rapides auxquels est confrontée la société actuelle vont-ils affecter les valeurs culturelles actuelles ou modifier leur hiérarchie ? La réponse à ces questions n'est pas simple ni univoque. Nous pouvons toutefois trouver des éléments de réponse dans les recherches effectuées sur les comportements culturels qui relèvent les principaux facteurs qui président à leur acquisition, à leur maintien et à leur disparition.

Nous proposons, dans les pages qui suivent, de donner un aperçu des principaux déterminants de la pratique culturelle et de voir leur agissement dans le temps. Puis nous essayerons de faire une projection dans le futur de certaines pratiques de manière à dégager des scénarios possibles de valeurs culturelles qui pourront être présentes dans la famille, vers l'an 2020. Nous nous appuierons largement, pour cet exercice, sur les données des pratiques culturelles des Québécois. Le ministère de la Culture, des Communications et de la Condition féminine (MCCCF) mène, depuis 1979, des enquêtes quinquennales sur les pratiques culturelles des Québécois. Il y a eu six sondages depuis 1979, le dernier ayant été réalisé en 2004[1]. Cela donne donc une période de vingt-cinq ans d'observation des comportements en matière de culture permettant de tracer leur évolution sur la fin du XXe siècle et au début du XXIe. Notre objectif n'est pas de montrer comment a évolué chacune des pratiques, cela serait trop redondant et fastidieux, mais plutôt de repérer les facteurs les plus déterminants dans le passé qui risquent de modeler encore la pratique culturelle dans les années à venir. Pour cela, nous aurons recours à des indices composites qui permettront de dégager les tendances sans pour autant nous perdre dans une multitude de calculs. Pour ce qui est de la projection des pratiques dans le futur, nous utiliserons principalement une projection basée sur le comportement des cohortes dans le passé. Différentes hypothèses seront considérées selon la probabilité que le changement soit lié à l'âge (hypothèse transversale) ou à la génération (hypothèse longitudinale). Une troisième hypothèse pourrait être possible, celle de l'invariance d'un comportement dans le temps (hypothèse constante). Mais les séries historiques ne permettent pas de soutenir cette hypothèse lorsque sont prises en considération certaines variables clés. Les projections seront établies à partir de pratiques particulières plutôt que des indices composites, la rétrospective des indices n'étant possible que pour les pratiques de type classique[2].

## LA MÉTHODOLOGIE

Les études sur les pratiques culturelles ont montré à d'innombrables reprises comment la variation comportementale se modifiait selon les caractéristiques des pratiquants et des non-pratiquants. Le plus souvent, elles présentent en instantané les variations que produisent les variables dépendantes lorsqu'elles sont croisées avec un ensemble de variables indépendantes. Ces tableaux croisés sont autant de clichés qui instruisent, pour un temps précis, du rapport entre les variables prises deux à deux. Les variables sociodémographiques et économiques sont le plus souvent utilisées dans ces croisements bivariés et multivariés, mais présentent des limites parce qu'une seule relation est étudiée à la fois. Il en résulte que plusieurs variables indépendantes entretiennent des relations statistiquement significatives avec les comportements et, dans toutes ces

---

1. Un rapport a été publié en 2004 sur l'évolution des pratiques culturelles, de 1979 à 2004 : « Déchiffrer la culture au Québec, 20 ans de pratiques culturelles », Québec, Les publications du Québec.

2. Nous entendons par pratiques de type classique ces activités valorisées par la culture humaniste et défendues par des institutions telles que l'université, le collège classique, l'Église et les élites libérales. Nous en fournissons le détail plus loin.

relations, dans tous ces tableaux croisés, il est difficile d'établir la hiérarchie des déterminants. Quelles variables, du milieu d'origine, de l'âge, de la scolarité, du statut socioéconomique, de la profession ou encore du lieu de résidence sont les plus déterminantes ? Et cette énumération n'est que partielle puisque d'autres rôles sociaux et d'autres agents de socialisation tels les pairs, le groupe de référence, les médias, etc., interviennent aussi dans la formation du goût et des habitudes culturelles.

## Les indices composites

Le recours à des techniques d'analyse multivariée permet de mettre un peu plus d'ordre dans le système relationnel en repérant, dans l'ensemble des variables indépendantes retenues, celles qui sont les plus déterminantes. Ces techniques éliminent le bruit (covariance) que certaines variables apportent dans le système relationnel en raison de leur étroite association avec d'autres variables. Ces modèles plus complexes d'analyse multivariée (analyse factorielle, analyse canonique, analyse des correspondances, analyse typologique...) soumettent la relation d'une variable dépendante à un ensemble de variables indépendantes. Chacun des comportements peut ainsi trouver ses déterminants principaux.

Mais, en réalité, les comportements ne se forment pas indépendamment les uns des autres. Il y a des attitudes sous-jacentes qui prédisposent à leur adoption. C'est ce que l'on peut retirer de la répétition des mêmes variables explicatives de pratiques qui appartiennent souvent à un même univers symbolique. La construction d'indices composites des pratiques supprime les analyses répétitives et permet de trouver une explication plus satisfaisante, en ce qu'elle est globalisante en traitant des ensembles plutôt que des pratiques individuelles, et qu'elle permet de généraliser parce que les pratiques entrant dans les indices peuvent être considérés comme un échantillon d'un univers plus large de pratiques. On rejoint ainsi les concepts d'attitudes et de variables latentes. Ces indices ont toutefois un effet réducteur en ce qu'ils mesurent l'étendue des pratiques plutôt que les combinaisons des éléments entrant dans leur formation. Une analyse plus poussée permettrait sans doute de dégager les mécanismes sociaux intervenant dans la fabrication d'ensembles qui expliqueraient le goût culturel (Coulangeon, 2003). Aussi, dans la présentation qui suit, nous utiliserons des indices composites, lorsque cela sera possible, plutôt que des pratiques particulières, et nous aurons recours à l'analyse multivariée. Nous espérons, ainsi, pouvoir trouver différents ensembles de déterminants selon les générations.

C'est dans cette perspective que sera effectuée l'étude des pratiques culturelles de la famille de demain, notamment par une segmentation générationnelle de la population étudiée. Car ces pratiques culturelles ne sont pas seulement le fait de déterminants sociodémographiques et économiques, mais s'inscrivent aussi dans un temps historique déterminé qui marque les valeurs et les expériences culturelles propres à une génération.

## L'approche générationnelle

Les valeurs culturelles, tout comme les comportements appris qui s'ancrent dans ces valeurs, ne changent pas rapidement et leur renouvellement s'effectue sur des décennies. Comme le notent plusieurs auteurs, les générations ont une mémoire collective qui se fixe à la fin de l'adolescence et au début de la vie adulte et qui persiste le reste de la vie (Schuman et Scott, 1989). En outre, chaque génération est à la fois source de reproduction et de changement, de stabilité et de renouvellement. Les parents tiennent naturellement à communiquer leurs valeurs à leur progéniture, mais aussi à favoriser leur épanouissement par la production de leur identité personnelle (De Singly, 2003). Une génération pourra donc présenter un ensemble de valeurs et d'attitudes héritées de ses parents et de valeurs et d'attitudes propres à la sienne. Les valeurs de la famille de demain sont en bonne partie déjà inscrites dans la jeune génération d'aujourd'hui qui deviendra celle des parents de demain. Nous essayerons de voir, par cette approche générationnelle, quels seront les déterminants qui continueront de jouer dans le futur.

Nous avons reconstruit quatre générations à partir des données de l'enquête 2004. Puis, à rebours, nous les avons retracées dans les enquêtes de 1999, 1994 et 1989. La génération des aînés est celle qui est née avant la fin de la Seconde Guerre mondiale. La génération des baby-boomers (BB) correspond, dans le cadre de cette étude, à celle qui est née entre 1945 et 1964. La génération X pour sa part est née entre 1965 et 1979 alors que la génération Y correspond aux années 1980 à 1989. Nous n'avons pu cependant faire ce découpage générationnel pour les enquêtes de 1983 et de 1979 parce qu'il était impossible de reconstituer les générations à partir des groupes d'âge de ces enquêtes. De plus, nous avons procédé à quelques ajustements des années des générations pour qu'elles correspondent le mieux possible aux groupes d'âge des enquêtes. Le tableau 1 donne, pour chacune des générations, l'âge qu'elle avait au temps des quatre enquêtes. Rappelons que celles-ci ont été réalisées auprès d'une population de 15 ans et plus de sorte que l'âge minimal des générations ne peut être inférieur à 15 ans.

**TABLEAU 1**

*Les générations selon leur âge au temps des enquêtes*

| Générations | Âge au temps des enquêtes | | | |
| --- | --- | --- | --- | --- |
| | 2004 | 1999 | 1994 | 1989 |
| Aînés (nés avant 1944) | 60 ans et + | 55 ans et + | 50 ans et + | 45 ans et + |
| Génération des BB (née entre 1945 et 1964) | 40 à 59 ans | 35 à 54 ans | 30 à 49 ans | 25 à 44 ans |
| Génération X (née entre 1965 et 1979) | 25 à 39 ans | 20 à 34 ans | 15 à 29 ans | 15 à 24 ans |
| Génération Y (née entre 1980 et 1989) | 15 à 24 ans | 15 à 19 ans | – | – |

## LES PRATIQUES CULTURELLES, CE QUE RÉVÈLE LA RÉTROSPECTIVE

### L'indice des pratiques de type classique

Comme nous l'avons signalé auparavant, le MCCF a produit six enquêtes sur les pratiques culturelles dont la période s'étend de 1979 jusqu'au début du XXIᵉ siècle (2004). Un ensemble de questions, une vingtaine au total, se retrouve dans toutes ces enquêtes et nous avons construit, à partir d'elles, ce que nous appelons un indice des pratiques classiques. L'encadré 1 précise les activités qui entrent dans la formation de cet indice, de même que la méthodologie utilisée pour sa construction. Précisons que cet indice mesure les pratiques elles-mêmes, non leur contenu. Rappelons qu'il s'agit d'activités qui ont été valorisées par les grandes institutions culturelles québécoises, le collège classique, l'université, l'Église et les élites libérales. On y retrouve la lecture sur différents supports, la fréquentation des établissements culturels, les sorties au spectacle, l'écoute musicale et l'achat d'œuvres d'art ou des métiers d'art. Avec cet indice, on peut donc voir quelle était la diversité de la pratique des groupes sociaux en regard de l'ensemble des pratiques culturelles qui le constituent. Cet indice est disponible pour les six enquêtes, soit de 1979 à 2004. La figure 1 donne un aperçu général de son évolution au cours des vingt-cinq années couvertes par les enquêtes.

De 1979 à 1989, l'indice est en croissance. Cela correspond à la période de la politique culturelle volontariste de l'État québécois où l'un des grands objectifs était la diffusion de la culture et sa démocratisation. C'est l'époque caractérisée par l'implantation des équipements

## ENCADRÉ 1
*L'indice des pratiques de type classique*

Les 20 activités entrant dans la formation de l'indice des pratiques de type classique sont la lecture des quotidiens, des revues et magazines ainsi que des livres, la fréquentation de la bibliothèque publique, du musée d'art et des autres musées, celle des sites et monuments historiques, des galeries d'art, des salons du livre, des salons des métiers d'art, l'écoute régulière de la musique, l'achat d'œuvres d'art ou des métiers d'art et les différentes sorties au spectacle : théâtre en saison et l'été, concerts classiques, concerts populaires et spectacles en danse classique, en danse moderne et en danse folklorique.

Chacune de ces activités a été dichotomisée, prenant la valeur de 1 lorsque le comportement était présent chez le répondant et la valeur de 0 lorsqu'il en était absent.

## FIGURE 1
*Indice des pratiques de type classique, de 1979 à 2004,*
*avec sa projection linéaire jusqu'en 2019*

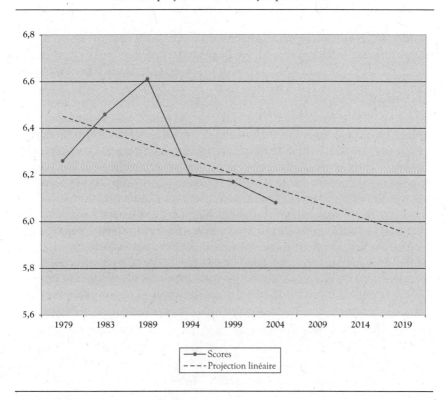

culturels nécessaires à ces fins. Cette époque se caractérise par le leadership gouvernemental dans le développement culturel et le fondement de ce développement sur un ensemble d'institutions culturelles : les institutions nationales, les bibliothèques publiques, les musées, le patrimoine, les créateurs et les artistes professionnels ainsi que leurs organismes professionnels d'encadrement. La culture dont il est question est celle d'inspiration humaniste. Il s'agit principalement des arts, des lettres et du patrimoine. L'année 1989 est donc une année charnière en cela qu'elle marque le point culminant de l'influence institutionnelle. Après 1989, l'indice accuse une baisse. Cette baisse ne signifie pas que la participation culturelle est en régression ; elle est plutôt l'indication de son renouvellement à partir d'autres sources telles que l'industrie culturelle, les médias électroniques et les technologies de l'information et des communications (TIC). Il y a donc le remplacement graduel du modèle de la consommation culturelle d'inspiration humaniste par un autre portant l'empreinte des valeurs postmodernes.

La figure 2 présente ce même indice selon les générations, à partir de 1989 toutefois puisque sa reconstruction sur cette même base n'est pas possible pour les années antérieures. Une tendance à la baisse apparaît, plus forte parmi les jeunes générations que celles des baby-boomers et des aînés. Il y a même une recrudescence d'intérêt pour les pratiques de type classique chez les aînés après 1994. Cette génération, en 1994, a 50 ans et plus et une bonne partie de son effectif est à la retraite ou sur le point de l'être. Elle s'est également renouvelée et elle a connu une déperdition naturelle de ses éléments plus âgés qui étaient aussi moins scolarisés. Nous observons chez elle, comme chez une partie des baby-boomers, un renouement avec les pratiques de jeunesse, celles valorisées au temps de la Révolution tranquille, notamment la lecture et les sorties. C'est largement sur ces générations plus vieilles que repose maintenant le lectorat des quotidiens et des livres et le public de certains spectacles, le concert classique et le théâtre d'été notamment. Les projections de l'indice chez les générations X et Y (non présentées dans la figure) montrent un abandon plus vite des pratiques de type classique chez elles. Comme nous le verrons plus loin, ce phénomène n'exprime pas un rétrécissement de leur univers culturel, mais plutôt son renouvellement par des pratiques nouvelles, souvent initiées par les générations plus jeunes, et qui ont été amplifiées par les innovations technologiques. Signalons de plus que la situation est différente dans la région de Montréal où les scores de l'indice sont habituellement plus élevés que ceux du reste du Québec. L'offre plus diversifiée de produits et services culturels pourrait expliquer cet écart. Les tendances demeurent toutefois les mêmes sauf pour la génération Y où le score est plus élevé en 2004 qu'en 1999.

FIGURE 2

*Indice des pratiques de type classique selon les générations
(hypothèse longitudinale), de 1989 à 2004*

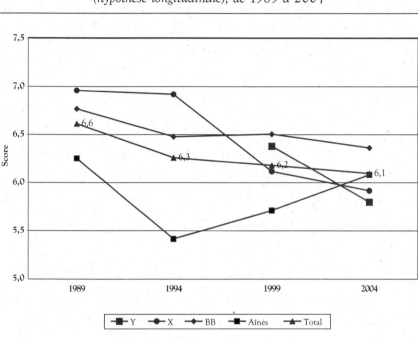

La pratique culturelle est une activité caractéristique de l'urbanité. La culture est une fonction urbaine en ce qu'elle regroupe un ensemble de biens de consommation et de services culturels (Lucchini, 2003). De tout temps, la ville, et la grande ville surtout, rayonne par sa culture et certaines grandes villes deviennent des métropoles culturelles (OCDE, 2001 ; Palmer/Rae Associates, 2004). C'est là que se retrouvent les grandes infrastructures artistiques et culturelles de même que les grands organismes de production et de diffusion culturelle. Montréal en est l'exemple québécois (Montréal, 2005). Elle draine vers elle une large partie du public du spectacle. Le public des grands musées de Montréal et de Québec, outre celui du tourisme, se recrute parmi les gens des régions administratives avoisinantes (Garon et Ricard, 2005). L'urbanisation, qui va se poursuivre au Québec, devrait contribuer à l'amélioration de l'accessibilité culturelle de la population en général et se traduire par une élévation de la participation dans les domaines plus spécialisés des arts et de la culture.

Nous pouvons donc prévoir que les valeurs sous-jacentes aux pratiques de type classique, soit les activités culturelles jugées les plus nobles et appartenant à la culture savante, seront moins présentes dans les prochaines décennies dans les familles des générations X et Y, surtout en dehors de Montréal. À âge égal (15 à 24 ans), la génération Y a des pratiques de type classique moins étendues que celle de la génération X, laquelle à son tour a une palette moins diversifiée que la génération des baby-boomers au même âge. La tendance à une diminution de ce genre de pratique d'une génération à l'autre est donc établie. Cette affirmation générale demande toutefois d'être modulée selon différents facteurs qui viennent modifier les conditions d'acquisition et de rétention de certaines pratiques, notamment l'urbanisation qui favorise une participation à des activités artistiques et culturelles plus spécialisées qui se trouvent le plus souvent dans la grande ville.

## L'indice d'éclectisme et ses trois composants

Cet indice a été construit différemment de celui des pratiques du type classique. Il n'est disponible que pour la dernière enquête (2004). Ce que mesure cet indice, c'est la diversité des pratiques culturelles sous trois aspects : les pratiques de sorties, les pratiques domestiques et les pratiques engagées, soit un total de 55 activités. Ces trois dimensions font, chacune, l'objet d'un indice particulier : un indice des sorties, un indice des pratiques domestiques et un indice des pratiques engagées. L'annexe reproduit le détail des différentes pratiques entrant dans la composition de ces trois indices alors que l'encadré 2 fournit le détail méthodologique de sa formation.

Les recherches menées depuis quelques années sur la stratification sociale et la pratique culturelle montrent un changement de modèle dans la consommation culturelle. À la suite des travaux de Peterson aux États-Unis (Peterson, 1996, 2004), de Donnat en France (Donnat, 1994), de Chan et Peterson en Angleterre (Chan et Goldthorpe, 2007a et b), de Van Eijck aux Pays-Bas (Van Eijck, 2001) et de plusieurs autres en Occident, la distinction culturelle selon la thèse de Bourdieu (Bourdieu, 1979) où il y aurait homologie entre la position sociale et la pratique culturelle s'appliquerait de moins en moins dans nos sociétés actuelles au profit d'un élargissement de l'univers symbolique, suivant en cela la diversification de l'offre culturelle et des formats de sa consommation

## ENCADRÉ 2

*L'indice d'éclectisme et ses trois composants*

L'indice d'éclectisme est formé de trois autres indices : un indice de sorties, un indice de pratiques domestiques et un indice de pratiques engagées. Chacun de ceux-ci est composé d'un nombre différent d'activités, respectivement 37, 8 et 10 activités, lesquelles ont été dichotomisées, prenant la valeur de 0 et de 1 selon l'absence ou la présence d'une pratique. Par la suite, ces scores ont fait l'objet d'une standardisation avant d'en faire la sommation. Cette dernière a également été standardisée pour chacun des trois indices de manière à faciliter la comparaison entre eux et avec celle d'autres indices similaires. Cette méthodologie assure, en principe, une égale représentation de chacun des trois indices dans celui d'éclectisme, peu importe le nombre d'activités à partir desquelles ils ont été construits. L'indice d'éclectisme, sommation des trois indices standardisés, a lui aussi été standardisé. La moyenne de tous ces indices est donc 0 et leur écart type prend la valeur de 1. Pour la présentation visuelle des indices et pour en faciliter l'interprétation et la comparaison entre eux, leurs scores standardisés ont été multipliés par 100 de sorte que cette nouvelle échelle permet d'estimer un score donné en termes de pourcentage d'un écart type à la moyenne.

(Bergé et Granjon, 2005). Certains auteurs en attribuent la cause aux valeurs postmatérialistes qui seraient la conséquence du processus d'industrialisation (Nicolás, 1996 ; Inglehart et Baker, 2000 ; Coulangeon, 2005) et qui provoqueraient une érosion des valeurs traditionnelles.

On a pu mesurer, au Québec, un recul de la culture caractéristique des élites libérales d'autrefois au profit d'un élargissement des pratiques, notamment parmi certains groupes plus réceptifs à la nouveauté, par exemple les étudiants, forts consommateurs de culture, dont le profil ressemble de plus en plus à celui de la majorité (Garon et Santerre, 2004). Il en était tout autrement à la fin des années 1970 et au début des années 1980, lorsque les étudiants affichaient un modèle de consommation fortement imprégné des valeurs de la culture classique. En Europe également, on observe chez les jeunes un élargissement du répertoire d'activités culturelles (Virtanen, 2004). Ce renouvellement des pratiques est plus important chez ceux où se cumulent les effets d'âge et de génération. Comme le note Jean-François Hersent :

> S'agissant du rapport à la culture, trois facteurs au moins apparaissent essentiels, liés à l'âge et à l'effet de génération : le recul absolu de la culture consacrée (« légitime », « humaniste », etc.), ainsi qu'une certaine forme d'antiintellectualisme prononcé chez les adolescents ; la diversité croissante du capital informationnel des jeunes diplômés et la valorisation de l'éclectisme (par exemple, la prédominance de la culture scientifique et technique, prédominance renforcée par l'accès de plus en plus massif aux nouvelles technologies de l'information et de la communication – NTIC – et en

particulier Internet) ; la montée de l'économie médiatico-publicitaire et les nouvelles voies de la consécration sociale et culturelle. Cette triple évolution traduit la cassure survenue dans les mécanismes qui assuraient la reproduction du contenu et des fonctions de la culture consacrée... (Hersent, 2003, p. 12).

L'indice d'éclectisme que nous avons créé permet de détecter l'intensité variable et le changement des intérêts culturels entre les générations. Cet indice intègre justement une grande variété d'activités culturelles, certaines présupposant une familiarité avec l'art, telle que le concert classique, la danse contemporaine ou le musée d'art, ainsi que d'autres plus répandues parmi la population et appartenant à la culture populaire telle que l'humour, l'écoute musicale ou l'écoute des médias électroniques. Il comprend des activités qui se déroulent dans l'espace public et d'autres, dans l'espace privé. Certaines sont plutôt réceptives comme l'assistance à un spectacle, d'autres expressives comme la pratique en amateur, la formation artistique ou le bénévolat. Un faible score sur l'indice d'éclectisme indique un univers réduit et spécialisé de la pratique culturelle dans l'un ou l'autre des trois composants de l'indice alors que, à l'inverse, un score élevé est le signe d'une variété de modes de participation.

La comparaison des indices de la pratique de type classique et de l'indice d'éclectisme avec ses composants est particulièrement éclairante et elle révèle une cassure qui s'est produite avec l'arrivée de la génération Y. Avec cette génération, le déclin des formes classiques de participation semble consacré et de nouveaux champs d'expérimentation surgissent avec les technologies numériques (Donnat et Lévy, 2007) et les sorties où dominent des valeurs plus individualistes comme le divertissement, le plaisir et l'expérimentation personnelle. La figure 3 présente les différents indices selon les générations.

L'examen sommaire de la figure 3 montre clairement deux modèles opposés de pratiques, celui de la génération des aînés et celui de la génération Y. Cette dernière affiche des scores très au-dessus de la moyenne pour tous les indices à l'exception de celui de la pratique de type classique alors que, à l'inverse, la génération des aînés se situe sous la normale pour tous les indices sauf celui de la pratique de type classique ou elle obtient la moyenne. La génération des baby-boomers et la génération X sont proches l'une de l'autre à l'exception des pratiques de type classique où elles divergent. D'une génération à l'autre, la place accordée aux pratiques de type classique se réduit, partant de la génération des baby-boomers (BB) où elle est dominante jusqu'à la génération Y où elle est fortement en régression. Les indices des pratiques éclectiques, des sorties et des pratiques engagées obéissent à la même évolution en passant d'une génération à l'autre : nettement sous la moyenne chez

FIGURE 3

*Indices des pratiques culturelles selon les générations, Québec, 2004*

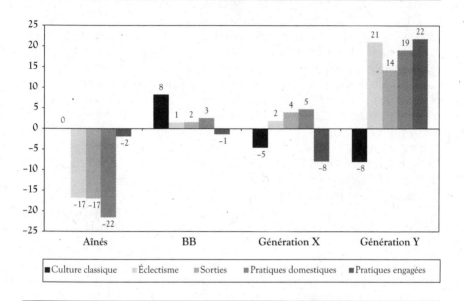

les aînés, ils atteignent la moyenne chez les baby-boomers et la génération X pour ensuite s'élever fortement au-dessus de la moyenne dans
la génération Y. Les pratiques engagées, pour leur part, semblent relever
davantage d'un comportement lié au cycle de vie que les autres, surtout
la pratique en amateur et le perfectionnement artistique auxquels
souscrivent les jeunes en plus grand nombre.

Comme nous l'avons signalé, les aînés affichent un profil de consommation culturelle sous la moyenne québécoise à l'exception des pratiques
de type classique. Une partie de cette génération a été soumise aux
mêmes influences que celle des baby-boomers, ce qui pourrait expliquer
le fait que cette partie des aînés partage avec les baby-boomers un même
intérêt pour les pratiques de type classique. Mais, dans l'ensemble, il y
a assez peu de variétés dans leurs activités culturelles, même au domicile
où l'écoute télévisuelle occupe quotidiennement trois heures ou plus
du temps de la moitié d'entre eux.

Le profil de la génération X est marqué par son cycle de vie. Cette
génération est sur le marché du travail et en ascension professionnelle.
On y retrouve plusieurs jeunes familles. C'est la génération qui a le moins

de temps pour ses loisirs, prise entre les obligations professionnelles et les obligations familiales. Investissant à la fois dans la carrière et la famille, elle doit sacrifier ses sorties et ses loisirs chronophages. Plus tard, lorsque la pression sera moins grande sur le temps de loisir, elle reprendra en partie ces activités de loisir qu'elle a suspendues. Quant à la génération Y, elle affiche les taux les plus élevés de participation. Cette génération est encore aux études, est célibataire et en phase de construction identitaire. Ses intérêts se portent aussi bien sur les sorties que sur les pratiques domestiques et les pratiques engagées. Génération numérique, elle est à l'aise avec les nouvelles technologies qui occupent une grande partie des loisirs domestiques : écoute musicale, écoute télévisuelle et Internet. La consommation des produits culturels dématérialisés caractérise cette génération, tout comme la consommation industrielle pour la génération X et la consommation institutionnelle pour les baby-boomers. L'accès virtuel aux produits culturels, ainsi affranchis de leurs supports, facilite une consommation largement gratuite de la culture. Les progrès technologiques amplifieront cette consommation qui risque de devenir dominante lorsque cette génération changera de cycle de vie, qu'elle sera à son tour sur le marché du travail et qu'elle formera une famille. Ces nouvelles responsabilités, à l'instar de la génération X actuellement, vont freiner les sorties et contraindre le temps de loisir. C'est alors que les nouvelles technologies vont devenir un moyen supplétif aux autres modes de participation plus contraignants.

Chaque génération a vécu à une époque où le rapport de la société à la culture était différent. La génération des baby-boomers et une partie de la génération des aînés ont vécu au temps où la démocratisation de la culture faisait partie des objectifs des politiques culturelles. C'est la période d'implantation des équipements de diffusion culturelle : bibliothèques publiques, salles de spectacles, musées et centres d'expositions. Une bonne partie de la diffusion est assurée par le transit matériel des biens et produits culturels dans ces établissements qui sont reconnus comme services publics. Quelques années plus tard, l'industrie culturelle parvient à maturité et obtient une légitimité sociale. Elle viendra compléter les services de diffusion culturelle en multipliant les produits accessibles sur le marché et en élargissant les réseaux de distribution commerciale. Puis se développeront les technologies de l'information et de la communication par lesquelles les produits culturels s'affranchiront de l'espace et du temps et circuleront sous forme dématérialisée. Les jeunes d'aujourd'hui font partie de cette génération numérique où les supports traditionnels de la culture sont remplacés par des supports électroniques interactifs et où l'accessibilité aux produits culturels est illimitée. Ils ont une familiarité naturelle avec les nouvelles technologies, laquelle les suivra lorsqu'ils seront parents à leur tour. Leur vie familiale se déroulera donc dans un contexte où les nouvelles technologies prendront encore plus d'ampleur dans leur quotidien et le *digital entertainment*, dans leurs loisirs (Scientific American, 2000).

## Les principaux déterminants de la pratique culturelle en 2004

La pratique culturelle, dans les années à venir, sera marquée par des changements de plus en plus rapides et profonds qui traversent la société québécoise dans ses dimensions démographique, économique, sociétale et technologique. Nul doute que l'environnement dans lequel elle s'exercera, sera à bien des égards différent de celui d'aujourd'hui. Notre intention n'est pas de projeter ce que sera la pratique culturelle dans ces nouveaux contextes en tentant d'anticiper ce que seront ces futurs. Cela déborde le cadre de cet article et notre intention demeure beaucoup plus modeste. Nous entendons plutôt dégager un certain nombre de facteurs qui joueront encore dans la société de demain et qui affecteront la pratique culturelle, à partir de ce que nous pouvons tirer des données disponibles dans les enquêtes sur les pratiques culturelles des Québécois, celles de 2004 en particulier. Plus exactement, l'identification des facteurs déterminants se fera à partir des cinq indices composites pris comme variables dépendantes et de 13 variables indépendantes. Ces variables indépendances correspondent aux caractéristiques socio-économiques et démographiques des répondants. L'encadré 3 précise quelles sont les variables qui ont été retenues dans le modèle et la méthodologie utilisée.

Les quatre principaux prédicteurs de chacun des indices sont mentionnés, par ordre d'importance, au tableau 2. Hormis les variables qui figurent dans ce tableau, plusieurs autres variables ont des relations statistiquement bien établies avec la pratique culturelle. C'est le cas des générations, du sexe, du statut matrimonial, de la langue parlée à la maison, de la taille du ménage et de l'immigration récente (première ou deuxième génération). Il en va de même de la structure urbaine et des grandes subdivisions de l'île de Montréal. Mais pour la présente analyse, nous avons réduit la présentation aux principaux déterminants.

## ENCADRÉ 3

### *Les facteurs déterminants de la pratique culturelle*

L'analyse des données en tableaux croisés a fait ressortir un ensemble de variables qui entretiennent des rapports statistiquement significatifs avec les comportements en matière de loisirs culturels. De cet ensemble de variables étudiées, un certain nombre ressort en raison de la fréquence des relations statistiques qu'elles entretiennent avec les variables dépendantes et nous en avons ainsi relevé 13 ; les voici :

- le sexe ;

- le groupe d'âge ;

- le niveau d'études (primaire, secondaire, collégial, universitaire) ;

- la situation matrimoniale (marié ou union libre, célibataire, veuf, divorcé ou séparé) ;

- la situation par rapport au marché du travail (actif, inactif, étudiant) ;

- le capital culturel transmis (renvoie au capital scolaire des parents, mesuré par une échelle cumulative du niveau de scolarité de la mère et de celui du père) ;

- la langue parlée à la maison (français, anglais, langue tierce) ;

- la taille du ménage (une, deux ou trois personnes et plus) ;

- le statut d'immigration (répondants de la première ou de la seconde génération immigrée au Canada) ;

- le revenu moyen du ménage (variable ordinale) ;

- la génération (aînés, BB, X, Y) ;

- la région d'habitation (typologie des régions selon qu'elles sont des régions centrales, périphériques, intermédiaires ou éloignées) ;

- l'équipement audiovisuel et informatique du ménage (nombre d'équipements audiovisuels et informatiques différents dans le ménage).

Toutes ces variables n'ont pas la même importance et, souvent, elles sont corrélées entre elles. Le premier exercice consiste donc à établir un certain ordre de priorité entre elles pour dégager l'effet propre de chacune de leur effet commun. Nous avons eu recours, pour ce faire, à une technique du chi carré, Chaid (CHi-squarred Automatic Interaction Detector), qui permet de dégager par ordre d'importance les variables les plus significatives dans l'explication d'une relation. Pour chacun des 5 indices composites (culture classique, éclectisme, pratiques de sorties, pratiques engagées et pratiques domestiques), nous avons inséré les 13 variables indépendantes dans le modèle pour établir laquelle est le meilleur prédicteur. Après un premier cycle, nous avons soustrait du modèle le meilleur prédicteur pour effectuer des itérations successives selon la même méthode. Nous avons retenu les quatre principaux prédicteurs de chacun des indices.

TABLEAU 2

*Variables formant les principaux prédicteurs de la pratique culturelle selon les indices composites*

| Culture classique | Indices | | | |
| | Éclectisme | Sorties | Pratiques engagées | Pratiques domestiques |
|---|---|---|---|---|
| Études | Études | Études | Capital culturel transmis | Équipements audiovisuels |
| Capital culturel transmis | Capital culturel transmis | Capital culturel transmis | Études | Capital culturel transmis |
| Revenu du ménage | Équipements audiovisuels | Régions | Situation de travail | Études |
| Région | Situation de travail | Équipements audiovisuels | Génération | Situation de travail |

## Capital culturel transmis et capital culturel acquis

Les deux principales variables qui ressortent pour tous les indices sont le niveau d'études des répondants et le capital culturel transmis par leur famille, comme on peut le voir au tableau 2. L'enquête sur les pratiques culturelles des Québécois, comme plusieurs autres enquêtes similaires, vient à nouveau confirmer le rôle déterminant des agents de socialisation dans l'acquisition des valeurs présidant à la consommation culturelle (De Graaf et De Graaf, 1988 ; Van Eijck, 2001).

Ici, le capital transmis par la famille est mesuré à partir d'un indice de la scolarité des parents, prenant pour hypothèse que cette scolarité (leur capital scolaire) est un bon indicateur du climat culturel qui régnait dans la famille et qu'il s'est transformé en capital culturel chez les descendants. L'une et l'autre variable arrivent toujours en tête, sauf pour les pratiques domestiques, où le taux d'équipements audiovisuels et informatiques dans le foyer arrive en premier. Inutile de préciser que les scores moyens obtenus sur les indices sont d'autant plus élevés que la scolarité du répondant et celle de ses parents sont poussées. Le niveau scolaire joue davantage que le revenu dans la détermination des pratiques, même si les contraintes financières peuvent à l'occasion en être un frein.

Ces résultats viennent à nouveau confirmer plusieurs études qui établissent la relation étroite existant entre la pratique culturelle et la scolarité ou entre la pratique et le milieu familial. DiMaggio et Useem ont déjà démontré que, selon la classe sociale, la socialisation des pratiques dans les familles variait quant à son contenu et sa forme (DiMaggio et Useem, 1978). Et, selon Donnat et Pronovost, un milieu familial où les parents sont passionnés de pratiques artistiques trouve généralement un écho favorablement chez les enfants et multiplie chez eux l'occasion de développer des passions culturelles (Donnat, 2004 ; Pronovost, 2007). Ainsi, les loisirs culturels des adultes s'inscrivent souvent en continuité avec les intérêts éveillés chez eux dès le plus jeune âge (Tavan, 2003).

L'influence de ces deux grandes institutions de première socialisation, famille et école, change cependant de nos jours en raison de leurs transformations et de la concurrence d'autres agents, les médias, les nouvelles technologies et les pairs. La famille, qui prend des configurations diversifiées, est un lieu de socialisation en recomposition où doivent se négocier et se concilier intérêts individuels et cadre familial (CISAME, 2003). La famille, l'école et l'Église n'ont plus le monopole de la transmission culturelle. Elles sont concurrencées par les médias traditionnels, la presse juvénile et les médias électroniques, qui créent des espaces de socialisation (Dubet, 2003), mais aussi par les technologies communicationnelles personnalisées, tels Internet, la messagerie instantanée et le portable, qui créent de nouvelles sociabilités virtuelles et *peer to peer*.

La famille et l'école auront toujours un rôle déterminant dans la formation et la transmission des valeurs culturelles, en l'an 2020, même si leur influence se voit réduite par les autres agents intervenant dans la formation du goût culturel. Les parents de demain seront sensibles aux valeurs culturelles et voudront naturellement les transmettre à leurs enfants. Cette transmission toutefois ne s'accomplit pas de façon mécanique et il en résulte plutôt une hybridation telle qu'on la voit chez les jeunes d'aujourd'hui. Ces derniers, qui forment la génération X mais surtout la génération Y, s'écartent de la culture classique et de ses véhicules de diffusion pour mieux explorer les différentes avenues de la culture populaire autant que savante. Ils multiplient leurs aventures culturelles dans les sphères publiques et privées et s'engagent plus volontiers dans la production culturelle à titre d'amateurs ou dans des activités de perfectionnement culturel et d'engagement social. Grands consommateurs de culture, ils puisent à différentes sources, culture savante et culture populaire, culture québécoise et culture étrangère, et empruntent différents moyens d'y accéder : réseaux traditionnels de diffusion culturelle, comptoirs marchands, médias et nouvelles technologies. Ce modèle de comportement à l'égard de la culture qu'ils acquièrent et consolident à la sortie de l'adolescence va les marquer pour le restant de leur vie. À l'instar des baby-boomers qui ont adopté, au temps de leur jeunesse, de nouveaux comportements culturels avec la création des réseaux de diffusion culturelle, la jeune génération actuelle, en période de consolidation identitaire, conservera en grande partie les attitudes qu'elle développe à l'égard de la culture.

L'origine sociale demeurera un déterminant majeur dans l'acquisition d'une compétence culturelle, d'un *habitus* pour reprendre l'expression de Bourdieu (1979). Comme le signale L. Fleury, « lorsque la famille instaure dès l'enfance un rapport à la culture, l'acquisition des instruments qui rendent possible la familiarité avec les œuvres d'art s'opère par un long processus d'appropriation, plus continu et diffus (Fleury et Singly, 2006). Mais le milieu d'origine est aussi reproducteur des exclusions sociales et culturelles et l'école, même si le jeune y est soumis dès la jeune enfance, ne parvient pas toujours à les éliminer. La massification de l'école a renforcé la participation, mais elle n'a pas forcément accru l'égalité et elle risque de creuser et d'accentuer les inégalités sociales (Dubet, 2003).

## Patrimoine du ménage

Malgré tous les efforts consentis par les gouvernements pour faciliter l'accès à la culture au plus grand nombre, cet accès n'est pas toujours gratuit. Certaines sorties sont dispendieuses, comme les concerts des superstars du rock, alors que le matériel audiovisuel et informatique de divertissement gruge une bonne partie du budget du loisir culturel, malgré une baisse du prix des appareils. Le patrimoine du ménage, tel qu'on peut le mesurer par son revenu et la possession d'équipements audiovisuels et informatiques, est associé à une diversification des pratiques culturelles. Revenu du ménage et parc d'équipements audiovisuels et informatiques sont deux variables corrélées, les ménages plus fortunés disposant d'un plus grand nombre et d'une plus grande diversité d'équipements. Les scores des cinq indices progressent linéairement avec ces deux variables. Le revenu joue toutefois un rôle plus grand en matière de pratiques du type classique et de sorties alors que, pour leur part, les équipements audiovisuels et informatiques favorisent la diversification des pratiques domestiques. Précisons toutefois que le fait d'avoir une grande variété d'appareils de divertissement au foyer n'a pas pour effet de restreindre les autres activités. Au contraire, c'est dans les ménages les mieux équipés et chez les personnes qui ont un univers plus large d'activités culturelles domestiques que les autres pratiques sont également plus intenses, pratiques de type classique, sorties et pratiques engagées.

Le développement des nouvelles technologies de l'information et de la communication (NTIC), la miniaturisation des appareils, l'abaissement de leurs coûts et leur domestication ont des effets marqués sur la vie culturelle familiale. On assiste, avec le suréquipement des ménages en appareils audiovisuels et informatiques, à une individualisation de leurs usages. Le nombre de ces appareils est plus grand dans les ménages où il y a des jeunes et il croît avec le revenu du ménage. C'est que la présence de jeunes incite les parents à se doter de différents appareils (Rouquette, 2000). Également, les dépenses des ménages pour le loisir en général, tout comme celles pour le loisir culturel plus particulièrement, sont plus élevées dans les ménages formés de couples avec enfant(s)[3] (Observatoire de la culture et des communications, 2008). Plusieurs appareils sont construits pour individualiser la pratique, soit par leur miniaturisation, soit en facilitant une programmation personnalisée (enregistrements vidéo, ordinateur, iPod, lecteurs MP3, *playlists*). Ils risquent de distendre les liens sociaux et familiaux. En revanche, d'autres technologies, les appareils mobiles en particulier (téléphones mobiles, *Personal Digital Assistants*) donnent le sentiment d'avoir plus de liberté et d'autonomie en même temps que celui d'être toujours en lien avec les pairs, les amis et les communautés virtuelles. Les jeunes en particulier utilisent beaucoup leur téléphone mobile pour envoyer des SMS et parler à leurs amis (Observatoire sociétal du téléphone mobile AFOM/TNS Sofres, 2007). Chez eux, le téléphone mobile devient un prolongement d'eux-mêmes, un objet indispensable qui satisfait leur envie de communiquer (GESTE, 2006). L'influence culturelle de la famille diminue d'autant lorsque les jeunes se donnent plus d'autonomie dans le choix de leurs activités culturelles et de leurs sorties et qu'ils s'équipent d'appareils de divertissement, informatiques et communicationnels.

## Travail et pratiques culturelles

Le rapport significatif que nous mesurons entre la situation de travail et la pratique culturelle s'explique largement par les catégories utilisées dans l'enquête sur les pratiques culturelles pour décrire la situation de travail. Celle-ci est un regroupement de catégories permettant de distinguer les personnes sur le marché du travail de celles qui ne le sont pas (ou ne le sont plus) et de celles aux études. Grossièrement, la situation de travail assure un classement en trois catégories différentes : la population active, la population inactive et la population étudiante. Cette

---

3. Précisons toutefois que cette affirmation vaut pour la dépense brute du loisir en général et du loisir culturel ; cela est moins vrai pour la dépense relative.

catégorisation n'est pas idéale parce que trop réductrice. Par exemple, une approche par catégories professionnelles serait sans doute plus instructive (Donnat, 1999-2000). La catégorisation adoptée permet toutefois de dégager deux phénomènes : premièrement, elle met en évidence les différences de l'activité culturelle selon que l'on est sur le marché du travail ou non et, deuxièmement, que le temps scolaire est propice à la formation identitaire et à la multiplication des expériences culturelles.

La population étudiante, même si sa situation financière personnelle est moins bonne que la population active et la population inactive, est celle qui présente la gamme la plus diversifiée et éclatée de participation. Par ailleurs, l'intérêt pour les pratiques de type classique est à la baisse parmi la population étudiante, aussi loin que nous pouvons le mesurer (1979), et elle ne se distingue plus du reste de la population sur ce point. C'est à l'égard des activités mesurées par l'indice d'éclectisme, tout comme par chacun de ses composants, que la population étudiante affiche sa différence du reste de la population. Que ce soit dans ses sorties, dans ses loisirs au foyer ou dans ses pratiques engagées, cette population, comparativement aux autres, a une vie culturelle extrêmement intense surtout au sortir de l'adolescence. Les jeunes de 15 à 19 ans vivent rarement en couple et leur vie sociale et culturelle s'organise autour des amis. Il est possible que cette période d'effervescence culturelle se poursuive à un âge plus tardif si la tendance au prolongement de la formation scolaire se maintient chez les étudiants à plein temps (Cloutier et al., 2007) et si l'entrée sur le marché du travail se fait plus tardivement.

Dès le début de la vingtaine, l'activité culturelle diminue chez les jeunes, notamment les pratiques engagées qui sont souvent le fait d'activités parascolaires. L'entrée sur le marché du travail et la création de la famille sont deux éléments qui vont ralentir la pratique culturelle. Notons toutefois qu'il n'y a pas de corrélation entre la durée du temps de travail et la diversité des intérêts culturels. En fait, les catégories de travailleurs où la durée du travail réelle est plus élevée, gestionnaires, professionnels et diplômés universitaires, s'adonnent à beaucoup plus d'activités culturelles que d'autres catégories où la durée de travail est plus faible (Cloutier et Fadel, 2003). Aussi bien au Québec qu'en France, « les personnes socialement et culturellement les mieux dotées cumulent activités professionnelles, sportives et culturelles en réduisant le temps consacré aux activités dites passives » (Dumontier, 2002). Il y a un cas particulier qui mérite d'être signalé en raison de sa répercussion sur les jeunes familles. C'est celui des travailleurs qui ont des tout jeunes enfants. Ils travaillent un moins grand nombre de jours que les autres, en raison principalement des obligations familiales, mais ils sont aussi ceux qui disposent de moins de temps pour s'adonner à leurs loisirs. Les jeunes parents empruntent sur leur temps de loisir celui que requièrent les soins et l'attention à leur petite famille. Rien ne semble présager que cette situation va se modifier substantiellement dans les prochaines décennies.

## Le territoire

L'une des raisons de la variation de la participation culturelle sur le territoire est l'inégale distribution géographique des ressources culturelles. On peut appréhender celle-ci par la répartition des équipements culturels dans les villes et dans les régions (Lucchini, 2003 ; Garon et Ricard, 2005). C'est dans les régions centrales et dans les grandes villes de ces régions que se concentrent les équipements culturels. Montréal prend une importance majeure dans la configuration géographique de l'activité culturelle. Les industries culturelles et médiatiques y sont logées de même qu'un large éventail de compagnies artistiques, d'organismes culturels, d'équipements artistiques spécialisés ainsi que des organismes et des grands équipements culturels ayant une vocation nationale. C'est dans les régions centrales, Montréal et Québec, et dans les grandes villes que la participation est la plus forte. Les pratiques de type classique et les sorties sont plus répandues dans les régions centrales de Montréal et de Québec, notamment au centre-ville, que dans les autres régions. De façon générale, la participation populaire aux activités culturelles est plus faible dans les régions éloignées, qu'elle se traduise par des pratiques de types classique ou éclectique, des sorties ou des pratiques domestiques ou engagées. Des différences notables sont également observées sur le territoire de l'île de Montréal. Ainsi, les parties ouest et centre de l'île présentent les taux les plus élevés de pratique sur les cinq indices alors que la partie est obtient des taux plus faibles se rapprochant de la moyenne québécoise.

La poussée de l'urbanisation va contribuer à accroître la participation populaire aux activités culturelles, notamment celles liées à la culture classique. La sollicitation pour les activités artistiques est plus forte dans les grandes villes. Les jeunes familles urbaines et leurs adolescents seront dans un environnement favorable, incitatif à l'acquisition d'habitudes culturelles. Il pourra toutefois exister des inégalités dans la manière de participer à la culture selon que l'on habite la ville centre, sa périphérie ou sa banlieue, l'offre culturelle étant plus grande et diversifiée au centre-ville. À cet égard, des clivages pourront surgir entre les Québécois de souche, qui ont tendance à migrer vers les banlieues, et les Québécois issus de l'immigration, qui sont plus concentrés au centre-ville.

Nous avons vu, dans les pages précédentes, que nous pouvions tirer plusieurs enseignements prospectifs d'une lecture des pratiques culturelles en regardant le passé, en examinant le comportement des différentes générations et en dégageant quelques déterminants de la pratique culturelle. Nous prendrons le risque, dans la prochaine section, de jeter quelques jalons de ce que pourront être certaines pratiques culturelles dans la famille aux alentours de l'an 2020, en nous basant sur les tendances observées dans le passé.

## LES PRATIQUES CULTURELLES, JALONS POUR UNE PROSPECTIVE

L'horizon sur lequel les pratiques culturelles sont projetées est relativement proche : les environs de l'an 2020. Une partie de ce futur est déjà inscrit et à l'œuvre dans les jeunes générations, particulièrement les générations X et Y. C'est à celles-là que nous porterons plus attention et le regard jeté sur les autres, celle des baby-boomers en particulier, servira à mieux marquer leurs différences. Précisons toutefois que les jeunes, qui sont ou seront nés après 1990, ne sont pas pris en considération dans cet exercice. Pourtant, certains atteindront la trentaine en l'an 2021. Comme nous ne disposons pas de données rétrospectives à leur égard, il aurait fallu postuler qu'ils se comporteront de la même manière que les jeunes de 2004, ce qui est moins que certain.

Les grandes tendances traversant les générations que nous avons observées demeureront agissantes et viendront encore marquer les différences entre les groupes sociaux tant chez les parents que chez les enfants. Les mécanismes d'acquisition et de transmission des valeurs culturelles, de reproduction culturelle, l'école et le milieu d'origine, les agents de formation du goût, les médias, les pairs et les amis, laisseront leurs empreintes sur la culture des enfants. En outre, les valeurs culturelles de ceux qui seront leurs parents, soit les jeunes d'aujourd'hui qui ont entre 15 et 30 ans, sont en bonne partie fixées. Ces valeurs ne s'extérioriseront pas cependant avec autant de vigueur que maintenant, puisqu'ils seront en pleine ascension professionnelle et qu'ils seront en apprentissage de leurs rôles parentaux. Ce cycle de vie se caractérise par une diminution des loisirs « chronophages » et une baisse de fréquence des sorties. En revanche, il est possible que la technologie vienne en partie compenser le manque de temps par une plus grande consommation virtuelle des produits culturels.

L'exercice auquel nous nous soumettrons, dans les prochaines pages, consiste à projeter, sur l'horizon de l'an 2021, les tendances observées dans la consommation de quelques produits culturels typiques des générations. Nous prendrons quelques exemples de pratiques exemplaires qui font partie des indices dont nous avons parlé auparavant. Plus précisément, la sortie au concert classique sera retenue comme pratique révélatrice des pratiques de type classique ; la sortie au cinéma tout comme celle au concert rock permettront de jeter un éclairage sur deux genres différents d'activités reliées à l'indice des sorties ; la lecture régulière de livres servira à montrer la transformation des pratiques domestiques tout comme de celles de type classique ; enfin, le perfectionnement en arts sera l'activité témoin des pratiques engagées. Derrière ces pratiques se dissimulent des valeurs de société, certaines en déclin, d'autres montantes dans le sillage de la société postmoderne. Nous espérons obtenir, au terme de cet exercice, quelques indices de ce que pourra être la culture dans la famille de demain et des valeurs qui l'animeront.

Nous nous basons sur l'observation des pratiques culturelles de la décennie 1994 à 2004 pour anticiper celles de demain. La projection se fera à partir des tendances observées dans les différents groupes d'âge et appliquées aux prévisions démographiques de ces groupes dans les années à venir. Deux hypothèses ou scénarios seront considérés selon la probabilité que les comportements évoluent selon l'âge (hypothèse transversale) ou selon les générations (hypothèse longitudinale). L'encadré 4 précise la méthodologie utilisée.

## Une pratique de type classique : l'assistance au concert classique

Le public du concert classique demeure relativement stable depuis plusieurs années. Il varie entre 10 et 14 % depuis 1979. Ce public est instruit, âgé et vieillissant, plutôt citadin et provient de familles ayant un capital scolaire élevé. Les jeunes générations fréquentent peu le concert classique, y préférant les spectacles rock et les festivals. L'intérêt pour le concert classique augmente avec l'âge, et le vieillissement de la population est propice à la croissance du public de ce genre de concerts. Les projections d'ailleurs, peu importe l'hypothèse retenue, transversale ou longitudinale, présagent une croissance de quelques points de ce public dans les prochaines années. Il se produit donc un effet d'âge. Mais le goût musical est différent selon les générations (Coulangeon, 2003) et la fréquentation du concert classique diminue d'une génération à l'autre. La croissance future du public est attribuable en bonne partie au vieillissement des

## ENCADRÉ 4

*Méthodologie permettant d'estimer la fréquentation de différentes activités culturelles au cours des prochaines décennies*

Nous avons repris, dans le cadre de ce projet, la même méthodologie utilisée que celle d'une étude similaire, faite en 1994, sur la prévision du public des arts et la consommation de produits culturels jusqu'en 2011, à partir des données des enquêtes des pratiques culturelles des Québécois de la décennie 1980 (G. Gagnon, *Le public des arts et la consommation de produits culturels : 1991-2011*, ministère de la Culture et des Communications, Chiffres à l'appui, vol. VIII, n° 3). Cette méthodologie a été élaborée en vue d'anticiper l'impact démographique du vieillissement de la population sur la demande culturelle. Le vieillissement des publics pour certaines activités pose la question de leur relève dans les années à venir. Cette problématique peut être élargie au changement de modèles de participation et de consommation culturelle – ou de rupture – que provoque un changement de paradigme, par exemple la Révolution tranquille ou l'avènement des nouvelles technologies de l'information et de la communication. Une telle approche permettrait éventuellement d'observer la transmission intergénérationnelle des valeurs culturelles, leur legs, leur mutation ou leur rejet.

Le modèle, conçu en 1994 par l'Institut de la statistique du Québec, a été actualisé avec les données des enquêtes sur les pratiques culturelles des Québécois de 1994, 1999 et 2004. Les données de cette décennie servent à établir les tendances qui seront par la suite appliquées aux projections démographiques, établies à partir du recensement canadien de 2001 et actualisées en 2003, jusqu'en 2021. Le scénario A de référence de ces projections a été retenu. C'est à partir de ce scénario, qui trace l'évolution de la population du Québec si la tendance récente se maintient, que seront calculés les taux futurs de participation (<www.stat.gouv.qc.ca/donstat/societe/demographie/persp_poplt/pers2001-2051/index.htm>).

Comme les années des enquêtes sur les pratiques culturelles ne coïncident pas avec celles du recensement, nous avons dû procéder à des ajustements, notamment en appliquant les taux de l'enquête de 2004 aux prévisions démographiques de 2006. Nous partons donc de l'hypothèse, pour effectuer les calculs, que la situation de la pratique culturelle, en 2006, est la même que celle en 2004. C'est pourquoi la représentation graphique fournira pour un même point (2004-2006 dans les figures) le terme de l'évolution rétrospective et le départ de la prospective.

Les projections sont faites par périodes quinquennales, de 2006 jusqu'en 2021. Nous appuyant sur l'évolution des pratiques culturelles dans le passé, nous partons également d'un autre postulat, à savoir qu'il n'y aura pas de rupture radicale dans les comportements, mais que, plutôt, ils évolueront progressivement dans le temps et tendront vers une certaine stabilisation. Deux hypothèses d'évolution sont possibles. La première suppose une évolution transversale des taux. Selon cette hypothèse, le comportement futur d'un groupe d'âge est déduit des changements observés dans ce groupe dans le passé. La deuxième hypothèse repose sur une évolution longitudinale des taux. Cette approche permet de tracer l'itinéraire d'un ensemble d'individus de même âge, d'une cohorte ou d'une génération, qui ont vécu des conditions de vie similaires et les mêmes événements historiques. S'agissant de données d'enquêtes, l'évolution des taux est souvent irrégulière. Nous avons donc adopté des bornes inférieures et supérieures pour contenir l'ampleur des variations pouvant survenir dans un groupe d'âge, d'une enquête à l'autre.

baby-boomers. Le boom musical qui se traduit par une hausse de l'écoute musicale dans tous les groupes d'âge, notamment par la possession d'appareils de reproduction sonore, ne se répercute pas dans les sorties au concert classique chez les jeunes. Au contraire, ils sont moins nombreux à y aller, en 2004, que leurs pairs en 1979 et ils le seront encore moins dans l'avenir, même si l'assistance augmente avec l'âge. La figure 4 montre l'évolution du public du concert classique selon les générations, de 1994 à 2021, lorsque l'hypothèse longitudinale est retenue.

Les prévisions pour l'assistance aux spectacles en arts d'interprétation traditionnels pris dans leur ensemble, théâtre, concert classique, opéra et danse, sont légèrement différentes de celles du concert classique, en ce sens que l'augmentation totale du public est moins accentuée et qu'il y a une convergence des taux de fréquentation entre les générations, à l'horizon 2021, sauf pour la population la plus âgée où il y a tendance à une réduction des sorties.

## FIGURE 4

*Taux de fréquentation du concert classique selon les générations (hypothèse longitudinale), de 1994 à 2004, et prévisions jusqu'en 2021*

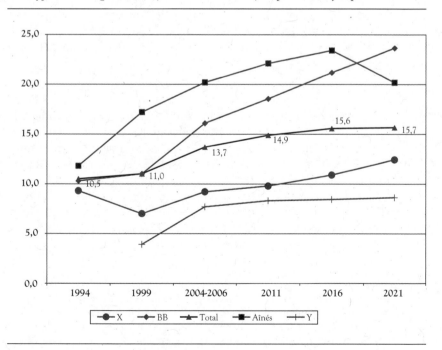

## La sortie au cinéma

La sortie au cinéma est très populaire et, avec le temps, elle a trouvé audience auprès des personnes plus âgées. Les facteurs les plus déterminants sont l'âge, le niveau d'études, la génération et la situation par rapport au marché du travail. Plusieurs de ces variables sont corrélées de sorte qu'il n'est pas toujours possible d'isoler l'effet d'une variable de celui d'une autre. Par exemple, comme la fréquentation du cinéma diminue avec l'âge, il est normal de trouver une plus grande proportion de cinéphiles chez les étudiants. La sortie au cinéma croît avec la scolarité et demeure plus fréquente parmi la population active que parmi la population inactive, même si cette dernière est plus encline à le fréquenter maintenant.

Si, auparavant, elle était plutôt associée à une sortie jeune, cela est de moins en moins vrai et son audience s'est élargie auprès des personnes plus âgées. Cela est dû, d'une part, au renouvellement même des générations plus âgées, les générations sortantes étant moins portées vers le cinéma que les générations entrantes et, d'autre part, à la reconversion des salles de cinéma en multiplex et à une tarification avantageuse pour les personnes âgées. Il n'en demeure pas moins que les jeunes sont les plus grands adeptes du cinéma et qu'ils le seront encore davantage au cours des prochaines années. Comme pour le concert classique, l'effet d'âge s'ajoute à celui de la génération, mais de façon différente. Cette fois, la propension diminue avec l'âge, mais augmente d'une génération à l'autre.

Le cinéma se prête davantage à une sortie en famille que les spectacles en arts d'interprétation. Alors que la fréquentation de ces spectacles est plus faible dans la famille monoparentale et les jeunes familles, la sortie au cinéma, au contraire, y est plus élevée que dans les autres types de ménages, peut-être parce qu'on y va pour accompagner son enfant. Toutefois, cette sortie est moins fréquente dans les jeunes familles où le revenu est plus faible. La sortie au cinéma demeurera donc généralisée dans la famille de demain, mais sa prévalence sera plus faible dans les jeunes familles qui auront moins de ressources financières. La figure 5 montre quels sommets pourront atteindre les sorties au cinéma selon les générations dans les prochaines décennies[4].

---

4. Les taux projetés vers l'an 2020 tendent vers 100 % dans toutes les générations, à l'exception de celle des aînés. Cela provient du fait que, dans le modèle de projection, le maximum qui peut être atteint a été fixé à 100 %. En réalité, ce maximum n'est jamais atteint et il est plus réaliste que le plafond soit plutôt de l'ordre de 90 %. Nous l'avons tenu à 100 % pour ne pas masquer en partie la visibilité des tendances.

## FIGURE 5

*Taux de fréquentation du cinéma selon les générations*
*(hypothèse longitudinale), de 1994 à 2004, et projections jusqu'en 2021*

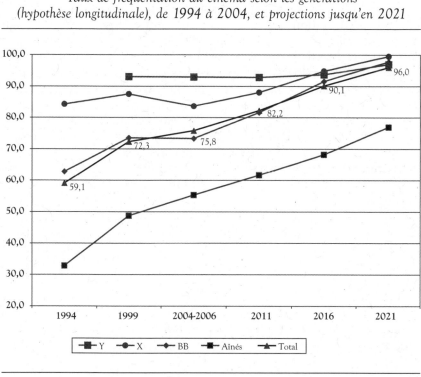

## La sortie au concert rock

Le public du concert rock est jeune comparé à celui du concert classique. Le premier est âgé de 35 ans, en moyenne (2004), alors que celui du concert classique est de 50 ans. Le public du cinéma, pour sa part, est âgé de 41 ans. À l'inverse du concert classique, les jeunes sont en grand nombre au concert rock et les aînés en sont absents (Bertrand, 2000). En termes d'audience, concerts rock et concerts classiques s'égalent en 2004, environ 14 %, mais la composition de leur public est bien différente, celle des concerts rock étant formée davantage de jeunes, de personnes sur le marché du travail ou aux études et de personnes issues des milieux scolarisés.

L'intérêt pour le concert rock va se maintenir au cours des prochaines décennies. Il pourrait baisser légèrement si l'hypothèse transversale se confirme. À la différence des spectacles traditionnels qui exigent, de la part du spectateur, une discipline, une écoute révérencieuse et un respect de l'étiquette, le public des concerts rock s'extériorise et il est exubérant. L'indiscipline et la participation bruyante font partie du spectacle. Ce mode de participation convient mieux aux jeunes, surtout lorsqu'il s'agit de concerts plus *heavy*. Ces concerts trouvent une résonance auprès des jeunes qui recherchent le plaisir, l'expression de soi et la sociabilité dans leurs sorties. Par ailleurs, les concerts rock qui présentent un rock plus classique pourraient attirer un public plus âgé. Les deux hypothèses semblent donc plausibles dans le cas des concerts rock, selon leur genre. Les écarts entre les générations vont demeurer marqués pour ce qui est des concerts *heavy*, avec une tendance à la baisse cependant dans toutes les générations. Pour ce qui est des concerts rock plus classiques, les écarts intergénérationnels tendront à se réduire en raison d'une participation accrue des baby-boomers et des aînés. Cette dernière hypothèse, qui suppose que les goûts musicaux varient et persistent selon l'appartenance générationnelle, trouve appui dans la littérature scientifique (Coulangeon, 2003). On en voit aussi l'indice dans ces tournées d'artistes qui ont pris de l'âge et qui viennent et reviennent faire leurs adieux à la scène, retrouvant une grande partie de leur public d'autrefois. La figure 6 illustre l'évolution possible de la fréquentation du concert rock, selon l'hypothèse longitudinale. On y décèle une convergence des taux vers les années 2020. L'hypothèse transversale, qui s'appuie sur les tendances passées des groupes d'âge, aurait montré plutôt des courbes descendantes pour les générations plus âgées, mais avec des écarts intergénérationnels persistants.

## La lecture régulière de livres

Plusieurs études qui abordent la question de la lecture en arrivent à des conclusions inquiétantes concernant son avenir, surtout auprès des jeunes. En réalité, il y a une désaffectation de ces derniers pour la presse quotidienne et même pour le livre, pourrait-on croire. Des études récentes américaines en arrivent à des conclusions alarmantes concernant la lecture des écrits (Bradshaw, 2004 ; Iyengar, Ball *et al.*, 2007). Les statistiques sur la lecture au Québec montrent également une baisse de la lecture des quotidiens, des revues et des livres, du moins jusqu'en 1999 (Garon et Santerre, 2004). Les données de l'enquête de 2004 affichent une remontée d'intérêt pour la lecture de livres, notamment parmi la population plus âgée (Garon, 2005). De son côté, une étude canadienne sur la lecture et l'achat de livres pour la détente se fait optimiste, voyant peu ou pas de changement depuis une quinzaine d'années (Les études de marché Créatec +, 2005).

FIGURE 6

*Taux de fréquentation du concert rock selon les générations*
*(hypothèse longitudinale), de 1994 à 2004, et projections jusqu'en 2021*

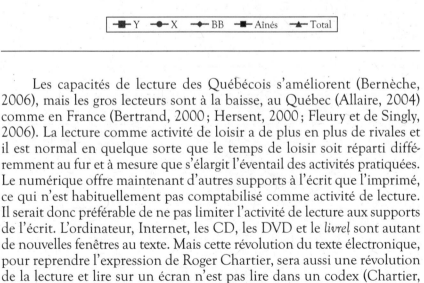

Les capacités de lecture des Québécois s'améliorent (Bernèche, 2006), mais les gros lecteurs sont à la baisse, au Québec (Allaire, 2004) comme en France (Bertrand, 2000; Hersent, 2000; Fleury et de Singly, 2006). La lecture comme activité de loisir a de plus en plus de rivales et il est normal en quelque sorte que le temps de loisir soit réparti différemment au fur et à mesure que s'élargit l'éventail des activités pratiquées. Le numérique offre maintenant d'autres supports à l'écrit que l'imprimé, ce qui n'est habituellement pas comptabilisé comme activité de lecture. Il serait donc préférable de ne pas limiter l'activité de lecture aux supports de l'écrit. L'ordinateur, Internet, les CD, les DVD et le *livrel* sont autant de nouvelles fenêtres au texte. Mais cette révolution du texte électronique, pour reprendre l'expression de Roger Chartier, sera aussi une révolution de la lecture et lire sur un écran n'est pas lire dans un codex (Chartier, 1994). Nous ne disposons pas de données pour cerner ces nouvelles réalités et nous devons établir notre lecture prévisionnelle sur une réalité qui est de moins en mois conforme aux pratiques de lecture.

Quel avenir de la lecture dans la famille, demain? Les projections que l'on fait sur la lecture régulière de livres, au cours des prochaines années, sont optimistes. La lecture régulière de livre va augmenter de quelques points, quelle que soit l'hypothèse retenue, en raison du poids démographique des générations plus âgées. Ces dernières seront plus portées vers la lecture de livres que les plus jeunes. Les taux projetés de lecture de livres augmenteront avec l'âge parmi les différentes générations, mais, en revanche, diminueront d'une génération à l'autre. Qui plus est, dans le cas de la génération Y, si les habitudes de lecture dans l'avenir sont conditionnées par le fait d'appartenir à une génération plutôt qu'à un groupe d'âge, alors on assistera à une érosion de la lecture chez elle. La figure 7 donne un aperçu de ce que pourra être la lecture dans les années à venir. Précisons qu'il s'agit de tendances projetées à partir de la réalité d'aujourd'hui et que, la faim de lire sera encore très forte

FIGURE 7

*Taux de lecture régulière de livres selon les générations*
*(hypothèse longitudinale), de 1994 à 2004, et projections jusqu'en 2021*

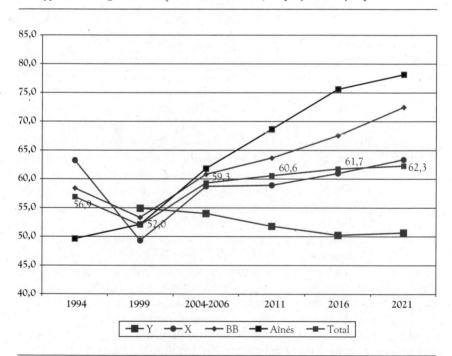

demain, la lecture prendra des formes différentes en même temps que le livre lui-même se transformera avec les avancées de la technologie numérique.

## Le perfectionnement en art

Les personnes qui suivent des cours en art pour s'instruire ou pour développer leurs compétences artistiques sont relativement peu nombreuses, soit environ 10 % de la population. Cette proportion suit une légère courbe ascendante depuis 1989. Les personnes qui sont plus jeunes et les étudiants montrent une plus grande propension pour l'acquisition de connaissances et d'habiletés dans le domaine de l'art que les autres. Toutefois, on observe une évolution intéressante de ces activités au cours du cycle de vie. Plus fortes lorsqu'on est jeune, les activités de perfectionnement se raréfient au cours de la période intense de vie active. Puis, l'intérêt resurgit sur le tard de la vie.

Les activités de perfectionnement, tout comme la pratique en amateur, apparaissent comme des mécanismes de construction identitaire chez les jeunes à la sortie de l'adolescence. Le nomadisme dont ils font preuve en matière de culture symbolise en quelque sorte leur quête de sens, laquelle se voit d'abord dans l'affranchissement de leurs loisirs de la famille et de l'école, puis dans l'individualisation de leur parcours identitaire par des formations et des apprentissages choisis par eux-mêmes. La formation artistique s'inscrit donc dans une démarche exploratoire polyvalente qui a tendance à s'estomper lorsque les jeunes vieillissent (Pronovost, 2007). Ce besoin de redonner un sens à l'existence réapparaît lorsque diminuent les obligations professionnelles et familiales. La culture devient alors une valeur de remplacement, un moyen d'accomplissement et de dépassement de soi qui prennent la relève de la religion et du travail et qui donnent une raison de vivre (Bell, 1976).

Le perfectionnement artistique apparaît donc lié davantage à l'âge et au cycle de vie qu'à l'époque ou à la génération à laquelle on appartient. Une projection de cette activité selon une hypothèse transversale, telle qu'elle apparaît à la figure 8, montre sa plus forte prévalence parmi les jeunes générations, notamment parmi la génération Y, puis son déclin rapide lorsque cette génération arrivera sur le marché du travail et changera de statut matrimonial. À l'autre extrémité de la vie, chez les aînés et les baby-boomers, on reprend intérêt au perfectionnement artistique.

FIGURE 8

*Taux de perfectionnement en art selon les générations (hypothèse transversale),
de 1994 à 2004, et projections jusqu'en 2021*

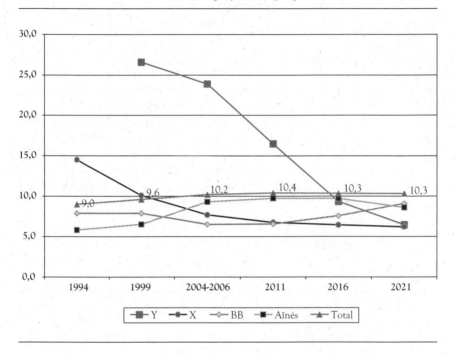

Les différents exercices de simulation des pratiques culturelles dans le futur révèlent la diversité des valeurs qui animeront la famille au cours des prochaines décennies. Il apparaît que certaines valeurs sont sur leur déclin parce qu'elles appartiennent à une autre civilisation et à une autre organisation sociale, alors que d'autres émergent avec la postmodernité. La culture, dans ce contexte, prendra de plus en plus de place dans la société en général, tout comme dans la famille, parce qu'elle encourage l'expression de soi (Inglehart et Baker, 2000). C'est là un des points majeurs qui ressort de cette prospective, le remplacement des valeurs traditionnelles de la consommation culturelle par d'autres qui accordent une plus large place à l'individu, à l'expressivité et à la créativité. Le désir d'être soi-même producteur de culture, celui de garder l'initiative de sa vie culturelle et de vivre socialement de fortes expériences culturelles selon un modèle participatif plutôt que réceptif seront des valeurs de plus en plus présentes dans l'organisation du loisir.

## CONCLUSION

Le loisir culturel de la famille québécoise a évolué au cours des dernières cinquante années, en même temps que se transformait la société dans ses différentes composantes économique, sociale et culturelle. Les activités de loisir d'aujourd'hui projettent les valeurs et les aspirations de la société actuelle. Mais il s'en manifeste maintenant d'autres qui engendreront de nouveaux comportements. Le loisir dans la famille au XXᵉ siècle est bien différent de celui de la famille du XIXᵉ et du XXᵉ siècle. Fût-il enfermé dans l'espace domestique ou exercé dans l'espace public, il sera toujours un carrefour où s'affronteront les agents de socialisation qui se disputeront entre eux les rôles de passeurs et de formateurs des valeurs culturelles : la famille et l'école, bien sûr, mais aussi les médias, le travail, l'industrie, le marketing et les nouvelles technologies soutenues par leurs réseaux de sociabilité virtuelle. Comme il ressort de l'examen des facteurs déterminants de la pratique culturelle, celle-ci ne sera pas affranchie des héritages socioculturels légués par le milieu d'origine, ni des forces de distinction et de stratification sociale que procurent la fortune, le travail et le statut socioéconomique. Les inégalités sociales face au loisir vont encore être présentes et les jeunes parents de demain devront encore faire des arbitrages entre, d'une part, leurs loisirs personnels et, d'autre part, les loisirs familiaux et les obligations professionnelles et familiales.

Le vecteur technologique est un autre facteur qui va transformer le loisir familial. Citons seulement ces mots écrits par Joffre Dumazedier, il y a plus de 40 ans :

> Un besoin de loisir est né et s'est développé avec l'énorme accroissement des appareils à usage distractif, destinés à le satisfaire. Il s'est implanté dans la famille, le jour où ces appareils (radio, télévision, électrophone, etc.), ont été intégrés à l'ameublement domestique (Dumazedier, 1962).

Et depuis ce temps, combien d'autres machines culturelles sont entrées dans les foyers et servent à divertir de multiples façons ?

Enfin, plusieurs autres forces dont nous n'avons pas parlé traverseront l'espace du loisir domestique : transformation de la famille, généralisation de l'éducation, postmodernisme, montée de l'individualisme et de l'hédonisme, perte d'influence des élites traditionnelles et des Églises, urbanisation, diversification ethnique, mondialisation de l'information, développement de l'industrie du divertissement, convergence des technologies et avènement de la société numérique. Le loisir et l'activité culturelle seront encore davantage imprégnés des valeurs de la société postmoderne.

## ANNEXE

### Liste des activités entrant dans la composition des indices des sorties, des loisirs domestiques et des pratiques engagées

| Indice | Activités | |
|---|---|---|
| **Loisirs domestiques (8)** | *Lecture* | *Audiovisuelles* |
| | Lecture des quotidiens | Écoute de la radio |
| | Lecture des revues et magazines | Écoute de la télévision |
| | Lecture de livres | Écoute musicale |
| | | Visionnement de films loués |
| | | Navigation sur Internet |
| **Sorties (37)** | *Établissements* | *Spectacle* |
| | Bibliothèque municipale | Cinéma |
| | Bibliothèque scolaire | Théâtre en saison |
| | Librairie | Théâtre d'été |
| | Salon du livre | Concert classique |
| | Centre d'artistes | Opéra, opérette |
| | Galerie d'art | Danse |
| | Salon des métiers d'art | Chant choral |
| | Musée d'art | Rock |
| | Autre musée | Western |
| | Site ou monument historique | Jazz |
| | Centre d'archives | Chansonnier |
| | | Groupe populaire |
| | *Festivals* | Comédie musicale |
| | Jazz | Autre concert |
| | Western | Humour |
| | Chanson | Cirque |
| | Humour | Théâtre amateur |
| | Festival culturel | Danse amateur |
| | Festival populaire | Concert amateur |
| | Film | |
| **Pratiques engagées (10)** | *Pratique en amateur* | *Autres* |
| | Activité artistique | Cours en art |
| | Activité physique | Association artistique |
| | Généalogie | Don à un organisme culturel |
| | Programmation | Bénévolat |
| | Sciences naturelles | |
| | Sciences physiques | |

# BIBLIOGRAPHIE

Allaire, B. (dir.) (2004). *État des lieux du livre et des bibliothèques*, Québec, Institut de la statistique du Québec, Observatoire de la culture et des communications.

Bell, D. (1976). *The Cultural Contradictions of Capitalism*, New York, Basic Books.

Bergé, A. et D.F. Granjon (2005). «Réseaux relationnels et éclectisme culturel», *La Revue LISA/ LISA e-journal*, vol. 35.

Bernèche, F. (2006). *Développer nos compétences en littératie : un défi porteur d'avenir. Rapport québécois de l'Enquête internationale sur l'alphabétisation et les compétences des adultes (EIACA), 2003*, Québec, Institut de la statistique du Québec.

Bertrand, A.-M. (2000). *Quelques feuilles de papier cousues ensemble (ou l'étonnement d'un escargot enfant)*, Paris, Centre Pompidou. Le livre et ses imaginaires, rencontre européenne

Bourdieu, P. (1979). *La distinction : critique sociale du jugement*, Paris, Éditions de Minuit.

Bradshaw, T. (2004). *Reading at Risk : A Survey of Literary Reading in America*, Washington, D.C., National Endowment for the Arts.

Chan, T.W. et J.H. Goldthorpe (2007a). «Social Stratification and cultural consumption : The visual arts in England», *Poetics*, p. 168-190.

Chan, T.W. et J.H. Goldthorpe (2007b). «The social stratification of cultural consumption : Some policy implications of a research project», *Cultural Trends*, vol. 16, p. 373-384.

Chartier, R. (1994). *Du codex à l'écran. Pour une nouvelle économie du savoir*, Rennes, Girsic, Groupe interuniversitaire de recherche en sciences de l'information et de la communication.

CISAME (2003). «Les âges de la vie. Trajectoires personnelles, responsabilités collectives», *Deuxième Biennale du Futur du Conseil économique et social*, Paris, Conseil économique et social, p. 74.

Cloutier, L. et A.-M. Fadel (2003). *Étude de la durée de travail réelle au Québec en 2002. Résultats selon les caractéristiques de l'employé, de l'emploi et du milieu de travail*, Québec, Institut de la statistique du Québec.

Cloutier, L. *et al.* (2007). *Réalités des jeunes sur le marché du travail en 2005*, Québec, Institut de la statistique du Québec.

Coulangeon, P. (2003). «La stratification sociale des goûts musicaux. Le modèle de la légitimité culturelle en question», *Revue française de sociologie*, vol. 44, p. 3-33.

Coulangeon, P. (2005). *Sociologie des pratiques culturelles*, Paris, La Découverte.

De Graaf, N.D. et P.M. De Graaf (1988). «Family background, postmaterialism and life style», *Netherlands Journal of Social Sciences*, vol. 24, p. 14.

De Singly, F. (2003). «La famille individualiste face aux pratiques culturelles», dans O. Donnat et P. Tolila, *Le(s) public(s) de la culture*, Paris, Presse des Sciences Po 1, p. 43-59.

DiMaggio, P. et M. Useem (1978). « Social class and arts consumption : The origins and consequences of class differences in exposure to the arts in America », *Theory and Society*, Amsterdam, Elsevier Scientific Publishing Company, 5, p. 141-161.

Donnat, O. (1994). *Les Français face à la culture : de l'exclusion à l'éclectisme*, Paris, La Découverte.

Donnat, O. (1999-2000). *Les catégories socioprofessionnelles : un outil encore efficace dans l'analyse des disparités culturelles. Les publics des équipements culturels, méthodes et résultats d'enquêtes*. Travaux du séminaire « Pratiques culturelles et publics de la culture », Paris.

Donnat, O. (2004). « Transmettre une passion culturelle », *Développement culturel*, vol. 12.

Donnat, O. et F. Lévy (2007). « Approche générationnelle des pratiques culturelles et médiatiques », *Culture prospective*, Paris, Ministère de la Culture, p. 28.

Dubet, F. (2003). « Paradoxes et enjeux de l'école de masse », dans O. Donant et P. Tolila (dir.), *Le(s) public(s) de la culture*, Paris, Presses de Sciences Po 1, p. 25-42.

Dumazedier, J. (1962). *Vers une civilisation du loisir ?*, Paris, Éditions du Seuil.

Dumontier, F. (2002). « L'évolution des temps sociaux au travers des enquêtes *Emploi du temps* », *Économie et statistique*, vol. 12.

Fleury, L. et F. de Singly (2006). *Sociologie de la culture et des pratiques culturelles*, Paris, Armand Colin.

Garon, R. (2005). *La pratique culturelle au Québec en 2004 : recueil statistique*, Québec, Direction des politiques de la recherche et du lectorat, Ministère de la Culture et des Communications.

Garon, R. et B. Ricard (2005). « Les équipements culturels et la pratique culturelle dans la ville québécoise », *Loisir et société*, vol. 27, p. 264.

Garon, R. et L. Santerre (2004). *Déchiffrer la culture au Québec : vingt ans de pratiques culturelles*, Québec, Les publications du Québec.

GESTE (2006). *Les nouveaux formats musicaux mobiles, 5 propositions pour pérenniser et dynamiser le marché*, Livre blanc, 48.

Hersent, J.-F. (2000). *Sociologie de la lecture en France : état des lieux (essai de synthèse à partir des travaux de recherche menés en France)*, Direction du livre et de la lecture, Ministère de la Culture et de la Communication, 113.

Hersent, J.-F. (2003). « Les pratiques culturelles adolescentes. France, début du troisième millénaire », *BBF*, tome 48, p. 21.

Inglehart, R. et W.E. Baker (2000). « Modernization, cultural change, and the persistence of traditional values », *American Sociological Review*, vol. 65 (février), p. 32.

Iyengar, S., D. Ball *et al.* (2007). *To Read or Not To Read : A Question of National Consequence*, Washington, D.C., National Endowment for the Arts.

Les études de marché Créatec + (2005). *Lecture et achat de livres pour la détente. Sondage national 2005, rapport final*, Ottawa, Patrimoine canadien.

Lucchini, F. (2003). *Les équipements culturels au service de la population des villes*. Actes du Colloque international de Paris sur l'approche culturelle en géographie, Groupe d'études de l'Union géographique internationale.

Montréal (2005). *Montréal, métropole culturelle : politique de développement culturel de la Ville de Montréal 2005-2015*, Montréal, Direction du développement culturel et des bibliothèques, Service du développement culturel, de la qualité du milieu de la vie et de la diversité ethnoculturelle, Ville de Montréal.

Nicolás, J.D. (1996). « Social position, information and postmaterialism », *Revista Española de Investigaciones Sociologica*, p. 153-165. Édition anglaise.

Observatoire de la culture et des communications (2008). « Dépenses moyennes des ménages au titre de certaines activités culturelles selon le revenu du ménage, Québec, 2005 », *Dépenses des ménages*, 21 janvier.

Observatoire sociétal du téléphone mobile AFOM/TNS Sofres. (2007). *3ᵉ enquête annuelle*.

Organisation de coopération et de développement économiques (OCDE) (2001). *La société créative du XXIᵉ siècle*, Études prospectives, Paris, OCDE, 232 p.

Peterson, R. (2004). « Le passage à des goûts omnivores : notions, faits et perspectives », *Sociologie et Sociétés*, vol. XXXVI, nᵒ 1, p. 145-164.

Peterson, R.A. (1996). « Changing highbrow taste : From snob to omnivore », *American Sociological Review*, vol. 61, p. 900-907.

Pronovost, G. (2007). *L'univers du temps libre et des valeurs chez les jeunes*, Québec, Presses de l'Université du Québec.

Rouquette, C. (2000). « La percée du téléphone portable et d'Internet », *Insee Première*, Paris, Insee, 4.

Schuman, H. et J. Scott (1989). « Generations and collective memories », *American Sociological Review*, vol. 54.

Scientific American (2000). « The future of digital entertainment », *Scientific American*, p. 47 et suiv.

Tavan, C. (2003). « Les pratiques culturelles : le rôle des habitudes prises dans l'enfance », *INSEE Première*, 4.

Van Eijck, K. (2001). « Social differentiation in musical taste patterns », *Social Forces*, vol. 79, p. 23.

Virtanen, T. (2004). *Proceedings of the ISA Research Committee, 28th conference, Inequality and Stratification : Broadening the Comparative Scope of the Research*, Rio de Janeiro.

# Prospectives familles immigrantes 2007-2020

## Les familles immigrantes au Québec en 2020 : une excroissance des familles québécoises ou une trame du tissu social ?

Michèle VATZ LAAROUSSI
*Université de Sherbrooke*
Lilyane RACHÉDI
*Université du Québec à Montréal*

Parler en 2007 de familles immigrantes au Québec en termes de prospective est hautement risqué. Alors que la question familiale dans l'immigration est le plus souvent ignorée ou marginale dans les politiques publiques, les débats médiatiques et politiques des derniers mois les ont mises au cœur du questionnement sur l'identité québécoise, par le biais des accommodements raisonnables. Il est dès lors très incertain d'envisager des tendances politiques et sociales à long terme en ce qui concerne ces familles. Cependant, dans ce contexte de médiatisation accélérée, de recherche identitaire et de débats passionnés, il est aussi très pertinent, voire nécessaire, d'aborder la question des familles immigrantes dans sa profondeur et sa complexité. En effet, dans les politiques et programmes actuels, on note une forte tendance à séparer la question familiale de la question migratoire, les deux étant traitées par des ministères distincts. Ainsi, du côté des politiques familiales québécoises, on tend soit à considérer les familles immigrantes comme faisant partie des flux migratoires, en oubliant leur dimension familiale, soit au contraire à les identifier à l'ensemble des familles québécoises. En parallèle, les questions familiales sont peu abordées par les politiques visant l'immigration, et ce, même si les chiffres démontrent la croissance de l'immigration familiale. Enfin, s'ajoute à cette perspective dichotomique des approches sociopolitiques une tendance sociale et professionnelle à considérer les familles immigrantes comme des problèmes pour leurs membres et pour la société d'accueil. On les aborde alors sous l'angle des services sociaux et de santé dont elles ont besoin, ainsi que dans la perspective de conflits de couples et de générations dont elles seraient particulièrement porteuses. Ainsi, ces familles sont essentiellement approchées comme éléments de migration ou comme toutes les familles québécoises et lorsqu'on s'intéresse à leurs spécificités, on le fait autour des difficultés qu'elles poseraient pour leurs membres et dans la société québécoise.

Eu égard à cette problématique, dans ce texte qui vise à développer une analyse prospective, nous tenterons de répondre aux deux questions suivantes, qui représentent aussi notre hypothèse de réflexion. Les familles immigrantes vont-elles continuer dans les prochaines années à représenter un problème qu'on ne sait pas comment gérer dans la société québécoise? De quels éléments faut-il tenir compte pour les considérer comme des membres à part entière de cette société, avec leurs besoins et apports particuliers, certes, mais aussi avec leurs difficultés et intérêts communs avec l'ensemble des familles québécoises?

Bon nombre des recherches que nous avons menées depuis une quinzaine d'années viendront en appui à cette analyse, en particulier les nombreuses études que nous avons effectuées auprès de familles immigrantes et réfugiées dans les régions du Québec, au Canada, en Belgique et en France, de même que celles qui nous ont permis de rencontrer des intervenants du social, de la santé, de l'emploi et du monde scolaire travaillant auprès des membres des familles immigrantes et réfugiées. Après une présentation de la situation actuelle des familles immigrantes et réfugiées au Québec, notre analyse prospective abordera les tendances, volontés et questions au cœur des perspectives politiques, pour finalement développer trois nœuds autour desquels s'articule le devenir des familles immigrantes et réfugiées dans notre société: les réseaux, la mobilité et la circulation des savoirs. Dans chacune de ces parties, des pistes d'action seront envisagées pour permettre un développement plus harmonieux de ces familles dont l'apport est essentiel pour la société québécoise.

# LA SITUATION ACTUELLE DES FAMILLES IMMIGRANTES ET RÉFUGIÉES AU CANADA ET AU QUÉBEC

Avant d'aller plus loin dans notre analyse prospective, il est indispensable de décrire et de développer les dimensions essentielles de la situation actuelle des familles immigrantes et réfugiées au Québec. Pour cela, nous présenterons ici brièvement les politiques migratoires et leurs effets sur les familles, pour ensuite tracer un portrait de ces familles selon des variables marquantes comme le statut d'immigration, le pays d'origine ou le lieu de résidence au Québec. Finalement, cette description sera complétée par un état de la situation socioéconomique de ces familles au Québec, que nous aborderons sous l'angle des barrières à l'intégration.

## Les politiques migratoires

Le Canada reçoit environ 250 000 immigrants par an et la part du Québec est d'environ 45 000 immigrants. Le Canada a deux types d'immigration, qui se répercutent directement au Québec : une immigration économique, celle des immigrants indépendants, des investisseurs et des travailleurs temporaires, et une immigration humanitaire, celle des réfugiés politiques et humanitaires. Dans les deux cas, et bien que l'intérêt politique et économique canadien aille plutôt aux investisseurs et aux gens d'affaires, on note une forte arrivée de familles. Ainsi, de 1990 à 2004, environ 50 % des immigrants arrivent seuls, 40 % forment des unités familiales de 2, 3 ou 4 personnes et près de 10 % comprennent cinq personnes ou plus (Kustec, 2006). Le Canada, tout comme les autres pays d'émigration, a reconnu l'impossibilité de faire venir et rester seuls des immigrants qualifiés et la question du rapprochement ou de la réunification familiale continue à être au cœur des débats concernant les admissions des réfugiés (Deshaw, 2006). En outre, l'immigration au Canada en est aussi une de peuplement et les enjeux démographiques prennent de plus en plus d'importance du fait du vieillissement de la population. Ainsi, la Loi sur l'immigration et la protection des réfugiés du Canada (2001) reconnaît explicitement la réunion des familles comme l'un de ses principaux objectifs.

Le Québec est la seule province à avoir conclu avec le Canada une entente concernant l'immigration et sa gestion. Selon cet accord de février 1991, passé entre autres, pour préserver le poids démographique du Québec au sein du Canada et assurer une intégration des immigrants dans la province respectueuse de son caractère distinct, le Canada détermine les normes et objectifs nationaux relatifs à l'immigration, est responsable de l'admission des immigrants, ainsi que de l'admission et du contrôle des aubains. Il s'acquitte de ces responsabilités, notamment en définissant les catégories générales d'immigrants et les catégories de personnes inadmissibles au pays, en fixant les niveaux d'immigration et les conditions d'attribution de la citoyenneté, et en veillant à l'exécution de ses obligations internationales. Le Québec a les droits et responsabilités touchant le nombre d'immigrants à destination du Québec, de même que la sélection, l'accueil et l'intégration de ces immigrants (site du MICC, <www.micc.gouv.qc.ca>).

Dans le cadre de cette entente, le Québec a donc le choix pour la sélection de ses immigrants et pour une partie de réfugiés qu'il accueille (ceux qui sont sélectionnés directement dans les pays d'origine ou dans les camps de réfugiés). Clairement, dans son processus de sélection des immigrants indépendants et des réfugiés, le gouvernement du Québec favorise ceux qui viennent avec de jeunes familles. Le portrait des familles immigrantes et réfugiées du Québec permet de détailler cette tendance.

## Les familles selon le statut, les pays d'origine, la durée de vie au Québec et le lieu de résidence

En 2006, on admet au Québec 58% d'immigrants économiques (ce chiffre comprend les travailleurs avec leur famille), 23% dans la catégorie regroupement familial (ce sont les personnes qui arrivent par le processus de parrainage et de regroupement) et près de 16% de réfugiés ; 20% d'entre eux ont moins de 14 ans, 14% ont entre 14 et 24 ans, 57% entre 24 et 44 ans et 9% sont âgés de 45 à 64 ans. On perçoit ainsi la présence importante d'enfants et de jeunes (le tiers), alors que près des deux tiers de cette population est en âge de procréer. De même, les changements dans le choix des pays d'origine de ces migrants a une incidence sur la jeunesse de l'immigration. Après avoir favorisé l'immigration européenne, en provenance de pays de l'Ouest, le gouvernement se tourne maintenant vers des pays d'origines plus diversifiées dont plusieurs ont un taux de fécondité beaucoup plus élevé que la moyenne québécoise ou européenne. Ainsi, les principaux pays d'origine sont, en 2006, l'Algérie, la France, le Maroc, la Chine, la Colombie, la Roumanie, le Liban et Haïti, suivis de plusieurs pays africains dont les familles sont arrivées entre 2002 et 2006 (République démocratique du Congo).

Le choix de ces pays d'origine mais aussi le type de conflit qui sévit dans les pays d'où proviennent les réfugiés ont une influence sur la configuration des familles arrivantes. Ainsi, dans les cinq dernières années, on note l'arrivée de familles monoparentales avec des parents séparés bien que surtout dirigées par des mères veuves ou dont le conjoint a disparu ; ces femmes proviennent principalement de Colombie ou d'Afrique subsaharienne, mais aussi d'Algérie ou d'Afghanistan. Pour compléter ce portrait, il importe de voir où ces familles s'installent au Québec. Il est notable que, comme partout ailleurs au Canada, elles privilégient la métropole. Cependant, les orientations politiques de régionalisation de l'immigration en œuvre depuis 1993 tendent à diminuer peu à peu la prédominance montréalaise. En 2006, près de 80 % des immigrants s'installent à Montréal et en Montérégie, 3,5 % envisagent de s'installer à Québec et près de 2 % en Outaouais mais aussi 2 % en Estrie. Par conséquent, on peut dire que les immigrants sont distribués de manière très inégale dans les régions du Québec. On décompte actuellement 20 % d'immigrants parmi la population totale à Montréal, 8,5 % à Gatineau, 5 % à Sherbrooke et 3,5 % à Québec.

## Les familles immigrantes et réfugiées et les barrières à l'intégration

Mais quelle est la situation sociale de ces familles immigrantes après leur arrivée au Québec ? Le modèle d'intégration québécois met l'accent sur une responsabilité partagée entre l'immigrant, qui doit s'adapter à son nouveau milieu de vie tout en adoptant les valeurs fondamentales du Québec, et la société d'accueil, qui doit le reconnaître comme citoyen tant sur le plan symbolique que concret tout en encourageant ses efforts pour s'intégrer (Robert, 2005). Les recherches des quinze dernières années démontrent que, malgré les orientations politiques d'accueil et d'intégration, de nombreuses barrières à l'insertion sociale et économique subsistent, et ce, tant pour les hommes et les femmes adultes que pour les jeunes de ces familles. Pour les immigrants indépendants, ce sont les difficultés d'insertion socioprofessionnelle qui les affectent le plus. Ainsi, ces immigrants sélectionnés selon leur niveau d'instruction, le plus souvent universitaire, éprouvent des difficultés à entrer sur le marché du travail québécois pour trois raisons principales : la non-reconnaissance de leurs diplômes obtenus à l'étranger, leur manque d'expérience professionnelle québécoise et, finalement, leur mauvaise connaissance de l'anglais. Selon Renaud (2005), les immigrants, en particulier ceux qui avaient un statut socioprofessionnel élevé avant leur départ, ont bien du mal à retrouver un emploi équivalent après la migration. Donc, les parents de ces familles se trouvent désavantagés sur deux plans : d'une part, ils éprouvent des difficultés à intégrer le marché de l'emploi, et ce, d'autant plus qu'ils font partie de minorités ethniques ou religieuses visibles; d'autre part, ils se trouvent déqualifiés par rapport à leurs acquis d'origine lorsqu'ils arrivent à décrocher un emploi. Les immigrants originaires de l'Afrique subsaharienne et les Maghrébins musulmans sont les plus touchés par cette forme de discrimination systémique, dont nous verrons plus loin les effets possibles en ce qui concerne les prospectives pour les familles immigrantes au Québec.

Chez les familles allophones, on relève des problèmes pour l'apprentissage du français à cause des délais d'attente de plus en plus longs pour accéder aux programmes gouvernementaux ainsi que des difficultés pour les deux membres du couple à y accéder ensemble, dans les meilleurs délais. Les problèmes de garde des jeunes enfants viennent accroître ces difficultés et feront en sorte que seulement l'un ou l'autre membre du couple, le plus souvent le père, accédera dans un premier temps au programme de francisation. Le délai ainsi imposé à la mère aura une influence non seulement sur son éventuelle insertion socio-professionnelle en la retardant, mais aussi sur les contacts sociaux de la famille et sur ses rapports avec les institutions québécoises, dont l'école des enfants par exemple. La question de la langue se pose aussi pour les enfants. Pour plusieurs d'entre eux, surtout les derniers arrivés comme réfugiés des pays d'Afrique subsaharienne ou de Colombie, on observe des retards scolaires accumulés en raison de l'apprentissage de la langue, des classes d'accueil pas toujours efficaces et des discriminations systémiques du milieu scolaire. L'une de ces discriminations se traduit par l'orientation de nombreux enfants d'Afrique ou du Moyen-Orient, qui n'ont pas été scolarisés avant leur arrivée au Québec du fait de leur migration et de leurs passages par des camps de réfugiés, vers des classes de cheminement particulier, qui associent leurs difficultés liées à leur trajectoire à des problèmes d'apprentissage, voire à des déficiences (Boulanger, 2007).

Une autre condition à l'insertion réussie des familles est l'accès aux services sociaux et de santé dans la langue d'origine et en tenant compte de la culture et des expériences passées. Si les familles immigrantes sont globalement en meilleure santé que la population québécoise du fait des critères de sélection qui leur sont appliqués et si elles recourent moins que les autres Québécois aux services sociaux et de santé, soit par méconnaissance, soit pour des raisons culturelles (Clarkson, 2005), elles ont aussi des besoins dans ce domaine en particulier lors de grossesses et pour le suivi des jeunes enfants, dont nous avons vu la proportion importante dans cette population. La question de la langue d'origine mais aussi des pratiques d'accueil et de suivi social devient alors cruciale et directement liée au devenir des familles immigrantes au Québec.

De même, s'ils se posent pour toutes les familles québécoises, les problèmes de garde d'enfants s'accentuent pour les familles immigrantes nouvellement arrivées. Le manque de structures souples sur le plan des horaires, des pratiques linguistiques et culturelles est souligné dans de nombreuses études. Les besoins d'un type de structures fonctionnant de manière plus informelle sont criants et renforcés aussi par le fait que les familles immigrantes ont à leur arrivée des relations sociales limitées. Signalons aussi qu'un bon nombre des familles rencontrées dans une enquête réalisée en 1998-1999 (Clarkson, 2005), de même que celles que nous avons interviewées dans nos propres recherches (Vatz Laaroussi *et al.*, 2007), font état d'un contexte discriminatoire dans l'accès aux soins de santé, dans le milieu scolaire, dans l'accès à l'emploi et au logement. Voici donc des éléments qui touchent directement à l'insertion des familles et qui auront une forte influence sur la présence et l'intégration finale de ces familles. Une autre question reliée directement à l'aspect familial de ces migrations est le soutien aux personnes aînées dépendantes, qui soit arrivent avec la famille nucléaire, soit les rejoignent ensuite essentiellement par des mesures de parrainage (Tigar McLaren, 2006 ; Vatz Laaroussi *et al.*, 2007). Il s'agit le plus souvent de parents âgés que les couples, pour des raisons affectives, culturelles et matérielles, décident de faire venir et d'installer à leur domicile. Différentes études montrent que si ces parents âgés peuvent représenter un fardeau matériel pour la famille nouvelle arrivante, ils favorisent aussi d'une façon notable l'insertion de ses membres : ce sont eux qui gardent les jeunes enfants, permettant ainsi aux mères de suivre les cours de français, voire de poursuivre d'autres études, qui participent à l'entretien ménager, qui maintiennent les liens du réseau familial élargi parfois en diaspora, qui encouragent les enfants dans leurs travaux scolaires et qui assurent un premier réseau de soutien aux membres de la famille nucléaire immigrante. Cette fonction de soutien est d'autant plus importante que la famille nucléaire est isolée dans la nouvelle société ou encore s'il s'agit d'une famille monoparentale. On voit ainsi s'installer au Québec des familles multigénérationnelles qu'on ne retrouve par ailleurs que dans les communautés autochtones (Vatz Laaroussi *et al.*, 2005). Il conviendra donc de tenir compte de cette nouvelle forme familiale dans les politiques publiques à venir.

Nous l'avons vu, les parents des familles immigrantes et réfugiées ont des difficultés à intégrer le marché de l'emploi québécois. C'est une des raisons pour laquelle ils sont nombreux à envisager un retour aux études et principalement la reprise d'études supérieures pour tenter d'obtenir un diplôme québécois. S'il y a des gains d'insertion et de relations sociales (Vatz Laaroussi *et al.*, 2007) à ces retours aux études et si leur accessibilité est aussi une explication de la rétention des immigrants par le Québec (72 % de 1991 à 2001, selon une étude comparative effectuée sur les différentes provinces canadiennes ; Garcea, 2006), le coût de ces études universitaires représente une imposante barrière à l'intégration, et ce, encore plus lorsque ce sont les deux membres du couple qui doivent retourner à l'université. Une des stratégies développées est que ce soit l'un des membres du couple, le plus souvent l'homme, qui reprenne ces études pendant que la femme occupe un petit emploi pour compléter les revenus (nos études ont démontré que les femmes trouvent plus souvent ce petit emploi en particulier celles qui font partie de certaines populations d'immigrants comme les Maghrébins parce qu'elles sont considérées comme plus souples, plus accommodantes que leurs conjoints ; Vatz Laaroussi, 2008). Ce sera ensuite à son tour de reprendre des études québécoises, si le père s'intègre finalement au marché de l'emploi après cette démarche universitaire. On voit bien, dès lors, que la société québécoise, censée favoriser l'égalité entre les sexes, renforce ici une discrimination de genre au sein des familles immigrantes.

Qui plus est, les membres de cette société associent cette discrimination non pas aux conditions de vie des familles dans l'immigration mais bien aux cultures d'origine des immigrants, qui seraient patriarcales, sexistes et inégalitaires (Helly et al., 2001). Ces stéréotypes sur les rôles hommes-femmes, les rapports parents-enfants et les conceptions de la famille représentent un malentendu majeur entre les familles immigrantes et les intervenants de la société d'accueil. En ce sens, ils forment aussi l'une des principales barrières à l'insertion de ces familles et à leur pleine participation à la société d'accueil (Vatz Laaroussi et Messé, 2008).

Enfin, deux éléments internes aux dynamiques familiales dans l'immigration s'ajoutent à ces barrières essentiellement sociales à leur insertion ; les pertes vécues dans l'immigration et les séparations d'avec le réseau familial élargi représentent pour les familles, tant indépendantes que réfugiées, une dimension incontournable de leur vie en société d'accueil. L'isolement, la limitation du réseau social, le manque de soutien concret dans les tâches quotidiennes, l'individualisation des rapports sociaux sont au cœur des changements et des difficultés vécus par les membres de ces familles. C'est aussi eu égard à ces dimensions que pourront parfois se poser des problèmes de santé mentale mais qu'émergeront aussi, de manière parfois surprenante, des processus de résilience et des stratégies d'adaptation novatrices. Le soutien de la communauté ethnique ou religieuse, l'actualisation de réseaux transnationaux, la cohésion familiale sont les pierres angulaires de ces stratégies. Les difficultés de communication parents-enfants ou au sein du couple et certains conflits de valeurs au sein des familles immigrantes et réfugiées représentent un autre obstacle à l'insertion. Notons que ces difficultés sont le plus souvent liées au fait que parents et enfants ou encore hommes et femmes traversent à des moments différents les diverses étapes de l'adaptation et du changement. Là encore, les interventions sociales et scolaires peuvent contribuer à accroître ces difficultés si elles les assimilent à des différences culturelles et intergénérationnelles. Ces problèmes peuvent alors faire éclater les familles, entraînant des coûts sociaux à long terme. Elles peuvent aussi, a contrario, aider à les résoudre en tenant compte des trajectoires migratoires, des stratégies individuelles et familiales d'adaptation et des facultés de résilience de ces familles.

## LES VOLONTÉS POLITIQUES CONCERNANT LES FAMILLES IMMIGRANTES ET RÉFUGIÉES : PARADOXES ET ENJEUX

À partir de ce bilan de la situation des familles immigrantes et réfugiées au Québec, nous tenterons d'abord de saisir quelques éléments clés des orientations et volontés politiques concernant l'avenir, pour mieux dessiner ensuite les dimensions d'une analyse prospective. Les objectifs d'accroissement des familles immigrantes dans la société québécoise, le choix des critères de sélection des nouveaux arrivants, les orientations de régionalisation de l'immigration, les processus en lien avec la commission sur les accommodements raisonnables seront ainsi analysés au regard de certains éléments contextuels qui permettent de souligner les enjeux de ces volontés politiques et les éventuels paradoxes qui en émergent.

### Les intentions démographiques et le baby-boom actuel

Selon Pinsonneault (2005), une analyse des statistiques sur les admissions d'immigrants de 1970 à 2003 au Québec permet de relever une tendance globale et constante à la hausse du volume global. Les chiffres du MICC de 2006 montrent la persistance de cette tendance dans les dernières années. De même, on observe une augmentation régulière du pourcentage de la population immigrée au sein de la population totale du Québec (de 5,6 % en 1951 à 9,9 % en 2001). On tend toujours à vouloir faire venir de nouvelles familles immigrantes et réfugiées, rassemblées autour de travailleurs, hommes d'affaires, investisseurs et réfugiés, pour stabiliser la courbe démographique du Québec. Par ailleurs, on remarque au Québec le début d'un regain de naissances. Le taux de natalité a bondi de 8 % en 2006 par rapport à celui de l'année précédente, pour s'établir à 1,62 enfant par femme. En outre, le nombre de naissances est en hausse constante mais minime depuis 2003. « C'est parce que les Québécoises ont leur enfant de plus en plus tard, à un âge plus avancé, que l'indice de fécondité a connu un recul au cours des dernières années. Les statistiques de 2006 illustrent en partie un "rattrapage", puisqu'on revient au niveau qui existe en moyenne depuis trente ans (1,6) », soutient Madeleine Rochon, statisticienne (*La Presse*, 30 juin 2006). Mais c'est aussi, selon plusieurs analystes, le résultat de meilleures politiques en termes de congé parental. Pendant ce temps, les médias soulignent déjà les défis sociaux posés par ce regain de naissances au Québec : manque de places en garderies en particulier dans la région montréalaise, manque de places dans les hôpitaux pour les accouchements, problèmes de remplacement des professionnelles en congé maternité et en congé parental... Les familles immigrantes, par leurs enfants et les naissances à venir au Québec, participent aussi à ce mouvement et on peut se demander si, eu égard aux débats média-tiques et politiques actuels autour de l'immigration, l'augmentation des naissances québécoises ne risque pas d'être vue comme une occasion de limiter l'immigration de nouvelles familles ?

C'est dans ce contexte que se sont tenues, en 2006-2007, les dernières consultations du MICC sur les niveaux d'immigration pour les prochaines années. Elles indiquent qu'il faut, selon les démographes, continuer à augmenter ces flux migratoires si l'on veut, non pas stabiliser, mais limiter la chute démographique du Québec. Ainsi Piché (2005), dans une projection jusqu'en 2050, mentionnait que si l'immigration se maintient à son niveau du début des années 2000 (37 500 par année), c'est au début des années 2030 que la population du Québec commen-cera à décliner. Dans les sociétés des pays développés dont le Québec fait partie, il y a donc des pressions économiques et démographiques majeures pour augmenter l'immigration. La remontée des naissances ne peut avoir une incidence sur la courbe démographique que si elle s'accroît considérablement, et ce, à long terme. Il doit donc, selon les experts et pour les politiques, se conjuguer avec une immigration plus forte et une rétention plus importante des familles immigrantes. Lors de la dernière consultation parlementaire sur les niveaux d'immigration, 90 % des députés ont privilégié une hausse de l'immigration pour les trois prochaines années. Et, finalement, selon le Plan d'immigration du Québec pour l'année 2008 (novembre 2007), issu de ces consultations, « le Québec accueillera entre 46 700 et 49 000 immigrants en 2008. Ceci constitue la première phase d'un plan de trois ans qui portera ce nombre à 55 000 en 2010 ». Si l'orientation politique d'une croissance régulière de l'immigration est ainsi validée et persistante depuis plusieurs années, il reste à comprendre comment celle-ci est comprise dans l'opinion publique et aussi comment elle se traduit dans la société civile, par l'ouverture du marché du travail par exemple, mais aussi sur le plan des programmes et politiques s'adressant à ces nouveaux arrivants dont la majorité immigre avec leur famille.

## Les critères de sélection : les familles et les pays visés

Attardons-nous maintenant aux critères de sélection des immigrants et réfugiés et à leur évolution. Depuis que le Québec peut appliquer ses propres critères de sélection, deux éléments ont déterminé leur choix : la connaissance du français et le niveau d'éducation. Ainsi, au fil des ans, on a visé des immigrants provenant de pays francophones et des immigrants ayant des diplômes d'études postsecondaires et des formations professionnelles de haut niveau.

Regardons ce qu'il en est du critère lié à la langue. Si, dans les années 1970, les immigrants provenaient essentiellement de pays dont le français est la langue officielle (France, Suisse, Belgique), la versatilité de ce type d'immigration, dont les retours en Europe ont été accentués dans les quinze dernières années, a contraint le Québec à se tourner vers des pays francophiles ou dont le français est la seconde langue. C'est ainsi que les anciennes colonies françaises et belges ont été particulièrement visées, entre autres avec l'installation dans leurs capitales de Délégations générales du Québec qui procèdent sur place à l'examen des dossiers de candidature et à la sélection des immigrants. C'est ainsi qu'on note, dans la dernière décennie, un déplacement quant à l'origine géographique des immigrants : de l'Europe de l'Ouest et des États-Unis vers le Maghreb, l'Europe de l'Est et l'Asie. C'est aussi dans ces bassins que se trouvent les immigrants potentiels à venir. Il est clair que ce changement a une incidence sur le type de diversité vécue au Québec, puisqu'on passe d'une immigration blanche et catholique à de nouvelles communautés dites visibles par leur ethnie, la couleur de leur peau et leur religion. Si l'objectif d'augmenter la proportion des francophones et des allophones par rapport à celle des anglophones au Québec et plus globalement au Canada est atteint, la société québécoise et les minorités francophones hors Québec doivent relever un double défi : se redéfinir elles-mêmes et réfléchir à des questions identitaires en considérant des francophones aux origines, cultures, langues et religions différentes. C'est l'un des enjeux importants dont on doit tenir compte dans les planifications d'immigration pour les prochaines années.

Le deuxième critère concerne le niveau d'éducation des nouvelles populations immigrantes. Au Québec, 87 % des immigrants arrivés entre 2002 et 2006 ont douze ans et plus de scolarité (diplômes secondaires et postsecondaires), dont 37 % avec dix-sept années et plus soit des diplômes universitaires. Ils ont donc globalement un niveau de scolarité supérieur à celui de la moyenne de la population québécoise et cette différence est d'autant plus importante lorsqu'on regarde des unités de voisinage dans un quartier multiethnique. Ainsi, dans les HLM, les immigrants et réfugiés qui y vivent par manque de revenus et aussi par manque de logements suffisamment grands pour leur famille ont un niveau d'éducation beaucoup plus élevé que les résidents d'origine québécoise qui y habitent en raison d'une pauvreté parfois liée au vieillissement, à des problèmes de santé mentale et à des difficultés sociales variées. Autre fait notable, ces immigrants y vivent en familles biparentales, voire élargies alors que les résidents québécois y sont souvent isolés, en tant qu'individus ou comme familles monoparentales (Morin et Pori, 2006). Par contre, et c'est un paradoxe, ces immigrants éduqués vont rester plus longtemps que les Québécois d'origine dans ces logements sociaux. Leur difficulté à accéder à l'emploi et surtout à la mobilité sociale par un emploi correspondant à leur niveau d'éducation et à leur expérience professionnelle est la principale raison de leur stabilité dans ces logements. La reconnaissance des acquis professionnels prémigratoires est en effet la principale question que la société québécoise devra résoudre dans les prochaines années. Les immigrants sont sélectionnés selon leur niveau professionnel et arrivent avec leur famille au Québec. Ils consomment et participent à l'économie québécoise par l'intermédiaire de l'ensemble des membres de la famille. Dans le même temps, ces immigrants vivent un taux de chômage plus élevé que l'ensemble de la population québécoise, et ce, durant au moins leurs cinq premières années de vie au Québec. De surcroît, ceux qui trouvent plus facilement un emploi sont ceux qui ont un plus bas niveau socioprofessionnel, comme si les marchés des emplois non qualifiés étaient interchangeables d'un pays à l'autre alors que ceux des emplois professionnels qualifiés seraient réservés aux locaux (Crespo, cité par Renaud, 2005). Même le fait d'avoir une expérience professionnelle québécoise dans un emploi déqualifié (les emplois que les immigrants et réfugiés acceptent de prendre pour faire vivre leur famille) serait une barrière supplémentaire à l'accès subséquent à un emploi qualifié dans le domaine professionnel d'origine. Cette déqualification a un effet fondamental tant sur l'insertion économique de la famille que sur sa dynamique. Les parents vivent déqualification et impuissance, les jeunes sont soumis à des doubles contraintes de réussite scolaire mais aussi de non-reconnaissance de cette réussite (Kanouté, 2003). Les modèles parentaux ne fonctionnent plus et la transmission des valeurs familiales se trouve interrompue par cette dégradation des conditions de vie et de la reconnaissance sociale (Vatz Laaroussi, 2008).

Tenant compte de ces difficultés d'insertion socioprofessionnelle, le gouvernement du Québec a modifié en 2006 la grille de sélection des immigrants indépendants. En particulier, on valorise désormais des expériences et diplômes professionnels techniques qui sont en demande au Québec. Cependant, il est difficile de dire si ce changement entraîne des modifications importantes dans le recrutement de ces populations, le niveau d'éducation continuant à représenter la clé d'accès à l'immigration dans les pays d'origine et selon les processus de constitution de dossiers. Finalement, ce type de sélection où l'on tient compte de la demande du marché du travail québécois pour sélectionner les nouveaux arrivants pose aussi le défi de la stabilité du marché de l'emploi. La mondialisation a une incidence sur ce dernier et tend à le rendre très plastique, très labile. Ne risque-t-on pas d'entraîner ici une forme de précarisation des nouveaux immigrants, ce qui a une incidence directe sur leurs conditions de vie familiales?

L'immigration maghrébine au Québec est actuellement l'un des catalyseurs de ces divers défis. En effet, ces nouveaux immigrants sont recrutés dans un bassin géographique et culturel, l'Afrique du Nord, à la fois francophone, éduqué et musulman. De plus, étant donné la jeunesse de ces populations, on peut facilement sélectionner de jeunes familles qui augmenteront la démographie québécoise. On trouve, en 2001, 108 620 musulmans au Québec dont 58 % du Maghreb. Ils sont aussi parmi les plus éduqués avec 42 % des hommes et 32 % des femmes ayant un diplôme universitaire. Les tendances politiques continuent à privilégier ce bassin migratoire pour les prochaines années. Cependant, on peut déjà noter que les défis sont de taille tant pour les immigrants eux-mêmes que pour les décideurs politiques qui les sélectionnent. Si l'arabe est devenue la deuxième langue maternelle au Québec après le français (Pinsonneau, 2005), les Maghrébins ont actuellement le plus haut taux de chômage, et ce, durant une plus longue période, parmi l'ensemble des immigrants. Ils sont aussi ceux qui vivent les plus fortes déqualifications sur le plan social et professionnel. Les événements du 11 septembre 2001 et les politiques de sécurité qui ont suivi ont eu un impact majeur sur cette population qui subit des discriminations sur le plan du logement, de l'emploi et des relations sociales (Renaud, 2005; Lenoir *et al.*, à paraître). Dans l'imaginaire collectif québécois, ces discriminations sont associées à la religion musulmane vue comme intégriste, traditionnelle et menaçante. Ce sont aussi ces familles qui ont manifesté, lors de notre enquête de 2001, le plus d'inquiétudes pour l'avenir de leurs enfants, se sentant démunies à la fois pour leur transmettre des valeurs et des modèles mais aussi pour leur donner de bonnes conditions d'études et de promotion sociale. Et, pourtant, les politiques migratoires font venir de plus en plus de Maghrébins musulmans au Québec.

## Les politiques d'accueil et d'intégration et les orientations de régionalisation

Comme nous l'avons déjà relevé, les orientations de régionalisation de l'immigration sont constantes au Québec depuis 1993 et de plus en plus accompagnées par des mesures et ententes. S'il s'agit d'abord de «déghettoiser» Montréal, ces orientations visent aussi à revitaliser le tissu régional parfois très distendu (fermeture d'écoles, de services sociaux et de santé, d'entreprises à cause des pertes démographiques régulières et, plus particulièrement, de l'exil des jeunes), à répondre aux besoins du marché de l'emploi dans des régions en dehors de la métropole et à permettre à l'ensemble du Québec de profiter de l'apport des immigrants. Ces orientations concernent plus particulièrement les familles immigrantes et réfugiées du fait de leurs modalités et des ententes passées par le MICC avec les régions. Ainsi, les familles réfugiées ont été les premières touchées parce que leur première destination au Québec leur avait été imposée. Elles ont ensuite la latitude de quitter cette première destination mais y resteront souvent au moins durant la période de leur première adaptation (cours de français pour les adultes, classes d'accueil pour les enfants, premier bail de un an pour le logement, perception de l'aide sociale avant de trouver un premier emploi). L'intention du MICC est de permettre à ces familles d'apprécier la vie en région et d'y trouver une première insertion pour ensuite décider d'y rester. Par contre, durant les cinq dernières années, le gouvernement a souhaité augmenter la proportion des immigrants indépendants et des investisseurs par rapport à celle des réfugiés s'installant en région. En effet, l'incidence économique sur la vie régionale de ces derniers serait plus rapide et plus visible que celui des réfugiés, à plus long terme. Par ailleurs, le MICC a reconnu le manque de services particuliers pour les réfugiés dans les régions alors qu'ils sont ceux qui en ont le plus besoin, de sorte que certaines expériences d'envoi de réfugiés dans des milieux ruraux n'ont pas été renouvelées. Pour tenter d'y attirer des familles immigrantes indépendantes, des ententes régionales ont été passées donnant à des villes moyennes ou à des MRC des moyens financiers pour attirer, accueillir et intégrer de nouveaux arrivants. C'est dans ce cadre que la ville de Sherbrooke a développé sa Politique d'accueil et d'intégration des immigrants par exemple ou encore que plusieurs

MRC et CLD ont pu créer un poste d'agent d'immigration. Par ailleurs, des postes visant à créer un flux d'immigrants entre Montréal et les régions ont été subventionnés dans plusieurs organismes à Montréal et dans certains centres locaux d'emploi (CLE) en région.

Malgré ces moyens mis en œuvre pour actualiser les orientations politiques, il existe en région encore plusieurs obstacles à l'intégration et à la rétention des familles immigrantes et réfugiées. Ces zones traditionnellement homogènes doivent être accompagnées dans leur découverte de la diversité culturelle, et ce, à différents niveaux, dans les services sociaux et de santé par exemple mais aussi dans les milieux scolaires, dans les services d'orientation professionnelle et dans les services de logement, dans les services municipaux, les organismes communautaires ou encore dans les relations de voisinage. Cet accompagnement reste encore limité et devra sans aucun doute être développé si l'on souhaite que ces familles s'installent en région et participent à leur développement social et économique. En outre, le manque d'organismes ethniques et culturels, la limitation des réseaux des immigrants et la carence de structures d'interprétariat et de francisation restent des problèmes majeurs qui peuvent être contournés dans certaines villes moyennes avec une masse critique d'immigrants (comme Sherbrooke et Québec, par exemple) mais plus difficiles à résoudre dans des régions moins urbaines et plus éloignées comme le Saguenay–Lac-Saint-Jean ou la région du Bas-Saint-Laurent, par exemple.

Cependant, cette volonté politique d'inciter les immigrants à s'établir en région a permis au gouvernement et aux élus locaux de saisir l'importance d'analyses et de mesures intersectorielles lorsqu'on parle de familles immigrantes et réfugiées. Les politiques développées par les régions et les villes moyennes autour de l'immigration visent dès lors à réunir dans des conseils ou comités interculturels des représentants de divers secteurs et ministères. La famille, l'éducation, l'immigration, l'emploi et le social se trouvent dès lors contraints à collaborer et c'est sans aucun doute une voie d'avenir à suivre et développer.

## Le rôle des médias : des perceptions tronquées qui accentuent la méconnaissance des familles immigrantes et réfugiées

Les médias reconnaissent peu les familles immigrantes et encore moins les familles réfugiées. Pourtant, ces médias sont des acteurs clés dans la perception et l'intégration des immigrants. En ce sens, MacAndrew (2007) souligne que le Québec est la province où les journaux traitent le plus fréquemment du sujet du multiculturalisme, mais généralement en l'associant à des problématiques. Cela accentue la dichotomie entre le « nous » et le « eux », c'est-à-dire entre les Québécois francophones et les immigrants ; les médias ont ainsi une incidence directe sur le regard que portent les Québécois sur les communautés ethnoculturelles. De plus, le récent débat sur les accommodements raisonnables a mis en évidence des amalgames et confusions à l'égard des immigrants qui n'ont pas œuvré en faveur de leur intégration. En effet, en ce qui concerne la question de la diversité religieuse, comme le déclare Pierre Anctil (2006, p. 4) :

> Notre société a beaucoup à offrir à tous ses citoyens, notamment un espace de liberté individuelle fort précieux dans les circonstances, et qui inclut le droit de porter les signes extérieurs de sa foi ou d'en refléter les valeurs en public. Il importe toutefois de rappeler que l'accommodement raisonnable n'est pas une mesure équivoque ou partiale favorisant les seuls immigrants ou leurs descendants. Continuer de percevoir la diversité culturelle sous la forme d'une opposition entre nouveaux arrivants et Canadiens français, ou entre tenants d'une croyance religieuse et défenseurs de la laïcité, ne peut que contribuer à creuser un fossé encore plus profond entre Québécois de toutes origines.

L'accommodement est encore parfois perçu, à tort, comme un privilège accordé aux minorités ethniques. Pourtant, ce sont les personnes handicapées et protestantes qui présentent le plus de demandes d'accommodements raisonnables à la Commission. De plus, ces demandes s'expriment surtout dans le cadre du milieu du travail (Geadah, 2007). Par ailleurs, même si ce sont des individus qui présentent des demandes d'accommodements raisonnables, celles-ci sont très rapidement associées aux communautés dans leur ensemble. S'ajoute aussi à cela un concentré d'épisodes particulièrement médiatisés dans lesquels le religieux a été mis de l'avant tout au long de l'année 2007 (port du turban au travail, port du kirpan et du voile à l'école, volonté d'instaurer le tribunal islamique de la charia au Canada, etc.). Une équation entre immigrant et menace des valeurs démocratiques a en effet été établie à la suite de ces débats médiatiques (Mac Andrew, 2007).

Dans son mémoire sur le document de consultation « La planification de l'immigration au Québec pour la période 2008-2010 » adressé à la Commission de la culture, la Commission de la jeunesse et des droits de la personne émet également une mise en garde contre les amalgames. Elle estime que

> bien qu'il soit opportun d'aborder la problématique des accommodements religieux en lien avec celle de l'immigration, il serait hasardeux de vouloir réduire l'une à l'autre. Un tel amalgame semble pourtant s'être durablement enraciné dans l'imaginaire collectif à la faveur d'une couverture médiatique n'ayant braqué les projecteurs que sur des demandes d'accommodement religieux formulées par des membres de minorités issues de l'immigration, récente ou ancienne (2007, p. 9).

Le mémoire déposé par le CSSS de la Montagne évoque cette même inquiétude face aux associations rapides:

> Au Québec, nous assistons présentement à un débat marqué de perceptions divergentes quant à la diversité culturelle, ainsi qu'à l'égard des valeurs, principes et comportements qui y sont associés. Les médias reflètent ce débat dans l'actualité, mais le traitement médiatique qui a cours en ce moment ne présente pas l'éventail complet des positions avancées. Un tel déséquilibre vient exacerber les perceptions et biaiser la réalité reliée à la diversité culturelle. Cette situation alimente les préjugés et les stéréotypes envers les personnes immigrantes et nuit à la compréhension des conditions de vie et des enjeux d'insertion qu'elles vivent (2007, p. 4).

Ajoutons ici que le religieux est souvent présenté dans ces débats comme augmentant les inégalités hommes-femmes et les abus parentaux sur les enfants. La question familiale est alors implicitement au centre de ces amalgames et, par glissement, c'est la famille immigrante qui est victime de nouveaux stéréotypes et préjugés, voire perçue comme menaçante pour la société québécoise.

Face aux témoignages entendus durant la ronde de consultations publiques mise sur pied par la Commission Bouchard-Taylor et face à l'agitation médiatique qui s'en est suivie, les familles immigrantes se sentent coincées dans un débat qui ne les concerne pas ou de très loin. La majorité d'entre elles arrivent avec un projet familial de promotion et d'intégration centré sur leurs enfants et ne se situent pas, a priori, dans un débat sur le multiculturalisme ou sur l'identité québécoise (Vatz Laaroussi et Rachédi, 2004). Il importe donc de demeurer attentifs et de souligner les vraies difficultés éprouvées par les familles immigrantes et réfugiées. Car, dans sa forme actuelle, le débat politique et sa médiatisation risque d'accentuer la mobilité des familles immigrantes en dehors du Québec (Daler, 2001, 2003).

## PROSPECTIVES AUTOUR DE TROIS NŒUDS D'ANALYSE

Après avoir rappelé quelques grandes orientations au plan des politiques et analysé leurs enjeux pour la place et l'avenir des familles immigrantes et réfugiées au Québec, nous pouvons nous attarder aux nœuds sur lesquels se construit cette prospective. Il nous faut d'abord souligner une grande tendance démographique et sociale déjà relevée dans plusieurs études (Conseil de l'enfance et de la famille, 2005): les familles de diverses origines ont tendance à rejoindre les familles québécoises sur plusieurs plans après une période de vie plus ou moins longue au Québec. Cette similarité concerne des comportements sociaux comme la baisse du nombre d'enfants par famille, l'entrée sur le marché du travail et/ou la reprise des études des membres du couple, le mode de vie quotidien, la mobilité géographique, l'acquisition de biens immobiliers, etc. Cependant, nous avons aussi vu que ces familles se heurtent à des difficultés et à des obstacles qui sont particuliers à leur trajectoire, aux politiques de la société d'accueil et aux rapports interculturels dans lesquelles elles se situent. Il est donc important de tenir compte des trois dimensions suivantes pour avoir une vision prospective de la place des familles immigrantes dans la société québécoise de demain : nous aborderons ici la question des réseaux immigrants, celle de leur mobilité pour terminer sur le défi de la reconnaissance des savoirs.

## Les réseaux transnationaux des immigrants : une richesse mal exploitée

Comme nous l'avons vu précédemment, pour surmonter leurs difficultés d'intégration, les immigrants et leur famille font appel aux réseaux transnationaux qu'ils ont construit tout au long de leur trajectoire migratoire. Ces réseaux, composés de membres de la famille élargie, restés au pays d'origine ou en diaspora partout dans le monde, d'amis de toutes les générations qui ont soutenu la famille dans son départ, son exil ou son installation, de professionnels qui ont aidé à dépasser les obstacles administratifs ou linguistiques, de pairs rencontrés dans les camps de réfugiés et avec qui on partage un vécu expérienciel fort ou encore de membres de la communauté ethnique, religieuse ou immigrante installés à proximité ou qui servent de référence sociale, remplissent des fonctions majeures dans les trajectoires des familles, dans leur implantation ou leur insertion. On peut ici parler de soutien matériel et moral, d'information, d'accompagnement des familles dans leur insertion, d'accueil, d'interprétariat et d'aide dans l'accès aux services sociaux et de santé et aux services éducatifs. Par ailleurs, ces réseaux permettent des transferts financiers qui aident la famille restée au pays à vivre, voire à participer au développement local. On parle ainsi de codéveloppement entre pays d'origine et d'accueil, ce qui permet de valoriser les apports de l'immigration tant pour la société d'émigration que pour celle qui accueille les nouveaux arrivants (IOM, 2007). Mais ces réseaux parfois lointains sont aussi des vecteurs et des guides dans la mobilité des familles ; ils favorisent par leur simple souvenir ou par un contact virtuel la résilience chez les jeunes et leurs parents. Souvent, ils aident à la communication et instaurent des médiations informelles entre les générations. Enfin, c'est à travers ces réseaux que s'effectuent des processus de transmission et de changement sur le plan des valeurs et de l'histoire familiale.

On perçoit ici la force de ces réseaux pour les familles immigrantes, mais on note aussi la difficulté de la société québécoise à les inclure dans son propre développement et à élargir à eux ses réseaux locaux. Nos recherches (Vatz Laaroussi, 2008) démontrent ainsi la fermeture et le particularisme des réseaux locaux, et ce, encore plus quand on s'éloigne de la métropole montréalaise. Les questions de langues et les processus de discrimination systémique ont ici une incidence forte et vont jouer sur le peu d'ouverture des réseaux québécois à ceux que portent les immigrants. Notre recherche de 1997 auprès de familles immigrantes et natives jumelées en régions démontrait ainsi la facilité des immigrants à intégrer leurs familles jumelles dans leurs propres réseaux alors que celles-ci ne leur présentaient pas les leurs (Charbonneau et Vatz Laaroussi, 2003). Notre dernière étude auprès de femmes immigrantes et réfugiées installées en région fait ressortir la même difficulté à intégrer les deux types de réseaux, en particulier dans certains milieux ruraux (Vatz Laaroussi *et al.*, 2007). Nous nous trouvons ainsi devant des collectivités locales qui refusent implicitement de bénéficier des apports des immigrants qu'elles attirent, par peur de perdre leur identité ou les liens forts et anciens qu'elles entretiennent.

Remarquons cependant que certaines métropoles canadiennes et d'autres pays mettent de l'avant ces réseaux transnationaux et en font bénéficier l'ensemble de leur population. Par exemple, des politiques scolaires interculturelles peuvent mettre de l'avant les apports des enfants de toutes origines et profiter de leurs réseaux pour partager cette richesse au sein de l'école. Ou encore sur le plan économique, l'entrepreneurship ethnique ou immigrant peut être développé et soutenu financièrement. Il représente alors un soutien aux familles immigrantes et réfugiées qui s'y investissent ainsi qu'un apport majeur pour l'économie locale. De la même manière, les entreprises locales peuvent bénéficier des réseaux des immigrants pour combler leurs besoins de travailleurs (IOM, 2007). Il faut alors penser à des formules qui facilitent sur le plan du logement, de l'école des enfants ou de l'apprentissage de la langue, la circulation des familles dans ces réseaux.

Il importe aussi de multiplier les pistes d'ouverture locales pour mieux appréhender et bénéficier des réseaux immigrants. Pour cela, on peut développer les pratiques de gestion de la diversité et des relations internationales dans les municipalités, les entreprises et les établissements d'enseignement. On doit aussi favoriser l'investissement des réseaux transnationaux dans l'éducation au travers par exemple des programmes scolaires, de pairage entre familles et enfants de différentes origines, de jumelages entre communautés scolaires ou communautés locales des pays d'origine et d'accueil et de programmes de coopération internationale.

## La mobilité des familles

Malgré les orientations politiques de régionalisation de l'immigration et les programmes visant à retenir les immigrants au Québec, on continue à assister au départ d'un nombre régulier, voire croissant de familles immigrantes et réfugiées vers les métropoles, d'une part, les provinces anglophones et d'autres pays dont les États-Unis, d'autre part. Tant sur le plan économique que démographique, la rétention des familles immigrantes représente un enjeu majeur dans les politiques visant tant l'immigration que les familles. En ce sens, la mobilité est vue par nos décideurs comme un problème. Dans le même temps, nos études démontrent que la mobilité géographique des immigrants au Québec est avant tout une stratégie familiale d'insertion et de promotion. Ainsi, les prises de décision de mobilité sont familiales et mettent de l'avant les intérêts des différents membres des familles dont d'abord les enfants. Les facteurs influençant la mobilité sont liés à la famille et aux possibilités d'insertion sociale, professionnelle et éducative de chacun. Famille et mobilité sont donc clairement reliées dans l'immigration et penser familles immigrantes dans l'avenir du Québec oblige à intégrer dans les politiques familiales les éléments clés de la mobilité : les réseaux familiaux et ethniques, l'insertion socioprofessionnelle des parents, les possibilités d'éducation pour les jeunes et de formation pour les adultes, l'accès à des logements de qualité, la possibilité de pratiquer sa religion dans des lieux de culte adéquats, la présence d'infrastructures favorisant la qualité de vie de tous les membres de la famille, les possibilités de transport et de déplacement tant pour les jeunes que pour les adultes. Il faut dès lors voir la mobilité des familles comme un tremplin social favorisant le développement familial et local. Les politiques et mesures se doivent ainsi d'accompagner la mobilité régionale et québécoise pour éviter que les familles ne quittent la province. Pour cela, on doit reconnaître et favoriser les stratégies familiales d'intégration plutôt que les ignorer.

## La reconnaissance des savoirs

Dans ces stratégies familiales, les savoirs divers portés par les familles immigrantes peuvent représenter des apports majeurs pour la société québécoise. Les vagues actuelles de migration (des pays du Sud vers le Nord) révèlent de manière frappante les inégalités économiques existantes entre les pays pourvoyeurs et les pays récepteurs d'immigrants. Les pays d'immigration sont en effet majoritairement des pays riches. De l'autre côté, les pays d'émigration, d'où sont issues les familles immigrantes, sont le plus souvent des pays « en développement », vivant des conflits politiques ou subissant des catastrophes écologiques. Ces flux migratoires actuels corroborent une certaine opposition des savoirs du Nord et ceux du Sud. Au Québec, on le voit clairement dans les procédures de reconnaissance des diplômes des immigrants provenant des pays du Sud, comparativement à ceux provenant des pays du Nord : ainsi, certaines ententes bilatérales entre pays du Nord exclusivement permettent à des étudiants étrangers d'obtenir des équivalences et de s'inscrire à des programmes d'universités québécoises. Cette bipolarisation des savoirs devient un obstacle majeur pour un retour aux études des parents immigrants et un frein à leur intégration, notamment dans l'accès au marché de l'emploi.

En outre, une autre forme de hiérarchisation des savoirs est à l'œuvre dans nos sociétés modernes où la survalorisation des compétences et le centrage sur l'individu et son autonomie sont en opposition avec la famille immigrante et ses savoirs pluriels. Cette opposition sous-entend une dévalorisation, voire une invisibilisation des savoirs dont sont porteurs les familles immigrantes, ces dernières favorisant le « nous familial » et provenant de sociétés où la dimension collective est importante. Compte tenu de ce filtre individualisant, au Québec, les familles immigrantes peuvent être perçues comme étant traditionalistes dans une société moderne d'Amérique du Nord. De fait, les savoirs multiples de ces familles sont moins valorisés, voire ignorés. Pourtant, ce sont ces mêmes savoirs qui leur permettent de s'adapter dans un nouvel environnement et de préserver une certaine continuité malgré la rupture occasionnée par la migration.

Nos recherches (Rachédi, 1999 ; Vatz Laaroussi et Rachédi, 2002 ; Vatz Laaroussi *et al.*, 2002) ne cessent de le montrer : les familles immigrantes et réfugiées sont porteuses de savoirs expérienciels acquis durant la trajectoire migratoire et parfois dans les camps de réfugiés. Par exemple, dans les camps, ces savoirs s'inscrivent essentiellement dans des stratégies d'adaptation et d'entraide. Les savoirs académiques acquis dans le pays d'origine, dans les pays de transition et au Québec pourraient enrichir les épistémologies utilisées dans le secteur de l'éducation (Huot et Rachédi, 2007) en inaugurant le métissage des connaissances. Le secteur de l'emploi aurait tout intérêt également à intégrer la diversité des savoirs professionnels. Sélectionnés pour leurs compétences professionnelles, les immigrants reçus par le Canada sont aujourd'hui scolarisés et n'ont pas besoin d'éducation. Ces « cerveaux », déjà formés et éduqués, et qui n'aspirent qu'à travailler, représentent une valeur ajoutée pour l'économie nationale (Gaudet, 2005). Forts de ces formations diverses, les immigrants se font les promoteurs de savoirs liant le social et l'économique (déve-loppement de réseaux de solidarité, de coopératives, de regroupement d'économie sociale, etc.).

Les savoirs culturels des familles immigrantes (des pays d'origine et des pays traversés) ne sont pas suffisamment reconnus. Pourtant, ces cultures en changement sont de véritables symboles du visage pluri-ethnique du Québec d'aujourd'hui et de demain. On le constate par exemple pour la ville de Montréal, qui devient une cité cosmopolite dont l'urbanisme a été transformé par l'arrivée et l'installation des immi-grants (diversification des lieux de culte, des épiceries, etc.). Ces savoirs culturels sont à prendre au sens large. Ainsi, dans l'univers artistique et particulièrement celui de la littérature, on souligne le caractère hybride des œuvres des écrivains immigrants au Québec (Simon, 1999 ; Rachédi, 2008). S'ils font aussi partie du capital socioculturel, les savoirs relation-nels acquis et actualisés dans les réseaux transnationaux demeurent encore méconnus, quoique plusieurs chercheurs comme Josiane Le Gall ont rapidement documenté cette richesse relationnelle qui influe sur l'intégration des familles immigrantes ici. De véritables stratégies de réseautage émergent de ces savoirs relationnels qui transcendent les frontières géographiques.

De même, les savoirs familiaux d'éducation, de transmission et d'adaptation restent les plus impopulaires aux yeux des professionnels et des intervenants du milieu de la santé et des services sociaux mais aussi de l'éducation (Vatz Laaroussi et al., 2005). Ces savoirs sont souvent mis en opposition avec ceux de la société d'accueil et créent sur le plan culturel des incidents critiques qui ont des effets importants sur les dynamiques des familles immigrantes. Ces dernières se voient par exemple jugées par la société qui les perçoit comme «de mauvais parents» ou comme étant dysfonctionnelles parce que différentes sur le plan des valeurs éducatives.

Les familles immigrantes sont aussi détentrices de savoirs dans «la prise en charge» de leurs aînés vulnérables et dans des relations inter-générationnelles empreintes de «soin de l'autre». Ces aînés ont une place fondamentale dans la transmission et sont précieusement «protégés» par leurs enfants. En ce sens, Olazabal (2007) montre comment les personnes âgées sont de véritables acteurs du changement social à «travers différents cycles de vie et temps historiques» et combien les «personnes issues de groupes ethniques non dominants peuvent, ayant atteint le grand âge, manifester leur fierté quant aux accomplissements réalisés en matière d'accession à la condition citoyenne» (Olazabal, 2007, p. 124). Nos recherches ont également montré comment la transmission de l'histoire est un vecteur de résilience où les parents comme les grands-parents (ici et là-bas) agissent comme des acteurs ou des relais de la transmission.

Finalement, pour reconnaître et utiliser socialement les savoirs des familles immigrantes et réfugiées, il conviendrait d'abord d'offrir des possibilités de développement et d'échanges de ces savoirs (à travers des rencontres associatives, à l'école, à la télévision, etc.). Ensuite, il est important de changer le regard sur la famille immigrante en acceptant de reconnaître la richesse de ses apports pour chacun des membres. Les parents comme les enfants peuvent être des vecteurs et tuteurs de résilience eu égard aux difficultés traversées (sur le plan de la migration, du travail, de la réussite scolaire, etc.). De la même façon, le soin aux personnes aînées et dépendantes et aux enfants représente une contribution économique informelle d'importance dans une société où l'on compte de plus en plus sur l'apport des aidants naturels et du tiers secteur. L'expérience de l'immigration pourra alors être perçue comme un « soutien » à l'*empowerment* et à la citoyenneté (Vissandjee et Maillet, 2007). Enfin, il devient urgent d'évaluer et de reconnaître les acquis scolaires, professionnels et expérienciels des immigrants si l'on souhaite réellement leur faire une place au Québec.

## CONCLUSION SUR DEUX PORTRAITS POSSIBLES DES FAMILLES IMMIGRANTES ET DE LA DIVERSITÉ FAMILIALE AU QUÉBEC EN 2020

Nous nous trouvons donc devant deux projections possibles en ce qui concerne les familles immigrantes au Québec en 2020 : l'une est à tendance pessimiste et se concrétisera si les tendances paradoxales actuelles se maintiennent. L'autre projection est positive et repose sur l'hypothèse que des rectificatifs politiques et de nouveaux programmes vont être instaurés.

Dans l'alternative positive, 2020 permettrait de dresser le portrait d'une société enrichie avec des familles multiples et diverses, toutes citoyennes et impliquées. Les processus de diversification, de métissage et d'apports mutuels seraient actualisés et donneraient leurs fruits en termes de projets familiaux et de projet social citoyen. En revanche, dans l'alternative négative, si l'on s'en tient aux politiques et pratiques actuelles, voire s'il y a une montée du racisme contre les familles immigrantes comme la médiatisation autour des accommodements raisonnables le laisse craindre, on constaterait l'augmentation d'un fossé entre les familles natives et immigrantes et le retrait, sous diverses formes, des familles immigrantes. Ce retrait pourrait s'effectuer sous forme de départ de ces familles vers d'autres provinces, voire d'autres pays, ou encore des retours dans les pays d'origine, comme c'est déjà amorcé pour certaines d'entre elles. Ce serait aussi une forme de repli communautariste sur le groupe ethnique ou religieux pour d'autres. Enfin, on pourrait constater l'augmentation des conflits non résolus au sein des familles ; pour celles qui sont les plus démunies financièrement ou sur le plan communautaire, ces conflits apportant leur cortège de conséquences et de coûts sociaux.

Rappelons que pour aller vers l'alternative positive, il faut d'abord une volonté politique avec des orientations, programmes et mesures liant immigration et famille. On peut penser à une politique interministérielle et à des pratiques intersectorielles sur des sujets clés comme la reconnaissance des acquis, l'éducation interculturelle en milieu scolaire et les programmes d'accueil et d'intégration dans toutes les institutions. On doit aussi penser au développement de la formation pratique et professionnelle sur les questions interculturelles et familiales, et ce, dans toutes les formations des domaines du social, de la santé, de l'administration ou de la gestion des ressources humaines. On doit envisager, et il y a urgence, des mesures permettant une conscientisation collective sur la richesse d'une société diversifiée. Pour cela, un vaste travail de sensibilisation et d'éducation doit être entrepris et doit concerner l'ensemble des sphères de la société. Les médias doivent sans aucun doute être directement impliqués dans cette démarche. Enfin, on doit autour de cet enjeu de l'intégration citoyenne des familles immigrantes penser et concrétiser le développement de politiques et pratiques municipales d'intégration, de reconnaissance et de promotion de la diversité, donnant ainsi au local une responsabilité non seulement quant aux infrastructures mais aussi quant aux processus et interactions qui s'y développent.

## BIBLIOGRAPHIE

Anctil, P. (2006). « Quel accommodement raisonnable ? », *Le Devoir*, 11 décembre.

Boulanger, K. (2007). *Les enfants immigrants et réfugiés en milieu scolaire dans la région de l'Estrie*, Essai de maîtrise en service social, Université de Sherbrooke.

Charbonneau, J. et M. Vatz Laaroussi (2003). « Twinning projects between immigrant families and Quebecois families : Volunteer work, mutual aid or intervention ? », *Journal of International Migration and Integration*, vol. 4, n° 4, automne.

Clarkson, M. (2005). « La santé des immigrants récents au Québec : une intégration à adapter et à parfaire », *Santé, société et solidarité, Immigration et intégration*, n° 1.

Commission de consultation sur les pratiques d'accommodement reliées aux différences culturelles (2007). *Accommodements et différences : vers un terrain d'entente : la parole aux citoyens*, Québec, Gouvernement du Québec. Document de consultation.

Conseil de la famille et de l'enfance (2007). *Transitions familiales : le rapport 2005-2006 sur la situation et les besoins des enfants et des familles*, Québec, CFE, 234 p.

CSSS de la Montagne (2007). *L'adaptation reliée à la gestion de la diversité dans le secteur de la santé et des services sociaux de la région de Montréal*. Mémoire présenté à la Commission de consultations sur les pratiques d'accommodement reliées aux différences culturelles, 19 octobre.

Daler, A. (2001). « Les événements du 11 septembre et les Québécois de religion islamique », version numérique du bulletin *Vivre ensemble*, vol. 10, n° 34, automne.

Daler, A. (2003). « Les musulmans au Québec ». Version numérique de la collection « Les classiques des sciences sociales ». Document produit par Jean Marie Tremblay, bénévole, professeur de sociologie, Cégep de Chicoutimi, <www.cjf.qc.ca/relations/archives/themes/textes/immigration/immi_dahe_0306.htm>.

DeShaw, R. (2006). « The history of family reunification in Canada and current policy », *Canadian Issues – Thèmes canadiens*, printemps.

Garcea, J. (2006). « Attraction et intégration d'immigrants au sein de grandes villes de la Saskatchewan », *Nos diverses cités*, n° 2, été.

Gaudet, E. (2005). *Relations interculturelles. Comprendre pour mieux agir*, Québec, Éditions Groupe Modulo.

Geadah, Y. (2007). *Accommodements raisonnables. Droit à la différence et non différence des droits*, Montréal, VLB Éditeur.

Helly, D., M. Vatz Laaroussi et L. Rachédi (2001). *La transmission culturelle aux enfants par de jeunes couples immigrants*, Montréal, Québec, Sherbrooke, Immigration et Métropoles.

Huot, F. et L. Rachédi (2007). « Pratiques de formation et pratiques d'intervention en travail social dans un contexte de diversité culturelle : recadrage conceptuel et études de cas », *Deuxième congrès international des formateurs en travail social et des professionnels francophones de l'intervention sociale*, 3 juillet, Namur, Belgique. Actes du colloque à paraître.

International Organization for Migration – IOM (2007). « Reaping the fruits of migration and development », *Migration*, juillet.

Kanouté, F. (2003). *Les parents de milieux défavorisés et l'accompagnement scolaire de leurs enfants*, Montréal, Comité de gestion de la taxe scolaire de l'Île de Montréal, <www.cgtsim.qc.ca>.

Kustec, S. (2006). «Family versus individual immigration: A new analytical perspective», *Canadian Issues – Thèmes canadiens, L'immigration et les familles*, printemps.

Lenoir, A. *et al.* (à paraître, 2008). «Si j'avais su, jamais je ne serais venu». Discrimination en emploi et impacts sur les politiques publiques: le cas des Maghrébins au Québec. *JIMI, Journal des migrations et de l'intégration*, Calgary.

MacAndrew, M. (2007). «Pour un débat inclusif sur l'accommodement raisonnable», article soumis à la revue *Éthique publique*, 19 février.

Morin, P. et J. Pori (2006). *L'accès au logement des familles immigrantes à Sherbrooke*, conférence donnée au 3e séminaire de l'Observatoire de l'immigration dans les zones à faible densité d'immigrants, Université de Sherbrooke, octobre.

Olazabal, I. (2007). «Minorités ethniques, vieillissement et citoyenneté. Le point de vue de la deuxième génération juive ashkénaze de Montréal», dans M. Charpentier et A. Quéniart, *Pas de retraite pour l'engagement citoyen*, Québec, Presses de l'Université du Québec, p. 119-134.

Piché, V. (2005). «Les vagues migratoires et leur impact: le cas du Québec», *Santé, société et solidarité, Immigration et intégration*, n° 1.

Pinsonneault, G. (2005). «L'évolution de la composition du mouvement d'immigration au Québec au cours des dernières décennies», *Santé, société et solidarité, Immigration et intégration*, n° 1.

Rachédi, L. (1999). *Immigration, adaptation et histoires de vie. Utilisation des histoires de vie auprès des familles immigrantes.* Essai de maîtrise, École de travail social, Université Laval. Québec.

Rachédi, L. (2005). «Les pratiques d'écriture narrative des immigrés d'origine algérienne et marocaine installés au Québec: des écrivains exilés de leur histoire», Actes du colloque «Cross-cultural relations and exile», sous la direction de Salvatore Bancheri et Danièle Issa-Sayeb, Toronto, Université de Toronto.

Rachédi, L. (2007). «Enseigner l'intervention sociale en contexte interculturel: méthode et objectifs», dans Henri Dorvil (dir.), *Théories et Méthodes*, Québec, Presses de l'Université du Québec.

Rachédi, L. (2008). *Trajectoires migratoires et stratégies identitaires d'écrivains maghrébins immigrants au Québec: l'écriture comme espace d'insertion et de citoyenneté pour les immigrants*, thèse de doctorat en sciences humaines appliquées, Université de Montréal, avril.

Rachédi, L. et A. Kabambi (2002). «Rendre visibles les savoirs invisibles des immigrants: informer, diffuser, transformer», Colloque Association des étudiants et étudiantes en anthropologie (AEEA), Québec, Université Laval.

Rachédi, L. et A. Pierre (2007). «"Historioriser" l'immigration ou comment accompagner les familles immigrantes en partageant leur histoire», *Revue des psychothérapeutes familiaux du Québec*.

Rachédi, L. et M. Vatz Laaroussi (2004). « Favoriser la résilience des familles immigrantes par l'empowerment et l'accompagnement », *Intervention*, « Le travail social et les pratiques interculturelles », n° 120.

Renaud, J. (2005). « Limites de l'accès à l'emploi et intégration des immigrants au Québec : quelques exemples à partir d'enquêtes », *Santé, société et solidarité, Immigration et intégration*, n° 1.

Rencontre interculturelle des familles de l'Estrie – RIFE (2007). *Recommandations et pistes d'action*. Suites du forum contre le racisme et les discriminations en Estrie, 10 février 2007, document du 31 mai 2007.

Robert, J. (2005). « L'intégration vue du Québec », *Santé, société et solidarité, Immigration et intégration*, n° 1.

Simon, S. (1999). *Hybridité*, Montréal, Éditeur L'île de la tortue – Les élémentaires, une encyclopédie vivante.

Tigar McLaren, A. (2006). « Immigration and parental sponsorship in Canada, implications for elderly women », *Canadian issues – Thèmes canadiens, L'immigration et les familles*, printemps.

Vatz Laaroussi, M. (2001). *Le familial au cœur de l'immigration : stratégies de citoyenneté des familles immigrantes au Québec et en France*, Paris, L'Harmattan, coll. « Espaces Interculturels ».

Vatz Laaroussi, M. (2004a). « Des familles citoyennes : le cas des familles immigrantes au Québec », *Nouvelles pratiques sociales*, vol. 16, n° 1, hiver, p. 148-165

Vatz Laaroussi, M. (2004b). « L'histoire des familles immigrantes : un enjeu pour l'intervention sociale et la formation dans les régions du Québec », Numéro thématique sous la direction de Nicole Chiasson et Fabienne Tanon, *Les cahiers de la recherche en éducation*, vol. 7, n° 3, automne.

Vatz Laaroussi, M. (2006a). « L'immigration en dehors des métropoles : vers une relecture des concepts interculturels », *Canadian Ethnic Studies*, numéro thématique : Penser l'immigration en dehors des métropoles, hiver.

Vatz Laaroussi, M. (2006b). « Le Nous familial vecteur d'insertion pour les familles immigrantes », *Thèmes canadiens*, printemps.

Vatz Laaroussi, M. (2007a). « Les relations intergénérationnelles, vecteurs de transmission et de résilience au sein des familles immigrantes et réfugiées au Québec », *Revue internationale électronique Enfances, Familles, Générations*, n° 6 <www.erudit.org/revue/efg/2007/v/n6/index.html>.

Vatz Laaroussi, M. (2007b). « Les usages sociaux et politiques de la mémoire familiale : de la réparation de soi à la réparation des chaos de l'histoire », *Revue internationale électronique Enfances, Familles, Générations*, n° 7, <www.erudit. org/revue/efg/2007/v/n6/index.html>.

Vatz Laaroussi, M. (2008). « Intervenir avec les familles immigrantes et réfugiées », *L'intervention interculturelle*, nouvelle édition sous la direction de Legault et Rachédi, Montréal, Éditions Gaëtan Morin.

Vatz Laaroussi, M., M. Bolzman et C. Lahlou (dir.) (2008). *Familles immigrantes : au gré des ruptures... tisser la transmission*, Lyon, Éditions L'Interdisciplinarité.

Vatz Laaroussi, M., L. Guilbert, B. Velez et G. Bezzi (2007). *Femmes immigrantes et réfugiées dans les régions du Québec: insertion et mobilité*. Rapport de recherche effectué pour Condition féminine Canada, Observatoire de l'immigration dans les zones à faible densité d'immigrants, Université de Sherbrooke, mai.

Vatz Laaroussi, M. et J.M. Messé (2008). «Être parents en situation d'immigration: défis, enjeux et potentiels», dans C. Parent (dir.), *La parentalité*, Québec, Presses de l'Université Laval.

Vatz Laaroussi, M. et L. Rachédi (2002). *Familles immigrées des guerres en Estrie: de la connaissance au soutien*, Université de Sherbrooke et Rencontre interculturelle des familles de l'Estrie. Rapport de recherche financé par le ministère de la Famille et de l'Enfance.

Vatz Laaroussi, M. et L. Rachédi (2004). «La résilience comme contribution sociale pour les jeunes et familles réfugiés», *Thèmes canadiens*, avril, p.48-52.

Vatz Laaroussi, M., L. Rachédi, F. Kanouté et K. Duchesne (2005). *Favoriser les collaborations familles immigrantes-écoles: soutenir la réussite scolaire*, Sherbrooke, Éditions de l'Université de Sherbrooke, 92 p. Guide d'accompagnement.

Vatz Laaroussi, M., L. Rachédi et L. Pépin (2002). *Accompagner les familles immigrantes: paroles de familles, principes d'intervention et moyens d'action*, Sherbrooke, Université de Sherbrooke. Guide d'accompagnement.

Vissandjee, B. et L. Maillet (2007). «L'empowerment et l'expérience de l'immigration au Canada. Multiples déterminants d'une réalité complexe», dans Henri Dorvil (dir.), *Problèmes sociaux*, Tome IV, *Théories et méthodologie de l'intervention sociale*, Québec, Presses de l'Université du Québec, p. 143-162.

# Prospective sur les plans économique, politique et juridique

# L'avenir de la famille québécoise

## Quel rôle pour les politiques sociales et familiales?

Jane JENSON
*Chaire de recherche du Canada en citoyenneté et gouvernance*

Les politiques sociales sont à la fois un produit et un facteur structurant des relations sociales, relations familiales comprises. Les politiques sociales dépendent des différents courants idéologiques ainsi que des tendances lourdes, comme la mondialisation. C'est pourquoi tout scénario sur les avenirs possibles des politiques publiques, et notamment si l'on se place à l'horizon 2020, va dépendre de l'intersection et de l'interaction entre les domaines de politiques publiques et les structures économiques et sociales. C'est à partir de ces interrelations que les contours des futurs probables, souhaitables et possibles se dessineront.

Pour cela, nous procéderons par étapes. Nous commencerons par présenter une grille d'analyse des politiques publiques. À partir de cette grille, nous ferons une très brève description des politiques familiales québécoises. Enfin, nous dresserons la liste des défis auxquels les familles et les États sont actuellement confrontés.

## UNE GRILLE D'ANALYSE POUR LES POLITIQUES SOCIALES

Les politiques publiques résultent avant tout de choix politiques concernant l'architecture sociale. Bien qu'elles soient influencées par les nouvelles conditions socioéconomiques, on ne peut les comprendre uniquement comme des tendances sociologiques ou démographiques.

Ces tendances sont en effet toujours sujettes à une lecture politique, au sens large du terme. Les politiques publiques résultent de trois processus :

- *Nommer le défi.* Toute tendance socioéconomique peut être interprétée de plusieurs façons. Par exemple, le déclin des taux de fécondité peut être défini comme un « risque majeur » par les économistes. Les signataires du manifeste *Pour un Québec lucide* nous annoncent que le ralentissement démographique « voudra dire un peuple moins dynamique, moins créatif, et moins productif[1] ». Pour les écologistes, en revanche, le déclin du taux de fécondité n'est pas un problème mais plutôt le signe que le contrôle de la population pourra peut-être prévenir l'épuisement des ressources écologiques de la planète.

- *Fixer les objectifs.* Quand bien même un accord a été établi sur la nature du défi à affronter, des divergences quant aux objectifs à poursuivre peuvent perdurer. Un exemple classique est fourni par la définition de l'objectif premier des politiques familiales. Ces dernières doivent-elles promouvoir une équité horizontale ou verticale, autrement dit doivent-elles redistribuer les ressources entre les familles sans enfant et les familles avec enfant(s) ou redistribuer les ressources entre les riches et les pauvres ?

- *Choisir les instruments politiques.* Une gamme d'instruments existe pour parvenir à un même objectif, et le choix d'un instrument ne répond pas uniquement à des déterminants techniques. Par exemple, une fois que la baisse du taux de fécondité a été désignée comme le défi à relever et que l'objectif d'encourager une hausse de la natalité a été défini, des questions sur la façon dont on doit s'y prendre pour parvenir aux résultats escomptés demeurent : par exemple, on peut se demander si l'amélioration de l'offre des services aux familles est plus efficace que l'augmentation des allocations familiales.

Ces trois processus montrent qu'il existe de multiples objets de décision et que les choix effectués varieront selon les paliers de gouvernement (fédéraux, provinciaux, municipaux), les pays et dans le temps. Aussi, afin de simplifier la discussion, nous utiliserons un outil heuristique pour analyser les deux premiers processus : le losange du bien-être (Jenson, 2004, p. 3).

---

1. Voir <www.pourunquebeclucide.com/>.

FIGURE 1

*Losange du bien-être*

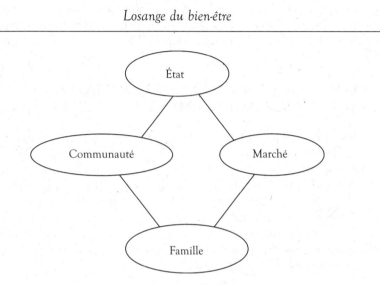

En Occident, depuis plus d'un siècle, la source majeure de bien-être de la plupart de la population est le marché et les revenus qu'il procure et dont vivent les individus ou les membres d'une famille. Mais il existe également des biens et services non marchands qui sont créés au sein des familles, comme l'éducation des enfants par les parents, les travaux domestiques ou les soins aux personnes âgées. Le secteur communautaire est une troisième source de bien-être. Associant les travailleurs salariés et les bénévoles, ce secteur offre du soutien et de nombreux services, soit gratuitement, soit sans but lucratif, par exemple les services de garde des enfants, les banques alimentaires ou les loisirs. Enfin, l'État assure une partie du bien-être dans tous les domaines, à travers les services publics (services à la petite enfance, santé – tous les services pour lesquels les citoyens n'ont pas à payer le prix du marché) ou par des prestations. De plus, l'agencement des secteurs du losange (figure 1) est le résultat de décisions de l'État à propos des objectifs et des instruments utilisés pour distribuer les services et les prestations, soit directement par l'action de l'État, soit par la structuration des autres secteurs. Lorsque les idées et les pratiques de solidarité sont importantes, par exemple, le secteur étatique va être plus large que lorsque l'enthousiasme pour les solutions de marché réduit la légitimité de l'État ou que la charité privée semble le meilleur moyen de répondre aux besoins. En décrivant l'agencement des responsabilités entre les quatre secteurs, il est possible de caractériser les choix de politiques publiques qui répondent aux défis nommés, aux objectifs fixés et aux instruments choisis. Les décisions du passé ainsi que celles du présent contribuent à délimiter les futurs probables, souhaitables et possibles.

## LES POLITIQUES SOCIALES ET FAMILIALES AU QUÉBEC. UN AGENCEMENT DE TYPE LIBÉRAL

Dans les années 1940, le gouvernement fédéral a lancé un certain nombre de nouvelles initiatives touchant les domaines du chômage (1940) et des allocations familiales (1944). Le Québec, comme les autres provinces canadiennes, fournissait de l'assistance aux familles sans homme pourvoyeur ainsi qu'aux autres pauvres[2]. Au Québec, le secteur communautaire du losange du bien-être est resté beaucoup plus important que dans le reste du Canada jusqu'au début des années 1960, parce que l'Église catholique a joué jusqu'à cette date un rôle très important dans le domaine social (CFE, 2008, p. 8).

Pendant ces années, les principaux défis et objectifs consistaient à assurer aux familles et aux individus un revenu minimal quand ils étaient incapables de gagner leur vie en raison de l'âge, d'un handicap, d'une maladie, d'une situation de chômage ou parce qu'il n'y avait aucun homme pourvoyeur. Les choix faits à l'époque continuent, de nos jours, de modeler le paysage des politiques sociales, et ce, bien que de nouvelles conditions socioéconomiques soient apparues du fait de la mondialisation, du vieillissement de la population et de l'émergence d'une économie du savoir et de services. Cette continuité existe parce que les décisions prises à ce moment-là ont créé des régimes de *welfare* stables, et chacun a son propre agencement de responsabilités dans le losange du bien-être (figure 1). Trois types de régime de *welfare* peuvent être distingués : le régime social-démocrate, dans lequel le rôle de l'État est relativement important et où l'égalité est l'objectif de la solidarité sociale ; un régime corporatiste dans lequel l'État intervient pour soutenir les hiérarchies sociales et économiques existantes et au sein duquel le secteur communautaire – particulièrement les Églises – joue un rôle majeur dans l'offre de services ; un régime libéral dans lequel les relations de marché prédominent de façon à ce que l'activité de l'État soit réduite à un rôle d'accompagnement du marché en assurant une certaine solidarité sociale,

---

2. La loi québécoise de l'Assistance publique date de 1921 et celle de l'Assistance aux mères nécessiteuses, de 1938. Le Manitoba a mis en place un soutien aux mères seules en 1916 et les autres provinces ont suivi, dans les années 1920 et 1930.

et où le secteur communautaire joue un rôle clé en comblant les lacunes du marché et de l'État (Esping-Andersen, 1990). Le Québec et le Canada ont été et sont toujours des régimes de type libéral.

Bien que les régimes libéraux favorisent la régulation par le marché, aucun d'entre eux ne repose entièrement sur les mécanismes du marché. Cependant, un régime libéral, plus que les régimes corporatiste ou social-démocrate, aide les citoyens dans les choix qu'ils effectuent sur les marchés et encourage les marchés à offrir certains services qui sont assurés par les services publics dans d'autres régimes.

Quatre principaux types d'instruments de politiques sociales sont disponibles pour modeler le losange du bien-être (Myles, 1998, p. 350-352; Banting, 1987, p. 7-12):

- l'assistance publique, dont l'objectif est de répondre aux besoins de base de ceux dont les revenus du marché sont inadéquats et qui vivent dans une situation de pauvreté;
- l'assurance sociale, dont l'objectif est de fournir un revenu de remplacement (pour chômeurs, retraités, accidentés, malades, etc.) à ceux qui ont souscrit à des cotisations pendant leurs années d'activité au marché du travail;
- la citoyenneté sociale, dont l'objectif est de fournir un service ou une prestation à tout citoyen;
- le complément de revenu, fourni en fonction du revenu et versé exclusivement à travers le régime fiscal.

Chaque régime peut avoir une préférence pour un instrument – par exemple les régimes libéraux s'appuient sur l'assistance publique beaucoup plus que les régimes sociaux-démocrates ou corporatistes. Néanmoins, on peut trouver tous les instruments dans chaque type de régime, selon les domaines de politiques publiques. Jusqu'aux années 1960, les politiques sociales québécoises étaient fondées sur l'instrument standard des régimes libéraux, soit l'assistance publique. De plus, il déléguait la plupart du temps à l'Église catholique l'administration des programmes sociaux, permettant ainsi que les valeurs de celle-ci déterminent l'accès aux services (Conseil de la famille et de l'enfance, 2008, p. 8-9). Pour sa part, le gouvernement fédéral complétait ces instruments libéraux classiques par des instruments de citoyenneté sociale, comme les allocations familiales, et par une assurance sociale, celle du chômage.

Les objectifs et les instruments québécois ont commencé à changer de façon significative pendant les années 1960, à la suite de la Révolution tranquille et de l'éviction de l'Église de sa place prédominante. L'État a pris en main l'éducation catholique francophone avec le boom des universités publiques, en créant les cégeps et en développant les écoles secondaires. Le gouvernement du Québec a également retiré à l'Église l'administration des hôpitaux. Parallèlement à l'accès universel aux services hospitaliers depuis 1961[3], la plupart des services de santé ont alors été soustraits au marché et au secteur communautaire. L'accès aux services de santé non hospitaliers comme un droit de la citoyenneté sociale est acquis au Québec en 1971, quand le programme d'assurance maladie est établi en accord avec l'offre de 1968 du gouvernement fédéral de partager les coûts des services médicaux non hospitaliers. Ces changements conduisent à décharger les familles des coûts de la santé.

À cette époque, les instruments de citoyenneté sociale deviennent plus communs, et ceux de l'aide sociale sont de moins en moins soumis à certaines valeurs morales, qu'elles soient religieuses ou non. Néanmoins, la sécurité du revenu reste le défi principal, et les mesures adoptées visent à assurer l'accès au marché du travail par l'éducation et la formation ou à assurer un revenu de remplacement en cas de chômage ou d'incapacité de travail. L'aide sociale reste l'instrument clé du soutien aux familles en situation de pauvreté, et de nouvelles politiques sociales soutiennent l'emploi des parents. Le Régime d'assistance publique du Canada (RAPC), mis en place en 1966, incluait des subventions pour la garde d'enfants des parents en situation de risque de pauvreté ou à faible revenu (Mahon, 2002).

Il n'y a cependant rien qui puisse, à l'époque, être proprement nommé une « politique familiale » (CFE, 2008, p. 12). En effet, un nouveau défi, en plus de celui de la sécurité du revenu, est apparu à la fin des années 1960. Il s'agissait des conséquences de la progression du taux de l'activité féminine sur la conciliation de la vie professionnelle et de la vie familiale. Dans les années qui suivent la création de la Fédération des femmes du Québec (1966) et le rapport de la Commission royale d'enquête sur la situation de la femme (1971), le Québec et le gouvernement fédéral avaient pris un certain engagement envers le soutien de l'entrée des femmes sur le marché du travail et l'idéal de l'égalité homme-femme. Le gouvernement fédéral crée ainsi la déduction fiscale pour frais de garde et ajoute à l'assurance chômage une allocation de maternité, en 1972. En 1978, le gouvernement du Québec crée le Programme d'allocation de maternité (PRALMA) pour combler les manques du programme pancanadien.

---

3. Le gouvernement fédéral a mis en place un financement conditionnel de 50 % des coûts en 1957 et le Québec a accepté cette offre en 1961.

Ce n'est qu'au cours des années 1980 que le Québec commence à se distinguer des autres provinces en ce qui a trait aux politiques familiales. Au début de l'année 1987, le gouvernement du Québec s'attaque à un nouveau défi: le déclin du taux de fécondité. Il ajoute alors encore un objectif, qui se traduit par la mise en place de nouveaux instruments. En 1987, le gouvernement publie ainsi son premier *Énoncé de politique familiale*, qui inclut ce nouvel objectif: «Cette première "politique familiale explicite" vise la reconnaissance des familles nombreuses et accorde la priorité au soutien financier aux familles. Elle repose en majeure partie sur les prestations monétaires et des mesures fiscales» (CFE, 2008, p. 14). Il y a donc, durant ces années, des innovations dans les instruments de politiques publiques. Procédant de la même façon que le Canada et les autres régimes libéraux (Myles, 1997), la politique familiale du Québec s'appuie sur des prestations délivrées à travers le régime fiscal. Cette politique comportait des exemptions nouvelles (abolition de l'imposition des allocations familiales québécoises), des crédits d'impôts (remboursables et non remboursables) et des réductions d'impôts pour les familles. De plus, les allocations à la naissance augmentent en fonction du rang de l'enfant (500 $ pour la première naissance; 3000 $ à partir du troisième). Des institutions sont créées pour réaliser cette politique de la famille: le Secrétariat à la famille est ainsi créé, en 1987[4], et le Conseil de la famille, en 1988.

L'engagement du Québec dans cette politique familiale ne se réalise pas sans controverses. Tout au long des années 1980, les objectifs ont été débattus et les discussions sont vives pour décider si la politique familiale doit être explicitement et activement nataliste. L'attention se porte parfois à nouveau sur le défi de l'aide au revenu. Des inquiétudes sont exprimées sur l'incapacité de certaines familles à subvenir à leurs besoins avec les seuls revenus du marché, et la crainte d'un risque plus élevé de la pauvreté commence à dominer les débats.

Dans les années 1990, alors que le gouvernement resserre l'accès à l'aide sociale, les politiques sociales deviennent généralement plus ciblées (Noël, 1996). L'important effort gouvernemental pour l'assainissement des finances publiques conduit à une réforme majeure de la politique de la famille en 1997, qui se traduit par la création d'un nouveau ministère, celui de la Famille et de l'Enfance[5].

---

4. Ce secrétariat remplace le Secrétariat à la politique familiale, créé en 1984.
5. Ce ministère est créé par un regroupement du Secrétariat de la famille, responsable de la politique familiale en général, et l'Office des services de garde à l'enfance. Il suit d'un an la création du même ministère (Ministry of Children and Families) en Colombie-Britannique.

Cette politique familiale tâche de répondre aux problèmes de revenus en fixant plusieurs objectifs. Des instruments fiscaux de type universel apportent une aide à l'enfance, tandis qu'un supplément au revenu est mis en œuvre à travers les allocations familiales, qui visent les parents à faibles et moyens revenus. Un nouvel instrument est également développé à cette époque : un programme de services de garde éducatif, universel et abordable. Ajoutée aux instruments fiscaux, cette réforme implique également une reconfiguration significative du losange du bien-être, dans la mesure où l'État assume une responsabilité plus importante dans l'éducation des enfants, en particulier pendant la petite enfance. Néanmoins, le défi principal demeure celui de la sécurisation des revenus, et les crédits d'impôts et allocations de la politique familiale sont alors conçus de façon à s'accorder aux mesures pour l'emploi qui sont développées dans d'autres politiques sociales[6]. Comme le montre l'analyse comparative entre les politiques familiales française et québécoise réalisée par Pascale Dufour (2002), les politiques du Québec sont avant tout axées sur le modèle du parent-producteur.

Le service de garde à l'enfance mis en place dans le cadre de la politique familiale nouvelle poursuit un double objectif : inciter la participation des parents au marché du travail et favoriser le bon développement des enfants. La décision d'investir dans le développement de lieux d'accueil pour les enfants à travers les Centres de la petite enfance (CPE) et en milieu familial est précisément un instrument pour atteindre ces objectifs. L'État assume donc un plus grand rôle dans l'éducation des enfants à travers la mise en place de services. L'incitation à l'activité devient ainsi la première stratégie pour lutter contre la pauvreté. En d'autres termes, le marché est considéré comme la principale source de revenus pour le plus grand nombre possible de familles.

Au même moment, et cela se reflète dans le changement de nom du Conseil de la famille qui devient le Conseil de la famille et de l'enfance (CFE), l'État cherche de plus en plus à s'assurer que la population future (et donc les enfants d'aujourd'hui) soit la mieux préparée possible à l'ère nouvelle de la mondialisation. Un objectif est donc défini : investir dans les enfants afin d'améliorer leur – et notre – bien-être futur. Il s'agit là d'un tournant décisif au plan des politiques

---

6. L'opinion générale sur les effets de cette unification de programmes est qu'elle a laissé le revenu des parents prestataires de l'aide sociale à peu près à leur niveau initial (Rose, 1998). Cependant, elle constitue un gain pour les employés ayant un bas salaire.

publiques, dans la mesure où la responsabilité du bien-être des enfants avait toujours été laissée aux familles – une intervention publique n'ayant lieu, à travers la justice et le système de protection de l'enfance, que si les familles étaient incapables d'assurer la sécurité de l'enfant. À la fin des années 1990, au Québec comme dans les autres régimes de *welfare* libéraux, les États prennent une responsabilité plus grande dans ce domaine, en définissant comme objectif de l'action publique le développement des enfants ou encore la réussite de l'entrée à l'école, ce qui conduit de plus en plus à favoriser l'investissement dans l'enfance (Jenson, 2001 ; Lister, 2003 ; Saint-Martin, 2002 ; Palier, 2005). La question devient alors de savoir comment réaliser ces objectifs dans le futur caractérisé par plusieurs défis, qu'ils soient nouveaux ou anciens.

Dans la politique familiale de 1997, qui s'aligne sur le savoir scientifique traitant de la façon de favoriser le développement de l'enfant, l'accent est porté sur la nécessité d'augmenter les services de garde offerts dans les Centres de la petite enfance. Parmi leur personnel, ces CPE emploient des éducatrices qualifiées ; les parents sont membres des conseils d'administration. L'objectif fixé en 1997 était de créer 100 000 places, pour moitié dans les services de garde en milieu familial et pour l'autre moitié dans les CPE (Grégoire, 2002, p. 32). En réalité, l'augmentation des places est à la fois plus rapide et plus importante que cela n'avait été prévu. Plus de places sont maintenant disponibles en milieu familial que dans les CPE[7]. Il faut également remarquer l'augmentation du nombre de garderies à but lucratif qui suit la levée, en 2002, du moratoire sur la création de nouvelles places dans le secteur privé. Après 2005, le taux d'augmentation dans ce secteur est encore plus important, atteignant 30 % entre 2003 et 2005. Au regard de ce que les études ont montré quant à la qualité dans les différents services, l'augmentation de l'accueil à but lucratif s'est fait au détriment de la qualité du service. En d'autres mots, la vocation des services de garde à l'enfance est moins de servir d'instrument d'investissement dans l'enfance que d'instrument de conciliation famille-travail, avec pour objectif d'accroître l'employabilité des parents et donc d'assurer la sécurité des revenus.

---

7. Pour les données de 1997 et 1998, se reporter à Japel *et al.* (2006, p. 9). Pour 2004, voir <www.mfacf.gouv.qc.ca/statistiques/services-de-garde/profil-utilisateurs.asp>, consulté le 26 mars 2006.

## LES DÉFIS ACTUELS. QUELLE PROSPECTIVE POUR L'AVENIR DES POLITIQUES SOCIALES ET FAMILIALES ?

D'importants changements visant à ajuster les instruments ont maintenu, ces dernières années, la politique familiale du Québec dans le giron des politiques visant à assurer la sécurité du revenu par l'accès des adultes au marché du travail. Les réformes les plus récentes continuent de placer au premier plan la situation des familles présentant un risque de revenu inadéquat, soit parce que leurs revenus du travail sont insuffisants, soit parce que les enfants engendrent des coûts supplémentaires. De plus, le souci nataliste conduit à l'objectif d'augmentation du taux de fécondité. Plusieurs objectifs ont été élaborés pour relever ces défis : inciter les parents à entrer et rester sur le marché du travail ; s'assurer que le capital humain n'est pas affecté par de longues périodes d'inactivité, en aidant les parents à concilier vie professionnelle et vie familiale ; proposer des compléments aux revenus de marché pour les bas salaires. Le parent producteur reste donc la figure principale dans l'agencement actuel du losange du bien-être.

Un premier instrument de la politique familiale vise directement le revenu des familles. En janvier 2005, un nouveau crédit d'impôt remboursable, le *Soutien aux enfants*, est versé aux familles ayant des enfants de moins de 18 ans à leur charge[8]. À la fois universel et progressif selon les revenus (au moins 594 $ sont alloués à toutes les familles en 2008)[9], il i) aide les familles à pourvoir aux besoins essentiels reconnus des enfants, ii) fournit ce soutien de façon universelle plutôt que sélective, et iii) cherche à encourager les parents à préférer un travail à bas revenu plutôt que de rester sur l'aide sociale. En d'autres termes, ce soutien est à la fois une allocation aux familles et une incitation à ce que les parents intègrent, restent ou reviennent sur le marché du travail.

Afin de mettre en place cet instrument de la politique familiale, il a fallu réformer un autre programme. En janvier 2005, un instrument de longue date est modifié ; le complément de salaire aux parents ayant des revenus très faibles, connu sous le sigle APPORT[10], est remplacé

---

8. Il remplace l'allocation familiale, qui s'adressait uniquement aux familles ayant un revenu faible ou moyen, l'allocation pour les enfants handicapés, le crédit d'impôt pour les enfants mineurs et la réduction de l'impôt à l'égard des familles.

9. Voir <www.rrq.gouv.qc.ca/fr/programmes/soutien_enfants/faq/general>.

10. APPORT (Aide aux parents pour le revenu du travail) était l'un des premiers exemples de complément au revenu du travail au Canada.

par la *Prime au travail*. C'est également un crédit d'impôt remboursable et il est ouvert à tous les travailleurs à bas salaire. Les taux sont néanmoins plus élevés pour les ménages avec des enfants à charge[11].

Le deuxième instrument de la politique familiale est sans nul doute conçu pour soutenir l'emploi des parents et réduire le risque qu'une naissance fait peser sur celui-ci. L'objectif est à la fois de maintenir les revenus de la famille et de réduire le risque que les nouveaux parents, et particulièrement les mères, ne quittent le marché du travail. En 2006, le Québec est enfin en mesure de lancer le Régime québécois d'assurance parentale (RQAP), qui avait été annoncé depuis 1997. Le RQAP offre une allocation généreuse aux nouveaux parents – aux pères aussi bien qu'aux mères – qui avaient un revenu du travail dans l'année qui a précédé la naissance ou l'adoption du bébé. Il est substantiellement plus flexible et généreux que le programme qu'il remplace – les prestations fournies par le programme fédéral d'assurance-emploi.

Le troisième instrument de la politique familiale couvre les services de garde subventionnés par l'État, qui s'adressent à la fois aux enfants d'âge scolaire et à ceux en deçà de l'âge de scolarisation. Les premiers sont trop souvent ignorés des discussions sur les services de garde, probablement parce que ces services sont sous la responsabilité du ministère de l'Éducation plutôt que sous celle du ministère de la Famille et des Aînés. Néanmoins, l'existence de services abordables de garde des enfants avant et après l'école et pendant les vacances scolaires constitue un soutien aux parents et un apport essentiel à leur capacité de concilier vie professionnelle et vie familiale. Les services de garde préscolaires continuent d'être au centre de l'attention publique. Pour répondre aux besoins, le gouvernement du Québec a récemment annoncé la création de 20 000 places d'ici 2012[12].

Le Conseil de la famille et de l'enfance juge que ces réformes améliorent le système, notamment en termes de cohérence et parce que « la configuration actuelle de la politique familiale représente une combinaison équilibrée de services et de soutien financier... [mais] le travail ne fait que commencer » (CFE, 2008, p. 45). Nous sommes d'accord avec ce jugement positif. Le système fournit en effet une bonne combinaison de services et de prestations, dans la mesure où le défi à relever est de réduire l'insécurité du revenu des familles. Il est bien articulé avec les autres politiques sociales, comme l'aide sociale ou l'emploi, de telle sorte que la plupart des contradictions qui étaient apparues dans le système

---

11. Voir <www.mfa.gouv.qc.ca/famille/soutien-a-la-famille/aide-financiere/soutien-financier.asp>.
12. Voir <www.mfa.gouv.qc.ca/services-de-garde/operation/presentation>.

précédent sont à présent éliminées. Le fait que cette architecture sociale soit basée sur le principe d'universalité est un point fort, non seulement parce qu'il assure une plus grande justice sociale, mais également parce que cela diminue la probabilité d'une «révolte des contribuables» de la part des parents ayant des revenus moyens ou supérieurs qui considèrent avoir peu de retour en contrepartie des impôts payés. Enfin, en fournissant des services tout autant que des prestations, le système évite de trop faire pencher le losange du bien-être en direction du marché, ce qui entraînerait un déséquilibre susceptible d'engendrer l'exclusion sociale et d'encourager le travail au noir, entre autres choses.

Mais si «le travail ne fait que commencer», que reste-t-il à faire? Un travail prospectif à l'horizon de l'an 2020 réclame d'aller substantiellement plus loin que ce qui est proposé dans le rapport, très bon en soi, du Conseil de la famille et de l'enfance (CFE, 2008, p. 45-51). Ce type de travail requiert d'identifier et d'affronter les défis auxquels font face quotidiennement des millions de familles au Québec et dont les causes, socioéconomiques, ne sont pas liées uniquement ou principalement à la sécurité du revenu.

Trois défis peuvent être nommés : le logement, les transports et le temps. Bien entendu, chacun de ces défis a déjà été discuté dans les milieux politiques, certaines politiques ont été mises en œuvre et certains acteurs (comme les municipalités ou le secteur communautaire) ont appliqué des solutions innovantes. Néanmoins, aucun de ces défis n'a reçu l'attention qu'il mérite dans les processus politiques, alors même que les familles sont déjà confrontées à de telles problématiques et que celles-ci vont devenir de plus en plus importantes d'ici 2020. Aussi, chacune d'entre elles doit être définie comme un défi pour les politiques familiales et les solutions proposées doivent être intégrées aux mesures existantes. On ne peut les laisser de côté, en faisant comme si elles ressortissaient à d'autres domaines politiques, d'autres ministères ou d'autres sujets. Elles doivent devenir des piliers des politiques familiales, tout comme la sécurité du revenu.

## Logement

Le logement est certainement le défi le plus important parce qu'il a une influence immédiate sur le bien-être des familles. Avoir un logement de qualité à un prix abordable est une précondition à la bonne santé et la viabilité économique des familles. Ce lien est connu depuis des décennies et a conduit à d'importantes actions politiques dans beaucoup de pays où le logement est compris comme étant une composante des politiques familiales. Cependant, au Québec et au Canada, il n'y avait pas de politique familiale proprement dite au moment où le logement social était un élément important des politiques sociales – c'est-à-dire pendant les décennies de l'après-guerre et jusqu'au milieu des années 1990. À cette époque, le logement dépendait des politiques sociales plutôt que de la politique familiale. Or, depuis le milieu des années 1990, et dans toutes les provinces, des coupures de centaines de millions de dollars ont été effectuées dans le financement des logements sociaux, à la suite du retrait du gouvernement fédéral du financement de ces programmes.

Toutefois, comme le Québec détient le second plus haut taux de population vivant sous le seuil de faible revenu (derrière Terre-Neuve-et-Labrador) (SHQ, 2007a, p. 34), une action particulière était nécessaire. La Société d'habitation du Québec (SHQ) a contribué, à travers plusieurs programmes d'aide aux ménages à faible revenu[13], à ce que le «taux d'effort» des locataires québécois soit assez bas[14]. Comparativement, neuf des provinces et territoires connaissent une proportion plus importante de ménages ayant un taux d'effort de 30 % ou plus (SHQ, 2007a, p. 35). En 2001, à l'exception de l'Alberta, le taux québécois de ménages en «besoins impérieux» de logement parmi les locataires était le plus bas au Canada (SHQ, 2007a, p. 56)[15].

Aussi, le défi est-il moins celui du logement en tant que tel que du logement des familles. La Société d'habitation du Québec analyse seulement les «ménages» dans ses rapports. La SHQ (2001, p. 1) décrit donc sa mission de cette façon:

> Concrètement, la SHQ intervient auprès des ménages à revenu faible ou modeste en leur apportant un soutien financier pour se loger, ou encore en leur fournissant, directement ou par l'intermédiaire d'un propriétaire-bailleur privé ou à but non lucratif, un logement à coût abordable. L'allocation logement et le logement de type HLM constituent les mesures qui permettent d'aider le plus grand nombre de ménages dans le besoin.

Dans la définition des types de ménages à aider, la tendance est de se concentrer sur les besoins des aînés, des handicapés et de ceux qui ont des besoins particuliers, comme les populations marginalisées.

---

13. Les principaux programmes pour les individus sont: le supplément au loyer, l'allocation-logement et le remboursement d'impôts fonciers. De plus, la Société d'habitation du Québec a de nombreux programmes de partenariats avec les secteurs privés et communautaires qui soutiennent la création et l'entretien de nombreux HLM ainsi que d'autres formes de logements sociaux et de logements locatifs abordables (SHQ, 2007b, p. 45-48).

14. Le «taux d'effort» est l'indicateur du poids du logement sur le budget familial. Pour le Canada, un taux de plus de 30 % est considéré trop élevé.

15. C'était également le cas pour les ménages propriétaires (2007a, p. 56).

Les familles qui ont des enfants sont, bien entendu, admissibles aux allocations, mais celles-ci ne sont pas au cœur des innovations de la politique du logement pour l'instant. Plus d'attention a été portée aux besoins – très importants bien sûr – de ceux qui ont des difficultés de logement *et* de santé[16].

En outre, les acteurs du domaine de la politique familiale n'ont pas, eux non plus, porté suffisamment d'attention au logement. Le survol récent de l'histoire de la politique familiale ne mentionne pas une seule fois le logement (CFE, 2008). Et pourtant, quand on demande aux familles d'énoncer les domaines dans lesquels elles ressentent le besoin d'une amélioration, elles sont promptes à parler du logement. Comme le mentionne le Conseil de la famille et de l'enfance à l'issue des consultations ayant nourri son rapport sur la diversité des familles (CFE, 2005a, p. 74; voir également p. 100):

> Concernant l'habitation, les répondants sont «volubiles». Ils dénoncent le manque d'accessibilité et le caractère inadéquat des logements sociaux, les problèmes d'accession à la propriété pour les jeunes familles, les difficultés liées à la recherche d'un logement salubre à prix raisonnable, les appartements mal adaptés aux familles nombreuses, le manque d'espace de jeux pour les enfants, les problèmes d'isolation et d'insonorisation, etc. De façon générale, on considère que le marché locatif n'accueille pas facilement les familles.

Une étude récente montre que les propriétaires, tous confondus, consacrent 27% de leur budget à leur habitation (SHQ, 2007c, p. 6). Ce chiffre, déjà révélateur en soi, masque certaines inégalités entre les types de familles. En effet, dans la mesure où beaucoup de ménages sont composés de personnes plus âgées et mieux nanties, le coût élevé du logement est un poids beaucoup plus lourd pour les jeunes familles.

Ce manque d'attention aux questions concernant le logement dans la politique familiale, et notamment à celles qui vont au-delà du simple coût du logement, doit être comblé. D'un point de vue prospectif, si l'on souhaite se projeter à l'horizon de l'an 2020, il faut voir l'accès à des logements abordables et salubres comme un enjeu majeur. Il faut également s'assurer que les logements sur le marché sont assez grands pour les familles, avec un nombre suffisant de chambres et d'espaces familiaux, sans oublier d'autres services qui sont considérés par les Québécois comme étant centraux pour leur bien-être. Le défi est donc de: i) fournir suffisamment de logements pour les familles au sein du parc d'habitation et ii) s'assurer que le logement (social et privé) est

---

16.  Voir par exemple le *Cadre de référence sur le soutien communautaire en logement social: une intervention intersectorielle des réseaux de la santé et des services sociaux et de l'habitation* de 2007.

développé avec une attention suffisante à la présence de services comme les garderies et les parcs. Si la Société d'habitation du Québec et les municipalités font d'ores et déjà attention à ces enjeux, un plus grand investissement du ministère de la Famille, du Conseil de la famille et de l'enfance, et de tous les acteurs concernés par les familles et leur bien-être est requis. Tous devraient s'assurer que le défi du logement est mieux intégré à l'ensemble de la politique familiale. Le logement ne peut être laissé aux seules municipalités ou à la SHQ : *il est* un enjeu de la politique familiale.

## Transports

Il est clair que, si l'on se place à l'horizon de 2020, la disponibilité et l'accessibilité des transports sont centrales au bien-être des familles. La première dimension est celle du coût. Les dépenses de transports constituent un poste très important dans le budget des familles avec enfants, poste qui vient devant la nourriture et n'est précédé que par le logement (il est au troisième rang pour les familles monoparentales) (CFE, 2005b, p. 72-73 ; p. 174). Cela est d'autant plus vrai que ces chiffres ont été publiés avant l'augmentation récente du prix du pétrole, qui a directement et dramatiquement affecté les coûts des transports. Aussi, la politique de la famille devra, dans le futur, reconnaître que le transport abordable est un défi central et devra fixer les objectifs qui lui sont reliés. La sécurité des revenus sera en effet difficile à assurer si le coût des transports continue à augmenter.

Mais le coût des transports n'est pas la seule dimension à prendre en compte. Dans des consultations récentes, les familles ont défini cet enjeu de façon beaucoup plus large. Elles ont dénoncé «[...] les difficultés d'accès aux lieux publics avec une poussette, le problème du transport public, les aménagements urbains conçus en fonction de l'automobile qui tuent peu à peu la vie de quartier» (CFE, 2005a, p. 73). On sait d'ailleurs que ce lien entre les formes de transports et la qualité de vie n'est pas nouveau pour les familles (CFE, 2005b, p. 175) :

> Le besoin de transport en commun est souvent ressorti comme une priorité des forums sur le développement social tenus en 1997 et 1998. Des sondages et des consultations indiquent en outre que l'accès au transport en commun fait partie des besoins prioritaires des familles et qu'une amélioration de l'offre de services est souhaitée, dans les cas où une telle offre existe.

Dans une large mesure, cette préoccupation pour une offre adéquate de transports en commun est liée aux besoins variés des membres de la famille, et surtout à celui de pouvoir se déplacer de façon autonome. Mais, pour les familles, les conséquences des transports sur l'environnement sont également un sujet de préoccupation. Le récent sondage réalisé pour la Société d'habitation du Québec rapporte que l'une des six tendances actuelles en habitation est « le consommateur plus écologique » (SHQ, 2007c, p. 6) : « [...] les deux premières préoccupations des Québécois, la santé (44 %) et l'environnement (41 %) dépassent largement les autres sujets tels que l'éducation (24 %), la pauvreté (13 %) ou l'emploi (9 %) ». Quand on leur parle de leur avenir, les Québécois « observent un manque de vision de développement durable » (CFE, 2005a, p. 73).

Enfin, les transports vont être un défi de plus en plus important pour la simple raison qu'ils prennent de plus en plus de temps aux individus et à la vie familiale. Selon Statistique Canada, le temps passé dans les transports augmente rapidement. En 1992, 17 % des travailleurs prenaient 90 minutes ou plus pour faire l'aller-retour entre la maison et le lieu de travail. Treize ans plus tard, un quart des travailleurs faisait de même. En revanche, en 2005, le nombre de travailleurs dont la durée des déplacements était de 30 minutes ou moins est inférieur à ce qu'il était auparavant (21 % comparativement à 27 % en 1992) (Turcotte, 2005, p. 5). Dans les métropoles les plus importantes, la situation est encore pire. Seuls les résidents de Toronto ont un temps de transport moyen supérieur à celui des Montréalais (dont 60 % connaissent une durée de trajet supérieure à une heure). Montréal est également la ville canadienne où les temps de transport ont augmenté le plus vite. En général, « au Québec, la proportion de travailleurs prenant une heure et demie ou plus à se déplacer pour se rendre et revenir du travail est passée de 16 % en 1992 à 27 % en 2005 » (Turcotte, 2005, p. 6-7). Une autre étude de Statistique Canada révèle que beaucoup de gens doivent faire de multiples arrêts dans leurs trajets ; cela est encore plus vrai pour les femmes qui doivent fréquemment combiner à l'aller-retour quotidien entre la maison et le travail des arrêts pour faire des courses, déposer ou reprendre les enfants (Statistique Canada, 2007, p. 9-11). Aussi, n'est-ce pas une surprise que l'un des thèmes majeurs mentionnés par les parents pour ce qui concerne leurs besoins est que (CFE, 2005a, p. 74) :

> [...] on doit planifier un meilleur arrimage entre les services de proximité et réduire la distance entre les services (CPE, école, épicerie), les équipements de loisirs et la maison : « Les plans d'aménagement, de développement, devraient tenir compte davantage des besoins de proximité (emploi, services, ressources), ce qui aurait pour effets la décentralisation et l'augmentation de l'occupation du territoire. Le milieu rural serait moins laissé pour compte, et le développement régional serait plus mobilisateur.

Pressés par le temps, perdant de longues heures dans leurs voitures, dans les autobus ou dans le métro, les parents espèrent que la politique familiale portera dans le futur plus d'attention au problème des transports.

## Temps

Les analystes ont depuis longtemps noté que le manque de temps est l'un des principaux défis que doivent affronter les familles (Pronovost, 2005 ; Tremblay, 2005 ; Gornick et Heron, 2006). L'augmentation du taux d'activité féminine, et surtout de celui des mères, a été très rapide au Québec (Roy, 2006, p. 3.3). En ce qui a trait à l'activité, les Québécoises ayant des jeunes enfants à charge ont complètement rattrapé le décalage historique qui les séparait du reste du Canada. Tandis que leur taux d'activité était bien en dessous du taux canadien en 1976, il l'a rejoint en 1999. Tout aussi importante est la rapidité de cette croissance : elle a, depuis 2000, énormément accéléré, venant dépasser en 2005 la moyenne canadienne (76 % contre 72 %). Si l'on ajoute à cela l'allongement de la durée des transports à la fois pour les femmes et pour les hommes, les raisons de la raréfaction du temps sont assez claires.

Et cela ne va que se renforcer d'ici 2020, dans la mesure où les politiques sociales et familiales décrites dans la première partie de cet article incitent les parents à intégrer le marché du travail. En d'autres termes, les politiques publiques contribuent elles-mêmes à raréfier le temps. Et l'économie fait de même : avec la hausse des coûts de la vie, deux salaires sont à présent de plus en plus souvent nécessaires pour les couples.

Non seulement le taux d'activité des mères ayant des enfants à la maison, y compris d'âge préscolaire, est à la hausse, mais Statistique Canada (2008, p. 8) décrit un autre changement encore plus important[17] :

> En 2006, 68,5 % de mères ayant des enfants de moins de 16 ans à la maison travaillaient de 30 à 40 heures comparativement à 62,1 % en 1997. Le nombre habituel d'heures de travail des mères ayant des enfants de moins de 6 ans a augmenté de 1,6, pour atteindre 33,2, tandis que celui des mères ayant des enfants de 6 à 15 ans a augmenté de 1,2, pour s'établir à 33,9. Ces deux groupes de mères approchent l'un et l'autre le nombre moyen d'heures travaillées par les mères n'ayant pas d'enfants à charge à la maison.

---

17. La même analyse montre que la semaine de travail moyenne est plus courte au Québec que dans les autres provinces (Statistique Canada, 2008, p. 13), mais il n'y a aucune raison de croire que les situations des mères est différente au Québec qu'ailleurs.

Les politiques publiques peuvent avoir un effet structurant sur les heures de travail. Alors que ni le Québec ni le Canada n'ont des semaines de travail moyenne très élevées (Statistique Canada, 2008, p. 15), que le nombre d'employés travaillant un nombre élevé d'heures a diminué et que le nombre moyen d'heures travaillées a lui aussi baissé, le Canada continue d'avoir un taux annuel d'heures travaillées élevé si on le compare aux taux des pays européens (OCDE, 2005, p. 255). Cela est largement dû au fait que beaucoup de pays européens ont établi comme objectif de faciliter une meilleure conciliation entre la vie familiale et la vie professionnelle. Parmi les instruments utilisés, on peut citer l'extension des vacances payées et des jours fériés, les congés parentaux rémunérés et d'autres mesures pour régulariser le temps partiel. Moins fréquentes, mais également importantes, ont été les réductions générales du temps de travail, comme les 35 heures en France (pour plus de détails, voir Gornick et Heron, 2006).

Bien que nous ayons vu que certains de ces instruments sont déjà présents dans les politiques familiales québécoises, le Québec et le Canada ont été beaucoup plus lents que les pays européens (et que l'Union européenne) à augmenter les vacances payées. Au Québec, les employés qui sont depuis moins de cinq ans dans la même entreprise ont droit à deux semaines (10 jours) de vacances payées et à huit jours fériés. En France, en comparaison, les chiffres équivalents sont de 20 et 36 ; en Suède, de 25 et 36 ; et au Royaume-Uni de 20 et 28 (Gornick et Heron, 2006, p. 156). Même les employés de longue date avec leur droit à 15 jours de vacances payées ne peuvent rivaliser avec les durées européennes[18]. Ces vacances et congés sont pourtant très importants pour permettre aux familles de passer du temps ensemble, pour renouveler les énergies nécessaires au travail et à l'école, et pour entreprendre des projets familiaux.

Bien entendu, la seule mesure des heures travaillées ne dit pas tout, et les réductions générales du temps de travail ne sont pas nécessairement un instrument toujours utile. Comme le montre l'importante étude réalisée par Jeanne Fagnani et Marie-Thérèse Letablier (2004), c'est la configuration des heures qui compte. Les auteures rapportent en effet que 58 % des parents trouvent que la vie de famille est devenue plus facile quand la France est passée aux 35 heures. Cependant, les parents dont les heures de travail s'étalent sur le week-end, la soirée ou

---

18. En Europe, comme au Québec, des conventions collectives peuvent allonger les droits, comme par exemple en Suède où le temps moyen de congés payés réglés par des conventions collectives est de 32,5 jours (Gornick et Heron, 2006, p. 156).

la nuit n'ont pas fait état d'une telle amélioration. Fagnani et Letablier concluent donc que : «*taking into account the extreme heterogeneity of workplaces, it is not sufficient to mechanically reduce working time for there to be an improvement in the daily lives of working parents*» (2004, p. 568).

Cet exemple souligne l'importance de la prise en compte du temps et de la réalité des temps de la vie pour une politique familiale de l'avenir. Une politique publique qui reconnaît que les familles ont besoin de temps pour les loisirs, quotidiennement, hebdomadairement et pendant les périodes de vacances scolaires mais qui ne développe pas les objectifs et les instruments appropriés est une politique de la famille lacunaire. Ce besoin de temps est à l'intersection avec de nombreux autres domaines politiques (transports, politiques municipales, emploi, santé, éducation). Une «politique du temps» est une des actions les plus transversales qu'un gouvernement puisse mener. Une politique transversale est également une politique complexe. Cependant, c'est l'une des politiques les plus payantes dans la mesure où elle s'attaque directement au stress qui pèse sur les familles et se révèle un moyen efficace pour améliorer la vie de famille et le bien-être des parents et des enfants.

## CONCLUSION

Dans cet article, nous avons montré que la politique familiale du Québec a, depuis des décennies, ciblé un défi majeur – assurer la sécurité du revenu des familles – et que l'architecture sociale s'est construite autour des objectifs de pallier les manques de revenus et de bien équilibrer le losange du bien-être. Le secteur étatique, par exemple, partage avec les familles plus de responsabilités pour l'éducation des enfants en bas âge. Lorsque le marché fournit un salaire insuffisant, l'État propose un complément aux familles pour lesquelles le revenu tiré du marché est trop bas.

Si d'autres objectifs de la politique familiale ont été occasionnellement reliés à l'égalité homme-femme ou à l'augmentation du taux de la fécondité, les instruments choisis pour atteindre ces objectifs l'ont toujours été en fonction de la sécurité du revenu. Le Régime québécois d'assurance parentale et les services de garde des enfants sont les meilleurs exemples d'un instrument à vocations multiples. Dans les années récentes, alors que le losange du bien-être a connu de nombreux réaménagements, la stratégie courante pour réduire la pauvreté et le risque de revenus inadéquats a été d'encourager les parents à intégrer le marché du travail. Clairement présente dans la réforme de la politique familiale de 1997, cette stratégie est encore en vogue aujourd'hui et inspire les innovations – les plus récentes en 2005 – à la fois dans les instruments et dans les prestations.

Cette politique familiale est sur la voie d'atteindre les principaux objectifs qu'elle s'était fixés. La conciliation de la vie de famille et de la vie professionnelle a bénéficié de l'augmentation significative des congés parentaux, de l'augmentation des services de garde des enfants et des compléments de revenu visant à subvenir aux coûts d'éducation des enfants. Toutefois, les transformations économiques et sociales et les effets de ces politiques elles-mêmes soulèvent de nouveaux défis. Les familles sont parfaitement conscientes d'avoir à affronter de nouvelles difficultés dans les domaines du logement, des transports et au plan du temps. Elles se tournent à présent vers le gouvernement et sa politique familiale pour une reconnaissance et une prise en compte de ces défis, pour identifier des objectifs et mettre des instruments en place. Elles reconnaissent également, et peut-être même plus que les responsables de la politique familiale eux-mêmes, que ces défis requièrent une approche transversale, une approche qui mette les besoins des familles non seulement au cœur de la politique familiale proprement dite, mais également au centre des autres domaines politiques – comme l'emploi, les transports, le logement – qui dépendent du gouvernement du Québec et des municipalités. Si les attentes sont grandes, les instruments ne manquent pas.

## BIBLIOGRAPHIE

Banting, Keith (1987). *The Welfare State and Canadian Federalism*, 2ᵉ éd., Montréal, McGill-Queen's University Press.

Conseil de la famille de l'enfance (2005a). *Prendre en compte la diversité des familles*, Québec, CFE. Avis.

Conseil de la famille de l'enfance (2005b). *Le Rapport annuel 2004-2005 sur la situation et les besoins des familles et des enfants : 5 bilans et perspectives*, Québec, CFE.

Conseil de la famille de l'enfance (2008). *La politique familiale au Québec : visée, portée, durée et rayonnement*, Québec, CFE. Document de réflexion. Révisé.

Dufour, Pascale (2002). «L'État post-providence : de nouvelles politiques sociales pour des parents-producteurs. Une perspective comparée», *Revue canadienne de science politique*, vol. 35, nº 2, p. 301-22.

Esping-Andersen, Gøsta (1990). *The Three Worlds of Welfare Capitalism*, Princeton, Princeton University Press.

Fagnani, Jeanne et Marie-Thérèse Letablier (2004). «Work and family life balance: The impact of the 35-hour laws in France», *Work, Employment and Society*, vol. 10, n° 3, p. 551-572.

Gornick, Janet C. et Alexandra Heron (2006). «The regulation of working time as work-family reconciliation policy: Comparing Europe, Japan and the United States», *Journal of Comparative Policy Analysis: Research and Practice*, vol. 8, n° 2, p. 149-166.

Grégoire, Isabelle (2002). «Les garderies de la discorde», *L'actualité*, 1er novembre, p. 30-39.

Japel, Christa, Richard E. Tremblay et Sylvana Côté (2005). «Quality counts. Assessing the quality of daycare services based on the Quebec Longitudinal Study of Child Development», *IRPP Choices*, vol. 11, n° 5, décembre.

Jenson, Jane (2001). «Le nouveau régime de citoyenneté du Canada. Investir dans l'enfance», *Lien social et Politiques*, n° 44, p. 11-23.

Jenson, Jane (2004). *Canada's New Social Risks: Directions for a New Social Architecture*, Ottawa, CPRN, <www.cprn.org>. Report F43.

Lister, Ruth (2003). «Investing in the citizen-workers of the future: Transformations in citizenship and the state under New Labour», *Social Policy and Administration*, vol. 37, n° 5, p. 427-443.

Mahon, Rianne (2002). «Une histoire sans fin: l'implantation des services de garde pour enfants au Canada durant les années 1970», *Lien social et Politiques*, n° 47, p. 17-28

Myles, John (1997). «How to design a 'liberal' welfare state: A comparison of Canada and the United States», *Social Policy and Administration*, vol. 32, n° 4, p. 341-64.

Noël, Alain (1996). «La contrepartie dans l'aide sociale au Québec», *Revue française des Affaires sociales*, vol. 50, n° 4, octobre-décembre.

Organisation de coopération et développement économiques (2005). *Employment Outlook – Statistical Annex*, Paris, OCDE.

Palier, Bruno (2005). «Vers un État de l'investissement social. Pistes pour une redéfinition de la protection sociale», *Informations sociales, Prospective 2015*, n° 128, 118-30.

Pronovost, Gilles (2005). «La conciliation famille-travail et l'aménagement du temps», dans Diane-Gabrielle Tremblay (dir.), *De la conciliation emploi-famille à une politique des temps sociaux*, Québec, Presses de l'Université du Québec.

Rose, Ruth (1998). «Politiques pour les familles pauvres: supplément au revenu gagné et revenus minimums garantis», dans Renée B.-Dandurand, Pierre Lefebvre et Jean-Pierre Lamoureux (dir.), *Quelle politique familiale à l'aube de l'an 2000?*, Paris, L'Harmattan.

Roy, Francine (2006). «D'une mère à l'autre: l'évolution de la population active féminine au Canada», *L'observateur économique canadien*, juin. Cat. n° 11-010, 3.1-3.10.

Saint-Martin, Denis (2002). «Apprentissage social et changement institutionnel: la politique de "l'investissement dans l'enfance" au Canada et en Grande-Bretagne», *Politique et Sociétés*, vol. 21, p. 3, p. 41-67.

Société d'habitation du Québec (2001). *Plan stratégique 2001-2004*, Québec, SHQ.

Société d'habitation du Québec (2007a). *Profil statistique. Le Québec comparé aux autres provinces et aux territoires du Canada*, Québec, SHQ.

Société d'habitation du Québec (2007b). *Inventaires des programmes provinciaux et territoriaux en habitation au Canada*, Québec, SHQ.

Société d'habitation du Québec (2007c). *Valeurs et tendances en habitation au Québec. Faits saillants*, Québec, SHQ.

Statistique Canada (2008). «Enchaînement des parcours en cours de route – comparaison du comportement des hommes et des femmes», *Envirostats*, vol. 1, nᵒ 3, p. 8-11.

Tremblay, Diane-Gabrielle, Renaud Paquet et Elmustapha Najem (2005). «Les âges de la vie et les aspirations en matière de temps de travail». *Lien social et Politiques*, nᵒ 54, p. 125-134.

Turcotte, Martin (2005). *Le temps pour se rendre au travail et en revenir*, Ottawa, Statistique Canada. Nᵒ 89-622-XIF.

# La situation juridique de la famille de 2020

## Liberté, égalité, solidarité?

Marie PRATTE
*Faculté de droit, Université d'Ottawa*

Quelle sera, en 2020, la situation juridique de la famille québécoise? La question est vaste et la réponse, il faut l'avouer, n'est pas facile. La famille est en effet à la fois un phénomène de mœurs et un phénomène de droit[1]. Le cadre juridique dans lequel elle s'inscrit est donc nécessairement lié au contexte sociologique et son évolution dépend de deux facteurs: un souci d'adaptation et une volonté de promotion. Pour être efficace, le droit doit s'ancrer dans la réalité. Il est toutefois évident que la norme juridique ne se contente pas de consacrer les valeurs sociales dominantes; elle vise aussi à tracer une ligne de conduite et à influencer les comportements[2]. Animés par un double mouvement d'action et de réaction, droit et fait se répondent donc et agissent l'un sur l'autre. En matière familiale, la transformation des normes juridiques est ainsi soumise à plusieurs variables, qui compliquent tout exercice prospectif.

On peut néanmoins, à partir des portraits juridique et social actuels de la famille, dégager, ou du moins espérer trouver certaines pistes possibles d'évolution. Une telle analyse prospective exige, dans un premier temps, que l'on examine soigneusement la situation présente en tentant

---

1. Lire à ce sujet: Jean Carbonnier, *Flexible Droit*, 6ᵉ éd., Paris, Librairie de droit et de jurisprudence, 1988, p. 215. Ainsi que l'écrit Jean Carbonnier, «les modèles qu'il [le droit] propose renforcent souvent ceux que proposent les mœurs».
2. Philippe Malaurie et Hughes Fulchiron, *La famille*, Paris, Defrénois, 2004, p. 13.

d'y déceler les principales tendances. Celles-ci permettront, dans un deuxième temps, d'explorer les différents futurs possibles[3]. Nous verrons que si le droit de la famille porte aujourd'hui les marques de l'égalité, les valeurs antinomiques de solidarité et de liberté ont aussi contribué à le façonner. Le défi sera de concilier ces tendances contradictoires.

## COMPRENDRE LE PRÉSENT : UNE FAMILLE MARQUÉE DU SCEAU DE L'ÉGALITÉ

Consacrée au portrait juridique actuel de la famille, cette première partie est basée sur une simple observation : le présent prend racine dans le passé et porte en lui les germes de l'avenir. Comprendre d'où il vient et comment il s'est formé permet donc de mieux se projeter vers demain.

### Des racines dans le passé : un aperçu des principales interventions législatives

Un regard vers le passé permet de réaliser la mouvance des normes en matière familiale et le fossé qui nous sépare de l'horizon 2020. En effet, il y a treize ans, en 1994, le *Code civil du Québec* entrait en vigueur et consacrait une modernisation du droit de la famille entamée treize années auparavant. Étrange coïncidence... Dans ses dernières étapes, l'évolution du droit québécois de la famille peut donc se découper en tranches de treize ans : une période de modernisation, entre 1981 et 1994, suivie d'une période de turbulence, entre 1994 et aujourd'hui.

### Une période de modernisation

Durant les années 1980, le droit de la famille québécois est l'objet d'une importante réforme. Adoptée en 1980 et partiellement mise en vigueur en 1981, puis en 1982, la *Loi instituant un nouveau Code civil et portant réforme du droit de la famille*[4] renouvelle un droit que l'on avait jusque-là tenté de rapiécer, pour l'adapter tant bien que mal à l'évolution des mœurs et des mentalités. Cette réforme, qui sera complétée en 1989 par l'introduction de la législation sur le patrimoine familial, met l'accent

---

3. Philippe Georges, « La politique familiale à l'horizon 2015 », *128 Informations sociales*, 2005, p. 20 ; Hughes de Jouvenel, « Comment être artisan du futur », *128 Informations sociales*, 2005, p. 6.

4. *Loi instituant un nouveau Code civil et portant réforme du droit de la famille*, L.Q. 1980, c. 39.

sur les droits individuels, tout en tentant d'équilibrer les intérêts des membres de la famille et ceux du groupe familial : l'égalité et, dans une moindre mesure, la liberté, sont en effet ses leitmotiv. Le schéma de la famille légitime ancrée dans le mariage et fortement hiérarchisée, parce que soumise à l'autorité du mari et du père, cède la place à un modèle égalitaire, plus respectueux de l'individu. Les époux sont enfin égaux[5] et tous les enfants ont désormais les mêmes droits, quelles que soient les circonstances de leur naissance[6].

Si l'impératif d'égalité est l'axe principal de la réforme du droit de la famille des années 1980, il n'en est toutefois pas le seul : le législateur accorde aussi une plus grande liberté dans l'aménagement des relations familiales. Les conjoints de fait peuvent désormais librement contracter entre eux et les époux peuvent conclure une entente qui prévoit les conséquences de leur séparation ou de leur divorce. Depuis 1987, on encourage d'ailleurs les conjoints qui se séparent à se prévaloir de la médiation[7] afin de régler les conséquences de leur rupture. La liberté individuelle ne peut toutefois pas mettre la famille à risque ; aussi, est-elle parfois limitée dans l'intérêt du groupe familial[8].

Le législateur fédéral ne résiste pas à ce vent de modernisation. En 1985, il remplace la *Loi sur le divorce* de 1968 par une loi plus souple et plus réaliste[9]. Jusqu'alors perçu comme une sanction imposée à un époux coupable d'une faute matrimoniale, le divorce est depuis principalement conçu comme un remède apporté à l'échec du mariage. Les époux peuvent notamment divorcer, par demande conjointe, après un an de vie séparée. En 1990, le législateur fédéral met l'accent sur le droit au mariage en réduisant les empêchements au mariage reliés à l'existence d'un lien de parenté entre les futurs époux[10].

Enfin, en 1994, la mise en vigueur de l'ensemble du *Code civil du Québec*[11] consacre cette modernisation du droit de la famille ; quelques retouches mineures, sans plus, seront alors apportées au Livre 2 du Code civil.

---

5. Art. 392 C.c.Q. (art. 441 C.c.Q. ancien).
6. Art. 522 C.c.Q. (art. 594 C.c.Q. ancien).
7. Art. 814.3 à 814.14 C.p.c.
8. Voir par exemple les règles relatives à la protection de la résidence familiale : art. 401 à 413 C.c.Q. ou celles relatives au patrimoine familial : art. 414 à 426 C.c.Q.
9. *Loi sur le divorce*, L.R.C. (1985) c. 3 (2ᵉ sup.).
10. *Loi sur le mariage (degrés prohibés)*, L.C. 1990, c. 46.
11. Par ailleurs adopté en 1991 : 1991, L.Q. c. 64.

À l'époque, rien ne laissait présager la période de turbulence qui devait marquer, en droit de la famille, la fin du XX^e et le début du XXI^e siècle.

## Une période de turbulence

Le bouleversement[12] affecte à la fois les frontières et les fondements de la famille. On constate en effet un amenuisement du cercle familial pris en compte par le droit et une transformation des institutions du mariage et de la filiation.

On est d'abord surpris, en 1996, par une réorganisation du réseau de solidarité familiale. Le législateur québécois, avec une rapidité qu'on ne lui connaissait pas, supprime l'obligation alimentaire entre parents en ligne directe au-delà du premier degré[13]. Les grands-parents ne sont désormais plus obligés de verser de pension alimentaire à leurs petits-enfants dans le besoin. On justifie cette réforme en prétendant notamment qu'elle correspond à un mouvement de rétrécissement du cercle familial[14]. On peut en douter, mais les grands-parents en semblent néanmoins satisfaits : à l'abri du contrôle de l'État, ils récupèrent en effet un pouvoir de décision et une zone d'autonomie qui leur échappaient. Dorénavant, ils choisiront eux-mêmes d'aider financièrement leurs petits-enfants ; on ne les y forcerait plus. Ont-ils alors pris conscience de l'effet boomerang de cette importante modification au Code civil ? Elle les empêche en effet d'exiger, en cas de détresse, une aide financière de leurs petits-enfants fortunés.

À cette importante modification succède une calme période de cinq ans, durant laquelle les législateurs fédéral et québécois instaurent notamment des barèmes de fixation de pensions alimentaires pour enfants, limitant ainsi la discrétion des tribunaux dans cette délicate matière.

---

12. À ce sujet, lire notamment : Alain Roy, « Le droit de la famille – une décennie d'effervescence législative », (2003) 105 R. du N. 215.

13. Voir l'article 585 C.c.Q., tel que modifié par la Loi modifiant le Code civil en matière d'obligation alimentaire, L.Q. 1996, c. 28, art. 1.

14. À ce sujet, lire notamment : Renée Joyal, « Les obligations alimentaires familiales et les enfants : de l'exclusion horizontale à l'exclusion verticale ? », (1999) 33 R.J.T. 327 ; Marie Pratte, « Solidarité familiale en droit privé québécois : les principales tendances », dans Droits de la personne : Solidarité et bonne foi, Cowansville, Éditions Yvon Blais, 2000, p. 177 ; A. Roy, loc.cit., note 12, p. 233.

Mais après le calme, la bourrasque. L'année 2002 est le cadre de deux réformes majeures, entreprises simultanément[15] parce qu'étroitement liées. Elles affectent les fondements mêmes de la famille : mariage et filiation.

Au nom de l'égalité, et afin de respecter la diversité, le législateur québécois crée en effet une alternative au mariage : l'union civile[16]. Conçue afin de permettre aux couples homosexuels d'officialiser leur union, elle est calquée sur l'institution matrimoniale, mais accessible tant aux couples hétérosexuels qu'à ceux de même sexe.

La reconnaissance étatique de cette nouvelle forme d'union entraîne celle de l'homoparenté : un enfant peut désormais avoir deux pères ou deux mères[17]. Supposément destinée à protéger l'intérêt de l'enfant élevé par un couple de même sexe, cette réforme semble surtout répondre au désir d'égalité des parents homosexuels. En permettant que la filiation juridique n'ait plus nécessairement la nature comme modèle, elle accentue l'importance de la volonté à titre de fondement de la filiation[18]. Pourtant, aussi en 2002, mais quelques mois plus tôt, l'entrée en vigueur de l'article 535.1 C.c.Q. permettait aux tribunaux d'ordonner une analyse génétique dans le cadre des actions relatives à la filiation[19], mettant ainsi l'accent sur sa composante biologique...

---

15. *Loi instituant l'union civile et établissant de nouvelles règles de filiation*, L.Q. 2002, c. 6.

16. Voir les articles 521.1 à 521.19 C.c.Q.

17. Voir notamment l'article 115 C.c.Q. et les articles 538 à 542 C.c.Q. À propos de cette réforme, lire notamment : Benoît Moore, « Les enfants du nouveau siècle (libres propos sur la réforme de la filiation) », dans Service de la formation permanente, Barreau du Québec, vol. 176, *Développements récents en droit familial (2002)*, Cowansville, Éditions Yvon Blais, p. 75 ; Suzanne Philips-Nootens et Carmen Lavallée, « De l'État inaliénable à l'instrumentalisation : la filiation en question », dans P.-C. Lafond et B. Lefebvre (dir.), *L'union civile, nouveaux modèles de conjugalité et de parentalité au 21ᵉ siècle*, Cowansville, Éditions Yvon Blais, 2003, p. 337 ; Marie Pratte, « La filiation réinventée : l'enfant menacé ? », (2003) 33 *R.G.D.* 541 ; Alain Roy, « La filiation homoparentale : esquisse d'une réforme précipitée », (2004) 1, *Enfances, Familles, Générations*, <www.erudit.org/revue/efg/2004/v/n1/008896ar. html>.

18. Voir notamment les articles 538.1 à 539 C.c.Q.

19. Selon le premier alinéa de l'article 535.1 C.c.Q. : « Le tribunal saisi d'une action relative à la filiation peut, à la demande d'un intéressé, ordonner qu'il soit procédé à une analyse permettant, par prélèvement d'une substance corporelle, d'établir l'empreinte génétique d'une personne visée par l'action. »

Enfin, en 2005[20], le législateur fédéral ouvre le mariage civil aux couples de même sexe, suivant ainsi la voie tracée par la jurisprudence. Les tribunaux de première instance et les cours d'appel de plusieurs provinces, dont celle du Québec, avaient en effet successivement décidé que l'interdiction du mariage entre personnes homosexuelles constituait une atteinte injustifiée au droit à l'égalité garanti par l'article 15 de la Charte canadienne[21].

Ainsi, depuis quelques années, sous l'impulsion à la fois des tribunaux et de groupes de pression très convaincants, s'est modelé un nouveau droit de la famille, bâti sur des fondements parfois contradictoires et des aspirations égalitaristes. Que pouvons-nous attendre de l'avenir?

## Les germes de l'avenir : des tendances actuelles aux défis futurs

Le présent émerge du passé, c'est évident, mais il est aussi porteur d'avenir. L'analyse du développement et du contenu des normes juridiques actuelles permet en effet de déceler des tendances et de prévoir les défis qu'il faudra relever. En se conjuguant, tendances et défis risquent de marquer le futur ; c'est en cela qu'ils nous intéressent.

### Les tendances

L'évolution des normes juridiques relatives à la famille révèle plusieurs mouvements de fond ; certains s'entrecoupent, d'autres se contredisent. Quatre tendances prédominent : la préséance du droit à l'égalité, l'importance des volontés individuelles, l'exigence de solidarité et la prédominance des droits et intérêts de l'enfant. Chacune emporte des conséquences particulières et mérite que l'on s'y attarde quelque peu.

---

20. *Loi sur le mariage civil*, L.C. 2005, c. 33.
21. Voir notamment *Hendricks c. Québec (Procureur général)*, [2002] R.J.Q. 2506 (C.S.), confirmé en appel en 2004 : *Ligue catholique pour les droits de l'Homme c. Hendricks*, [2004] R.J.Q. 851 (C.A.) ; en Colombie-Britannique, voir *EGALE Canada Inc. v. Canada (Attorney General)*, [2001] 11 W.W.R. 685, appel accueilli par la Cour d'appel de la Colombie-Britannique dans *EGALE Canada Inc. v. Canada (Attorney General)*, (2003) 225 D.L.R. (4th) 472 (B.C. C.A.) ; en Ontario : *Halpern v. Canada (Attorney General)*, (2002) 60 O.R. (3d) 321, appel rejeté par la Cour d'appel de l'Ontario dans *Halpern v. Canada (Attorney General)*, (2003) 225 D.L.R. (4th) 529 (Ont. C.A.).

## La préséance du droit à l'égalité

L'influence des Chartes des droits et libertés est ici évidente : le respect du droit à l'égalité des membres de la famille, à la fois sur le plan personnel et sur le plan économique, était l'objectif principal des réformes québécoises de 1980 et de 1989. C'est aussi pour lutter contre la discrimination à l'égard des homosexuels que le Québec a institué l'union civile et reconnu l'homoparenté et que le fédéral, précédé par les tribunaux a, en 2005, rendu le mariage accessible aux couples de même sexe.

Cette lutte contre les inégalités a permis une diversification des modèles familiaux : le mariage n'est plus la seule forme de conjugalité prise en compte par le droit, ni le seul socle familial possible. Elle a aussi entraîné une démocratisation des rapports au sein de la famille. Les rapports d'autorité ont cédé la place à des rapports d'association. On ne raisonne donc plus en termes d'institutions, mais plutôt en termes de droits subjectifs. À cette première tendance est donc intimement liée la deuxième : l'importance des volontés individuelles.

## L'importance des volontés individuelles

L'importance des volontés individuelles se remarque à un double niveau. Il est tout d'abord évident que des revendications individualistes ont contribué à façonner de nouvelles normes juridiques en matière familiale ; pensons, par exemple, à l'abolition de l'obligation alimentaire entre grands-parents et petits-enfants ou à la reconnaissance de l'homoparenté. L'individualisme est alors agent de changement. Mais il faut aussi remarquer que ces transformations affectent les fondements mêmes du système et témoignent d'une modification du rôle du droit en matière familiale. L'ouverture du mariage aux couples homosexuels, par exemple, atteste de la contractualisation du mariage : il paraît en effet discriminatoire d'empêcher des personnes de même sexe de s'épouser lorsqu'on « réduit » le mariage à un engagement public entre deux personnes. De même, la filiation, autrefois indisponible, est aujourd'hui de plus en plus tributaire des volontés individuelles[22]. Ces profondes mutations s'inscrivent dans un mouvement de privatisation de la famille : « la dimension institutionnelle de la famille cède devant l'aspiration au bonheur individuel qui anime chacun de ses membres[23] ».

---

22. Voir par exemple l'article 538.2, al. 2 C.c.Q.
23. Yves Lequette, « Recodification civile et prolifération des sources internationales », dans *Le Code civil 1804-2004, Le livre du Bicentenaire*, Paris, Dalloz-Litec, 2004, p. 171-192.

Le droit renonce à contrôler les comportements en imposant un modèle familial déterminé; il cherche davantage à «accompagner» les choix individuels[24].

Mais ce fort mouvement en faveur de la liberté est tout de même limité par une certaine exigence de solidarité.

*L'exigence de solidarité*

À première vue, l'on pourrait croire à la disparition de la solidarité familiale. La solidarité suppose en effet un certain sentiment d'appartenance ou de communauté d'intérêts que le seul lien familial, de plus en plus précaire et incertain, ne suffit plus toujours à fonder. Aussi, le cercle des débiteurs alimentaires s'est-il amenuisé: depuis 1980, il n'y a plus d'obligation alimentaire entre alliés et, depuis 1996, on l'a dit, il n'y a plus de lien alimentaire entre les grands-parents et leurs petits-enfants. Mais, dans le droit actuel, cet affaiblissement de l'entraide «transgénérationelle» est en quelque sorte compensé par le renforcement de l'exigence de solidarité au sein de la famille immédiate, là où existe normalement un état d'interdépendance financière. De façon paradoxale, en effet, la fragilité du lien familial, qui est la cause de la réduction du cercle alimentaire, incite le droit à intervenir afin d'assurer l'égalité au sein des familles, de responsabiliser ses membres et de protéger les personnes les moins bien nanties. Aussi, l'obligation alimentaire liant les époux, les conjoints unis civilement ainsi que les parents et leurs enfants a-t-elle été renforcée. Plus durable qu'autrefois, elle peut aujourd'hui survivre au divorce[25] et à la mort[26].

---

24. Lire à ce sujet: Didier Le Gall et Yamina Bettahar, «Introduction», dans D. Le Gall et Y. Bettahar, *La pluriparentalité*, Paris, Presses universitaires de France, 2001, p. 1-15; Paola Ronfani, «Droits des enfants, droits des parents», (2006) 5 *Enfances, Familles, Générations*, <www.erudit.org/revue/efg/2006/v/n5/015782ar.html>, par. 26.

25. Selon la Cour suprême du Canada, «la conception du mariage fondée sur l'obligation mutuelle [...] impose aux partenaires de la relation, plutôt qu'à l'État, l'obligation principale de verser des aliments au partenaire dans le besoin qui est incapable de parvenir à l'indépendance économique après le mariage, reconnaissant qu'il pourrait être injuste d'obliger un ex-partenaire sans ressources à joindre les rangs des assistés sociaux»: *Bracklow v. Bracklow*, [1999] 1 R.C.S. 420.

26. Afin de protéger les créanciers alimentaires lors du décès du débiteur, on a admis la possibilité que l'obligation alimentaire survive, dans une certaine mesure, au décès du débiteur. Depuis 1989, le Code civil force en effet la succession à remédier au manque de solidarité du testateur, lorsque ce dernier a négligé d'aider financièrement certains membres de sa famille dans le besoin: voir les articles 684 à 695 C.c.Q.

Bien sûr, cette intensification du lien de solidarité répond aux intérêts de l'État, puisqu'elle permet d'alléger sa charge financière. On constate alors, comme le notait Guy Rocher, que « le droit civil débouche sur le droit social[27] ». Certes, ces systèmes « s'inspirent de deux visions différentes, l'une de responsabilité individuelle du couple et des époux, l'autre de la protection que l'État doit leur apporter[28] ». Ils entretiennent néanmoins entre eux des rapports plus ou moins étroits que l'on peut remettre en question et qu'il faudrait certainement davantage explorer[29].

La solidarité familiale s'exerce souvent au profit de l'enfant : ce dernier est au cœur de la dernière tendance.

### La prédominance des droits et des intérêts de l'enfant

Étant donné la fragilité du couple, l'enfant assure en quelque sorte la pérennité de la famille ; le droit, tant international qu'interne, lui accorde donc une attention particulière et veille au respect de ses droits et de ses intérêts[30].

Faisant souvent écho aux conventions internationales, et notamment à la *Convention internationale sur les droits de l'enfant*, plusieurs lois québécoises[31] ont comme objectif la protection de l'enfant. En droit civil, le respect de l'intérêt de l'enfant est à la fois une source d'inspiration législative, un principe d'interprétation des lois et des conventions et un critère d'appréciation. « Les décisions concernant l'enfant doivent être prises dans son intérêt et dans le respect de ses droits », énonce en effet l'article 33 du *Code civil du Québec*.

Mais, il faut l'avouer, l'enfant peut aussi servir de prétexte à des législations qui n'épousent pas nécessairement ses intérêts. Le législateur s'y est déjà laissé prendre[32] : il lui faudra dorénavant être vigilant et veiller à rattraper ce qu'il a échappé...

---

27. Guy Rocher, *Études de sociologie du droit et de l'éthique*, Montréal, Les Éditions Thémis, 1996, p. 54. La valeur de solidarité doit certainement inspirer la norme, mais cela ne doit pas entraîner une déresponsabilisation de l'État.

28. *Idem*, p. 55.

29. *Idem*. Voir aussi P. Malaurie et H. Fulchiron, *op. cit.*, note 2, p. 15.

30. Lire à ce sujet : P. Ronfani, *loc. cit.*, note 24.

31. Voir par exemple la *Loi sur la protection de la jeunesse*, L.R.Q., c. P-34.1, et la *Loi assurant la mise en œuvre de la Convention sur la protection des enfants et la coopération en matière d'adoption internationale et modifiant diverses dispositions législatives en matière d'adoption*, L.Q. 2004, c. 3.

32. Nous faisons ici référence à la réforme de 2002 relative à la filiation, *supra* note 15.

## Les défis et enjeux

Ce bref retour sur le passé et ces quelques observations sur les tendances actuelles nous permettent d'identifier les défis de demain.

Deux points retiennent immédiatement l'attention :

- les défaillances des dernières réformes, particulièrement en matière de filiation ;
- le décalage entre le droit et la réalité sociale, notamment causé par la hausse des unions de fait aux dépens du mariage.

Sur le premier point, on sait qu'en 2002, le législateur québécois a revu les règles de la filiation pour y ajouter de nouvelles dispositions relatives à la filiation des enfants nés d'une procréation assistée : un enfant peut dorénavant avoir deux mères ou, dans le contexte de l'adoption, deux pères. La filiation juridique ne prend donc plus nécessairement la nature comme modèle et ne permet plus toujours d'inscrire l'enfant sur un axe généalogique, c'est-à-dire dans une double lignée dont il peut être un maillon et à laquelle il peut s'identifier. Dans le cadre de la procréation assistée, la filiation change de fonction et devient un instrument d'appropriation.

Cette réforme, pourtant si importante, s'est faite dans la précipitation, au nom de l'égalité entre les enfants, mais surtout, semble-t-il, au nom de la réalisation du désir d'enfant et de l'égalité entre les couples homosexuels et hétérosexuels. N'ayant pas été précédée d'une réflexion sur la nature et l'essence de la filiation, et n'ayant pas tenu compte de la distinction entre parenté et parentalité, elle a non seulement laissé dans l'ombre la question du statut des beaux-parents, mais elle a aussi exacerbé le problème de la connaissance des origines et embrouillé plusieurs aspects du droit de la filiation[33].

Le législateur devra certainement remédier à ces lacunes, délier les nœuds qu'il a lui-même noués et éclaircir les zones d'ombre. Une réflexion sur les fondements mêmes de la filiation paraît en effet essentielle pour que l'on puisse répondre adéquatement à des questions particulières, soulevées tant dans les contextes de la filiation par le sang, de la procréation assistée et de l'adoption que dans celui des recompositions familiales. Parmi celles-ci, la libéralisation du droit de contester

---

33. Elle a créé de nombreuses situations à risque, en permettant par exemple que l'apport de forces génétiques se fasse par relation sexuelle et que le donneur puisse alors revendiquer sa paternité. Voir l'article 538.2, al. 2 C.c.Q.

une paternité juridique mensongère[34], le sort de la présomption de paternité[35], l'accès à la procréation assistée pour les hommes homosexuels[36], le statut juridique des beaux-parents, le droit à la connaissance des origines et la possibilité d'une pluriparenté ne pourront rester longtemps sans réponse.

Le deuxième point qui retient aussi l'attention découle de la montée de l'union de fait[37] qui, évidemment, s'effectue aux dépens du mariage. Si l'explication du phénomène relève davantage de la sociologie, l'on ne peut en revanche qu'observer le décalage entre le droit et la réalité. Le Code civil n'accorde des effets civils, d'ailleurs fort contraignants pour les conjoints, qu'à deux types d'union conjugale : le mariage et l'union civile, qui sont cependant de plus en plus délaissés au profit de l'union de fait. Consciemment ou non, de plus en plus de conjoints prennent donc le risque de la liberté[38]. Comment réagir à cet état de fait ?

---

34. Lorsqu'il s'agit de contester une filiation mensongère non significative pour la remplacer par la filiation véridique, il pourrait être dans l'intérêt de l'enfant de permettre cette contestation en dépit de la conformité entre le titre et la possession d'état. Il faudrait alors nuancer et assouplir la règle prévue à l'article 530 C.c.Q.

35. Article 525 C.c.Q. Doit-on ou non l'étendre au conjoint de fait ? Cela pourrait bénéficier à l'enfant, mais une telle modification exigerait que l'on révise l'ensemble des règles relatives à la filiation afin de maintenir la cohérence du système.

36. La maternité de substitution contrevenant à l'ordre public (art. 541 C.c.Q.), deux hommes homosexuels ne peuvent, légalement, devenir pères d'un même enfant que par le biais de l'adoption.

37. D'après le recensement de 2006, « la fréquence des unions libres au Québec est l'une des caractéristiques déterminantes des structures familiales de la province, et la progression de cette forme d'union s'est poursuivie entre 2001 et 2006. [...] Au Québec, les couples en union libre représentaient le tiers (34, 6 %) des couples de la province, une proportion très supérieure à celle observée dans les autres provinces et territoires (13,4 %) ». *Portrait de famille : continuité et changement dans les familles et les ménages du Canada en 2006, Recensement de 2006*, Statistique Canada – n° 97-553-XIF au catalogue.

38. Le législateur québécois respecte le désir de liberté des conjoints de fait et il ne fait produire aucun effet civil à leur union. Mais la liberté comporte des risques. En principe, si ces conjoints se séparent, le plus démuni d'entre eux n'aura droit ni à une pension alimentaire, ni à un partage de la valeur des biens appartenant à son partenaire ; si l'un décède, l'autre ne lui succède pas. Certes, les conjoints de fait peuvent contourner ces risques en passant entre eux les contrats nécessaires à leur protection et en s'avantageant par testament mais, souvent, par négligence, désintérêt ou optimisme, ils ne le font pas. L'abondance de la jurisprudence relative à des demandes de compensation intentées par d'ex-conjoints de fait à la suite d'une rupture sur la base de l'enrichissement injustifié démontre à la fois les risques de l'union de fait et l'insouciance des conjoints de fait. Selon un sondage Ipsos-Décarie, réalisé en octobre 2007 pour le compte de la Chambre des notaires du Québec, il n'y a que 21 % des personnes vivant en union de fait qui ont rédigé un contrat de vie commune.

Bref, la montée de l'union de fait, l'éclatement des modèles familiaux, la recomposition des ménages et l'importance accrue des questions liées aux origines « créent des besoins nouveaux auxquels les règles juridiques actuelles ne répondent pas[39] ». Ces situations inédites exigent des solutions novatrices qui requièrent à la fois sagesse et imagination. Car c'est non seulement le contenu de la réforme qui pose des défis, mais aussi son processus, qui nécessite à la fois de la vision, de la réflexion, de la documentation et une certaine audace...

Face à ces défis, quelles seront les réactions du droit, d'ici 2020 ?

## « EXPLORER LES FUTURS » : ENTRE ÉGALITÉ, LIBERTÉ ET SOLIDARITÉ

Les tendances actuelles suggèrent d'éventuelles pistes d'évolution. Bien sûr, des points de rupture sont possibles et des risques de dérive sont prévisibles ; aussi faut-il se contenter d'esquisser les différents futurs possibles.

Il convient alors de dissocier les rapports conjugaux des rapports de parenté. On traitera donc dans un premier temps de la famille dite horizontale, en étudiant les rapports de couple, pour ensuite examiner la famille verticale, en mettant l'accent, c'est évident, sur la filiation et la fonction parentale. S'il est possible qu'il y ait un rapprochement des modèles conjugaux, il faut espérer, pour l'enfant, une diversification des liens identitaires.

### La famille horizontale : vers un rapprochement des modèles ?

Les scénarios envisageables reposent sur deux grandes tendances : un mouvement protectionniste, basé sur les impératifs d'égalité et de solidarité, et un mouvement autonomiste, privilégiant la liberté. Une voie d'échappement, tentant d'allier autonomie, protection et égalité, est également possible.

#### Un mouvement protectionniste

Animé par la volonté d'assurer aux conjoints de fait une protection égale à celle accordée aux personnes mariées ou vivant en union civile, le mouvement protectionniste s'exercerait principalement sur l'union

---

39. *Pour une adoption québécoise à la mesure de chaque enfant*, Rapport du groupe de travail sur le régime québécois de l'adoption, 30 mars 2007, p. 83.

de fait[40]. Il s'agirait alors, par le mécanisme de l'assimilation, d'attribuer aux conjoints de fait certains droits et certaines responsabilités jusqu'ici réservés aux personnes mariées[41] : obligation alimentaire, protection de la résidence familiale, partage du patrimoine familial ou droit de succession ; l'assimilation pourrait être plus ou moins étendue. Mécanisme connu du droit social québécois, cette technique est aussi fort utilisée dans les provinces de *common law* qui, à certaines conditions, reconnaissent l'existence d'une obligation alimentaire entre conjoints de fait[42] et,

---

40. Le législateur reconnaîtrait alors l'insuffisance du modèle selon lequel les conjoints de fait ont la liberté de choisir, s'ils le désirent, le type d'encadrement qui leur convient. En effet, comme le soulignait, en 2001, la Commission du droit : « La capacité de forger son propre régime contractuel et de négocier les modalités de l'engagement est un outil de grande valeur dans une société libre et elle doit toujours être disponible. Toutefois, cet outil demeure hors de la portée pour bien des gens. Laisser aux parties le soin d'établir leurs propres modalités contractuelles [...] impose un trop lourd fardeau aux gens qui n'ont ni le temps, ni l'énergie, ni les connaissances requises pour le faire. La participation éventuelle d'un avocat pour rédiger ces dispositions est également trop coûteuse ou peu pratique pour la majorité des gens. Enfin, on peut s'inquiéter du fait que la partie la plus forte ou la plus fortunée puisse imposer des modalités défavorables à la partie la plus pauvre ou la plus faible. Bien que les contrats demeurent une importante méthode de détermination individuelle des droits et obligations réciproques, ils ne constituent pas comme tel un remède suffisant. Le modèle contractuel respecte peut-être la valeur d'autonomie, mais il ne parvient pas à en soutenir certaines autres, comme l'égalité ou l'efficacité, car trop peu de personnes sont disposées à négocier les modalités de leurs rapports personnels étroits. » Commission du droit du Canada, *Au-delà de la conjugalité*, Canada, 2001, p. 126.

41. « En 1978, l'Office de révision du Code civil avait déjà proposé un certain encadrement de l'union de fait : cette suggestion fut rejetée au nom de la liberté des conjoints de fait. Et, depuis, cette position a été réitérée à de nombreuses reprises que ce soit en 1989, lors de la création du patrimoine familial, en 1991, lors de l'adoption du Code civil du Québec ou en 2002, lors de la création de l'union civile. Mais dans le cas où il apparaîtrait que les risques associés à cette liberté surpassent ses bienfaits, il est possible, d'imaginer une résurgence du mouvement en faveur d'une protection. D'ailleurs, au moment de l'adoption de la législation relative au patrimoine familial, la ministre responsable du dossier, tout en soulignant que cette législation ne s'appliquait pas aux conjoints de fait, même s'ils avaient des enfants, ajoutait ceci : « Cette question devra être discutée de nouveau, et ce, de façon globale [...]. En conséquence et en l'absence d'études plus approfondies du phénomène, il nous semblait à ce moment-ci inopportun de légiférer sur les rapports civils des concubins. » D. Goubau, G. Otis, D. Robitaille, « La spécificité patrimoniale de l'union de fait : le libre choix et ses "dommages collatéraux" », (2003) 44 *C. de D.* 3, note 147.

42. Sauf le Québec, toutes les juridictions provinciales ou territoriales canadiennes imposent une obligation alimentaire réciproque aux conjoints de fait. Voir à ce sujet : D. Goubau *et al.*, *idem*, p. 18.

parfois même, mais beaucoup plus rarement, leur imposent les règles de partage des biens matrimoniaux généralement réservées aux époux[43].

Destiné à assurer l'égalité des conjoints, un tel scénario contribuerait aussi à un élargissement du réseau de «solidarité[44]» familiale. Il irait toutefois à l'encontre d'une forte tendance en faveur du respect des volontés individuelles et de la diversité. Le législateur québécois a maintes fois réitéré son désir de ne pas enfreindre la liberté des conjoints de fait ; est-il envisageable qu'il revienne sur cette prise de position ? Peut-être, car il est manifestement dans l'intérêt de l'État qu'il existe une obligation alimentaire entre conjoints de fait séparés. Mais cette solution semble peu probable ; elle ne s'harmoniserait pas au contexte actuel qui, privilégiant le choix individuel, favorise «l'essor de relations plus contractuelles fondées sur l'engagement [et] l'authenticité[45]».

Afin d'assurer une certaine autonomie, le législateur pourrait cependant permettre aux conjoints de fait qui le désirent de renoncer, en tout ou en partie, à cette protection législative[46]. Il pourrait aussi suivre la suggestion de certains juristes et n'assujettir que les conjoints de fait avec enfant aux nouveaux mécanismes. La protection des intérêts de l'enfant servirait alors de justification à l'atteinte à la liberté des parents[47].

Mais plutôt que de protéger malgré eux les conjoints de fait, le législateur pourrait préférer respecter leur liberté. Le droit évoluerait alors sous l'influence d'un mouvement autonomiste.

---

43. *Idem*, p. 20. Seuls les Territoires du Nord-Ouest, le Nunavut et la Saskatchewan ont en effet accordé aux conjoints de fait la totalité des droits sur les biens matrimoniaux habituellement réservés aux époux : *Family Property Act*, S.S., 1997, c. F-6.3, art. 2 ; *Family Law Act*, S.N.W.T., 1997, c. 18, art. 1 ; *Family Law Act (Nunavut)*, S.N.W.T., 1997, c. 18. Remarquons, à cet égard, que dans l'affaire *Nouvelle-Écosse (Procureur général) c. Walsh*, [2002] 4 R.C.S. 325, la Cour suprême a décidé qu'il n'était pas discriminatoire de réserver aux personnes mariées le bénéfice d'une législation prévoyant le partage de la valeur d'un patrimoine familial.

44. Une solidarité que l'on impose lorsqu'elle ne s'exerce pas spontanément...

45. D. Le Gall et Y. Bettahar, *loc. cit.*, note 24, p. 4.

46. Voir l'exemple de la Saskatchewan, *Family Property Act*, S.S. 1997, c. F-6.3. Cette loi s'applique aux conjoints de fait : art. 2(1) (le terme époux comprend les conjoints de fait qui cohabitent ou qui ont cohabité pendant une période d'au moins deux ans). Ils ont néanmoins, comme les personnes mariées, le droit d'aménager autrement leurs relations familiales : voir l'art. 38 (1) qui permet les «*interspousal contracts*».

47. D. Goubau, G. Otis, D. Robitaille, *supra*, note 41, p. 49 à 51.

## Un mouvement autonomiste

Il faut tout d'abord souligner que, sans l'audace nécessaire pour oser une transformation, la volonté de respecter la liberté individuelle des conjoints de fait mène au simple maintien de la situation actuelle. Il est possible d'imaginer un scénario plus dynamique ; il concernerait le mariage et inciterait peut-être plus de personnes à « convoler en justes noces »...

Le phénomène de contractualisation du mariage pourrait en effet s'accentuer[48]. Le mariage « carcan » d'aujourd'hui se transformerait alors en un mariage « à la carte », offrant une plus grande liberté dans l'aménagement des relations familiales et une plus grande souplesse lors de sa dissolution. Les époux pourraient configurer le cadre de leurs relations personnelles ou patrimoniales dans leur contrat de mariage, écarter les dispositions relatives au patrimoine familial, et convenir de leur contribution respective aux charges du ménage[49]. Évidemment, un fort mouvement de contractualisation aurait une incidence sur le mode de dissolution du mariage. En cas de mésentente, les époux pourraient divorcer par consentement mutuel, avec ou sans contrôle judiciaire[50].

Ce scénario assouplirait donc les effets du mariage et préserverait l'autonomie des conjoints de fait. Il demeurerait important d'inciter ces derniers à se prémunir contre les risques de la liberté en les encourageant à se prévaloir de la protection que leur offrent les contrats de vie commune.

Il faut enfin remarquer qu'un tel mouvement de contractualisation du mariage enlèverait tout pouvoir d'attraction à l'union civile, du moins dans sa forme actuelle[51]. L'union de fait redeviendrait donc seule véritable alternative au mariage. Mais ne serait-il pas possible d'imaginer

---

48. Lire à ce sujet : Alain Roy, « Le contrat de mariage en droit québécois : un destin marqué du sceau du paradoxe », 51 *McGill L.J.*, 2006, p. 665.

49. Comme l'écrit A. Roy, *idem*, p. 691 : « En permettant aux tribunaux de réviser ou d'annuler un contrat de mariage sur la base de la lésion ou de l'imprévision, le législateur parviendrait certainement à contenir les abus contractuels qui ont marqué le passé. »

50. Alain Roy, « Déjudiciarisation et divorce consensuel : perspectives socio-juridiques », dans N. Kasirer et P. Noreau (dir.), *Sources et instruments de justice en droit privé*, Montréal, Éditions Thémis, 2002, p. 287.

51. Calquée sur le mariage, elle en diffère principalement par la souplesse de son mode de dissolution qui, lorsqu'il n'y a pas d'enfant, peut se faire sans contrôle judiciaire, par une simple déclaration commune notariée : art. 521.12 à 521.16 C.c.Q.

une troisième voie, qui singulariserait l'union civile par rapport au mariage et qui offrirait ainsi une option à ceux qui désirent officialiser leur union sans vouloir se marier?

## Une voie alternative

À la fois dans une perspective protectionniste et autonomiste, on peut imaginer une redéfinition de l'union civile qui, d'une union initialement conçue pour les couples qui ne pouvaient pas se marier, serait dorénavant destinée à ceux qui ne veulent pas se marier.

Actuellement, l'union civile est calquée sur le mariage, tant en ce qui concerne son mode de formation que ses effets personnels et patrimoniaux. Seul son mode de dissolution la distingue véritablement[52] de l'union-modèle. Ce n'est sans doute pas assez pour la rendre attrayante aux yeux de ceux qui rejettent le mariage.

À l'image du PACS français[53] ou de certains autres systèmes d'enregistrement[54], le nouveau modèle d'union civile pourrait se distinguer du mariage par ses modes de formation et de dissolution, qui seraient plus contractuels, et par ses effets, qui pourraient se limiter aux questions patrimoniales.

Comme le suggérait, en 2001, la Commission du droit[55], ce modèle pourrait même aller au-delà de la conjugalité. Il serait alors accessible à toutes les personnes qui, sans être conjoints, vivent en couple et entretiennent entre elles des rapports « se [caractérisant] par une interdépendance affective et économique, des soins et un intérêt mutuels ainsi qu'un engagement durable. [...] On peut songer [...] au frère et à la sœur qui habitent ensemble ou à l'enfant majeur qui réside avec un parent malade ». Un tel modèle existe ailleurs : il en est par exemple ainsi en Belgique, où une déclaration de cohabitation légale peut être faite par

---

52. Il existe en effet une autre différence : l'union civile n'est accessible qu'aux personnes de 18 ans et plus, alors que l'on peut se marier à partir de 16 ans. Art. 521.1 C.c.Q.
53. Art. 515.1 à 515.7 C.c. français.
54. La cohabitation légale du droit belge, par exemple : art. 1475 à 1479 C.c. belge. Voir aussi les différents modèles d'enregistrement, la *Civil Union* du Vermont ou le *Domestic Partnership* de la Nouvelle-Écosse. Martha Bailey, « Registered Partnership in Common Law Canada » , dans P.-C. Lafond et B. Lefebvre (dir.), *L'union civile, nouveaux modèles de conjugalité et de parentalité au 21ᵉ siècle*, Cowansville, Éditions Yvon Blais, 2003, p. 275 ; Alain Roy, « Le partenariat civil, d'un continent à l'autre », (2002) 3 *R.I.D.C.* 759.
55. Commission du droit du Canada, *op. cit.*, note 40.

deux personnes faisant vie commune. Il suffit qu'elles « ne soient pas liées par le mariage ou par une autre cohabitation légale et qu'elles soient capables de contracter[56] ».

Il y aurait alors une réelle alternative au mariage et à l'union de fait. Les couples qui ne désirent pas se marier pourraient choisir un modèle de droits et de responsabilités préétablis afin de clarifier leurs responsabilités mutuelles, et cela, tant pendant la vie commune qu'à la fin de celle-ci[57]. Évidemment, le profil de ce nouveau type d'union devrait être inventé, mais le droit comparé offre plusieurs modèles possibles[58] dont le législateur, d'ici 2020, pourrait s'inspirer.

Mais l'adoption d'un tel modèle, qu'il soit ou non supraconjugal, enlèverait-il toute raison d'être au mariage ?

S'il opte pour cette voie alternative, l'État devra certainement s'interroger sur la possibilité de préserver l'institution civile du mariage[59]. Mais il faut être réaliste : il est peu probable qu'il se désintéresse du mariage d'ici 2020, ne serait-ce qu'en raison de la question constitutionnelle. Le mariage est en effet de compétence fédérale et le pourcentage de mariages est beaucoup plus élevé dans les autres provinces qu'il ne l'est au Québec[60] ; ce qui rend toute réforme d'envergure moins pressante.

Les deux premiers scénarios – l'assimilation des conjoints de fait aux personnes mariées et l'assouplissement du mariage – rapprocheraient évidemment les modèles conjugaux : la première tendance imposant

---

56. Art. 1475 C.c. belge.

57. Commission du droit, *op. cit.*, note 40, p. xviii.

58. *Supra* note 54.

59. Comme l'écrivait, en 2001, la Commission du droit : « La création d'un régime d'enregistrement qui permettrait à tous les rapports conjugaux et autres de bénéficier des qualités volontaire et publique et des caractéristiques de certitude et de stabilité actuellement réservées aux mariages pourrait éliminer le besoin de cette institution. Cela n'empêcherait pas les gens de se marier religieusement ou de dire qu'ils sont mariés en plus d'avoir enregistré leur union. Toutefois, le mariage religieux ne comporterait aucune connotation juridique, non plus que le terme marié aurait quelque conséquence juridique. Pour que l'union ait des conséquences juridiques, les gens devraient l'enregistrer. Les conséquences juridiques ne se manifesteraient que dans une étape additionnelle et séparée d'enregistrement de la relation à des fins civiles. Le système d'enregistrement civil serait ouvert à tous, couples mariés et autres, à toutes personnes souhaitant obtenir la reconnaissance et le soutien public de leurs rapports personnels tout en souscrivant volontairement à un éventail de droits et d'obligations juridiques. » Commission du droit, *op. cit.*, note 40, p. 134.

60. Selon les statistiques tirées du recensement de 2006, la proportion de couples mariés au Québec est plus faible que partout ailleurs au Canada : 54 % contre 68 %. *Portrait de famille : continuité et changement dans les familles et les ménages du Canada en 2006*, *supra* note 37.

l'uniformité et la deuxième accordant tant aux époux qu'aux conjoints de fait une importante zone d'autonomie. Le troisième scénario – la singularisation de l'union civile par rapport au mariage – permettrait de maintenir une pluralité de modèles destinés à une multiplicité de profils. Cependant, ces mouvements ne seront pas nécessairement à sens unique et les différents scénarios pourraient se combiner de diverses façons afin d'allier protection, égalité et liberté.

Mais, plus que la relation de couple, ce sera probablement l'enfant qui retiendra l'attention du législateur d'ici les treize prochaines années.

## La famille verticale : vers une diversification des liens ?

Pour être complet, le portrait juridique de la famille verticale devrait regrouper trois composantes : les liens identitaires, les rapports personnels et les rapports de solidarité. On ne traitera cependant ici que du premier thème : celui des liens identitaires.

Bien qu'elle ne soit pas limitée à ces domaines, la question de l'identité se soulève principalement dans le cadre des recompositions familiales, dans le contexte de l'adoption et dans celui de la procréation assistée. Dans chacune de ces situations, en effet, l'enfant peut ne pas se satisfaire de l'identité que lui impose le droit. Selon les circonstances, il partira alors à la quête de ses origines ou s'inventera son propre réseau de parenté. D'un point de vue juridique, ces situations posent deux problèmes : l'existence d'un droit à la connaissance de ses origines et la reconnaissance de la pluriparenté. Le droit de 2020 aura certainement dû les régler.

### La connaissance de l'identité : un repère à respecter

En camouflant la filiation d'origine ou l'identité du donneur, l'adoption plénière et la procréation assistée posent la délicate question de la quête des origines. Le besoin identitaire des personnes adoptées est en effet incontestable et l'on peut croire qu'il en est de même pour ceux nés d'une procréation assistée, dans le cas, bien sûr, où ils connaissent les circonstances de leur conception[61]. Ce besoin correspond-il à un droit ?

---

61. « Les revendications des personnes adoptées à la recherche de leur origine ont [en effet] été appuyées par des constatations cliniques qui ont mis de l'avant les besoins identitaires de ces personnes [...] Les changements sociaux qui ont eu lieu au cours des dernières années ont entraîné une redéfinition des modèles familiaux. La famille n'est plus le seul modèle familial socialement accepté. Les familles recomposées, monoparentales et homoparentales sont maintenant des réalités. L'enfant

La question est aujourd'hui discutée[62] et la réponse n'est pas certaine; il est cependant difficile de croire qu'un tel flou persistera encore en 2020.

Ainsi que le «suggère[63]» l'article 7 de la *Convention internationale relative aux droits de l'enfant,* de plus en plus de pays reconnaissent à l'enfant le droit de savoir d'où il vient. Si l'on se fie à la tendance actuelle[64], le législateur québécois aura sans doute, en 2020, lui aussi franchi ce pas[65]. Son principal défi aura probablement été de concilier

---

adopté n'est plus seul à vire une situation familiale particulière. De plus, l'évolution des droits de la personne a contribué à changer les mentalités et a accentué les demandes relatives à un droit à la connaissance de ses origines. Les circonstances qui conduisent un enfant vers l'adoption ne sont plus les mêmes qu'autrefois. Jadis, l'établissement d'un secret absolu était présenté comme le seul moyen de préserver à la fois la mère et l'enfant. Toutes ces constatations conduisent à une remise en question des règles actuelles concernant les adoptions qui sont prononcées aujourd'hui, et cela, en faveur d'une plus grande ouverture.» Groupe de recherche sur le régime québécois de l'adoption, *op. cit.,* note 39, p. 67.

62. Voir par exemple: Michelle Giroux, «Le droit fondamental de connaître ses origines: impact des droits fondamentaux sur le droit de la filiation», dans *La Charte québécoise: origines, enjeux et perspectives, R. du B.,* numéro thématique hors série, 2006, p. 255.

63. La Convention ne reconnaît pas ce droit de façon absolue, mais prévoit simplement que: «l'enfant est enregistré aussitôt sa naissance et a dès celle-ci [...], *dans la mesure du possible,* le droit de connaître ses parents et d'être élevés par eux» (nous soulignons).

64. Voir notamment: Groupe de recherche sur le régime québécois de l'adoption, *op. cit.,* note 39, p.67.

65. Actuellement, l'enfant conçu par procréation médicalement assistée ne peut connaître ses origines, alors que l'enfant adopté le peut dans certains cas. Toutefois, ainsi que le souligne le Groupe de recherche sur le régime québécois de l'adoption, *idem,* p. 52, «si l'adopté ou ses parents d'origine sont décédés, introuvables ou incapables de consentir, les renseignements sont confidentiels. On peut difficilement permettre la quête des origines en adoption et la refuser en procréation assistée. Aujourd'hui, l'enfant né d'une procréation médicalement assistée ne peut connaître l'identité de son géniteur et pour l'adopté, la divulgation des renseignements nominatifs reste soumise aux consentements réciproques des personnes concernées. Par ailleurs, si ces dernières refusent, si elles sont décédées, introuvables ou incapables de consentir, les renseignements demeurent confidentiels. Aucune information nominative ne sera transmise et les retrouvailles avec d'autres membres de la famille ne seront pas permises». Le Groupe note que les Centres jeunesse répondent aux demandes de la fratrie, même si la loi ne prévoit pas cette hypothèse. L'Ontario prévoit, quant à elle, le droit de l'adopté de recevoir une copie de l'enregistrement initial de l'acte de naissance et de son jugement d'adoption. En Europe, le Royaume-Uni, la Belgique, l'Allemagne, l'Espagne et la Suisse permettent à l'adopté de recevoir communication de son acte de naissance incluant le nom de ses parents d'origine. Le Royaume-Uni est toutefois le seul pays à organiser cette communication.

les droits de l'enfant et ceux des adultes à l'origine de sa naissance. Au droit potentiel de l'enfant de connaître ses origines s'oppose, en effet, le droit à la vie privée des parents et, dans le cas d'une procréation assistée, celui du donneur: comment allier ces différents droits et intérêts?

En matière d'adoption, différents modèles existent actuellement au Canada et en Europe. Le Groupe de recherche sur le régime québécois de l'adoption opte pour le principe du droit à l'information, sauf si l'adopté ou son parent biologique s'y oppose[66]. L'adopté aurait donc le droit d'obtenir des renseignements lui permettant d'identifier et de rencontrer ses parents biologiques, à moins que ces derniers n'aient enregistré un veto sur l'information ou un veto de contact[67]. De même, les parents biologiques d'un enfant adopté majeur pourraient obtenir les renseignements leur permettant d'identifier et de rencontrer l'adopté, à moins qu'il n'ait, lui aussi, enregistré un veto sur l'information ou un veto sur le contact[68]. On peut espérer que cette recommandation sera suivie, bien que certains puissent la trouver trop modérée[69].

---

66. Cette position concerne les adoptions postérieures à une éventuelle modification de la loi: *idem*, lire les recommandations O.9 à O.15, p. 69. Ce principe est contraire à la règle actuelle, qui impose la confidentialité et n'accorde le droit à l'information que si l'adopté et le parent biologique consentent aux retrouvailles: art. 582 à 584 C.c.Q. Les adoptions antérieures à une éventuelle modification de la loi (recommandations O.16 à O.21) demeureraient assujetties aux règles actuelles et la personne contactée après l'entrée en vigueur d'une éventuelle réforme pourrait refuser de consentir à la divulgation de son identité. Si la personne recherchée était décédée au moment de l'entrée en vigueur de la réforme, mais depuis au moins deux ans au moment de la demande, la personne adoptée ou le parent biologique qui désire obtenir des renseignements pourrait les obtenir, à moins qu'un refus n'ait déjà été inscrit au dossier avant le décès: voir les recommandations O.19 et O.20.

67. *Idem*, recommandation O.9.

68. *Idem*, recommandation O.11.

69. Il faut remarquer que depuis 2005, la loi ontarienne allait beaucoup plus loin puisqu'elle traitait de la même manière les adoptions antérieures et postérieures à la loi et ne prévoyait pas la possibilité d'enregistrer un veto interdisant la transmission de l'information, ce qui était considéré par certains comme étant une atteinte à la vie privée. En septembre 2007, la Cour supérieure de justice de l'Ontario (Cheskes v. Ontario [Attorney General] 2007 CanLII 38387 [ON. S.C.]) leur donnait raison en déclarant inconstitutionnelles certaines dispositions du Vital Statistic Act conférant une portée rétroactive aux dispositions obligeant la transmission d'informations. Le 10 décembre 2007, « le gouvernement ontarien présentait un nouveau projet de loi permettant aux personnes adultes qui ont été adoptées et aux parents de sang dont les adoptions ont été prononcées en Ontario d'obtenir une copie de leur ordonnance d'adoption et de leur enregistrement de

Plusieurs pays permettent aussi aux enfants conçus par procréation assistée d'obtenir des informations nominatives relatives au donneur[70]. Actuellement, le droit québécois maintient la confidentialité des renseignements personnels en matière de procréation assistée. La position du législateur fédéral est différente. En effet, la *Loi sur la procréation assistée*, dans des dispositions qui ne sont pas encore en vigueur[71], accorde aux personnes ayant recours à une technique de procréation assistée, ainsi qu'aux personnes issues de cette technique et à leurs descendants, le droit d'obtenir, sur demande, les renseignements médicaux relatifs au donneur. La transmission de l'identité du donneur, ou de renseignements susceptibles de l'identifier, ne peut toutefois être faite qu'avec le consentement écrit de celui-ci. En 2020, nous aurons probablement, à l'exemple du Royaume-Uni[72], franchi un pas de plus et levé totalement l'anonymat des donneurs. Une telle ouverture obligera les parents et les donneurs à prendre conscience de la portée de leur geste : ils imposent en effet à l'enfant une identité fragmentée, parfois difficile à apprivoiser.

En principe, la reconnaissance d'un droit aux origines ne remet pas en question la filiation juridique de l'enfant. L'enfant connaît l'identité de sa famille d'origine ou celle de son donneur, mais aucun lien de filiation ne le rattache à ces derniers : il ne peut, en effet, avoir plus de deux parents.

---

naissance et d'enregistrer dans leur dossier un veto sur la divulgation si l'ordonnance d'adoption a été rendue en Ontario avant le 1er septembre 2008 » : <www.cnw.ca/en/releases/archive/December2007/10/c9406.html>.

70. En Suède, le *Swedish Insemination Act* permet à un enfant issu de la procréation assistée de connaître l'identité de son père biologique lorsque l'enfant a atteint une maturité suffisante. De même, l'Allemagne, par un arrêt de la Cour constitutionnelle du 31 mai 1989, l'Autriche depuis 1992, la Norvège, en vertu de l'*Act on Medical Use of Biotechnology* adopté en 2003, la Suisse en vertu de la *Loi fédérale sur la procréation médicalement assistée* du 18 décembre 1998 et de l'article 119 2 g) de la Constitution fédérale, l'État de Victoria en Australie en vertu de l'*Infertility Act* de 1995, l'État d'Australie occidentale depuis 2004, la Nouvelle-Zélande depuis 2004, l'Islande depuis 1996, dans la mesure où le donneur y a consenti, et le Royaume-Uni depuis 2005, sont toutes des juridictions qui reconnaissent à un enfant issu de la procréation assistée le droit d'avoir accès aux données nominatives relatives à son géniteur, le plus souvent à sa majorité.

71. *Loi sur la procréation assistée*, L.C. 2004, c. 2, art. 16 (3).

72. Au Royaume-Uni, depuis le 1er avril 2005, les donneurs de sperme, d'ovule ou d'embryon ne peuvent plus exiger l'anonymat. À l'âge de 18 ans, les enfants conçus grâce à l'apport génétique d'un donneur, pourront obtenir des informations nominatives à leur sujet : <www.hfea.gov.uk/en/368.html>, consulté le 15 décembre 2007.

Mais une telle position est-elle immuable ? L'adoption, la procréation assistée et, surtout, l'éclatement des familles sont des situations qui entraînent une certaine circulation de l'enfant entre plusieurs personnes ou cellules familiales. On assiste alors à une multiplication de figures parentales : certaines sont liées à l'enfant par le cœur, d'autres par le sang. Cela n'incitera-t-il pas le droit de 2020 à reconnaître la pluriparenté ou, du moins, à accepter que la parentalité, c'est-à-dire le fait d'agir à titre de parents, entraîne des conséquences juridiques ?

*Parenté, parentalité et pluriparenté*[73] : *la multiplication des liens identitaires*

Il faut distinguer d'abord la question de la parentalité, qui se pose dans le cadre des familles recomposées, de celle de la pluriparenté, qui se soulève dans le contexte de l'adoption et dans celui de la procréation assistée. La première situation met en scène une personne, beau-père ou belle-mère, qui agit comme un parent alors qu'elle ne l'est pas : elle n'est unie à l'enfant que par le cœur. Doit-elle avoir des droits et des obligations à l'égard de l'enfant ? La seconde concerne la personne qui, sans être le parent légal de l'enfant, lui est néanmoins liée par le sang : doit-on lui reconnaître le statut de parent ?

*La parentalité ou le statut du beau-parent*

Il y a, au cœur de plusieurs familles reconstituées, une relation affective profonde qui unit l'enfant à son beau-père ou à sa belle-mère qui lui tient lieu de père ou de mère. Pourtant, en principe, les beaux-parents n'ont, à l'égard de l'enfant, ni droit ni obligation. L'autorité parentale et le devoir alimentaire découlent en effet du lien de parenté[74] et le droit civil n'accepte pas de dissocier l'effet de la cause. Cette question soulève le problème de la distinction entre les notions de parenté et de parentalité ou entre le rapport juridique et l'exercice de la tâche. Il est clair que la fonction de père ou de mère n'emporte pas de plein droit le titre et que le seul fait d'exercer des tâches parentales ne confère pas le statut de parent. Mais, dans certains cas, il pourrait être légitime de reconnaître des droits et des obligations, ou même un statut juridique particulier, aux personnes qui tiennent ou ont tenu lieu de parents. En

---

73. Voir à ce sujet : F. Dreyfus-Netter, « De la parenté à la parentalité », <www.droit. inv-paris5.fr/cddm/>, consulté le 27 octobre 2007 ; D. Le Gall et Y. Bettahar, *op. cit.*, note 24 ; Collectif, « Dossier thématique La filiation recomposée : origines biologiques, parenté et parentalité », (2007) 4 *Recherches familiales* ; Ingeborg Schehwenzer (dir.), *Tensions Between Legal, Biological and Social Conceptions of Parentage*, Antwerpen-Oxford, Intersentia, 2007.
74. Art. 585, 598 et 599 C.c.Q.

effet, n'est-ce pas contradictoire, comme le prétend Louis Roussel, de « ne reconnaître aucun droit sur les enfants à une personne qui, dans la vie quotidienne, doit, par ailleurs, prendre d'incessantes décisions à leurs propos[75] » ?

Certes, le beau-père ou la belle-mère peut acquérir le statut juridique de parent en adoptant l'enfant de son conjoint[76]. Mais cette adoption n'est ni toujours possible, car elle exige la réunion de certaines conditions, ni toujours souhaitable, car elle provoque une rupture avec l'un des parents biologiques[77]. La seule filiation adoptive que le droit reconnaisse aujourd'hui – appelée l'adoption plénière – se substitue en effet à la filiation d'origine. Or il n'est pas toujours opportun d'ainsi « privilégier le présent, d'oublier le passé, et de vouloir créer l'avenir à partir d'une table rase[78] ». L'adoption plénière ne peut donc demeurer la seule avenue possible pour que soient reconnus des droits et des responsabilités aux beaux-parents. Mais alors, comment traduire juridiquement le rôle qu'assument, en fait, ces personnes ? Quelles sont les pistes possibles d'évolution d'ici 2020 ?

Le problème est complexe. Il faut toutefois espérer que l'on saura s'y attaquer avec audace et imagination, tout en respectant d'incontournables balises : les premières sont générales, les secondes, plus particulières.

Sur le plan général, il faut, tout d'abord, veiller à maintenir une distinction fondamentale entre la parenté et la parentalité. Il n'est pas envisageable, en effet, d'accorder au beau-père ou à la belle-mère le statut de parent en dehors du cadre de l'adoption. On risquerait alors non seulement d'embrouiller la notion de filiation, mais aussi de démobiliser le parent auquel le nouveau venu ferait concurrence[79]. On doit ensuite prendre conscience de la diversité des familles recomposées, et cela, tant au regard de leur origine, car elles n'ont pas toutes été précédées d'un divorce, que de la nature des liens qui unissent enfant et beau-parent.

---

75. Louis Roussel, *L'enfance oubliée*, Paris, Odile Jacob, 2001, p. 149.

76. Selon l'article 579, al. 2 C.c.Q. : « [...] l'adoption, par une personne, de l'enfant de son conjoint, ne rompt pas le lien de filiation établi entre ce conjoint et son enfant ».

77. Art. 577 C.c.Q. Or cette rupture n'est pas nécessairement dans l'intérêt de l'enfant.

78. L. Roussel, *op. cit.*, note 73, p. 148.

79. Françoise Dekeuwer-Defossez, *Rénover le droit de la famille. Propositions pour un droit adapté aux réalités et aux aspirations de notre temps*, Paris, La Documentation française, 1999.

On sait que la relation de type parental entre un enfant et le conjoint ou la conjointe de son père ou de sa mère ne naît pas instantanément, mais se tisse au fil des jours, de façon plus ou moins consciente.

Sur un plan plus particulier, un premier postulat semble s'imposer : les droits et les obligations des beaux-parents doivent être déterminés en fonction des intérêts de l'enfant, tout en coexistant avec ceux des parents légaux. Cela exigera, d'une part, que l'on établisse entre ces multiples « parents » une certaine hiérarchie et, d'autre part, que l'on détermine les droits et les devoirs de chacun. Il faudra, par exemple, savoir accorder une place au beau-père, tout en ne délogeant pas, en principe, le père véritable qui devra continuer à assumer ses responsabilités. De cette première observation en découle une deuxième : les droits et obligations des beaux-parents ne devront pas nécessairement correspondre en tout point à ceux des parents ; une certaine modulation est souhaitable[80]. On doit enfin s'assurer de la possibilité qu'au besoin le beau-parent puisse prendre l'enfant en charge.

Il faut donc pouvoir harmoniser ces différents critères et bâtir un système qui, tout en dissociant la fonction parentale du titre de parent, incitera parents et beaux-parents à partager leurs responsabilités et à collaborer dans l'intérêt de l'enfant : le rôle de chacun doit être apprécié avec justesse et équilibre[81].

À ce sujet, le droit comparé offre plusieurs modèles qui pourraient être soit combinés, soit réinventés : délégation judiciaire[82], ainsi que le propose d'ailleurs le Groupe de travail sur le régime québécois de l'adoption[83],

---

80. Par exemple, l'obligation alimentaire entre le beau-parent et l'enfant devrait-elle nécessairement être réciproque ?

81. Isabelle Corpart, « Les enfants à l'épreuve de la recomposition familiale : un point de vue juridique », dans (2007) 4 *Recherches familiales*, 35, à la p. 45.

82. Voir à ce sujet le droit français (art. 377-1, al. 2 C.c.), qui permet à un parent de partager, au moyen d'une délégation judiciaire, l'exercice de ses droits d'autorité parentale avec son conjoint. « Le partage nécessite l'accord des parents tant qu'ils exercent l'autorité parentale. » Les beaux-parents peuvent alors intervenir dans la vie de l'enfant. « À l'égard des tiers de bonne foi, ils sont alors réputés agir avec l'accord des parents lorsqu'ils posent un acte usuel de l'autorité parentale », art. 372-2 C.c. Voir aussi le droit anglais : art. 112 de l'*Adoption and Children Act 2002*, en vigueur depuis le 30 décembre 2005.

83. En effet, « dans l'intérêt de l'enfant et dans certaines situations, ne serait-il pas souhaitable qu'un tiers puisse exercer l'autorité parentale auprès d'un enfant en jouissant des mêmes droits et devoirs que les parents ? De plus, cet exercice pourrait être opposable aux tiers sans que les parents se voient retirer la fonction de titulaire de l'autorité parentale ou en soient déchus. [...] Dans les familles recomposées, il arrive que le nouveau conjoint du père ou de la mère se trouve dans l'obligation d'adopter l'enfant du nouveau conjoint. Il crée donc un lien de filiation pour pouvoir

exercice complet[84] ou amoindri[85] de l'autorité parentale, mandat[86] ou délégation conventionnelle[87].

exercer des responsabilités parentales auprès de l'enfant. [...] Toutefois, cette manière de procéder implique, dans certains cas, de rompre une filiation existante et d'en ajouter une nouvelle. Or cela n'est peut-être pas toujours nécessaire dans l'intérêt de l'enfant. [...] Dans cette hypothèse, le père ou la mère partagerait l'exercice de son autorité parentale avec un nouveau conjoint, avec l'accord de l'autre parent, le cas échéant. Le parent ne se départirait pas de son exercice au profit de quelqu'un d'autre, puisqu'il le partagerait. Le parent délégant pourrait intervenir en tout temps dans les décisions du délégataire puisqu'ils exerceraient conjointement l'autorité parentale. Le parent non délégant conserverait l'intégralité de ses droits. Le délégataire de l'exercice partagé devrait pouvoir accomplir tous les actes nécessaires à l'exercice de l'autorité parentale, sauf le droit de consentir à l'adoption. Cette délégation serait judiciaire et l'intervention du tribunal serait nécessaire pour en modifier les modalités ou y mettre fin. » Voir : Groupe de travail sur le régime québécois de l'adoption, *op. cit.*, note 39, p. 100. On remarque donc que le droit de consentir à l'adoption ne serait pas délégué. Le droit français ne permet pas non plus de déléguer le droit de consentir à l'adoption : art. 372-1 et 377-1 C.c.f.

84.  Certains pays accordent l'exercice de l'autorité parentale à la personne qui, sans être le parent, est mariée au père ou à la mère au moment de la naissance de l'enfant. Ils exigent souvent qu'il n'y ait pas de liens entre l'enfant et son autre parent : voir l'art. 253·s) du Code civil des Pays-Bas. Cet exercice peut aussi être attribué par décision judiciaire sur demande présentée par le parent investi de l'autorité parentale et une personne autre que le parent. Le tribunal peut leur accorder l'exercice conjoint de l'autorité parentale, si le parent demandeur est le seul titulaire de l'autorité parentale et si le codemandeur a développé des liens étroits avec l'enfant. Par ailleurs, si des liens familiaux légaux existent entre l'enfant et l'autre parent, les demandeurs doivent, à la date de la demande, s'être occupés de l'enfant ensemble durant une période d'au moins un an précédant immédiatement la demande. De plus, à la date de la demande, le parent demandeur doit avoir l'attribution exclusive de l'autorité parentale depuis une période continue d'au moins trois ans : art. 253 t) C.c. des Pays-Bas. La personne qui exerce l'autorité parentale conjointement avec un parent est obligée d'entretenir l'enfant. Cette obligation se poursuit jusqu'à ce que l'enfant ait atteint l'âge de 21 ans. On remarque donc qu'un maximum de deux personnes peuvent être investies de l'autorité parentale. Par ailleurs, en Angleterre, l'article 112 de l'*Adoption and Children Act 2002* (en vigueur depuis le 30 décembre 2005) permet au beau-parent marié ou enregistré au parent d'un enfant d'acquérir des responsabilités parentales par convention ou sur ordre du tribunal.

85.  Par exemple, en Allemagne, l'art. 1687 b, al.1 C.c. allemand donne à l'époux ou au partenaire enregistré du parent qui a la garde exclusive le droit de décider des affaires courantes, en accord avec le parent qui est le seul détenteur des responsabilités parentales.

86.  Par exemple, en droit allemand, l'époux ou le partenaire enregistré du parent qui a la garde exclusive a un droit de représentation en cas d'urgence et de danger imminent.

87.  Au Québec, voir l'art. 601 C.c.Q. Cette révocation est essentiellement temporaire et demeure susceptible de révocation unilatérale par le titulaire de l'autorité parentale : *Droit de la famille 3444*, 2000 R.J.Q. 2533 (C.A.).

Ne pourrait-on pas aussi élargir le cadre d'application de ces dispositions? Pourquoi les réserver aux beaux-parents? N'y a-t-il pas d'autres personnes, les grands-parents par exemple, qui sont susceptibles de prendre un enfant en charge et qui pourraient bénéficier, sinon d'un statut particulier, du moins, en certaines situations, de l'octroi de droits? La question mérite certainement d'être étudiée.

### La pluriparenté

Si la multiplication des familles recomposées pose la question du statut du beau-parent, la procréation assistée et l'adoption soulèvent, de façon plus générale, celle de la reconnaissance de la pluriparenté. Dans le cas de la procréation assistée, un enfant peut-il avoir pour parents à la fois ses parents « sociaux » et ses géniteurs[88]? Dans l'hypothèse d'une adoption, la filiation adoptive peut-elle s'additionner à la filiation d'origine, au lieu de s'y substituer?

Il faut distinguer ces deux situations. Certes, chacune permet la réalisation d'un désir tout à fait légitime de paternité ou de maternité, mais leur contexte est fort différent. L'adoption procure des parents à un enfant déjà né, alors que la procréation assistée organise sa venue au monde. L'enfant adopté a déjà une histoire lorsque survient l'adoption, alors que le projet parental avec assistance à la procréation marque le début de celle de l'enfant dont on espère la naissance. L'adoption est donc, en principe, dans l'intérêt de l'enfant, alors que la procréation assistée sert, avant tout, l'intérêt des parents.

En ce qui concerne l'adoption, le droit québécois actuel, on l'a mentionné plus haut, ne reconnaît que l'adoption plénière qui rompt tous les liens entre l'enfant et sa famille d'origine. Pourtant, plusieurs pays reconnaissent un autre type d'adoption, l'adoption simple, qui n'efface pas la filiation d'origine[89], mais qui y juxtapose une filiation adoptive: les filiations s'additionnent au lieu de se remplacer[90]. Pour

---

88. Actuellement, le droit québécois ne permet pas la reconnaissance d'un lien de parenté entre l'auteur de l'apport de forces génétiques et l'enfant qui en est issu: art. 538.2 C.c.Q.

89. Selon l'article 364 C.c.f., l'adopté reste dans sa famille d'origine et y conserve tous ses droits, notamment ses droits héréditaires. Les prohibitions au mariage prévues aux articles 161 à 164 C.c.f. [...] demeurent cependant entre l'adopté et sa famille d'origine.

90. L'adoptant est seul investi, à l'égard de l'adopté, de tous les droits d'autorité parentale, ce qui inclut celui de consentir au mariage de l'adopté, à moins qu'il ne soit le conjoint du père ou de la mère de l'adopté; dans ce cas, l'adoptant a l'autorité parentale concurremment avec son conjoint: art. 364 C.c. f. Comme le note Alain Roy, l'adoption simple « n'entraîne cependant aucune forme de cogestion

l'enfant, ce type d'adoption est souvent préférable à l'adoption plénière : il en est notamment ainsi dans les cas d'adoption intrafamiliale ou lorsque l'enfant est adopté à un âge plus avancé, alors qu'il a déjà tissé des liens avec sa famille d'origine.

Il faut espérer qu'en 2020, on aura mis en œuvre les recommandations du Groupe de travail sur le régime québécois de l'adoption[91], qui propose non seulement une adoption plénière plus ouverte[92], mais aussi une nouvelle forme d'adoption : l'adoption sans rupture du lien[93], proche de l'adoption simple.

Enfin, la procréation assistée peut aussi être l'occasion de revendications en faveur d'une reconnaissance de la pluriparenté, et cela, particulièrement lorsque l'apport de forces génétiques se fait par relation sexuelle : il arrive en effet parfois que trois ou même quatre personnes, qui désirent toutes devenir parents d'un même enfant, passent entre elles une « entente de coparenté ». Le droit québécois ne reconnaît pas la validité de ces conventions. De fait, contrairement à ce qu'a décidé la Cour d'appel de l'Ontario[94] au début de l'année 2007, au Québec, un enfant ne peut, légalement, avoir plus de deux parents.

Mais, malgré la règle actuelle, le droit québécois n'ouvre-t-il pas la voie à de telles revendications ? Dans la mesure où un enfant peut avoir deux parents de même sexe, et dans le contexte où l'on accepte que la

---

parentale. Seuls les parents adoptifs sont habilités à exercer l'autorité parentale ; les parents biologiques ne peuvent s'arroger le droit de maintenir des contacts avec l'enfant ou s'interposer dans les décisions le concernant ». Alain Roy, *Le droit de l'adoption au Québec*, Montréal, Wilson et Lafleur, 2006, p. 16.

91. *Supra*, note 39.

92. Voir les recommandations O.1 à O.8, *idem*, p. 48 et 49.

93. Voir la recommandation O.36, *idem*, p. 93 ; voir aussi à la page 92 : « Les adoptants se verraient confier l'exercice de tous les droits de l'autorité parentale. Le nom de l'adoptant pourrait être ajouté au nom de famille d'origine de l'adopté et celui-ci n'aurait pas à faire un choix entre les deux noms, comme la loi le prévoit actuellement. Ce nom composé traduirait la double appartenance familiale de l'enfant. L'adopté mineur conserverait un droit alimentaire subsidiaire à l'endroit du parent d'origine, en cas d'incapacité pour l'adoptant de lui fournir des aliments. [...] Le maintien du lien de filiation pourrait justifier le maintien de certaines relations entre l'enfant et sa famille d'origine élargie. Si un conflit survenait entre ces personnes et l'adoptant, titulaire exclusif des droits d'autorité parentale, le tribunal devrait statuer dans l'intérêt de l'enfant, après avoir tenté de concilier les parties. Les empêchements au mariage subsisteraient entre les deux familles et l'enfant. Les grands-parents d'origine ne pourraient se prévaloir de la présomption de l'article 611 du Code civil. Ils devraient donc fonder une éventuelle demande pour établir des relations personnelles sur l'intérêt de l'enfant, et faire la preuve que celui-ci milite en faveur de leur demande. »

94. *A.A. v. B.B.*, 2007 ONCA 2, 2 janvier 2007. C39998.

filiation serve de mode d'appropriation de l'enfant, pourquoi, préten-
dront certains, un enfant n'aurait-il pas plusieurs parents? Lorsqu'on
cesse de prendre la nature comme modèle, où tracer la ligne?

En 2020, un enfant né d'une procréation assistée pourra-t-il,
légalement, avoir plus de deux parents? Il est possible que cet audacieux
scénario se concrétise, même si sa réalisation n'est pas pour autant
souhaitable. Il serait toutefois essentiel qu'une telle évolution, si elle
devait se produire, réponde aux besoins de l'enfant et non pas simplement aux désirs des parents.

## CONCLUSION

Comment conclure cette exploration des futurs? Peut-on discerner un
scénario idéal, un neutre et un autre plus pessimiste?

On peut d'abord tenir pour acquis que le retour à un modèle
unique de famille est improbable et que les mouvements de privatisation
de la famille et d'émancipation des individus qui la composent sont
irréversibles. Il faut donc écarter d'emblée tout scénario qui ferait
abstraction de ces tendances.

Cela dit, les variables, on l'a vu, sont si nombreuses qu'il demeure
difficile d'isoler trois scénarios d'ensemble. On peut néanmoins craindre
que le droit n'évolue de façon irréfléchie, au gré des revendications
autonomistes et individualistes : la liberté n'est acceptable que dans la
mesure où elle coexiste avec la solidarité[95]. Il faut donc souhaiter une
prise de position en faveur d'un délicat équilibre entre la protection du
groupe familial, d'une part, et le respect des droits des individus qui le
composent[96], d'autre part. Le scénario le plus optimiste serait dès lors
celui qui permettrait à la famille horizontale et verticale d'évoluer dans
un cadre juridique qui, tout en reconnaissant la diversité des modèles
familiaux et l'importance des choix individuels, favoriserait la cohésion
du groupe familial[97] et préviendrait l'exploitation au sein de la famille.
La famille serait préservée, mais ses contours s'adapteraient à l'exigence

---

95. Chen Jiagi et Martine Segalen, *La famille*, Paris, Desclée de Brouwer/Presses littéraires et artistiques de Shanghai, 2004, p. 161.
96. Comme l'écrivent Philippe Malaurie et Hughes Fulchiron : « La famille est dominée
par une antinomie. La famille est une institution fondamentale de la société, le
droit ne peut donc s'en désintéresser ; à l'inverse, elle est le rempart des libertés,
une intimité dont la délicatesse mystérieuse la met hors du droit. » *Idem, supra*
note 2, p. 15.
97. Il favoriserait notamment le maintien des liens entre l'enfant et chacun de ses
parents, la reconnaissance de liens entre l'enfant et son beau-père et sa belle-mère,

d'égalité et aux aléas des différents parcours de vie[98]. Dans un tel scénario, le droit favoriserait le maintien des liens entre les membres de la famille, n'entraverait pas leur épanouissement personnel et les inciterait à l'entraide et à la solidarité. On parviendrait alors à concilier les valeurs d'égalité, de liberté et de solidarité.

Cette cible, cependant, n'est pas facile à atteindre. Il suffirait d'ailleurs de laisser perdurer la tendance actuelle pour la rater : le droit continuerait alors à évoluer au gré de tendances contradictoires, sans véritable politique d'ensemble. Sans cohérence interne, il risquerait de perdre toute efficacité, causant des ruptures, au lieu de favoriser des rapprochements, et engendrant des problèmes, au lieu de les prévenir et de les apaiser.

Car, comme l'écrivait Philippe Malaurie, le droit de la famille doit servir à régler, « du moins mal possible, les situations difficiles, les crises et les drames. Le bon droit est celui qui les prévient ou les apaise, le mauvais, celui qui les suscite ou les attise, crée des souffrances irréparables et broie à tout jamais des vies[99] ». Il faut espérer un bon droit ; mais ce n'est pas si simple. Le passé récent nous l'a démontré, les risques de dérive sont nombreux : législation précipitée en réponse à des groupes de pression, manque de cohérence, absence de recherche, de réflexion et de vision, ou tout simplement, manque d'imagination...

## BIBLIOGRAPHIE

### Articles et ouvrages

Antokolskaia, M. (dir.) (2007). *Convergences and Divergence of Family Law in Europe*, Antwerpen-Oxford, Intersentia.

Bailey, M. (2003). « Registered partnership in Common Law Canada », dans P.-C. Lafond et B. Lefebvre (dir.), *L'union civile, nouveaux modèles de conjugalité et de parentalité au XXIᵉ siècle*, Cowansville, Éditions Yvon Blais, 275 p.

Boele-Woelki, B. Braat et I. Curry Sumner (dir.) (2004). *European Family Law in Action Volume III : Parental Responsibilities*, Antwerpen-Oxford, Intersentia.

Campbell, A. (2007). « Conceiving parents through law », *International Journal of Law, Policy and Family*, vol. 21, p. 242-273.

le rapprochement entre l'enfant et ses grands-parents et soulignerait l'importance des liens au sein de la fratrie...

98. Jérome Minonzio, « Une réflexion prospective, hypothèses et scénarios d'ensemble : quatre exemples », (2005) *128 Informations sociales*, 26, p. 27.

99. P. Malaurie et H. Fulchiron, *op. cit.*, note 2, p. 16.

Carbonnier, J. (1988). *Flexible Droit*, 6ᵉ éd., Paris, Librairie de droit et de jurisprudence.

Collectif (2007). « Dossier thématique. La filiation recomposée : origines biologiques, parenté et parentalité », *Recherches familiales*, vol. 4.

Damon, J. (2002). « Rétroprospective de la famille », *Recherches et prévisions*, vol. 68-69, p. 166.

Dekeuwer-Defossez, F. (1999). *Rénover le droit de la famille. Propositions pour un droit adapté aux réalités et aux aspirations de notre temps*, Paris, La Documentation française.

Dreyfus-Netter, F. « De la parenté à la parentalité », <www.droit.inv-paris5.fr/cddm/>, consulté le 27 octobre 2007.

Forder, C. (2000). « European models of domestic partnership laws : The field of choice », *Can. J. Fam.L.*, vol. 17, p. 371-454.

Georges, P. (2005). « La politique familiale à l'horizon 2015 », *Informations sociales*, vol. 128, p. 20.

Giroux, M. (2006). « Le droit fondamental de connaître ses origines : impact des droits fondamentaux sur le droit de la filiation », *La Charte québécoise : origines, enjeux et perspectives*, *R. du B.*, numéro thématique hors série, p. 255.

Goubau, D., G. Otis et D. Robitaille (2003). « La spécificité patrimoniale de l'union de fait : le libre choix et ses « dommages collatéraux », *C. de D.*, vol. 44, p. 3.

Jiagi, C. et M. Segalen (2004). *La famille*, Paris, Desclée de Brouwer/Presses littéraires et artistiques de Shanghai.

Jouvenel (de), H. (2005). « Comment être artisan du futur », *Informations sociales*, vol. 128, p. 6.

Joyal, R. (1999). « Les obligations alimentaires familiales et les enfants : de l'exclusion horizontale à l'exclusion verticale ? », *R.J.T.*, vol. 33, p. 327.

Le Gall, D. et Y. Bettahar (2001). *La pluriparentalité*, Paris, Presses universitaires de France.

Lequette, Y. (2004). « Recodification civile et prolifération des sources internationales », dans *Le Code civil 1804-2004, Le livre du Bicentenaire*, Paris, Dalloz-Litec, p. 171-192.

Malaurie, P. et H. Fulchiron (2004). *La famille*, Paris, Defrénois.

Minonzio, J. (2005). « Une réflexion prospective, hypothèses et scénarios d'ensemble : quatre exemples », *Informations sociales*, vol. 128, p. 26-27.

Moore, B. (2002). « Les enfants du nouveau siècle (libres propos sur la réforme de la filiation) », dans Service de la formation permanente, Barreau du Québec, *Développements récents en droit familial*, Cowansville, Éditions Yvon Blais, vol. 176, p. 75.

Nagy, V. (2006). « La catégorie juridique d'adultère depuis la réforme française du 11 juillet 1975. La redéfinition contemporaine du mariage comme union égalitaire et privée », vol. 5, *Enfances, Familles, Générations*, <www.erudit,org/revue/efg/2006/v/n5/015785ar.html>.

Philips-Nootens, S. et C. Lavallée (2003). « De l'État inaliénable à l'instrumentalisation : la filiation en question », dans P.-C. Lafond et B. Lefebvre (dir.), *L'union civile, nouveaux modèles de conjugalité et de parentalité au XXIᵉ siècle*, Cowansville, Éditions Yvon Blais, p. 337.

Pineau, J. et M. Pratte (2006). *La famille*, Montréal, Thémis.

Pratte, M. (2003). « La filiation réinventée : l'enfant menacé ? », *R.G.D.*, vol. 33, p. 541.

Pratte, M. (2000). « Solidarité familiale en droit privé québécois : les principales tendances », dans Actes des Journées Strasbourgeoises, *Droits de la personne : solidarité et bonne foi*, Cowansville, Éditions Yvon. Blais, p. 177.

Robert, P., F. Soubiran-Paillet et M. van de Kerchove (dir.) (1997). *Normes, normes juridiques, normes pénales. Pour une sociologie des frontières*, tome 1, Paris, Éditions L'Harmattan.

Rocher, G. (1996). *Études de sociologie du droit et de l'éthique*, Montréal, Les Éditions Thémis.

Ronfani, P. (2006). « Droits des enfants, droits des parents », *Enfances, Familles, Générations*, vol. 5, <www.erudit.org/revue/efg/2006/v/n5/015782ar.html>.

Roussel, L. (2001). *L'enfance oubliée*, Odile Jacob, Paris, 149.

Roy, A. (2006). *Le droit de l'adoption au Québec*, Montréal, Wilson et Lafleur.

Roy, A. (2002). « Déjudiciarisation et divorce consensuel : perspectives socio-juridiques », dans N. Kasirer et P. Noreau (dir.), *Sources et instruments de justice en droit privé*, Montréal, Éditions Thémis, p. 287.

Roy, A. (2002). « Le partenariat civil, d'un continent à l'autre », *R.I.D.C.*, vol. 3, p. 759.

Roy, A. (2003). « Le droit de la famille – une décennie d'effervescence législative », *R. du N.*, vol. 105, p. 215.

Roy, A. (2004). « La filiation homoparentale : esquisse d'une réforme précipitée », *Enfances, Familles, Générations*, vol. 1, <www.erudit.org/revue/efg/2004/v/n1/008896ar.html>.

Roy, A. (2006). « Le contrat de mariage en droit québécois : un destin marqué du sceau du paradoxe », *McGill L.J.*, vol. 55, p. 665.

Schehwenzer, I. (dir.) (2007). *Tensions Between Legal, Biological and Social Conceptions of Parentage*, Antwerpen-Oxford, Intersentia.

## Rapports

Commission du droit du Canada (2001). *Au-delà de la conjugalité*, Ottawa, la Commission.

Dekeuwer-Defossez, F. (1999). *Rénover le droit de la famille. Propositions pour un droit adapté aux réalités et aux aspirations de notre temps*, Paris, La Documentation française.

Groupe de travail sur le régime québécois de l'adoption (2007). *Pour une adoption québécoise à la mesure de chaque enfant*, Québec, 30 mars.

Statistique Canada (2006). *Portrait de famille : continuité et changement dans les familles et les ménages du Canada en 2006*, Recensement de 2006, n° 97-553-XIF au catalogue.

# Conclusion

## Les scénarios

Gilles PRONOVOST
*Directeur général, Conseil de développement
de la recherche sur la famille du Québec*
Isabelle BITAUDEAU
*Secrétaire générale, Conseil de la famille et de l'enfance*
Chantale DUMONT
*Analyste-conseil, Conseil de la famille et de l'enfance*

Nous nous inspirons ici de la démarche prospective qui vient d'être présentée, dont il a été rappelé la nature, l'intérêt et les limites. Pour établir des scénarios, nous nous sommes appuyés sur l'information produite par les spécialistes retenus, complétée de façon partielle par l'appel à d'autres sources de données. De plus, on peut bénéficier du développement remarquable de la recherche sur la famille depuis les vingt dernières années, servant de pierre d'assise à une meilleure connaissance des enjeux qui y sont liés[1]. La possibilité de procéder à un cadrage global de la situation du Québec, aujourd'hui au temps zéro, et en 2020 dépassait nettement nos moyens et nos compétences. C'est pourquoi nous n'avons pas présenté, par exemple, le contexte de la croissance économique, des revenus, de la consommation des ménages, etc. Nous avons également dû nous appuyer sur des projections démographiques incomplètes puisqu'au moment d'écrire ce texte, les données du recensement de 2006 n'étaient que partiellement disponibles.

---

1. Gilles Pronovost, « Quels enjeux de recherche pour les familles d'aujourd'hui ? », *Enfances, Familles, Générations*, numéro 1, juin 2004, <www.erudit.org/revue/efg/2004/v/n1/index.html>.

*On ne peut écarter l'hypothèse d'événements majeurs, de catastrophes au plan économique ou environnemental, par exemple. Les avancées du génie génétique peuvent avoir également une incidence considérable, difficile à préciser pour l'instant. Bref, nous avons dû faire l'hypothèse de « toutes autres choses étant égales par ailleurs », dans de nombreux domaines (santé, logement, finances publiques, régionalisation, mondialisation, etc.). Il en est de même dans le cas de l'éducation (stabilité des taux de scolarisation ou légers progrès), mais nous rappellerons l'importance de la formation dans l'évolution du marché du travail et dans le bien-être économique des familles.*

Cette incursion dans le domaine des possibles n'est pas vaine pour autant. Cet art d'interroger l'avenir qu'est la prospective peut nous aider à réfléchir sur les tendances lourdes et les faits porteurs d'avenir qui touchent les familles, alimenter le questionnement sur les choix décisifs à prendre et, éventuellement, sur les stratégies économiques, politiques et sociales à mettre en œuvre.

C'est ainsi que les travaux des divers spécialistes que nous avons consultés, alimentés par les réflexions du groupe de travail, nous ont amenés à identifier cinq grandes composantes dont on devrait tenir compte dans l'élaboration de scénarios d'avenir pour le Québec et les familles à l'horizon 2020 :

1. La mise en perspective de l'économie et du travail avec celle des temps sociaux.

2. La mise en perspective des questions démographiques avec celles des trajectoires familiales et des solidarités intergénérationnelles.

3. La transformation des milieux de vie, associée à la vitalité des communautés locales et à la diversité culturelle.

4. L'évolution des valeurs et l'adaptation du droit.

5. Le contexte sociopolitique.

Cette liste ne préjuge pas de thèmes prioritaires ; ainsi, l'ordre de présentation ne renvoie pas à une quelconque hiérarchie d'importance de chacun des thèmes les uns par rapport aux autres. Même si elles seront traitées une à une, il va de soi que ces composantes sont inter-reliées, on le verra, à l'état de situation qui sera fait pour chacune d'elle. Il faut rappeler que, dans ce choix, l'accent a été d'abord mis sur l'incidence sur les familles des changements anticipés. Pour chacune de ces composantes, nous esquisserons les tendances lourdes qui se dégagent des analyses des spécialistes, puis nous proposerons des « microscénarios » possibles qui semblent se dessiner, ceux-ci menant à l'esquisse de grands scénarios d'ensemble pour le Québec et les familles à l'horizon 2020.

Aux fins de cette démarche prospective, nous nous sommes restreints à la présentation de trois scénarios par composante. En règle générale, le premier de ces scénarios met de l'avant une perspective plutôt négative de l'avenir, *du point de vue des familles*, le troisième présente une vision plus optimiste. Le scénario médian peut être qualifié de scénario tendanciel, prenant la situation actuelle comme référence pour projeter dans le temps les tendances les plus lourdes. Ces notions de scénarios optimistes ou pessimistes sont toutes relatives, ce qui est considéré optimiste pour certains pouvant être considéré comme un recul pour d'autres! Ou encore, des scénarios catastrophiques pouvant être considérés comme une salutaire rupture pour certains. Mais il nous a semblé que l'on pouvait au minimum tenter d'évaluer les conséquences de certaines possibilités d'avenir au regard des familles de 2020 et de leur place dans l'ensemble de la société. Il est impossible, bien entendu, de décrire toutes les possibilités qui s'offrent à nous, nous avons mis l'accent sur des éléments clés, sur certaines caractéristiques qui marquent chacun des scénarios, étant entendu que des chevauchements et des recoupements sont inévitables. Ces divers scénarios peuvent être conçus comme des cadres de référence pour stimuler notre réflexion sur l'avenir des familles.

## PREMIÈRE PARTIE : CINQ COMPOSANTES À CONSIDÉRER POUR L'AVENIR DES FAMILLES

### La mise en perspective de l'économie et du travail avec celle des temps sociaux

Comme nous l'avons relevé, nous ne disposons pas de toutes les données techniques nous permettant d'esquisser les tendances économiques qui se dessinent à l'horizon 2020. Cependant, il semble bien que nous sommes sur la lancée d'un cycle économique favorable (témoins les indicateurs de croissance et de chômage), qui ne durera certainement pas jusqu'en 2020. Déjà certains signaux d'alarme évoquent la possibilité d'une récession. Un tel cycle favorable commencera-t-il à décliner rapidement ou tardivement? La question semble donc celle-ci : quand un cycle économique moins favorable commencera-t-il à se manifester, à l'horizon 2011, voire avant, ou à l'horizon 2020?

Par ailleurs, la tendance à la dualisation de l'économie et du travail semble forte : les plus scolarisés s'enrichissent, les familles pauvres, généralement moins scolarisées, s'appauvrissent. Les horaires non standards et le travail atypique progressent toujours, notamment dans les services et chez les travailleurs autonomes. Il faut tenir compte des attitudes des jeunes par rapport au travail : comment les jeunes de 2020 composeront-ils avec un chômage plus important s'ils sont faiblement scolarisés, avec une organisation du marché du travail qui engendre des horaires atypiques, avec une certaine intensification des rythmes de travail, avec la perspective d'une retraite retardée ? On sait l'ambivalence des jeunes par rapport à l'éducation, l'importance des valeurs instrumentales du travail mais aussi leurs désirs d'assumer des responsabilités professionnelles qui leur permettent de se réaliser. On reviendra plus loin sur l'importance qu'ils accorderont éventuellement à la famille, et sur les conséquences que cela aura pour l'équilibre famille-travail-loisir.

De plus, tous les indices convergent vers un allongement de la vie de travail. Les heures travaillées par habitant s'accroissent ; on prévoit une sortie plus tardive du marché du travail, au-delà de 65 ans semble-t-il, en raison notamment de l'incidence d'une scolarisation prolongée, induisant une entrée plus tardive sur le marché du travail. Ce sont les travailleurs plus scolarisés qui travaillent le plus d'heures (responsabilités professionnelles plus importantes, taux plus faible de chômage, etc.). Les études canadiennes sur l'emploi du temps confortent de telles tendances. Ainsi, la durée hebdomadaire du temps de travail a commencé à s'accroître depuis au moins une décennie. Pour la première fois en un demi-siècle, le temps de loisir a décliné.

Et pourtant, on connaît les importants mouvements de travailleurs pour l'amélioration de leurs conditions de vie : la durée du temps de travail, les vacances, les salaires et la protection sociale ont fait l'objet de revendications historiques tout au long du XIXe et du XXe siècle et ont conduit aux acquis importants que l'on connaît. Dans ces circonstances, on peut évoquer la résistance légitime des employés et des syndicats à la dégradation en cours de leurs conditions de travail et dans la perspective du déclin annoncé, source potentielle de tensions sociales importantes.

L'évolution de la conjoncture économique aura une incidence certaine sur les finances publiques, tout particulièrement la dette publique transmise aux générations futures. Elle pourra également infléchir de nombreuses politiques sociales.

L'une des variables clés est ici le taux de scolarisation, qui semble stagner aux niveaux secondaire et collégial, et progresser très lentement au niveau universitaire. Ce sont les plus scolarisés qui, généralement, parviennent à obtenir de meilleures conditions de vie et peuvent mieux s'adapter aux changements du marché du travail. L'incidence de l'allongement des trajectoires d'éducation a été bien noté, notamment sur le retard marqué de la formation des couples et de l'arrivée du premier enfant.

Au plan des rapports hommes-femmes, la question du temps est centrale. On a vu que le partage des responsabilités domestiques et parentales entre les hommes et les femmes, qui semblait jusqu'à tout récemment progresser vers un certain équilibre, a été brusquement remis en cause par l'intensification de la durée du travail et par des difficultés croissantes de conciliation des temps familial, personnel et professionnel. Les travailleurs plus scolarisés, notamment les femmes, accepteront-ils de composer avec l'accroissement des responsabilités professionnelles ou l'intensification des horaires atypiques? Comment la maternité tardive des femmes pourra-t-elle composer avec les exigences accrues du travail? Comment la demande de temps personnel, avec la montée des valeurs individuelles, pourra être «conciliée» avec les valeurs familiales? De plus, on peut s'interroger sur les transformations des rôles paternels; si les pères prennent de plus en plus d'importance dans les diverses formes de vie familiale, quelle sera leur réaction face aux exigences accrues du marché du travail? Résisteront-ils aux pressions du temps de travail? Les jeunes pères accepteront-ils de se délester des avancées pourtant réelles en matière de partage des responsabilités familiales?

On peut encore rappeler qu'un plus grand nombre d'adultes interviennent maintenant auprès des enfants: centre de la petite enfance, école, services spécialisés, beaux-parents, grands-parents, etc. La tendance à la professionnalisation des services aux enfants et la diversification des adultes significatifs peuvent constituer des facteurs important dans l'évolution du temps parental.

Dans ces conditions, on peut s'attarder sur les effets de l'avenir de l'économie et du travail sur les familles. Rappelons que les scénarios évoqués ici, de même que ceux qui seront présentés par la suite, sont soumis à la nature des cycles économiques à venir.

## Trois scénarios du travail et du temps

### «Tensions familiales et sociales»

Selon ce scénario, le temps de travail maintient son emprise, sinon sa croissance relative, les emplois atypiques poursuivent leur poussée, la dualisation du travail exacerbe les conditions de vie des familles. Il est à prévoir que, dans ce cas, les jeunes seront les plus touchés. Si la scolarisation de la population québécoise stagne, cela induira de plus grandes difficultés à affronter les aléas du marché du travail. Une scolarité croissante ne parviendra pas à contenir les difficultés économiques à venir. Dans un tel scénario, comme la tendance est à une scolarité plus forte pour les femmes, on peut se demander comment les écarts par rapport à l'emploi et au marché du travail se feront sentir : malgré leur scolarisation accrue, les femmes se retireront-elles plus rapidement du marché du travail, continueront-elles à investir davantage le travail à temps partiel, accepteront-elles les contraintes de la conciliation famille-travail ou, au contraire, prendront-elles la barre pour faire évoluer les politiques économiques et sociales afin de redresser les situations les plus difficiles ? Stress temporel, tensions familiales, tensions entre les temps sociaux, dégradation du temps parental sont également au rendez-vous, difficilement atténués par des politiques sociales ou le soutien des groupes communautaires.

## «Adaptations individuelles et souplesse exigées»

Dans un scénario plus neutre que le précédent, les tendances actuelles se poursuivent : l'économie néolibérale est de rigueur, les écarts ne se réduisent pas vraiment, il y a peu de politiques économiques, sociales ou éducatives nouvelles face aux perspectives d'une croissance ralentie. La dualisation du marché du travail, les horaires non standards ne se résorbent pas, voire poursuivent leur progression. La flexibilité exigée par le marché du travail peut mener à une plus grande précarité des familles, exiger des capacités accrues d'adaptation individuelle, tout autant que constituer un ressort additionnel dans l'introduction de nouvelles souplesses dans l'aménagement du temps familial. Les familles biactives, fortement majoritaires, sont de plus en plus nombreuses à connaître des problèmes de plus en plus fréquents de synchronisation de leurs horaires. Si la scolarisation des jeunes familles est plus forte que prévue, l'adaptation de celles-ci au marché du travail sera moins douloureuse que dans l'hypothèse du scénario pessimiste, mais les difficultés de conciliation famille-travail persisteront.

Les difficultés de conciliation famille-travail demeurant fortes, certaines familles, plus scolarisées, sauront utiliser leurs ressources pour acheter des services primaires (temps éducatif, écoles choisies, services privés de formation culturelle, etc.) pour leurs enfants, se réservant le temps limité, mais recherché, d'interaction parents-enfants (autour de congés scolaires, de sorties ou de vacances, par exemple), le tout dans la préservation de petits espaces pour le couple. Ici, le marché du travail dictera ses règles, la scolarité des membres de la famille et leur niveau de vie permettront certains accommodements.

### «Stratégies collectives d'adaptation»

Un scénario optimiste cette fois voudrait que la durée actuelle du temps de travail soit contenue, que celle-ci ne progresse plus, jumelée à une politique du temps et à des politiques sociales favorables à la conciliation famille-travail, de même qu'à l'importance accrue des solidarités communautaires pour la famille. Les membres de la famille sont de plus en plus scolarisés, ce qui leur permet de mieux affronter des difficultés à venir. Des politiques socioéconomiques sont mises en place pour contrer les effets négatifs d'un cycle économique moins favorable qui se pointe à l'horizon 2020, au plus tard. Des politiques fortes d'éducation et de formation permanente sont retenues, permettant aux familles de développer de meilleures capacités d'adaptation au marché du travail, assurant le maintien des niveaux de vie. De meilleurs équilibres dans l'organisation du temps de travail sont assurés. Les entreprises n'ont d'autre choix que de mieux s'adapter aux exigences parentales, de gaieté de cœur ou non.

Une variante encore plus optimiste de ce scénario, presque utopique, verrait cette fois le renversement des tendances actuelles : le temps de travail recommence à diminuer, le temps libre à augmenter, on refuse les longues journées de travail, le travail atypique est contenu, les parents peuvent trouver un peu plus de temps à consacrer à leurs enfants, le stress temporel diminue, les temps sociaux sont mieux aménagés grâce à des politiques temporelles fortes, des politiques éducatives prononcées et des politiques de soutien destinées aux familles moins favorisées, soutenues par des réseaux croissants d'entraide communautaire.

## La mise en perspective des questions démographiques avec celles des trajectoires familiales et des solidarités intergénérationnelles

Dans les études prospectives, il est d'usage de débuter par la question démographique. Mais les paragraphes précédents permettent de rappeler l'importance des questions économiques, notamment. Leur rôle est bien démontré en matière de report des premières naissances, par exemple, ou encore au plan des difficultés auxquelles se heurtent les parents dans l'exercice de leurs responsabilités.

Le vieillissement de la population québécoise ne fait aucun doute. Seules une fécondité accrue et une immigration plus importante permettraient d'en atténuer les effets. Les études démographiques laissent entendre que le taux de fécondité peut s'accroître légèrement, notamment sous l'impulsion de politiques familiales favorables (la situation est démontrée dans le cas de la France), mais que cela devrait s'avérer insuffisant pour assurer le renouvellement des générations[2]. De plus, il faut rappeler la géographie particulière du Québec, dont la moitié de la population est concentrée sur le territoire de Montréal. Par ailleurs, même dans l'éventualité d'une population immigrante plus importante, afin de contrer le déficit démographique et la pénurie de main-d'œuvre, on sait que cette population rejoint très rapidement les taux de fécondité des sociétés occidentales.

Dans son avis sur l'incidence du vieillissement, le Conseil de la famille et de l'enfance rappelait que le poids grandissant des aînés exercera une incidence certaine sur les finances publiques (tout particulièrement les coûts de santé), mais aussi sur la transformation éventuelle des valeurs familiales, notamment autour des solidarités intergénérationnelles et des liens de filiation. Il soulignait encore la plus grande fragilité des aînés très âgés, tout en rappelant qu'un bon nombre d'entre eux demeurent très actifs au plan communautaire[3].

Quant à la fécondité des familles, celle-ci est maintenant beaucoup moins encadrée par des règles de droit ou des prescriptions religieuses, d'où la majorité des naissances dites « hors mariage » ou en union libre. Que le couple se forme ou se reforme, l'enfant scelle souvent la nouvelle alliance. Par ailleurs, on peut prévoir une croissance des familles recomposées et des familles monoparentales, l'ampleur de cette croissance demeurant incertaine. De même, s'il est acquis que le taux d'activité des femmes peut continuer à croître (de manière plus modeste que dans les décennies antérieures, étant donné les taux actuels[4]), l'ampleur de ce mouvement sera certainement affectée par les choix relatifs à l'emploi (travail à temps partiel ou non, acceptation ou refus des longues heures de travail, etc.), à la fécondité et au partage des responsabilités parentales.

Actuellement, on assiste à une croissance des instabilités conjugales ; un pourcentage grandissant d'enfants verront leurs parents se séparer, situation génératrice de difficultés et d'instabilité. Les données les plus

---

2. Esther Létourneau et Normand Thibault (2006). *L'évolution démographique et le logement au Québec, rétrospective 1991-2001 et perspectives 2001-2051*, Québec, Institut de la statistique du Québec, 152 p. ; Laurent Roy et Jean Bernier (2006). *La politique familiale, les tendances sociales et la fécondité au Québec : une expérimentation du modèle nordique ?*, Québec, Ministère de la Famille, des Aînés et de la Condition féminine, 110 p.

3. Conseil de la famille et de l'enfance (2004). *Avis. Vieillissement et santé fragile, un choc pour la famille*, Québec, Conseil de la famille et de l'enfance, 91+16 p.

4. En 2003, le taux des mères en emploi âgées entre 20 et 44 ans, ayant des enfants de 3 à 5 ans, était de près de 80 %. Voir *Un portrait statistique des familles au Québec*, 2005, p. 244.

récentes laissent cependant présager une certaine stabilisation des taux de séparation. Ruptures et recompositions peuvent donner lieu à des transitions difficiles, porteuses de risque pour les enfants et pour tous les membres de la famille. Il semble que ce soit moins la structure familiale qui importe que le processus même de la transition familiale (transitions en douceur ou conflictuelle entre les parents, entre les parents et les enfants, entre les membres de la fratrie, avec les beaux-parents, etc.). Les effets à court et long terme restent à connaître. Les questions de filiation et de solidarités familiales peuvent également prendre plus d'ampleur. On peut presque parler de nouvelles formes de «familles élargies», un enfant pouvant déjà avoir plusieurs pères, mères et grands-parents, des sœurs et des frères de différentes unions.

Les études permettent également de relever l'incidence des changements familiaux sur les solidarités intergénérationnelles, de même que sur les rôles en mutation des «nouveaux grands-parents». À l'horizon de 2020, les plus de soixante ans seront aussi nombreux que les moins de vingt ans. La grand-parentalité pourra prendre de multiples visages, les grands-parents eux-mêmes devront s'adapter à de nouveaux rôles. On prévoit des solidarités plus électives, des rapports plus individualisés entre grands-parents et petits-enfants, ce qui peut être source de tensions au sein des familles.

Les transmissions intergénérationnelles ne sont pas que de l'ordre des échanges économiques ou de services. Elles portent également sur la transmission des facteurs de risque : le niveau de vie des familles, la scolarité des parents, les caractéristiques des quartiers, la présence ou l'absence de solidarités communautaires exercent une incidence certaine sur l'avenir des enfants.

Enfin, il faut mentionner la question des familles en contexte migratoire. Un pourcentage croissant d'enfants nés au Québec aura des parents issus des communautés culturelles. Se pose ici la question des valeurs de tolérance et de solidarité transmises ou non aux enfants et par les enfants, de même que celle du rôle des futurs grands-parents.

## Trois scénarios pour les trajectoires familiales

### «Le délitement des liens familiaux»

Un scénario négatif prévoit que le divorce se banalise, que les ruptures d'union continuent à s'accroître, que leur incidence est croissante sur les enfants, qu'il y a encore plus d'enfants vivant des situations à risque, et que les solidarités familiales et intergénérationnelles font l'objet de conflits de plus en plus nombreux, sont source croissante de tensions.

La judiciarisation à outrance de litiges familiaux fait également partie d'un tel scénario. Les politiques sociales et l'entraide communautaire ne peuvent suffire à la tâche.

## « Réalisme et adaptation »

Un autre scénario pose que les tendances actuelles en termes de ruptures d'union ne sont qu'en légère augmentation, voire se stabilisent. Au plan des structures familiales et des solidarités intergénérationnelles, les acteurs à tous les plans (enfants, parents, beaux-parents, grands-parents) apprennent progressivement à s'ajuster aux réalités de leurs nouveaux rôles et à l'élargissement des familles au plan horizontal et vertical. Les taux de risque pour les enfants et les familles se maintiennent à leur niveau actuel, les ressources communautaires contribuant à cette stabilisation. On prévoit une adaptation partielle ou limitée des services publics et du droit.

## « Diversité et équité au cœur des nouvelles dynamiques familiales et intergénérationnelles »

Un scénario optimiste cette fois met l'accent sur la montée des valeurs de tolérance et d'entraide, sur l'acceptation des diversités des formes de vie familiale, ainsi que sur l'intégration harmonieuse des savoir-faire et des modes de vie des communautés culturelles. On observe une stabilisation des taux de séparation. Dans le respect des enfants, on a progressivement intégré des règles harmonieuses de séparation et de recomposition. Une certaine expertise s'est développée pour soutenir les familles dans le processus de recomposition et dans le soutien du lien conjugal et parental. La famille elle-même est reconnue et soutenue. Les solidarités intergénérationnelles viennent en appui aux familles, dans un partage équitable du capital accumulé au plan collectif et individuel. Les milieux de vie, les ressources communautaires sont actifs et contribuent à la vitalité des liens d'entraide. Le droit familial s'adapte et joue un rôle facilitateur.

Ces trois scénarios auront à composer avec des scénarios du vieillissement de la population, et pourront donc être infléchis par eux. Par exemple, le scénario optimiste suppose nettement la forte implication sociale, économique et politique des aînés. De même, le scénario négatif n'est pas indépendant des conflits de générations et du « chacun pour soi » dans le cas d'une « ghettoïsation démographique » de la société et pourrait être exacerbé par une fécondité moindre que celle que l'on avait prévue.

## La transformation des milieux de vie, associée à la vitalité des communautés locales et à la diversité culturelle

Les paragraphes précédents ont permis de pressentir l'importance qu'il faut accorder aux milieux de vie et aux communautés locales dans la compréhension de l'avenir des familles. Les contributions des spécialistes mènent à examiner distinctement la dimension physique et spatiale, d'une part, et la dimension sociopolitique et communautaire, d'autre part, tout en rappelant les liens étroits entre les deux.

Au plan des infrastructures physiques se pose la question de l'accès à la propriété pour les futures jeunes familles, dans un contexte de coûts croissants du logement et selon l'intensité relative des transmissions familiales (notamment l'héritage). L'endettement des nouvelles familles y est lié. Il ne se dessine pas de pénurie majeure du logement à l'horizon, quoique les jeunes familles peuvent éprouver des difficultés à trouver des logements abordables qui leur conviennent.

La question des équipements collectifs se pose tout particulièrement dans le cas du transport collectif, de l'aménagement urbain et de la qualité de l'environnement. Elle porte également sur la qualité et l'accessibilité des équipements collectifs (parcs, équipements culturels, transport en commun, etc.). L'urbanisation croissante, déjà rappelée, s'accompagne de la multiplication des « couronnes » autour des grands centres, de l'étalement urbain plus ou moins important. L'aménagement urbain semble ici plus timide qu'en Europe : on tarde à installer des voies et des sections piétonnières, le transport en commun rivalise avec les formes individuelles de déplacements quotidiens vers les lieux de travail et de services, la qualité du cadre de vie est plutôt définie par la banlieue, des formes coûteuses de logement et d'aménagement conduisent à la ghettoïsation de certains quartiers huppés, reléguant souvent au centre des grandes villes les zones de pauvreté urbaine. De même, nous ne sommes pas à l'abri de la création éventuelle de villes ou quartiers presque entièrement réservés aux aînés riches et en santé. Des conflits d'intérêt et d'usage peuvent se manifester en ce qui concerne, par exemple, l'emplacement des services, des parcs et des écoles. Récemment, plusieurs acteurs du domaine municipal et scolaire notamment ont également mis en cause la qualité des équipements collectifs et des infrastructures et rappelé l'importance des investissements nécessaires pour les remettre en état.

Au plan du milieu de vie et du tissu social, on peut envisager un continuum allant d'un repli communautariste à une diversification culturelle croissante. Dans le premier cas, la ghettoïsation renforcée par le tissu urbain et les conflits intergénérationnels mène à la consolidation de quartiers fortement différenciés selon le niveau de vie et les origines culturelles ou sociales. Dans le second cas, la consolidation du lien social, des politiques municipales favorables appuyées de politiques nationales adéquates et l'action significative du secteur associatif peuvent devenir une source importante de mixité sociale, d'échanges interculturels et intercommunautaires.

## Trois scénarios pour les milieux de vie

### « La dualisation des milieux de vie »

Un scénario pessimiste voit le maintien, voire la croissance des inégalités en matière de logement, d'accès aux équipements collectifs et de qualité de vie. Ce sont surtout les jeunes familles et les personnes âgées à faible revenu qui en subissent les conséquences. Ici, la dualisation de l'économie et du travail, à laquelle il a été fait référence antérieurement, se double d'une dualisation des milieux de vie : conflits entre milieux urbains et ruraux, polarisation entre les centres-villes et les banlieues, concentration urbaine des familles immigrantes, forte ségrégation entre familles aisées, retraités prospères et familles défavorisées. Les investissements collectifs sont insuffisants pour contrer cette tendance, la halte annoncée d'un cycle économique favorable rendant plus difficiles les efforts financiers des gouvernements. Les politiques familiales en matière de logement et de services sociaux demeurent modestes, sinon inopérantes. Les déplacements quotidiens sont exacerbés par les rythmes et l'intensité du travail. Les solidarités communautaires peinent à soutenir les familles en difficulté. Les services de proximité sont insuffisants.

### « Des milieux de vie fragilisés »

Un scénario de référence, prolongeant les tendances actuelles, s'appuie sur une sensibilité environnementale croissante qui parvient à stabiliser l'étalement urbain, à accroître le stock d'équipements collectifs surtout en matière de transport, de parcs et d'aménagements de qualité. Une conscience collective des enjeux se heurte à une volonté politique insuffisante. La ghettoïsation culturelle, sociale ou démographique est moins prononcée que dans le scénario précédent. Cependant, les investissements pour la rénovation des infrastructures demeurent limités, les difficultés d'accès à la propriété perdurent pour les jeunes familles, les transferts intergénérationnels favorisent les familles les plus riches, les groupes d'entraide et les groupes communautaires ne peuvent suppléer à une conjoncture économique défavorable.

## «Qualité des milieux de vie»

Un scénario nettement optimiste prend appui sur la reconnaissance des familles, notamment au plan des politiques familiales municipales appuyées de politiques économiques pertinentes et de collaborations institutionnelles significatives (municipalités, écoles, services de santé). Les familles deviennent des partenaires fortement impliqués dans le développement local, communautaire et régional. Les liens sociaux se structurent autour de communautés d'appartenance. La question de l'accès à la propriété est prioritaire, et prend notamment la forme d'une diversification des logements (pour construire entre autres des habitations où cohabitent plusieurs générations ou plusieurs types de communautés culturelles). Des efforts importants sont faits pour améliorer la qualité et l'accessibilité des équipements collectifs, la revalorisation des quartiers et la revitalisation des régions. L'usage des lieux publics et des zones résidentielles donne encore lieu à des conflits d'usage. La cohabitation intergénérationnelle est soutenue.

## L'évolution des valeurs et l'adaptation du droit

Les études internationales concluent régulièrement à la primauté de la famille dans le système des valeurs occidentales. La famille se retrouve toujours en tête de la hiérarchie des valeurs. On doit rappeler ici qu'on en arrive à cette conclusion généralement à partir d'une question assez globale portant sur «ce qui est le plus important dans la vie». Il faut signaler cependant qu'il s'agit bien d'une notion occidentale, puisque les notions anthropologiques de «parenté», de «communauté», de «maisonnée» et de relations intergénérationnelles semblent plus appropriées dans le cas des sociétés autochtones tout particulièrement. Cette valeur de la famille s'appuie également sur la reconnaissance des enfants comme acteurs autonomes, que les ressources familiales et collectives doivent servir à guider plutôt qu'à contraindre; la croissance des familles à enfant unique n'est pas étrangère à ce processus. Mais il ne s'agit plus de la même notion de famille qu'autrefois, bien entendu. La valorisation contemporaine de la famille ne renvoie pas à un quelconque modèle idéal, fondé sur des garants historiques ou religieux. Elle se réfère de moins en moins au seul duo du couple hétérosexuel, indissociable, avec enfants.

Si la famille sert encore de lieu fort d'identification pour une majorité de personnes, notamment au plan de la filiation, elle se définit moins comme une structure ou une institution que par un modèle de rapports interindividuels, comme un vecteur privilégié, mais non exclusif, des valeurs de solidarité, d'entraide, de bonheur et de tolérance, de respect de l'individualité de chacun et de leurs différences. Le « vivre en famille » implique aussi l'idée de préserver l'autonomie de chacun de ses membres. Les conceptions des jeunes sont typiques à cet égard. Quand la nature des liens familiaux ne permet plus de satisfaire de telles aspirations, on envisage plus facilement qu'autrefois de les rompre, en quête de nouvelles alliances. Un sondage récent publié par le magazine *L'actualité* est très explicite à cet égard : on y apprend que si « la famille apparaît de plus en plus comme un ingrédient indispensable au bonheur », elle n'est plus une fin en soi, mais un lieu privilégié pour l'épanouissement de chacun[5].

On peut nuancer cette importance donnée à la famille comme valeur dans les grandes enquêtes internationales en rappelant qu'un pourcentage significatif, croissant peut-être, d'individus ne font plus référence à un quelconque modèle familial pour définir leurs priorités. Ils s'en remettent aux relations d'amitié ou de fidélité, aux rapports interpersonnels de qualité, pour définir les composantes de leur vie en société, voire de leur propre identité. Les questions de filiation et de rapports intergénérationnels sont pratiquement absentes.

Mais la famille doit composer avec de nombreuses contraintes, notamment liées au travail, au niveau de vie et à l'aménagement du temps. Elle peut être génératrice de risques pour les enfants. Elle se heurte parfois aux tendances à l'individualisation du droit. Elle peut être mise en question en vertu de la Charte canadienne des droits et libertés. Elle doit composer avec la quête d'identité de chacun des membres de la famille, notamment dans leurs pratiques culturelles et dans leur usage des nouvelles technologies de l'information et de la communication. Elle n'en demeure pas moins porteuse de revendications et d'attentes, par exemple au plan de la conciliation des responsabilités parentales avec les exigences du travail, et au plan des demandes éducatives pour les enfants.

Malgré un certain retard notamment en matière d'adoption, de filiation et sur le vide juridique entourant les unions de fait dont le Québec est pourtant le champion, le droit n'aura sans doute d'autre choix que de s'ajuster progressivement à ces nouvelles réalités familiales, à moins que d'habiles lobbies parviennent à jouer un certain rôle pour en brouiller la direction. La reconnaissance de nouvelles formes de liens familiaux semble également incontournable.

Les scénarios envisagés doivent reprendre la primauté de la famille dans les systèmes de valeurs, mais faut-il le souligner à nouveau, non pas comme idéal à atteindre en référence à des normes culturelles ou

---

5. « Le grand écart des valeurs », *L'actualité*, février 2008.

historiques, mais comme forme privilégiée, mais non exclusive, de rapports personnels et sociaux, au sein d'alliances intergénérationnelles fluctuantes et non exclusives. Il est difficile de prévoir comment les jeunes mettront en œuvre ces valeurs de la famille. D'autres variantes peuvent porter sur la mise ou non en sourdine de la valeur famille au regard des exigences du marché du travail. Par exemple, on peut refuser certaines contraintes du travail au nom des valeurs familiales, ou s'y plier. De même, une certaine érosion des valeurs familiales n'est pas à rejeter si la multiplication des formes familiales se conjugue au renforcement des valeurs individualistes et à l'individualisation du droit. Enfin, le processus d'adaptation du droit aux nouvelles réalités familiales peut être timide ou procéder par soubresauts aux effets insoupçonnés, voire être infléchi par des groupes d'intérêts.

## Trois scénarios pour l'évolution des valeurs et l'adaptation du droit

### « Libertés individuelles et droit à l'égalité »

Un premier scénario voit cette multiplication des formes familiales contribuer à un certain déclin des *rapports familiaux* au profit d'un accent mis sur les droits individuels et la protection sociale de chacun des membres de la famille. Les nouvelles technologies de communication accentuent cette tendance, également visible dans l'individualisation des pratiques culturelles. Les avancées juridiques portent presque exclusivement sur la protection des libertés individuelles ; le droit à l'égalité prime sur le lien conjugal ou familial.

### « Équilibre des valeurs, adaptation du droit »

Un scénario plus probable porte sur une certaine stabilisation des engagements politiques et économiques envers les familles. Aucune véritable nouvelle mesure politique globale n'est mise en place. Le droit devient source d'équilibre entre les libertés individuelles et les valeurs associées aux liens familiaux. L'adaptation du droit porte sur la stabilisation des acquis en matière de droits individuels et du droit des enfants. La diversité des formes familiales est reconnue, dans un souci d'équilibre entre les droits de chacun de ses membres et la protection des plus faibles, dont les enfants. On ne peut exclure ici l'hypothèse d'une adaptation progressive du droit, en termes d'adoption, de reconnaissance de la filiation et du rôle des grands-parents ainsi que de mise en œuvre de nouveaux droits de succession.

## «La famille au centre de tout»

Un troisième scénario verrait un renouvellement des valeurs familiales que soutiendraient des politiques familiales plus globales, identifiant expressément les familles comme cibles des actions politiques et économiques. Il ne s'agit pas d'un retour aux valeurs familiales traditionnelles, mais de la reconnaissance de la famille comme source d'épanouissement collectif menant à des politiques familiales explicites. Les dynamiques familiales et leur protection sont expressément considérées dans les réformes du droit. Quand des réformes juridiques sont introduites, la priorité est donnée à leurs conséquences sur les enfants. Les éventuelles politiques familiales pourraient être de nature plus ou moins familialiste, mais dans le respect de la diversité contemporaine des formes familiales et dans la reconnaissance que pour certains groupes ou individus leur système de valeurs est différent.

## Le contexte sociopolitique

La composante sociopolitique est incontournable. Les analyses précédentes illustrent bien l'importance des politiques familiales dans presque tous les microscénarios envisagés, qui vont de l'absence, voire du retrait de l'État, à des interventions ponctuelles ou d'ensemble. Ici, il faut distinguer deux aspects : d'une part, la conception du rôle de l'État et de la participation citoyenne ; d'autre part, la conception quant à la nature d'une politique proprement familiale.

On doit ainsi souligner la diversité des conceptions de l'État et du rôle des associations dans le développement social : approches néolibérales mettant l'accent sur les droits individuels, approche étatiste classique, insistance sur la participation citoyenne. Dans ce dernier cas, en progression semble-t-il, la demande politique s'appuie sur une conception du citoyen qui se définit autonome, voire indépendant par rapport à l'État, et qui se voit comme l'acteur privilégié pour définir les choix et les priorités à mettre en œuvre dans le cadre de politiques globales.

Par ailleurs, il est habituellement question des politiques nationales, mais il faut aussi envisager d'éventuelles politiques régionales, tout en considérant les politiques municipales. Dans ce dernier cas, la mobilisation des citoyens s'exerce très souvent à l'échelle locale. Chez les jeunes, l'intérêt pour les questions politiques, s'il renvoie à des questions globales, à celles de l'environnement, n'en demeure pas moins plus fortement mobilisé pour des causes à une plus petite échelle, autour d'enjeux dont on espère avoir plus de prise. De même, les questions familiales renvoient souvent à des enjeux locaux : maisons de la famille, maisons des grands-parents, soutiens communautaires, club des petits déjeuners, etc. C'est l'avenir du mouvement associatif, des solidarités collectives, qui se dessine souvent autour d'initiatives ancrées dans les milieux communautaires.

Quant aux politiques familiales proprement dites, on peut rappeler que de nombreuses mesures ont été introduites récemment au Québec, formant l'ossature de ce qui pourrait se prolonger en une politique d'ensemble visant les familles d'aujourd'hui et de demain : mise en œuvre de services de garde à tarifs réduits, programme de congés parentaux, mesures de soutien économique aux familles tout particulièrement. On peut ajouter les efforts encore modestes en vue de la conciliation famille-travail. Ces mesures, et certaines autres, pouvaient cependant avoir une visée non pas directement ou uniquement «familiale», par exemple, mais s'appuyer plutôt sur leurs incidences sociales ou économiques recherchées. La tendance semble moins à des politiques globales qu'à des mesures ciblées, en matière de congés parentaux, de soutien au revenu, de logement, de formation continue, par exemple, tout comme à des ajustements sur les populations cibles visées.

En outre, il est possible que la demande de politiques familiales se heurte à d'autres enjeux, en matière d'économie, de santé, de défense des droits, etc.

Les microscénarios qui se dessinent oscillent ainsi autour :

- des choix qui seront effectués en matière d'aide à la famille dans son ensemble ou dirigés vers certains membres (les enfants, les sans-emploi, etc.) ;

- entre la priorité ou non donnée à une politique familiale explicite ou des ajustements conjoncturels, l'hypothèse la plus forte portant sur des politiques sectorielles ;

- des tensions entre l'intervention de l'État et l'accent mis sur les droits individuels ;

- des rapports complexes entre l'État et la participation citoyenne et communautaire, allant du repli communautariste à une participation militante.

## Trois scénarios pour les politiques familiales : entre familialisation et défamilialisation

De manière succincte, on peut dire qu'une politique familiale est celle qui propose une visée explicite qui est la famille comme cible d'action et d'intervention, établit des objectifs également explicites, fait l'objet de consensus pour l'utilisation de ressources collectives (personnel, services, institutions, ressources économiques) en vue de sa mise en œuvre et inscrit dans la durée la mise en place d'un certain nombre d'instruments choisis[6]. Nous avons exclu l'hypothèse d'un retrait total de l'État en matière de politique familiale. Une hypothèse envisagée, mais moins probable, verrait un retour à des politiques familiales d'ensemble, de nature clairement *familialiste*; elle sera décrite dans notre troisième scénario. Cependant, il nous semble que les deux hypothèses mitoyennes suivantes, autour soit d'un «État relais», soit d'un «État néolibéral», sont plus probables et renvoient à des scénarios tendanciels.

### «Des politiques visant l'action envers les familles» ou «l'État relais»?

Dans ce scénario, on considère la famille comme vecteur de développement des individus et source de participation citoyenne. Par certaines mesures politiques et économiques, l'État soutient directement les familles, mais cherche surtout à s'appuyer sur un ensemble de relais pour la mise en œuvre de ses politiques. Les divers paliers politiques, aux niveaux local, municipal et régional sont mis à contribution en vue d'assurer la vitalité et la diversité des familles, leur autonomie, leur inclusion sociale et leur capacité à réaliser leurs propres projets familiaux. Les politiques s'associent également aux associations communautaires en vue de soutenir les réseaux locaux d'entraide aux familles.

Un tel scénario renvoie à une conception de l'État comme producteur de politiques mises en place par des relais institutionnels ou associatifs, associées à des formes de partenariat public et privé.

### «Des politiques sociales complémentaires» ou «Moins d'État?»

Ce scénario fait référence à des politiques moins *familiales* que sociales et économiques menant à des politiques de soutiens ciblés pour les familles à risque ou pour leurs membres en difficulté (enfants, sans-emploi, personnes âgées, etc.). Ce dernier cas semble l'hypothèse la plus probable. Ces politiques n'ont pas de visée familiale proprement dite, elles peuvent être d'ailleurs minimalistes à cet égard, mais elles peuvent être considérées comme un complément à des éléments réduits de politique familiales. Elles peuvent aussi être très ciblées et devenir plus ou moins efficaces. Il existe un financement mixte, qui se traduit

---

6. Voir Jacques Commaille, Pierre Strobel et Michel Villac (2002). *La politique de la famille*, Paris, La Découverte, 117 p.; voir également Julien Damon (2007). *Les politiques familiales*, Paris, Presses universitaires de France, 127 p., coll. «Que sais-je?», n° 3776.

par certaines mesures directement en faveur des familles, par d'autres en faveur des individus vulnérables et, enfin, par un certain soutien aux organismes communautaires.

Ici, les familles ne sont pas nécessairement au cœur des enjeux des politiques sociales, mais certaines de ces politiques peuvent avoir des conséquences parfois positives, parfois négatives sur leur avenir. Elles peuvent également s'adresser en tout ou en partie à certains parcours de vie privilégiés (enfance, aînés, etc.).

Dans un tel microscénario, qui pourrait aussi être qualifié de scénario de redéploiement, l'État intervient par une séries de mesures sectorielles qui n'ont pas explicitement de visées familiales et qui, dans certains cas, ne font que peu de cas des dynamiques familiales, mais peuvent être considérées dans leur incidence sur les familles. On peut en donner quelques exemples, certains étant plus probables que d'autres. La complémentarité ou la concurrence entre ces diverses politiques sectorielles n'est pas à écarter.

Il en est ainsi par exemple des politiques de sécurité sociale et de soutien du revenu. Ici, la famille comme institution n'est plus prise vraiment en considération; on s'attarde plutôt à chacun des membres de la famille, dans un jeu de politiques sectorielles plus ou moins intégrées. C'est la famille comme risque qui est considérée, au plan de la protection des enfants, de la fragilité économique de ses membres, du vieillissement de la population, etc. On passerait ainsi d'une politique de la famille à une politique de sécurité sociale : c'est la *défamilialisation* des politiques et la primauté accordée à l'emploi, au soutien du revenu, aux familles en difficulté et à la protection des enfants.

Il en est de même pour les politiques d'immigration, dont l'incidence sur les changements de valeurs, sur les milieux de vie, sur l'école et sur l'économie peut affecter profondément les familles, dans un continuum qui va de l'adaptation harmonieuse, à la coexistence pacifique, aux conflits d'intégration.

La mise en œuvre de politiques favorisant les rapports intergénérationnels ainsi que les services aux personnes âgées est évidemment à considérer. En ce cas, on vise à atténuer les effets du vieillissement inéluctable de la population, ainsi qu'à tenter d'en maîtriser les conséquences, notamment en matière de santé et de finances publiques.

On peut encore considérer que l'aménagement du temps et de la conciliation famille-travail sont au cœur de certains dispositifs politiques. On peut penser qu'il est pratiquement inévitable d'avoir à prendre des mesures plus efficaces pour assurer l'équilibre du travail et des responsabilités parentales, notamment par des incitatifs fiscaux aux entreprises et par des politiques mises en œuvre dans la fonction publique comme phares des possibles.

Des politiques visant le développement local, l'économie sociale et l'action communautaire peuvent avoir une incidence importante sur les familles de demain. La lutte contre la pauvreté, des programmes d'accès au logement ainsi que le réaménagement du tissu urbain peuvent constituer des pièces maîtresses.

D'autres politiques peuvent mettre l'accent sur l'enfance. L'accent est alors mis sur la natalité, sur le droit des enfants et sur les services éducatifs. Encore une fois, ici, c'est moins la famille globale qui est considérée, étant donné, de toute façon, la diversité reconnue des cadres de vie familiale, que les services aux enfants et aux jeunes, éventuellement intégrés dans une politique éducative globale.

De même, des politiques éducatives peuvent jouer un rôle majeur dans le développement économique et l'adaptation des familles aux changements du marché du travail et de l'emploi. La scolarisation des enfants, dès avant la maternelle, notamment par le développement des services de garde, constitue un aspect fondamental d'une politique éducative. Services de garde et maternelles sont en ce cas vus comme parties intégrantes du système d'éducation. L'accès à la formation continue, tout au long de la vie, constitue également un autre enjeux fondamental des politiques éducatives pouvant avoir une incidence importante sur l'adaptation des familles aux changements dans le travail et l'économie.

Un tel scénario renvoie à moins d'État, à une conception plus libérale de son intervention.

### «Une politique clairement familialiste» ou «le retour de l'État providence?»

Un dernier scénario, considéré comme le cas le moins probable, fait de la famille comme «institution» un axe central des politiques que l'on peut qualifier de *familialistes*. Une politique clairement à teneur familiale, s'adressant à l'ensemble des familles, visant leur soutien et leur développement à toutes les étapes du cycle de vie est progressivement mise en place. Cette politique est associée à des mesures économiques visant explicitement l'unité familiale. La société, ses grands systèmes de valeurs, sont bâtis sur l'importance de la famille et la nécessité d'en protéger les fondements. Cette politique d'ensemble se double éventuellement d'une politique nataliste qui vise moins à changer les comportements en matière de fécondité qu'à donner aux parents les moyens d'avoir les enfants qu'ils désirent.

Un tel scénario, s'il annonce le retour de l'État providence, n'annonce pas nécessairement une dynamique familiale plus forte pour autant.

## DEUXIÈME PARTIE : QUELS SCÉNARIOS D'ENSEMBLE POUR LE QUÉBEC ET LES FAMILLES À L'HORIZON 2020 ?

Afin d'établir des scénarios globaux pour le Québec et les familles à l'horizon 2020, la démarche la plus simple consiste à regrouper les « microscénarios » de nos cinq composantes selon leur perspective négative, tendancielle ou optimiste.

De manière schématique, on obtient ainsi les trois grands scénarios suivants :

### FIGURE 1

*De quelques scénarios globaux*

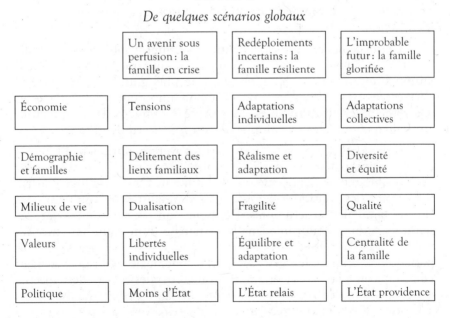

|  | Un avenir sous perfusion : la famille en crise | Redéploiements incertains : la famille résiliente | L'improbable futur : la famille glorifiée |
|---|---|---|---|
| Économie | Tensions | Adaptations individuelles | Adaptations collectives |
| Démographie et familles | Délitement des lienx familiaux | Réalisme et adaptation | Diversité et équité |
| Milieux de vie | Dualisation | Fragilité | Qualité |
| Valeurs | Libertés individuelles | Équilibre et adaptation | Centralité de la famille |
| Politique | Moins d'État | L'État relais | L'État providence |

Le premier scénario global, intitulé « Un avenir sous perfusion : la famille en crise », renvoie à une vision relativement pessimiste de l'avenir, que certains peuvent même qualifier de réaliste ! *La famille est en crise* parce que les tensions de l'économie et du travail ne permettent pas le renforcement des liens familiaux et conjugaux mais mènent plutôt à leur effritement. C'est une sorte de « chacun pour soi » où les plus favorisés s'accaparent une part de plus en plus grande de la richesse collective, où s'accentuent la dualisation des milieux de vie, la polarisation entre les centres-villes, les banlieues et les régions. Les libertés individuelles définissent les seules avancées du droit. L'État, en retrait, assiste presque impuissant à ces nouvelles reconfigurations.

Le deuxième scénario global, intitulé « Redéploiements incertains : la famille résiliente », renvoie à une forme mitigée de redéploiement économique, politique et social, donnant aux familles une certaine capacité d'adaptation et de résilience. Les tensions économiques y sont moins fortes, les liens familiaux sont moins fragilisés, soutenus en cela par une adaptation limitée du droit aux nouvelles réalités familiales. La démographie est moins incertaine. Des valeurs de tolérance et d'adaptation sont prégnantes. Les milieux de vie, encore fragilisés par les effets de la dualisation économique et géographique, donnent cependant lieu à de nombreuses mobilisations en faveur des familles. L'État s'appuie sur des initiatives communautaires pour mettre en œuvre des politiques sectorielles.

Le troisième scénario global, intitulé « L'improbable futur : la famille glorifiée », renvoie pour sa part à un futur quasiment improbable. Il annonce une embellie économique, une plus grande équité dans le partage des ressources, des investissements importants pour améliorer le logement, les infrastructures et la qualité des milieux de vie, un retour aux valeurs familiales traditionnelles, un rôle accru de l'État.

Cependant, certains microscénarios s'avèrent pratiquement impossibles, moins par la perspective utopiste qu'ils représentent que par l'impossible retour historique qu'ils dessinent. On pense tout particulièrement à des politiques expressément familialistes ou à un retour des valeurs familiales structurantes. De même, on peut présumer que des tensions se maintiendront dans la recherche d'un équilibre entre les valeurs individuelles et les valeurs familiales, que des avancées du droit permettront ou non de mieux arbitrer. De même, les politiques sociales peuvent avoir à la fois des orientations néolibérales et viser des objectifs collectifs. Dans ce contexte, on peut envisager des grands scénarios additionnels qui mettent en jeu, à des degrés divers, des perspectives à la fois tendancielles, pessimistes et optimistes.

## FIGURE 2

*De quelques scénarios alternatifs*

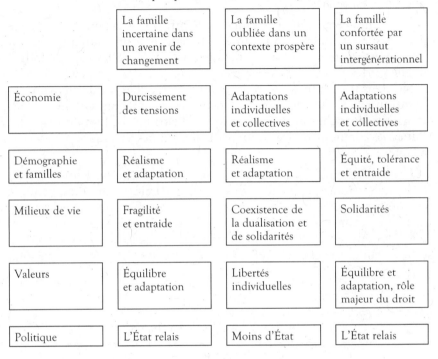

| | La famille incertaine dans un avenir de changement | La famille oubliée dans un contexte prospère | La famille confortée par un sursaut intergénérationnel |
|---|---|---|---|
| Économie | Durcissement des tensions | Adaptations individuelles et collectives | Adaptations individuelles et collectives |
| Démographie et familles | Réalisme et adaptation | Réalisme et adaptation | Équité, tolérance et entraide |
| Milieux de vie | Fragilité et entraide | Coexistence de la dualisation et de solidarités | Solidarités |
| Valeurs | Équilibre et adaptation | Libertés individuelles | Équilibre et adaptation, rôle majeur du droit |
| Politique | L'État relais | Moins d'État | L'État relais |

Le premier de ces scénarios alternatifs est intitulé : « La famille incertaine dans un avenir en changement ». Il annonce un durcissement des tensions au plan économique et à celui de l'aménagement du temps. On s'adapte à une démographie déclinante. Les milieux de vie donnent cependant lieu à des formes d'entraide et de coopération qui atténuent en partie les effets des inégalités et de la dualisation. L'État d'ailleurs intervient de manière ponctuelle en prenant appui sur les initiatives des groupes communautaires. Le droit oscille entre l'adaptation aux réalités familiales nouvelles et un fragile équilibre des valeurs.

Un second scénario a été intitulé : « La famille oubliée dans un contexte prospère ». Ici, le contexte économique est favorable, la crois-sance se maintient, les effets du vieillissement de la population sont assumés de façon relativement harmonieuse. Des formes significatives, sinon majeures, d'initiative et d'entraide coexistent avec des milieux de vie pourtant toujours fragiles. En conséquence, l'État se contente de battre la marche, sans initiatives trop prononcées. La famille est la grande oubliée, en ce sens que priment les valeurs d'individualité, que les droits et libertés individuelles s'affirment encore plus fortement et que, dans une telle embellie, il ne semble pas y avoir quelque urgence à traiter des questions familiales.

Un troisième scénario, enfin, a été intitulé : « La famille confortée par un sursaut intergénérationnel ». Il renvoie à une situation où un certain équilibre a été atteint, puis maintenu, entre les valeurs individuelles et les solidarités collectives, appuyé en cela par l'évolution du droit, dans un contexte économique favorable. Les solidarités intergénérationnelles sont également harmonieuses et donnent lieu à des transferts de richesse et des pratiques d'entraide. L'État soutient les initiatives communautaires et individuelles par des politiques ponctuelles adaptées.

Ces six scénarios, présentés, rappelons-le encore une fois, comme cadre de référence pour une réflexion sur l'avenir des familles, peuvent être décrits également selon une trajectoire temporelle qui leur est propre. La figure suivante situe les six scénarios à l'intérieur du spectre des futurs possibles. Au centre, sur la ligne horizontale, est placé le scénario tendanciel, la famille résiliente, reflétant la poursuite de la trajectoire déjà

### FIGURE 3

*Les futurs possibles de la famille*

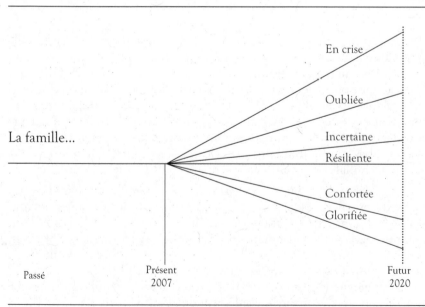

entamée. Aux extrémités sont placés les deux scénarios d'encadrement : en haut, le scénario de la famille en crise, qualifié de pessimiste, et en bas, le scénario de la famille glorifiée, caractérisé de positif.

Les trois scénarios alternatifs, plus vraisemblables, se situent entre ces extrêmes et représentent des combinaisons de perspectives pessimistes et optimistes : soit la famille oubliée, la famille incertaine et la famille confortée.

## CONCLUSION

L'exercice qui vient d'être mené a pour objectif d'offrir un cadre de référence pour penser l'avenir des familles et de la société québécoise. Les limites de tout exercice de prospective sont bien connues ; elles ne doivent pas pour autant empêcher la réflexion sur l'avenir qui se dessine devant nous. Les microscénarios ainsi que les six scénarios globaux que nous avons présentés ne se veulent pas un exercice de prédiction, mais bien un essai de structuration des principaux paramètres qui émergent pour l'avenir des familles à l'horizon 2020.

Nous avons explicitement conçu ces scénarios afin de pouvoir en discuter. Il est évident que de nombreuses autres combinaisons sont imaginables. Mais aux fins de discussion, il nous semblait important de proposer un cadre de référence mettant l'accent sur des éléments à notre avis centraux. Un important travail reste à faire, tant pour obtenir les réactions des professionnels, des organismes, des intervenants, des chercheurs et des prospectivistes. Il reste également à en dégager les implications pour l'action politique.

# Courriels des auteurs

**Isabelle Bitaudeau**
isabelle.bitaudeau@cfe.gouv.qc.ca

**Julien Damon**
julien.damon@strategie.gouv.fr

**Gérard Divay**
gerard.divay@enap.ca

**Sylvie Drapeau**
sylvie.drapeau@psy.ulaval.ca

**Chantale Dumont**
chantale.dumont@cfe.gouv.qc.ca

**Louis Favreau**
louis.favreau@uqo.ca

**Rosaire Garon**
rosgaron@sympatico.ca

**Madeleine Gauthier**
madeleine.gauthier@ucs.inrs.ca

**Nancy Guberman**
guberman.nancy@uqam.ca

**Christa Japel**
japel.christa@uqam.ca

**Jane Jenson**
jane.jenson@umontreal.ca

**Simon Langlois**
simon.langlois@soc.ulaval.ca

**Jean-Pierre Lavoie**
jean-pierre.lavoie.cvd@ssss.gouv.qc.ca

**Céline Le Bourdais**
celine.lebourdais@mcgill.ca

**Évelyne Lapierre-Adamcyk**
evelyne.lapierre-adamcyk@umontreal.ca

**Pierre McDuff**
pierre.mcduff@umontreal.ca

**Daniel Mercure**
daniel.mercure@soc.ulaval.ca

**Manon Mousseau**
mousseau.manon@courrier.uqam.ca

**Marie Pratte**
marie.pratte@uottawa.ca

**Ignace Olazabal**
ignaceolazabal@yahoo.ca

**Gilles Pronovost**
gilles.pronovost@uqtr.ca

**Lilyane Rachédi**
rachedi.lilyane@uqam.ca

**Marie-Christine Saint-Jacques**
marie-christine.saint-jacques@svs.ulaval.ca

**Michèle Vatz Laaroussi**
michele.laaroussi@usherbrooke.ca

**Marquis imprimeur inc.**

Québec, Canada
2008

Imprimé sur du papier Silva Enviro 100% postconsommation
traité sans chlore, accrédité Éco-Logo et fait à partir de biogaz.

certifié     procédé     100 % post-     archives     énergie
    sans     consommation     permanentes     biogaz
    chlore